제2판

장애인복지론

김진우

KNOWLEDGE COMMUNITY 공동체

개정판 머리말

세월이 흘러 개정판을 내게 되었다. 많은 날이 지나진 않았지만 각종 통계의 수치가 이미 과거를 가리키고 있어 보기 민망했는데, 적기에 손질해 볼 기회가 생겨 다행이다. 다행인 이유가 또 있다. 처음 책을 냈을 때 여러 동료 교수님들이 전화를 주셨다. 각 장별로 맨 앞에 있는 머리글의 에피소드가 재미있다고 격려해 줬을 때 정말 그럴까? 하고 다시 읽었더니, 수선하고 단장하고 싶은 문장이 너무 많아 얼굴이 화끈거렸기 때문이다.

물론 숫자 몇 개 고치고 탈고만 하자고 개정판을 내는 건 아니다. 크게는 한 장(Chapter)을 추가했다. 장애 용어에 대한 다양한 맥락들을 소개하고자 하였다. 명색이 장애인복지인데, 장애와 관련된 다양한 용어에 대한 이야기가 빠져 있어 뭔가 허전한 느낌이었다. 무엇이 장애에 대한 비하용어인지, 누가 비하용어 여부를 정하는지, 비하용어가 용어 자체의 내재적 속성 때문인지, 사용되는 맥락의 문제인지 등에 대한 풀리지 않는 의문들에 대한 탐색적 결과를 제1장에 새로 배치하였다. 어떤 표현과 행위가 장애인을 차별하고 비하하는 것인지를 정확하게 이해하고 이를 내면화하는 것은 매우 중요하다. 물론 의도적으로 차별하고 비하하는 사람도 있겠지만, 자신도 잘 모르는 채 차별하고 비하하는 상황에 내몰리고 싶은 사람은 없지 않을까. 그렇다면 과연 장애인 비하용어는 명확하게 제시되어 비장애인에게 전달되고 있는 것일까? 이것은 선량한 차별주의 논의와는 또 다른 차원이지 않을까? 라는 질문에 답해 보고자 하였다.

개정판의 또 다른 주인공은 M. Oliver가 주장한 장애에 대한 사회적모델에 대한 비판적 고찰이다. 사회적모델의 외연적 확장이라고 볼 수 있는 문화적 접근이나 손상에 대한 사회학적 재해석에 대해서는 이미 다루었지만, Tom Shakespeare의 비판적 입장을 보다 풍부하게 소개하고자 하였다. 물론 여전히 이 사회는 장애에 대한 차별과 억압, 배제와 분리에서 자유로울 수 없다. 그러나 이와 더불어 장애인을 피억압집단으로, 비장애인과 사회를 억압체계로 보는 이분법이 초래하는 균열과 결절이 조금씩 우리 곁 가까이에서 목도되고 있기 때문이다. 장애인단체 간에, 장애인단체와 학계 간에, 장애인단체와 실천현장 간에 내재된 긴장은 결코 건강하다고 보기 어렵다. 이에 대한 안타까운 마음에 장애에 접근하는 유연한 사고의 필요성을 사회적모델에 대한 비판적 내용을 통해 성찰할 수 있기를 기대한다.

마지막으로 흔히 탈시설화라고 불리는 장애인 거주전환에 대한 내용이다. 여기서 제시하는 장애인주택의 대안적 설계 모습이 10년 뒤의 모습과 유사할 것이라고 우길 생각은 없다. 그럼에도 초기 설계 수준의 대안을 굳이 보여주는 이유가 있다. 다름 아닌 무대책으로 관점 논쟁만 하는 탈시설화 찬성과 무조건적인 반대를 일삼는 양쪽의 진영 논리를 비판하고 싶기 때문이다. 먼저 지금의 현실이 최선이 아니라는 관점에서 볼 때 탈시설화를 반대하며 변화의 필요성을 굳이 외면하는 것은 역사적 명령을 거스르는 것과 다르지 않다. 한편, 10년 이내에 탈시설을 완료하자거나 시설은 감옥과 같다는 주장을 하면서도 구체적인 대안 마련에는 관심이 없는 이들의 명분 싸움 또한 탈시설화에 필요한 실력과 근육을 기르는 데 하나 보탬이 되지 않는다는 것을 분명하게 하고 싶었다. 학자연(學者然)하면서 생계를 유지하고 있지만 불필요한 감정소모에 조금씩 지쳐가는 내 모습을 본다.

"진우야… 엄마가 살아보니 세월 금방 가더라. 재미있게 살아라, 즐겁게 살아라."

10여 년 동안의 공무원 생활을 내려놓으려 했을 때 '혹여 어머니가 만류하면 어떡하나' 고민이 컸다. 하지만 어렵게 꺼낸 말에 예상 외의 답변이 돌아왔다. "진우야 나는 너가 공무원 한다고 했을 때 동사무소 공무원처럼 6시 땡~~ 하면 집에 오는 줄 알았다. 그런데 허구한 날 밤늦도록 그리 고생만 하더니… 잘했다, 잘 그만뒀다!!"라고 말씀하시는 게 아닌가. 그런 어머니가 올해 세상을 떠나셨다. 나는 정말 어머니 말씀대로 재미있고 즐겁게 살고 있을까… 유언처럼 던지고 가신 그 말씀도 제대로 못 지키면서 우두커니 서 있는 이 자리가 어색하기만 하다. 하지만 늘 눈동자처럼 지켜봐 주셨던 어머니의 간절한 바람처럼 또 한 걸음 한 발자국 내디디려 한다.

개정판이 나오기까지 언제나처럼 공동체의 넛지(Nudge)와 동료 교수들의 지켜보는 눈빛이 큰 도움이 되었다. 많은 학생들이 불쑥불쑥 낯선 질문들로 나를 당황하게 했고 늘 깨어있게 만들어 주었다. 또 내 안에 있는 또 다른 내가 도전과 위로를 함께 주었다. 모두 감사드린다. 얼마 남지 않은 재직기간 동안 제3판, 제4판이 계속 이어지기를 기대해 본다.

2023년 11월

연구실 창문에 걸려있는 어머니의 미소와 함께

머리말

장애, 장애인, 장애인복지, 장애정책.

지난 20여 년 동안 내 삶의 가까이에서 함께해 온 화두들이다.

이들에 대해 어떻게든 사회적 해답을 제시하려는 의도로 시작된 여정이었지만 이들을 둘러싼 다양한 맥락과 관점, 여전히 감추어진 미지의 세계 때문에 늘 압도당했다. 먼 길을 달려오면서 많이 안다고 생각했지만 앞으로 가야 할 길이 더 많이 남았음을 직감적으로 눈치 챈다.

실상 안다는 것도 몸이나 마음이 아니라 머리로 깨우친 게 태반이었다. 저자의 박사논문을 심사하러 한걸음에 달려오신 도로시 아트킨슨(Dorothy Atkinson) 교수님은 생애사적 관점에서 발달장애인의 삶을 세상에 드러내는 데 한평생을 바치신 분이었다. 나는 앞으로 어떻게 장애인정책을 연구할 것인가… 이후 논문을 끝내고 도버해협을 건너오던 비행기 안에서 눈물이 한없이 내 뺨을 타고 흘러내렸다. 행정고시를 합격하고 박사학위도 얻었으니 더 뭔가 애를 써서 이룰 게 없는 것처럼 보였다. 눈물 때문에 앞이 보이진 않았지만 내 미래는 선명하게 그려졌다. '그래… 장애인정책의 가야 할 방향을 그렸으니 그 실현을 위해 배운 것을 나누어 보자…'

그러나 비행기 안이라 발을 땅에 딛고 생각한 것이 아니어서 그랬는지 그런 감상적인 생각은 오래 가지 않았다. 복잡한 한국 현실에 적응한다는 미명 아래 조금씩 초심은 잊혀져 갔고 사회적으로 한 계단 더 올라가려고 발버둥치고 있는 내 모습이 보였다.

공무원에서 교수로 신분이 바뀌고 나니, 더욱 여유롭게 장애인정책을 들여다볼 수 있었다. 하지만 그동안 장애인복지를 가르치면서 이 책을 집필할 필요성을 크게 느끼지 못했다. 많은 동료교수들의 좋은 책들이 있고 또 인터넷이라는 정보의 바다를 각 개인이 얼마든지 항해할 수 있다고 믿었기 때문이다. 하지만 해를 거듭할수록 한 가지 욕심이 생겼다.

'장애인복지의 본격적인 내용 이해에 앞서 그러한 것이 왜 필요한지를 평소 우리가 던지는 질문에서부터 출발하면서 내용을 이해하게 할 수는 없을까?'라는 생각이 계속 머릿속을 맴돌았다. 예를 들어, 장애인 소득보장의 갈래들을 소개하기보다는 '모든 사람은 자기 밥벌이를 자기가 해야 하는 거 아냐? 그런데 왜 장애인에 대한 소득지원이 필요한 거지? 소득을 창출하기 어렵다고? 그렇다면 그런 분들에 대한 일반적인 소득보장정책이 있잖아? 그런 것으로는 안 돼? 충분하지 않아? 왜 그런데? 그렇다면 뭐가 필요하지?'라는 질문에 도달해야만 비로소 장애인 소득보장이 필요한 이유가 궁금해지게 된다. 그런데 이런 앞부분이 없이 소개되는 다양한 정보는 그 자체로는 매우 소중하지만, 장애인복지를 배우는 입장에서는 그 앞단의 내용을 다 안다는 전제하에 출발하기 때문에 열심히 학습하고도 던져지는 근본적인 질문 앞에서 제대로 대답을 못하는 경우를 많이 볼 수 있어 이를 해소할 수 있는 책이 필요하지 않을까 하는 욕심을 가지게 되었다. 여기에 한 가지 더. 장애등급제가 폐지되고 커뮤니티케어정책의 서막이 올라 탈시설화가 본격적으로 가속화될 전망이어서 이러한 내용을 조망해 볼 수 있는 지면적 공간이 있었으면 좋겠다는 생각에 펜을 들게 되었다.

이 책은 크게 네 가지 주제를 다루고 있다. 첫 번째 주제는 **사실과 관점에서의 장애 개념**을 다루고 있다. 그간에 손상과 장애를 개념적으로 나누고 장애에 대한 사회적 책임을 강조하는 흐름 속에 우리나라도 포함되어 있었다. 하지만 장애등록제를 시행하는 우리는 행정적 개념에서의 장애인이 누구인지를 획정해야 하므로 학술적이거나 정치적인 의미에서의 장애와는 구별되는 개념이 필요하게 되었고 이에 따라 학술논쟁적 개념과 행정적 개념 사이에 간극이 생기게 되었다. 그런 관점을 살펴보는 것으로 제1장을 구성했으며 제2장에서는 장애등급제 폐지가 어떻게 전개되었고 어떤 결과를 초래했으며 앞으로의 과제가 무엇인지에 대해 쉽게 조망할 수 있도록 내용을 구성하였다. 제3장에서는 장애인들이 어떤 삶을 살아가는지를 살펴보았는데 이는 다분히 이후 주제를 논하기 위해 현실을 그대로 드러내는데 초점을 두었다. 마지막으로 제4장에서는 최근 우리 사회의 장애 이슈를 선도하고 있는 장애에 대한 사회적모델과 자립생활모델에 대해 살펴보았다. 단순히 이를 설명하기보다는 영국과 미국이라는 출신성분이 다른 두 모델이 어떻게 다르고 무엇이 비슷한지를 살펴봄으로써 실천현장에서 어떤 모델을 따라야 하는지에 대한 고민을 덜어낼 수 있도록 하였다.

두 번째 주제는 장애인 정책이다. 어느 것이든 정책이 아닌 게 없겠지만 장애인정책의 3두마차라고 불리는 소득보장, 장애인 교육 그리고 직업재활과 고용에 대한 정책을 제5장, 제6장, 제7장에서 중점적으로 살펴보고자 하였다. 장애로 인해 노동시장에 참여하기가 어렵고 장애로 인해 더욱 힘들어진 교육환경을 개선하고 장애를 고려한 교육방법이 제대로 개발되지 않는 한 장애인의 삶이, 그들의 소득이 높아질 수 없고 이는 미래에 대한 희망을 가질 수 없게 만든다. 이러한 세 가지 정책을 둘러싼 다양한 쟁점들이 무엇이고 이들의 기초가 보다 탄탄하게 구축되어 장애인이 행복하게 살아갈 수 있게 하는 기본 여건의 변화방향에 대해 고민해 보았다.

세 번째 주제는 장애인 서비스와 전달체계이다. 우리나라에서 장애로 인해 집중적인 돌봄이 필요하고 부모의 돌봄이 어려운 경우에 대안적으로 선택할 수 있는 것이 장애인거주시설이다. 하지만 여기에서의 열악한 거주조건은 1인당 국민소득 3만 불을 호가하고 있는 우리나라의 미래 모습일 수 없기에 탈시설을 통해 지역사회 내 거주공간으로 전환하고자 하는 노력이 정책적으로 시작되었고 이제 실천현장으로 확산될 시점에서 제8장에서는 영국의 탈시설 역사를 살펴봄으로써 우리의 현실에 대한 시사점이 무엇인지를 도출해 보고자 하였다. 제9장에서는 활동지원서비스를 다룬다. 앞서 살펴본 소득보장, 교육, 직업재활 및 고용, 거주서비스와 함께 5대 장애인정책으로 분류될 만큼 장애인의 지역사회 내 자립을 위해 필수적인 정책이자 서비스 중의 하나로 간주된다. 하지만 이것이 발달장애인을 염두에 두어 시작이 된 것이 아니라는 점에서 제기될 수 있는 쟁점들이 무엇이며 앞으로 어떻게 재편되어야 하는지에 대해 추가적으로 살펴보고자 하였다. 제10장에서는 장애인복지 전달체계를 다룬다. 직업재활 및 고용, 교육, 복지 등의 분야에서의 현행 체계를 살펴보고 이들이 상호 연계되어 당사자, 당사자의 부모 입장에서 겪는 어려움을 해소하는 데 어떤 정책조정 기능이 필요한지를 살펴보고자 하였다.

네 번째 주제는 장애인 인권이다. 사회복지는 부족한 것을 채워주는 급부행정과 인권침해에 대해 정부가 강력하게 대응하는 규제행정의 양 축으로 발전해 왔다. 제11장에서는 다양한 사회계층 중에서 제일 먼저 입법화된 장애인에 대한 차별금지정책에 대해 살펴보았다. 우리 사회가 장애인을 차별하고 있고, 그러한 차별이 사회문제로 간주되었기에 차별금지가 법제화되고 정부가 이에 대해 대응하겠다는 의지를 표명한 것으로 이해될 수 있다. 하지만 이에 덧붙여 이러한 차별금지정책이 과연 발달장애인에게도 적절하게 작동될 것인지에 대해 부가적으로 살펴보았다. 제12장에서는 장애인 권익옹호를 다룬다. 차별이 장애인과 비장애인의 관계에서 파생하는 것이라면, 권익옹호는 장애인이 자신을 옹호하는 힘을 기르고 이들의 권익이 침해당하지 않도록 사회가 관련 환경을 만들어 주고 이들을 격려하는 것이 필요하며 아울러 학대 · 유기 · 방임 등 인권침해 사례가 발생했을 때는 적극적으로 당사자의 편에서 침해된 권리를 회복시키려는 노력이 필요한데, 이에 관한 내용을 자세히 살펴보았다. 제13장에서는 장애인 정책 속에서 발달장애인이 어떻게 다루어지고 있는지를 조목조목 들여다보고자 하였다. 「발달장애인 권리보장 및 지원에 관한 법률」이 만들어질 만큼 그동안 「장애인복지법」 등 장애인복지정책이 발달장애인의 현실과 관점을 제대로 반영하지 못했다는 점을 살펴보고 앞으로의 대안을 모색해 보고자 하였다. 제14장에서는 우리 사회의 최근 환경변화에 기초하고 미래전망을 담아 장애인복지가 어떻게 변화 · 발전해야 하는지를 간단하게 살펴보았다.

오랜 시간 동안 이 글들과 함께하였지만 책을 내면서 많은 아쉬움을 떨쳐버릴 수 없다. 먼저 보다 깊이 있는 성찰을 통해 정책과 실천현장, 실천현장과 장애인 당사자의 관계에 대한 다양한 맥락적 정보들을 담아내지 못했다는 점이다. 보다 시간을 가지고 고민들을 익혀서 내용을 재정리해야 할 때가 필요할 것 같다. 또 저자가 정책의 실천현장에는 있었지만 장애인서비스의 실천현장에 몸담은 적이 없어 장애인복지 실천기술적 측면에서의 다양한 쟁점들을 풍부하게 논의하지 못했다는 점이다. 하지만 이는 저자의 부족한 능력 때문이니 아쉽다기보다는 독자들에게 미안한 마음이 앞선다.

끝으로 부족한 글을 책으로 만들자고 손 내밀어 주신 공동체 출판사 사장님과 책이 나올 때까지 긴장감을 놓지 않게 지지해 주신 김원희 상무님께 감사를 드린다. 또 여기까지 오기까지 여러 장애 정책 분야 동료 교수들의 애정이 어린 조언과 가르침, 현실과 가야 할 미래를 온몸으로 보여주신 장애인 당사자분들과 부모님들, 그리고 우리는 투쟁할 테니 나에겐 자기들에게 투쟁할 논리를 만들어 달라고 하면서 함께하지 못하는 미안한 마음을 애써 위로해 줬던 장애인 단체의 활동가들. 모두에게 빚진 마음이다. 그들이 덧보태어 여기까지 왔으니 이제 그들의 가는 길에 잠시라도 더 오래 머물러야겠다. 더 나은 내일을 꿈꾸며…

2019년 여름
삼각산이 내다 보이는 내 조그마한 우주인 연구실에서

PART 01

장애 : 사실과 관점

예전 대학생 시절, 다니던 대학교의 경영학과에는 전설 같은 이야기가 구전되어 오고 있었다.

마케팅론이라는 수업의 기말고사 문제는 늘 변함이 없이 한결같았다고 한다.

"마케팅이란 무엇인가?"

그러나 그 해 기말고사를 치르는 날, 조교의 첫 몸짓에 모두가 술렁이기 시작했다.

조교가 문제를 칠판에 적는데 평소와 사뭇 달랐던 것이다.

마케팅 '마'의 첫 자음은 'ㅁ'으로 시작하니 당연히 학생들은 조교 손 끝에 잡힌 분필은 위에서 아래로 긋는 획부터 시작되어야 하는데 그 날은 놀랍게도 옆을 향했던 것이다.

그동안 이 문제의 신화가 언제 깨질까 늘 궁금해했지만 학생들은 그 희생의 화살이 늘 그 해 자기만은 비껴나기를 기원했는데, 이제 보니 그게 나? 그리고 우리?

문제의 첫 음절은 "도"로 시작했다. 학생들은 멘붕이었다.

자칫하면 백지 답안지를 내야 할 판.

교수에 대한 배신감에 치를 떨 무렵 한 단어가 마무리되었다. "도대체"

이어서 마저 쓴 문제는 이랬다. "도대체 마케팅이란 무엇인가?"

좌절과 절망은 이내 희망과 웃음으로 강의실을 가득 메웠다.

그러나 아직도 모른다. 그게 교수가 의도적으로 출제한 문제인지, 조교의 재치 넘치는 장난이었는지…

그렇다. 흔히 이것저것 이야기하다 보면 결론은 가장 원초적이고 기본적인 질문으로 회귀한다. 장애란 무엇인가? 도대체 장애란 무엇인가?

학술적으로, 장애운동에서 설명하는 장애에 대한 개념과 법에서 장애 및 장애인을 정의할 때의 내용이 다르다. 장애를 설명할 때 사회적 관점, 사회적 책임을 고려해야 한다고 하지만 과연 누가 장애인인지를 판단하는 개념과 그 사람에게 어떤 급여와 서비스를 제공해야 하는지를 판단함에 있어서의 사회적 책임은 반드시 일치한다고 보기 어렵다. 그렇기 때문에 다시금 질문한다. 도대체 장애란 무엇인가?

제1부에서는 먼저 장애용어를 둘러싼 다양한 맥락을 소개하고 있다. 이어서 이러한 장애에 대한 정치적 접근과 행정적 접근이 어떻게 다른지를 설명하고 2019년 7월부터 폐지되기 시작한 장애등급제를 살펴본 후에 장애인들이 실제 어떠한 삶을 살아가고 있는지를 들여다보고자 한다. 마지막으로는 장애에 대한 다양한 관점이 있지만 최근에는 장애에 대한 사회적모델과 자립생활모델이 주류를 이루고 있는데, 이들에 대해 이해하고 나아가 이들 간의 관계에 대해 보다 자세하게 살펴보고자 한다.

Chapter 01

장애 용어 제대로 이해하기

용어는 그가 지칭하는 사물이나 사람의 정체성을 함축적으로 표현해 낸다. 그렇게 하기로 사회가 합의한 것이다. 하지만 그러한 사회적 합의는 시대의 흐름에 따라 바뀌기 마련이다. '그때는 맞고 지금은 틀리다' 이런 식이다. 우리 모두 그 정도는 안다.

예전부터 참 많이 궁금해했다. 시각장애인을 맹인이라고 부르면 그 사람을 비하하는 것일까? 그렇다면 농인은? 간혹 영어를 읽다 보면 The Blind라고 하고, Deaf라는 용어도 접하게 된다. 어떤 것은 옳고 어떤 것은 삼가야 하는지 도통 감을 잡을 수 없었다. 그러한 뒤죽박죽은 한국수화언어법이 제정되면서 더 심해졌다. 거기에는 아예 농인이라는 단어를 법적 용어로 사용하고 있기 때문이다. 무조건 무슨무슨 장애인(예를 들어, 지체장애인, 청각장애인 등등)이라는 법적 용어의 패턴에서 벗어나면 안 되는 것처럼 비춰지기도 했는데 그러한 통념이 여지없이 무너져 버린 것이다.

생각이 여기에까지 이르니 더 궁금해졌다. 국가에서는 이러저러한 용어는 장애인을 비하하거나 차별하는 용어이니 쓰지 말아야 한다고 제시하고 있는걸까? 그렇지 않다면 장애인 비하용어, 장애인 차별용어는 누가 정하는 것일까? 여러 기관에서 정한다고 하면 이들 간의 차이를 비장애인은 어떻게 받아들여야 할까? 즉, 어느 기관을 따라야 할까?

생각이 꼬리에 꼬리를 문다. 최근 '벙어리 장갑'을 '엄지장갑', '손모아장갑'으로 부르자는 캠페인도 전개되었는데, 그렇다면 우리나라 단편문학소설 '벙어리 삼룡이'는 뭐라고 불러야 할까? 또 심청전의 심봉사는? 백치아다다는? 같은 용어라도 어떤 상황에서 사용되는가에 따라 달라지는 이 엄청난 변용 가능성을 어떻게 받아들여야 하는지 막막하기만 했다.

생각이 이쯤 되다 보니 나도 궁금하지만, 일반 국민도 얼마나 궁금할까, 얼마나 답답할까 동병상련이 느껴졌다. 뭔가 단서가 될 만한 연구를 해야겠다는 생각이 들었다. 장애 용어를 어떻게 접근해야 하는지, 또 장애 용어를 둘러싸고 왜 이러한 혼란이 생기는지를 좀 더 곰곰이 생각해 볼 기회가 필요하겠다 싶었다.

새삼 느끼게 된다.

모든 연구의 동력은 '이게 왜 이럴까?'라는 호기심(Hunches)에서 출발한다는 것을…

1 장애라는 용어는 언제부터 쓰였을까?

우리나라에서 흔히 신체적 · 정신적인 손상(Impairment)을 가진 사람을 장애인이라고 부른다. 장애, 장애인이 Disability, Disabled People을 의미하는 보편적인 용어로 사용되고 있다. 하지만 법령을 살펴보면 그 외에도 장해(障害)라는 용어도 사회보험이나 보상관련법률에서 사용되고 있다는 것을 알 수 있다. 이 둘은 뭔가가 달라서 이렇게 별도로 사용되고 있는 것일까? 문득 궁금해진다. 그 궁금증에 답하려 이리저리 다양한 맥락들을 살펴보다 보면 우리가 언제부터 장애(障碍)라는 용어를 사용하게 되었는지 궁금해진다. 왜냐하면 장애종별로 다양한 신체적 및 정신적 특징에 빗대어 만들어진 용어가 개별적으로 사용되었지, 이를 통칭하는 장애라는 용어를 사용할 이유가 없기 때문이다. 그럼에도 불구하고 통칭할 의도 없이 단순히 신체적인 절단이나 기능상실 또는 정신적 손상에 따른 증상의 외현을 의미하는 용어로 사용되었을 수도 있다. 다음에서는 이러한 장애라는 용어가 언제부터 사용되었는지, 또 그것이 유사한 의미를 가지는 폐질이나 장해라는 용어와 어떻게 혼용되어 왔는지를 살펴보고자 한다.

일본의 영향력

우리나라의 사회시스템과 행정 관행이나 체계는 일제강점기에서의 영향력이나 이후 근대화과정에서의 모델링을 통해 일본의 영향을 많이 받아왔고 지금도 일부 그 모습이 연역되어 오고 있다. 사회복지 분야도 마찬가지다. 우리나라가 사회복지법제를 체계화하는 과정에서 일본의 정책구조를 벤치마킹한 경우가 많은데(안상훈 · 조성은 · 길현종, 2005), 사회보험 중에 제일 먼저 입법화된 산업재해보상보험법이 그러하다. 또 사회복지관련 용어사용(최옥채 · 黑木保傳, 2014)이나 정책적 틀 구성(김만두, 1985; 이혜원, 1997)도 마찬가지다. 아울러 장애인정책 분야에서도 장애인복지법이나 장애인고용촉진등에관한법률에서의 장애인등록제도, 장애인수첩(手帖), 매점이나 자판기에 대한 우선 허가, 장애인의무고용제 등에서도 일본 정책과의 유사성을 찾아볼 수 있다.

그렇다면 장애라는 용어도 일본의 영향력에 따라 생겨난 것일까? 만약 그렇다면 일본에서는 현재 장애가 아니라 장해라는 용어를 쓰는데 왜 우리는 일본을 따라하지 않았을까? 생각이 거기에 이르면 좀 더 근원적인 질문을 던지고 싶어진다. 장애라는 용어는 언제부터 사용한 것일까? 흔히 옛날 용어로 귀머거리, 장님, 절름발이, 바보 등을 모두 통칭할 용어가 필요해서 장애(障碍)라는 용어가 등장한 것일까? 다양한 생각이 꼬리에 꼬리를 문다. 이를 살펴보기 위해서는 일본과의 관계를 염두에 두면서 조금 시간이 걸리더라도 역사여행을 할 필요가 있다.

일본과 일제강점기

일본에서는 사회복지법령의 근대적 기원으로 간주하는 1874년의 휼구규칙(恤救規則)에서 폐질이라는 용어를,[1] 이후 휼구규칙을 체계화한 1929년 구호법(救護法)에서는 장애라는 용어를 사용한 바 있다.[2] 일본이 상용한자를 공포한 것이 1922년인 점을 감안할 때 1929년은 공포 이후의 시기인데도 불구하고 굳이 굳이 상용한자의 범위에 포함되지 않는 애(碍)를 사용한 것은 매우 이례적인 경우라고 할 수 있다. 하지만 세월이 흐르면서 곧 장애라는 용어는 더 이상 쓰지 않게 되어 사회복지 관련법령에서 '장애'라는 용어는 찾아보기 어렵고 1944년의 후생연금보험법에서 장해연금이 도입된 이래 '장해'라는 용어가 사회복지법령에서 통일되어 사용되고 있다.[3]

1 1874년 휼구규칙 원본은 일본 국립공문서 디지털 아카이브 홈페이지에서 확인할 수 있다. https://www.digital.archives.go.jp/DAS/meta/listPhoto?LANG=default&BID=F0000000000000000484&ID=M0000000000000848752&TYPE=

2 1929년 구호법 원본은 일본 국립공문서 디지털 아카이브 홈페이지에서 확인할 수 있다. https://www.digital.archives.go.jp/DAS/meta/listPhoto?LANG=default&BID=F0000000000000031171&ID=&TYPE

3 이후 1949년 신체장해자복지법과 국민연금법(国民年金法), 지적장애자 등에 대한 장애자고용촉진법

한편, 일제강점기 동안 우리나라 사회복지실천의 고전적인 역사 문헌으로 「궁민구조규정(窮民救助規定)」이 있는데, 이 규정은 1915년에 일본 대정왕(大正王)이 우리나라에 자금 20만 엔을 이전하여 이를 종잣돈으로 하여 마련된 것으로 은사진휼자금을 집행하기 위한 것이었다. 이에 따르면 폐질, 불구 또는 중병자인 독신자, 그리고 가족 구성원이 노유(老幼), 폐질, 불구, 실종 또는 재감(在監) 등의 사유로 부양을 받는 기혼자가 지원을 받을 수 있도록 하였는데(하상락, 1989 : 78) 폐질이 지원 요건 중의 하나였음을 알 수 있다. 이 기간 동안 법령에 '장애'라는 용어가 제일 먼저 등장한 것은 1934년에 개정 · 시행된 조선소득세령[4]에서였다. 조선소득세령 제17조에서는 공제대상소득을 정함에 있어 공제를 받을 수 있는 인적 요건을 제시하였는데 그중의 하나가 '신체장애자'였다. 이를 통해 1930년대에 이미 '장애자'라는 용어를 사용하고 있었음을 알 수 있다. 하지만 조선소득세령을 구체화한 조선소득세령 시행규칙[5]에서는 '신체장애자'라는 용어 대신에 '불구폐질자'라고 명명한 것이다. 동일 법령 내에서도 용어 사용상의 혼돈이 있을 만큼 그 당시만 하더라도 정책대상을 명명함에 있어 적용하는 기준이 명확하지는 않았던 것으로 보인다.

이후 1940년대에 접어들면 우리나라 사회복지발달사에서 일제강점기의 사회

(知的障害者も対象とする障害者雇用促進法), 정신보건과 정신장해자복지에 관한 법률(精神保健及び精神障害者の福祉に関する法律), 장애자자립지원법(障害者自立支援法), 발달장애자지원법(発達障害者支援法) 등 모든 법률에서 장해라는 용어로 통일되었다.

4 조선소득세령은 1920년 7월 31일 제정되고 같은 해 8월 1일에 시행되었으나 9차 개정인 1934년 4월 30일 시행된 조선소득세령에서 처음 신체장애자라는 용어가 등장하였다. 조선소득세령 제17조 ① 전2조의 규정에 의하여 산출한 소득총액이 3천 원 이하인 때에는 그 소득이 있는 자의 신청에 의하여 그 소득에서 그 해 4월 1일 현재 동거하는 호주 및 가족 중 연령이 18세 미만이거나 60세 이상인 자 또는 신체장애자 1인에 대하여 다음의 금액을 공제한다. 다만, 제2조의 규정에 의한 납세의무자에 대하여는 그러하지 아니하다. (중간 생략) ⑤ 제1항의 신체장애자는 조선총독이 이를 정한다.

5 조선소득세령 시행규칙 제14조 조선소득세령 제17조 제1항에서 불구폐질자라 함은 심신(心神)장애자, 농자, 아자, 맹자 기타 중대한 상해나 질병 또는 불치의 질환으로 항상 구완이 필요한 자를 말한다.

복지법령으로 중요하게 다루는 1944년 3월 시행 조선구호령이 등장한다(김만두, 1985; 이혜원, 1997; 안상훈 · 조성은 · 길현종, 2005; 이성규, 2011). 조선구호령 제1장(피구호자) 제2조에서는 구호대상으로 65세 이상의 노약자, 13세 이하 유자, 임산부 등과 함께 '불구폐질, 질병, 상이 기타 정신 또는 신체장애로 인하여 노무를 하기에 장애가 있는 자'를 제시하고 있다. 여기서 장애라는 용어가 쓰였지만 불구폐질, 상이 등의 용어도 함께 사용하고 있어 장애라는 용어를 사회복지법령에서 대표적 용어로 자리매김한 것으로 보기는 어렵다. 불과 1년 뒤 1945년 개정 · 시행된 조선선원보험법 시행규칙에서의 '장해연금'과 '장해수당금'에서 알 수 있는 바와 같이 장애뿐만 아니라 장해라는 용어도 당시 함께 사용된 점이 이를 뒷받침해 준다. 뿐만 아니라 이후 '폐질 상태의 정도'를 급여지급기준으로 사용하고 있어 폐질도 계속 사용되고 있었음을 알 수 있다. 이는 이후 사회보험 관련법령에서 급여명칭으로는 장해를, 실제지급기준으로는 폐질을 사용하는 패턴이 조선선원보험법 시행규칙에서 시작되었다는 것을 알 수 있다.

미군정기

한편, 해방 이후 정부수립 이전인 미군정기에 구호정책 추진을 위한 구호준칙으로 후생국보 3호, 3A호 및 3C호가 제정 · 적용되었다(이혜원 · 이영환 · 정원오, 1998 : 317-318). 하지만 이들은 기존 조선구호령에 몇 가지 행정준칙을 첨가한 것이어서 양자 간 내용에 근본적인 차이가 없었다(박보영, 2005 : 83; 안상훈 · 조성은 · 길현종, 2005 : 166). 비슷한 맥락에서 일반구호사업 중 하나인 공공구호 대상을 '65세 이상의 노인, 소아를 가진 여자, 임산부, 불구폐질자'로 하고 있어(대한민국공보부, 1949 : 105, 박보영, 2005 : 86 재인용) 여전히 폐질을 주요 기준으로 활용하였음을 알 수 있다.

그러나 1947년 6월 시행 미성년자노동보호법에서의 용어 선택은 사뭇 달랐다. 고용계약의 소멸 · 해제 사유로 '피용자 질병 기타 신체 장해로 인하야 취업키 곤란할 때'라고 규정하였는데 여기서 장해라는 용어가 사용되고 있다. 이를 통해 조선선원보험법 시행규칙에 이어서 미군정기에도 장해라는 용어도 계속 사용되어 왔음을 알 수 있다.

1~2공화국(박정희 정부 이전)

이 시기에는 다음 표에서 보는 바와 같이 장애라는 용어가 국립재활원직제규정에서 사용된 반면, 폐질은 보건사회부직제에서, 장해는 교육법, 군사원호법, 경찰원호법 및 근로기준법 등에서 광범위하게 사용되었다는 것을 알 수 있다.

〈표 1-1〉 **일제강점기부터 1950년대 말까지 세 용어가 사용된 법령**

용어	1910~1930년대	1940년대~해방 전	미군정기	1, 2공화국
폐질	궁민구조규정(1915) 조선소득세령 시행규칙(1934)	조선구호령(1944)	후생국보	보건사회부직제(1955)
장애	조선소득세령(1934)	조선구호령(1944)		국립재활원직제(1958)
장해		조선선원보험법 시행규칙(1945)	미성년자노동보호법(1947)	교육법(1949) 군사원호법(1950) 경찰원호법(1950) 근로기준법(1953)

제3공화국부터 지금까지 : 사회보험 분야

네 가지 사회보험 관련법령에서 장애와 관련 용어들이 어떻게 변화되어 왔는지, 그리고 아이러니하게도 장애라는 용어가 얼마나 제한적으로 사용되고 있는지를 정리하면 다음 표와 같다. 급여제목으로는 국민연금법만 제외하고는 모두 장해라는 용어를 사용하고 있다. 급여지급기준에서는 산업재해보상보험법에서의 '장기요양상태등급'이라는 용어를 제외하면 장해를 사용하는 산업재해보상보험법, 공무원재해보상법 및 군인재해보상법, 그리고 장애를 사용하는 사립학교

교직원연금법과 국민연금법으로 크게 양분되어 용어가 사용되고 있음을 알 수 있다.

〈표 1-2〉 **사회보험 관련법령에서의 폐질, 장해 및 장애 용어의 변화**

<table>
<tr><th rowspan="2">법률명</th><th colspan="2">급여제목 관련 용어</th><th colspan="3">지급기준 관련 용어</th></tr>
<tr><th>종전</th><th>현재</th><th>최초규정</th><th>중간</th><th>현재</th></tr>
<tr><td rowspan="2">산업재해보상
보험법</td><td rowspan="2">장해급여</td><td rowspan="2">장해급여</td><td colspan="2">장해</td><td>장해</td></tr>
<tr><td colspan="2">폐질</td><td>중증요양
상태등급
(2018)</td></tr>
<tr><td>공무원연금법</td><td>장해급여(연금)</td><td>-</td><td>폐질</td><td>장애</td><td>-</td></tr>
<tr><td>공무원재해보상법</td><td>신설(2018)</td><td>장해급여(장해연금, 장해일시금) 장해유족연금</td><td colspan="2"></td><td>장해(2018)</td></tr>
<tr><td>군인연금법</td><td>상이연금
장애보상금</td><td>-</td><td>폐질</td><td>장애</td><td>-</td></tr>
<tr><td>군인재해보상법</td><td>신설(2020)</td><td>장해급여(상이연금,
장애보상금)</td><td></td><td></td><td>장해(2020)</td></tr>
<tr><td>사립학교교직원
연금법</td><td>장해급여</td><td>장해급여(연금)</td><td colspan="2">폐질</td><td>장애(2010)</td></tr>
<tr><td>국민연금법</td><td>장해연금</td><td>장애연금(1999)</td><td colspan="2">장해</td><td>장애(1999)</td></tr>
</table>

제3공화국부터 지금까지 : 교육, 복지, 고용 분야 관련 법령

1949년에 제정된 교육법에서는 장애 관련 용어가 두 군데에서 나타난다. 첫째는 학령인구 취학의무 면제 · 유예 사유로 제시된 '폐질'이다. 폐질은 박정희 정부 이후에도 계속 사용되다가 1993년 12월 시행법률에서 다른 용어로 대체되었다.

〈표 1-3〉 **교육법 제98조(취학의무의 면제) 중 폐질 용어 삭제 시기**

1949년 이후	1993. 12월 이후
학령아동의 불구, 폐질, 병약, 발육불완전 또는 기타 부득이한 사유로 인하여 취학하기 불능한 경우에는 대통령령의 정한 바에 의하여 그 의무를 면제 또는 유예할 수 있다.	학령아동이 질병 기타 부득이한 사유로 인하여 취학이 불가능한 경우에는 대통령령이 정하는 바에 따라 제96조 및 제102조의2의 규정에 의한 취학의무를 면제하거나 유예할 수 있다.

둘째는 특수학교의 설립목적을 기술한 제143조에서 '장해'를 명명하였는데, 특수교육진흥법이 제정 · 시행된 1979년 이후 처음 개정하는 법률에서 장애로 대체되었다.

〈표 1-4〉 **교육법 제143조(특수학교의 목적) 중 장해 용어의 삭제 시기**

1949년 이후	1981년 3월 이후
특수학교는 맹자, 농아자, 정신박약자 기타 심신에 장해가 있는 자에게 국민학교, 중학교에 준한 교육과 그 실생활에 필요한 지식기능을 가리침을 목적으로 한다.	특수학교는 시청각장애자등 심신장애자에게 유치원·국민학교·중학교·고등학교에 준한 교육과 그 실생활에 필요한 지식 및 기능을 가르침을 목적으로 한다.

한편, 장애인복지서비스에 대한 단독 법률이 없고 장애 관련 용어를 이 분야에서 별도로 정한 바가 없던 시절에 장해라는 용어를 사회보험 관련법령뿐만 아니라 1961년 한국장해아동조사보고서(보건사회부 · 한국아동복리위원회, 1961)와 1966년 장해자조사보고서(보건사회부, 1966) 등 각종 조사 명칭에서도 사용한 바가 있었다. 비록 법령은 아니지만 국가 차원의 장애인에 대한 최초 조사인 점을 감안할 때 당시 보건사회부 내 사회복지 분야에서도 장해라는 용어는 폭넓게 이해되고 수용되었던 것으로 보인다.

노동업무가 1963년 보건사회부의 외청인 노동청으로 분리되었지만 재활업무와 산업재해보상업무가 보건사회부 소관이므로 양쪽 모두 장해라는 용어를 사용하였다는 것이 크게 어색해 보이지는 않는다. 아울러 1966년 장해자조사에는 응답자의 연금수급관계를 묻는 질문도 있어 응답의 일관성을 확보하기 위해서라도 사회보험 분야에서 사용해 왔던 장해라는 용어를 그대로 사용하는 것이 조사의 편리를 더했을 것으로 추측된다.

하지만 1970년대에 들어서면서 용어사용에 변화가 일어난다. 1970년 2월 시행 보건사회부직제에서는 종전의 '불구 · 폐질자'라는 용어 대신에 '정신장애자, 신체장애자'라는 용어를 사용한 것이다.

〈표 1-5〉 **1970년 보건사회부 사회국 업무에서의 장애 관련 용어사용 변화**

이 전	1970년 2월 이후
제10조 (사회국) ①~② 생략 ③ 사회과는 다음 각호의 사항을 분장한다. 1~4. 생략 5. 노령 · 불구 · 폐질자의 보호	제12조 (사회국) ①~② 생략 ③ 사회과는 다음 사항을 분장한다. 1. 정신장애자복지에 관한 사항 2. 신체장애자복지에 관한 사항

이후 사회복지서비스 분야 중 장애인복지와 관련된 최초 입법은 1981년에 제정 · 시행된 심신장애자복지법이었다. 이후 동 법률은 1989년에 전면개정되어 장애인복지법으로 계승되면서 현재의 장애, 장애인이라는 용어가 보편적으로 사용될 수 있는 기반이 마련되었다고 볼 수 있다. 1990년대 후반부터는 편의시설증진, 장애인차별금지, 중증장애인생산품 우선구매, 장애인활동지원, 장애인연금, 장애인건강 등 장애인복지정책의 세부 갈래들에 대한 법률이 제정되기 시작했는데, 이때 사용된 명칭은 모두 장애인복지법상의 용어에 근거하여 사용되어 오고 있고 개념적 혼란은 거의 없던 것으로 이해된다.

장애인고용 관련법률로는 1990년에 제정 · 시행된 장애인 고용촉진 등에 관한 법률을 들 수 있다. 이 법은 정책대상의 명칭을 심신장애자복지법에서와 같이 장애자로 할 예정이었으나 실제 입법이 늦어지는 사이 1989년 장애인복지법이 전면개정되면서 장애자 대신 장애인이라는 용어를 쓰게 되었다. 이후 동 법률은 고용촉진이라는 제한된 정책범위를 탈피하고자 장애인 고용촉진 및 직업재활법으로 전면개정되는 과정에서도 장애 관련 용어 사용에서의 혼선은 없었다. 동법의 주무부처인 고용노동부에서 담당하는 산업재해보상보험법에서는 장해라는 용어를 그대로 쓰면서도 장애인고용 관련법률에서는 장애라는 용어를 사용하고 있어 큰 틀에서 보면 장애인고용은 장애인복지에서의 용례와 그 맥을 같이하고 있음을 알 수 있다.

2 장애와 장해라는 용어가 공존하는 이유

구별 실익이 있을까?

사회복지법령에서 굳이 장애와 장해를 구별하는 실익은 무엇일까? 이를 살펴보기 위해서는 각 용어가 사용되는 영역에 따라 어떻게 구분되고 있는지를 먼저 이해할 필요가 있다. 먼저 장해는 국민연금법을 제외하고는 대부분 사회보험 관련법령에서 급여제목으로 사용되고 있다. 지급기준으로서도 사립학교교직원연금법과 국민연금법을 제외한 나머지 세 법령에서 장해가 사용되고 있다. 이는 사회보험 관련법령을 제외한 사회복지법령에서는 모두 장애로 용어 사용이 통일되어 있다는 점과 크게 대별된다. 그렇다면 사회보험 관련법령에서 장해라는 용어를 굳이 별도로 사용해야 하는 특별한 이유가 무엇인지 그 궁금증의 범위는 좁혀진다.

생각건대 사회복지에서 국가지원 성격의 수급대상 범위를 결정해야 하는 것과 사회보험에서 보상적 성격의 급여(연금) 지급대상을 선정하는 것은 제도의 취지와 목적을 고려할 때 우선 차이가 있다는 점을 짚고 넘어갈 필요가 있다. 대부분 조세로 운영되는 일방향적 지원정책의 대상은 다소 엄격하게 제한하려는 경향을 띠는 반면, 피해에 대한 보상적 성격의 급여는 소득상실에 따른 어려워질 수 있는 생활을 보장하기 위해 손상이 일시적이거나 부분적이라 하더라도 피해의 정도에 따라 급여규모를 설계하는 것이 필요하고 엄격하게 지급대상에서 제외할 이유가 크지 않다고 볼 수 있다. 실제 법령을 살펴보더라도, 장애인복지법에서 장애인이란 "신체적 · 정신적 장애로 오랫동안 일상생활이나 사회생활에서 상당한 제약을 받는 자"로 규정되어 있어 장애는 오랫동안 일상생활이나 사회생활에서 상당한 제약을 주는 신체적 · 정신적 손상을 의미한다고 볼 수 있다. 그만큼 신체적 · 정신적 손상의 영향이 고착화되어 있는 경우에 한하여 장애로 판정될 수 있다. 이는 우리나라뿐만 아니라 대부분의 국가에서 산업재해와 장애인복지는 각기 다른 재원구조를 가지고 있고 산재보상보험의 경우 장애(장해) 판정의 최소기준이 더 관대(박찬임 · 최기춘 · 최재동 · 최윤영, 2005 : 11)한 것과 맥락을 같이한다. 그런 차이를 반영하여 우리나라에서도 장애와 장해의 개념을 구분하여 사용하고 있는 것으로 이해될 수 있다.

앞으로도 이렇게 계속 구분할 필요성이 있을까?

그러나 앞으로 계속 이렇게 양립하여 사용되어야 하는지 그 필요성에 대해서는 또 다른 논의를 필요로 한다.

첫째, 각 법률에서 어느 정도의 손상을 급여(연금) 지급기준으로 삼을 것인지는 개별 법률에서 판단하면 된다. 그렇다면 기준이 모두 다르다는 이유도 용어 또한 모두 달라야 하는가? 그렇지 않다. 그렇다면 장애인의 복지 · 교육 · 고용 분야이든, 사회보험 분야이든 각 법률에서 정하는 정책대상의 범위는 모두 다를 수밖에 없다고 보면 굳이 사회보험 관련법령에서만 장애 대신에 장해라는 용어를 고집할 이유는 크지 않다. 그럼에도 최근 공무원재해보상법과 군인재해보상법이 재해보상의 원류라고 할 수 있는 산업재해보상보험법 체계를 차용하면서 엄정한 논의 없이 무비판적으로 장해라는 용어를 사용하는 것이 미래지향적으로 바람직한지 따져볼 필요가 있다.

둘째, 급여명칭이나 지급기준에서 장해를 장애로 바꾼 선례가 존재한다는 것에 주목할 필요가 있다. 즉, 개념상 차이가 있다고 하더라도 해당 법령에서 정하는 바에 따라 충분히 의미를 다르게 규정할 수 있기 때문에 굳이 혼란을 무릅쓰고 용어 자체를 다르게 써서 구분해야 할 실익이 없음을 국민연금법 개정사례를 통해 충분히 유추할 수 있다. 덧붙여, 혹시라도 모두 장애급여, 장애연금으로 개정하여 동일 용어 사용에 따른 혼란을 우려한다면 '장애'라는 용어를 쓰되 산업재해보상보험법에서의 장해급여를 산재장애급여로, 군인재해보상법에서의 장해급여는 군인장애급여로 접두어를 사용하여 그 내용을 명확하게 한다면 급여 명칭의 혼란은 피할 수 있을 것으로 본다.

셋째, 구분실익에 대한 의문 외에도 장해라는 용어가 '해할 해(害)'를 포함하고 있다는 점에서 어의(語意)와 어감 면에서 재고의 필요성을 엿볼 수 있다. 대다수의 법령에서 장애라는 용어 사용으로 수렴되고 있는 점, 일본에서도 장해가 주는 비하적 의미를 없애기 위해 장애로 바꾸자고 하는 사회적 요구가 있다는 점(연합뉴스, 2010), 산재 '장해'인이면서도 장애인복지법에 따라 '장애'인으로 등록할 때 생기는 용어상의 오해나 불필요한 혼란 등을 감안한다면 장해라는 용어를 굳이 계속 고집할 명분과 실익은 크지 않아 보인다. 오히려 지금이 오랜 관행에 따른 익숙함을 타자화시켜 스스로 경각심을 가지면서 바람직한 방향을 모색하는 것이 필요한 시점이라 하겠다.

3 어떤 것이 장애인 비하용어일까?

앞에서는 장애와 장해라는 용어가 왜 현재 소관 법령에 따라서 각각 달리 사용되고 있는지, 과연 그렇게 별도로 사용되고 있는 현재의 관행이 적절한지를 살펴보았다면, 다음에서는 장애인을 지칭하는 다양한 용어들이 존재해 왔는데 어떤 용어들이 장애인을 비하하거나 차별하는 용어라고 이야기되는지를 살펴보고자 한다. 의도적으로 장애인을 비하해서도 안 되겠지만 우리가 제대로 이해하지 못해서 사용한 용어가 장애인 비하용어라면 이제부터라도 사용하지 않도록 노력해야 하므로 장애인 비하용어에 어떤 것들이 포함되어 있는지를 알 필요가 있다. 그런데 어떤 용어가 장애인을 비하하는 것이라고 통용되려면 누군가가 장애인 비하용어의 범주를 결정해야 한다. 만약 그 결정주체가 국가 또는 국가로부터 그러한 결정권한을 위임받은 기관이라면 오해의 소지가 적겠지만 민간에서 자체적으로 결정하고 있다면 그에 대한 공신력을 부여할 수 있는 것인지, 그리고 나아가 그러한 결정주체가 다수이고 그 결정범주가 제각각 달라 어떤 용어가 한쪽에서는 비하용어라고 하고, 다른 한쪽에서는 비하용어의 범주에 속해 있지 않다면 일반국민들은 어디를 따라야 하는 것일까?

장애인 비하 관련 현행 법적 구조

대한민국헌법 제19조에서는 양심의 자유를, 제21조에서는 언론 · 출판의 자유를 명시하고 있으면서 이러한 기본권은 제37조 제2항에서 국가안전보장 · 질서유지 또는 공공복리를 위하여 필요한 경우에 한하여 법률로써 제한할 수 있도록 하고 있다. 대한민국 국민은 자신의 양심에 따라 표현의 자유를 가지는데 이에 기대어 연역해 보면 장애 또는 장애인에 대한 표현방법도 자신이 결정할 수 있다고 할 수 있다. 그러나 비하하는 용어를 사용할 경우 장애인의 인격권과 평등권을 침해할 수 있어 이를 방어하기 위해서는 용어사용자의 표현의 자유를 제한해야 한다고 하면 이 양자의 기본권이 충돌하게 된다.

이때 제한하려고 할 경우 제한의 법적 근거가 필요한데 '장애인 차별금지 및 권리구제 등에 관한 법률'(이하 "장애인차별금지법"이라 한다)이 이에 해당할 수 있다. 동법 제32조에서는 장애인에 대한 괴롭힘 등을 금지한다고 명시하고 있고, 특히 동조 제3항에서는 '누구든지 장애를 이유로 학교, 시설, 직장, 지역사회 등에서 장애인 또는 장애인 관련자에게 집단따돌림을 가하거나 모욕감을 주거나 비하를 유발하는 언어적 표현이나 행동을 하여서는 아니 된다'고 규정하여 비하용어를 사용하면 장애인에 대한 괴롭힘에 해당하고 동법에서 금지한 사항을 위반한 것으로 간주될 수 있음을 명시하고 있다.

하지만 비하를 유발하는 언어적 표현이나 행동이 무엇을 의미하는지에 대한 구체적인 법적 기준이 없을 뿐만 아니라[6] 제32조를 위반하여 비하유발 언어표현을 한 경우에 대한 벌칙조항이 장애인차별금지법에 별도로 마련되어 있지 않아[7] 장애인 비하용어 사용에의 법적 대응이 쉽지 않다는 것을 알 수 있다(국가인권위원회 부산인권사무소 · 경남장애인권리옹호네트워크, 2019 : 6–8).

차별, 혐오, 비하 용어 간의 관계

그렇다면 차별, 혐오, 비하 등의 용어는 서로 다른 것일까? 현실에서는 어떻게 사용되는 것일까? 이들은 매우 다양하게 사용되고 있는데, 언론에서도 하나의 기사 내에서 같은 의미를 표현할 때도 두 가지 이상의 용어를 혼동하여 사용하기도 한다(네이버 포스트, 2021 : KBS NEWS, 2022).[8] 이러한 여러 용어 중에서 어떤 개념을 중심으로 논지를 전개할 것인지를 결정하는 것은 '비하'와 '용어'를 둘러싼 두 가지 판단을 필요로 한다. 첫째, '비하, 차별, 혐오'라는 용어 간의 관계이다. 사전적 의미로는 각각 '업신여겨 낮춤', '둘 이상의 대상을 각각 등급이나 수준 따위로 차이를 두어서 구별함', '싫어하고 미워함'라고 풀이된다. 비하는 차별의 원인이 될 수 있지만 현실에서는 비하가 차별과 유사한 용어로 사용되기도 한다.[9] 그러나 혐오는 차별과 직접적으로 연결되어 있지만 증오를 사회적으

6 박은정 · 강을영 · 권오성 · 남궁준 · 박귀천 · 신수정 · 이소라 · 이을경 · 이정선 · 차혜령(2020)의 연구를 통해 국가인권위원회는 성별, 나이, 사회적 신분, 재화공급, 성적 지향 등 다양한 분야에서의 차별 판단기준을 강구했지만 장애 관련 용어 사용 기준은 포함되지 않았다.

7 장애인차별금지법 제6장 벌칙 제49조에서는 일반적인 차별행위로 판단하는 고려사항을 제시하고 있고, 제50조에서는 동법 제44조에 따른 시정명령 미이행에 대한 것으로서 비하용어 사용으로 인한 차별행위 성립요건을 구체적으로 명시하고 있지 않아 어떤 것이 비하용어이고 아울러 비하표현으로서 처벌로 연결될 수 있는지를 판단하기가 쉽지 않다.

8 국회의원의 장애인 비하발언을 이유로 한 소송에 대해 법원의 판결을 다루는 기사에서 비하발언과 혐오표현에 대한 구분이나 해설 없이 기사를 이어가고 있다(KBS NEWS, 2022). 네이버 포스트(2021)에서도 제목에서는 '일상 속 차별 · 혐오 표현'이라고 썼지만 정작 내용에서는 '혐오'라는 단어는 한 번도 나오지 않고 '비하표현'이라는 용어만으로 논조를 이어가고 있다.

9 소셜포커스는 장애인먼저실천운동본부의 '2020모니터 보고서 : 장애인과 의사소통' 내용을 통해 장애 차별용어가 심각하다고 보도하고 있는데 정작 동 보고서의 내용에서는 비하용어라고 표현하지, 차

로 투사한 것이라는 점에서 훨씬 더 높은 강도의 의미를 내포하고 있다고 이해되기도 한다(송현정 · 김성화 · 서용성, 2020 : 13-14). 그런 의미에서 비하는 차별 또는 혐오를 포괄하는 보다 넓은 개념으로 이해할 수 있다(장경현, 2021 : 3). 하지만 이 세 용어의 대소관계를 명확하게 비교한 것이 없고 이에 대한 사회적 합의도 없어 현실에서는 혼용하여 사용되는 것으로 보인다. 둘째는 용어와 표현과의 관계이다. 용어에 비해 표현은 음성이나 문자를 수단으로 하는 언어로만 한정하지 않는다. 특히 혐오의 경우에는 혐오표현(Hate Speech)이라는 단어로 사용되는데 혐오표현은 음성과 문자뿐만 아니라 혐오의 메시지를 직간접적으로 외부에 표출하는 행동까지를 포괄한다. 예를 들어, 인종차별주의자들이 하얀 옷을 입고 흑인이 사는 집 앞마당에서 십자가를 불태우는 행위, 시각장애인의 오전 이른 시간대에 상점을 방문하면 소금을 뿌렸던 행위 등이 이에 해당한다(서울대학교 인권센터, 2015).

장애인먼저실천운동본부 발표 비하용어

장애인먼저실천운동본부에서는 1997년부터 장애용어를 모니터링해 오면서 매년 관련 가이드라인을 제시하고 있는데, 법령용어에 국한하지 않고 일상생활에서 널리 사용될 수 있는 다양한 비하용어를 발굴 · 제시하고 있다. 이 과정에서 실천운동본부는 종래 비하용어와 권장용어로 대별하였다가 2018년부터는 과거용어, 비하용어, 자제용어, 올바른 용어(법적 용어)로 세분화하여 안내해 오고 있다.

별용어라는 단어는 나오지 않는데 '비하'와 '차별'을 혼동하여 유사하게 사용하고 있는 것이다(소셜포커스, 2021. 2. 25일자 보도).

〈표 1-6〉 2018~2021년 장애인먼저실천운동본부 올바른 장애용어 가이드라인

제안 년도	과거 용어	비하용어	자제 용어	법적 용어 (올바른 용어)
2018			정상인, 일반인	비장애인
	장애자, 심신장애자	애자, 불구자, 병신, 불구		장애인
	맹인	애꾸눈, 외눈박이	장님, 소경, 봉사	시각장애인
		귀머거리		청각장애인
		말더듬이, 벙어리		언어장애인
		언청이		안면장애인
	정신지체, 정신박약자	백치, 저능아		지적장애인
	지체부자유자	찐따, 절름발이, 앉은뱅이, 불구자, 곱추		지체장애인
	간질장애인			뇌전증장애인
2019		정상인	일반인	비장애인
	나머지는 2018년도 제안과 동일			
2020	장애자, 심신장애자	애자, 불구자, 병신, 불구	장애우	장애인
	나머지는 2019년도 제안과 동일			
2021 ~ 현재	장애자, 심신장애자	애자, 불구자, 병신, 불구		장애인
	장님, 소경, 봉사	애꾸눈, 외눈박이	맹인	시각장애인
	나머지는 2020년도 제안과 동일			

출처 : 장애인먼저실천운동본부(2018; 2019; 2020; 2021).

법제처의 알기 쉬운 법령 정비기준

법제처에서는 법령에 대한 일반국민의 이해도를 높이기 위해 「알기 쉬운 법령 정비기준」을 2006년부터 지금까지 발표해 오고 있다. 2005년에는 하위법령을 한글로 풀어쓴다든가 법령 명칭의 띄어쓰기 등에 중점을 두다가 2006년에 비로소 "알기 쉬운 법령 만들기 5개년계획"을 수립하게 되었다(법제처, 2006a) 이후 2014년에는 법령용어 기획정비작업을 추진하고 2015년부터는 알기 쉬운 법령 대상을 자치법규로 확대하면서(법제처, 2015) 2018년부터는 지방자치단체에서도 조례 · 규

칙 등 자치법규에서 사용되는 장애 관련 용어를 정비하게 되었다(법제처, 2018).

법제처는 '제1차 알기 쉬운 법령 정비기준'에서 어려운 한자어, 일본식 한자어 등과 함께 잘못 사용되거나 부적절한 용어에 대해서도 대안을 제시한 바 있다(법제처, 2006b). 그중에 장애인 비하 느낌을 주는 표현으로 '장애자, 불구자, 농아자'를 제시하면서 이를 각각 '장애인, 지체장애인, 듣지 못하거나 말하지 못하는 사람'으로 사용할 것을 제안하였다. 그 이후 거의 매년 업데이트해 오면서 특히 2014년에는 장애인 비하용어 중 사회적으로 개선하기로 합의한 9개 용어에 대해 이를 사용하는 법령의 개정을 주도하기도 하였다(법제처, 2014).

〈표 1-7〉 **2014년 법제처가 주도한 장애인 관련 정비대상용어 개선기준**

현행	맹인	간질병자	간질	농아자	농아	정신병자	불구자	불구	장애자
개선기준	시각 장애인	뇌전증 환자	뇌전증	청각 및 언어 장애인	청각 및 언어 장애	정신 질환자	(신체) 장애인	(신체) 장애	장애인

법제처에 의해 마련된 정비기준 중 장애인 비하용어는 해를 거듭할수록 그 종류도 추가되었는데, 다음 표는 2006년부터 2021년까지 정비대상으로 선정된 용어의 역사적 변화과정을 보여주고 있다.

〈표 1-8〉 **시기별 장애 관련 정비대상 및 그에 따른 순화 용어**

차수 및 시기	정비대상 용어	순화 용어	비판적 검토
제1차 2006년	심신장애자	심신장애인	
	불구자	지체장애인	
제2차 2009년	장애자	장애인	
제3차 2010년	불구자	신체장애인, 장애인	
제4차 2011년	농아자	청각 또는(및) 언어장애인	수화언어법에서는 오히려 '농인' 용어 사용
	맹인	시각장애인	
	반맹	시각장애	
	보장구	장애인 보조기	
	심신상의 장애로 심신상의 장해로	신체적 또는 정신상의 장애로	2012년 이후에도 법령에서는 여전히 "장해" 용어 사용 중임
	정신병자, 정신장애인	정신질환자	
제5차 2012년	심신상의 장애	신체적·정신적 장애	
	나머지는 제4차와 동일		2014년 법 일괄개정
제6차 2014년	장애자	장애인("장애자"는 비하의 의미보다는 용어 통일 차원의 정비)	
	나머지는 제5차와 동일		
제7차 2015년	심신장애	정신장애	심신장애를 오히려 정신장애로 범위를 좁혀 잘못 제시한 사례
	나머지는 제6차와 동일		
제9차 2019년	보장구	장애인 보조기기	
	양극성 장애	조울증	
	정신지체	지적장애	
	행태장애	행동장애	
	나머지는 제8차와 동일		
제10차 2021년	불구폐질	영구장애	국가공무원법에서는 여전히 "폐질"이라는 단어 사용 중
	간질	뇌전증	
	나머지는 제9차와 동일		

출처: 법제처(2006b; 2009; 2010; 2011; 2012; 2014a; 2014b; 2017; 2019; 2021).

국가인권위원회의 인권보도준칙

국가인권위원회는 한국기자협회와 함께 「인권보도준칙」 내 장애인 인권부문 내용을 언론기관에서 준수하도록 직원을 교육할 것을 주문하고 있다. 「인권보도준칙 주요 분야별 요강 매뉴얼」을 보면 "장애인을 비하하거나 차별하는 표현에 주의한다"(한국기자협회 · 국가인권위원회, 2014 : 25)라고 하여 장애인이 자존감과 존엄성, 인격권을 무시당한다고 느낄 수 있는 성격의 보도를 하지 않도록 하고 있다. 아울러 국가인권위원회는 장애차별시정위원회를 통해 2014년 언론매체에 대하여 장애비하용어에 대한 사용 관행을 개선해 줄 것을 의견표명하고 보도자료를 배포한 바 있다(국가인권위원회, 2014a; 2014b). 다음 표는 국가인권위원회가 제시한 장애인 비하용어와 이에 대한 올바른 표현을 제시한 것이다(한국기자협회 · 국가인권위원회, 2014 : 25).

〈표 1-9〉 **국가인권위원회 제시 장애인 비하용어와 올바른 표현**

장애인 비하 용어	올바른 표현
정상인(장애인의 반대말로 쓰일 경우)	비장애인
애자, 장애자, 불구자, 지체부자유자, 병신, 불구, 폐질자	장애인
앉은뱅이	지체장애인
절름발이, 절뚝발이, 쩔뚝발이, 쩔뚝이, 찐따, 반신불수	지체장애인
외다리, 외발이, 외팔이, 곰배팔이	지체장애인
조막손, 육손이	지체장애인
벙어리, 귀머거리, 아다다, 말더듬이, 아자	청각장애인, 언어장애인
장님, 소경, 애꾸, 봉사, 맹자, 애꾸, 애꾸눈, 외눈박이, 사팔 뜨기, 사팔	시각장애인, 저시력장애인
꼽추, 곱추, 곱사등이	지체장애인
정신박약아, 정박아, 등신, 또라이, 백치, 바보 천치, 얼간이, 띵	지적장애인
미치광이, 정신병자, 미친 사람	정신장애인
땅딸보, 난쟁이	지체장애인(저신장장애)
언청이, 언청샌님, 째보	언어장애인
배냇병신	신천성 장애인
혹부리	안면장애인
문둥이, 나병환자	한센인

한국장애인인권포럼

한국장애인인권포럼과 한국언론진흥재단에서 발간한 「올바른 장애용어 및 표현을 위한 언론 가이드북」에는 부적절한 장애 관련 표현과 이에 대한 올바른 표현을 제시하고 언론에서의 실용례를 통해 어떻게 보도하고 장애인을 어떻게 인터뷰해야 하는지를 자세하게 안내하고 있다. 여기에서도 다소 혼선이 나타나는데 가이드북의 목차에서는 '부적절한 용어들'이라고 하면서 정작 이를 정리한 다음 표(한국장애인인권포럼 · 한국언론진흥재단, 2013 : 32)에서는 '부적절한 표현'이라고 되어 있어 '용어'와 '표현'이라는 단어를 혼용하여 사용하고 있음을 알 수 있다.

〈표 1-10〉 **한국장애인인권포럼 제시 부적절한 표현과 올바른 표현**

부적절한 표현	적절한 표현
장애자, 지체부자유자, 장애우	장애인
불구자, 병신, 폐질자, 애자, 찐따	장애인
장애아, 기형아, 자폐아, 발달장애아	장애 어린이, 장애 유아, 자폐증 어린이
정상인, 성한 사람	비장애인
절름발이, 절뚝발이, 반신불수, 꼽추, 곱사등이, 외다리, 외팔이, 곰배팔이, 조막손, 육손이	지체장애인
난쟁이	저신장애인인
장님, 봉사, 소경, 애꾸(눈), 외눈, 사팔뜨기, 청맹과니	시각장애인, 맹인
귀머거리	청각장애인, 농인
벙어리, 말더듬이	언어장애인
백치, 정신박약자, 정박아, 저능아, 반푼이, 팔푼이, 얼간이, 바보, 등신, 천치, 또라이, 무뇌아	지적장애인, 학습장애인
정신연령 3세(5세, 7세)	지적장애인, 자폐성장애인
정신병자, 미친사람, 광인, 미치광이	정신장애인
문둥병, 나병환자	한센인
휠체어 장애인, 휠체어에 의지하는	휠체어 사용자, 휠체어를 사용하는
목발 장애인, 목발에 의지하는	목발 사용자, 목발을 사용하는
시설 장애인	시설 거주자

배냇병신	선천성 장애인
언청이, 째보	장애인으로 표현하지 말 것
○○장애인 홍길동 씨는~	홍길동 씨는 장애인이다
장애를 앓는~, ~가 아픈	장애를 가진

4 장애인 비하용어를 둘러싼 무질서와 딜레마

1) 장애인 비하용어를 둘러싼 무질서

기관 내 및 기관 간 무질서로 인한 혼동 초래

위에서 살펴본 네 기관이 장애인 차별을 초래할 수 있는 용어를 제시함으로써 용어 사용에 있어서의 사회적 경각심을 높이고 나아가 우리의 인식에서부터 장애인 차별의 소지를 제거할 노력의 토대를 마련해 주었다는 점에서 그 의의가 크다고 볼 수 있다. 그럼에도 불구하고 네 기관이 자신의 기관설립목적에 기초하여 각자 비하용어를 제시함으로써 동일 용어에 대해서도 입장이 다르고 나아가서는 한 기관 내에서조차 자신의 일관성을 지키지 못하는 점은 깊이 있게 반성해야 할 대목이라고 볼 수 있다.

먼저 기관 내 무질서로 법제처의 사례를 들 수 있다. 농아자의 경우 2011년 제4차 정비기준 제시 때 비하용어로 규정하고 대안으로 청각 · 언어장애인으로 대체하기로 하고 2014년에 대대적으로 개편작업에 착수했다. 그러나 앞에서 살펴본 바와 같이 관세법과 국민체육진흥법 시행령에서 농아인이라는 용어를 사용하고 있으며 결정적으로 2016년에 한국수화언어법이 제정되면서 동법 제1조에서 '농인'이라는 용어를 공식화하면서 더 이상 농인, 농아인은 장애인 비하용어로 보기 어려움에도 불구하고 여전히 농아자를 비하용어로 분류하고 있다는 점이다. 두 번째로 장해의 예를 들 수 있다. 이 또한 2011년 제4차 기준에서 법제처가 비하용어로 선정하였지만 2018년 신설된 공무원재해보상법, 2020년 제정 군인재해보상법에서 장해라는 용어가 사용되고 있다. 마지막으로 불구(폐질)의 경우에도 이를 비하용어로 규정하고 있으나 현재 국가공무원법에서 여전히 사용하고 있어 내적 혼란을 가중시키고 있다. 분명히 법령 심사과정에서 법제처 심사는 필수적임에도 불구하고 상호 불일치한 내적 기준은 정부부처에게만이 아니라 대국민적으로도 혼선을 초래한다는 점에서 시정이 요구되는 대목이다.

〈표 1-11〉 **기관 내(법제처) 무질서로 인한 혼동**

용 어	법제처
농아자	비하용어로 규정하고 있으나 관세법 및 국민체육진흥법 시행령에서 사용하고 있고, 특히 한국수화언어법 제1조에서 농인이라는 용어 현재 사용 중
장 해	비하용어로 규정하고 있으나 2018년 공무원재해보상법, 2020년 군인재해보상법에서 장해라는 용어를 현재 사용 중
(불구)폐질(자)	비하용어로 규정하고 있으나 국가공무원법에서 현재 사용 중

한편, 살펴본 네 기관 간에도 특정 용어에 대한 판단이 다르다는 것을 알 수 있다. 먼저 농인, 농아인의 경우 실천운동본부와 법제처는 이를 비하용어로 규정하고 이를 대신하여 청각 · 언어장애인으로 대체하도록 하고 있으나 국가인권위원회의 경우 농인, 농아인에 대해서는 비하용어로 선정하고 있지 않으며 한국장애인인권포럼에서는 아예 이를 올바른 표현으로 규정하고 있어 국민들로서는 어느 쪽을 따라야 하는지 혼란스러울 것으로 이해된다. 아울러 (불구)폐질(자)의 경우에도 실천운동본부나 한국장애인인권포럼에서는 이에 대해 비하용어로 간주하지 않고 있으나 법제처의 경우 2021년 제10차 기준 제시 때 이를 비하용어로 포함시켰고 국가인권위원회도 이를 비하용어로 간주하고 있다. 하지만 법제처의 경우 내적 통일성도 없을뿐만 아니라 어느 기관에서는 이를 비하용어로 간주하고 있지 않는 데 비해, 이를 비하용어로 선정한 기관 간에도 대안적으로 제시하는 용어가 각각 달라 여전히 혼란스러움이 제거되지 않고 있다.

〈표 1-12〉 **기관 간 무질서로 인한 혼동**

용 어	차별운동본부	법제처	국가인권위원회	한국장애인인권포럼
농아인(자), 농인	비하용어 청각·언어장애인	비하용어 청각·언어장애인	(비하용어로 선정 안 함)	올바른 표현
(불구)폐질(자)	(비하용어로 선정 안 함)	영구장애	장애인	(비하용어로 선정 안 함)

이러한 기관 내 및 기관 간 무질서로 인한 혼동의 문제는 먼저 이 네 기관이 각자 자신의 고유 역할수행에 매몰되어 다른 기관과의 소통이나 연대 없이 독자적으로 활동함으로 인해 일반 국민들에게 혼란스러운 메시지를 전달하고 있다는 점이다. 물론 선정된 대다수의 비하용어는 사회적 통념과 부합하지만 일부 비하용어는 법령용어와 일치하지 않거나 일상생활에서의 사용례와 차이가 있다는 점은 앞에서 살펴본 바와 같다. 결국 여러 기관에서 장애인 비하용어를 선정 · 제시하고 있지만 때로는 시의성을 갖지 못한다는 점, 비하용어 포함 여부가 들쑥날쑥하다는 점, 선정된 비하용어가 일상생활 또는 법령용어로 사용되고 있는데도 상호 조율하지 않고 방치한다는 점 등으로 인해 비하용어를 둘러싼 무질서한 모습은 여전히 현재진행형이다. 이는 결국 선정된 비하용어에 대한 신뢰를 떨어뜨리고 국민 스스로 비하용어에 대한 모호하게 만든다는 점에서 어떤 정책적 조율이 필요한지에 대한 깊은 성찰이 필요하다고 볼 수 있다.

비하용어 제시와 실제 사용 간 혼동으로 인한 국민 신뢰감 저하

아울러 이러한 혼동의 문제는 비하용어를 정리 · 제시한 기관의 목적과 용처를 구분하여 사용되는 것이 아니라는 점이다. 즉, 법제처가 법령용어개정 분야에 대해서, 국가인권위원회와 한국장애인인권포럼은 언론부문에서의 사용대안을 제시한 것임에도 불구하고 실제 언론에서 사회적 이슈를 다룰 때는 국가인권위원회나 한국장애인인권포럼에서 제안한 내용에 국한하지 않고 오랜 전통을 가진 실천운동본부, 나아가서는 법제처의 기준까지 인용하여 일상생활에서의 우리의 비하용어 사용실태를 분석하는 경우가 많다는 점이다.

그러나 이러한 행태를 이를 자신의 편리대로 인용하는 자의 잘못이나 무분별함으로 탓하기 어렵다. 그만큼 법령용어가 국민들의 일상생활에 끼치는 영향력을 감안하지 않을 수 없으며 국가인권위원회의 위상 또한 대언론 역할에 국한하지 않기 때문에 일상생활에서 얼마든지 동 위원회의 발표내용에 국민들의 일상생활이 어느 정도 구속될 수밖에 없기 때문이다.

그러므로 결국 이러한 무질서로 인한 혼동은 대국민 신뢰감을 저하시킬 뿐만 아니라 비하용어 사용에 따른 차별 논란이 벌어질 때 주장근거로 인용되는 부분을 달리할 수 있는 문제가 생길 수 있다. 결국 역사적으로 오랫동안 장애인 비하용어를 선정하여 이의 사용을 도모하게 하려는 실천운동본부뿐만 아니라 정부기관인 법제처와 국가인권위원회가 서로 합의하고 한국장애인인권포럼과 같이 장애인 당사자의 의견을 충분히 수렴하는 절차를 거쳐 국가적 수준에서 사회적 합의에 기초하여 장애 및 장애인을 비하하는 용어를 그 강도에 따라 사용금지, 사용자제, 대안용어 사용권고 등 다차원적으로 선정하고자 하는 노력이 수반되어야 할 것으로 본다.

비하용어 제시와 사용 강제성 간의 연결 부재

국가적 차원에서의 사회적 합의 부재와 더불어 무질서를 가중시키는 것은 실천운동본부든 국가기관이든 비하용어를 정리 · 제시하더라도 비하적 표현 또는 행위로 인한 차별행위임을 입증하는 데 필요한 판단기준으로 사용하기 어렵다는 점에서 무질서를 가중시킨다고 볼 수 있다. 앞서 살펴본 바와 같이 장애인차별금지법 제32조에 따라 장애인에 대한 괴롭힘의 구성요소로서 비하용어가 판단준칙으로 연결되어 있지 못하기 때문이다. 그만큼 비하용어 선정에 대한 사회적 합의 부재의 연장선에서 대안용어 사용을 강제할 기제가 마련되어 있지 않다는 점에서 앞에서 제시한 정도에 따른 구분방안을 보다 구체적으로 마련할 필요가 있다고 본다. 이는 앞에서 제안한 바와 같이 비하용어를 다양한 차원에서 이를 분류 · 제시할 때 장애인차별금지법의 판단준거가 되는 범위를 획정하여 제시한다면 법 집행의 실효성을 담보해 낼 수 있을 것으로 판단된다.

2) 장애인 비하용어를 둘러싼 딜레마

과거와 현재 간의 딜레마

만약 비하용어가 앞에서 언급한 무질서를 해소하여 사회적 합의를 갖추고 장애인차별금지법 제32조의 판단기준으로 작동한다면, 비하용어를 사용하는 순간 차별행위로 전환될 수 있고 법적 · 사회적 책임도 엄격하게 뒤따르게 된다. 하지만 과거 오랫동안 현재의 비하용어라고 선정된 것을 지금도 불가피하게 사용해야 하는 경우, 이를 어떻게 판단할지가 문제가 된다. 예를 들어, 단편소설인 '벙어리 삼룡이'를 '언어장애인 삼룡이'라고 이야기하면 당시의 시대적 배경을 탈맥락화시킬 수 있으므로 조심스럽게 접근해야 한다. 심청전에서의 '심봉사', 조선말 단편소설인 '백치아다다'도 마찬가지다. 그렇다고 현 시점에서 비하적 성격을 내포하고 있는 그러한 용어 사용을 묵인하거나 방치할 수도 없다는 점에서 딜레마에 놓이게 된다. 그러므로 사회적 합의에 기초하여 사용을 금지해야 할 비하용어와 맥락에 따라 차별로 이어질 수 있는 비하용어를 구별하여 제시하거나, 작품명 등 고유명사와 현재 시점에서 특정 장애인을 지칭하는 용어를 구분하는 등 시대적 맥락에 대한 조망관점을 다각적이고 체계적으로 정립할 필요가 있다. 이러한 점은 다음에서 살펴볼 용어와 용어사용의 상황과 맥락이라는 점과 연결되어 있다.

용어 자체와 용어사용 맥락 간의 딜레마

이러한 용어와 용어사용을 둘러싼 맥락을 어떻게 바라보고 연결해야 할지가 고민이 된다. 용어 그 자체라기보다는 해당 용어가 어떤 특정한 상황이나 맥락에서 구체적으로 사용되었을 때 비로소 비하적 의미를 갖게 되는 것이라면 용어만 가지고 이를 판단하기란 쉽지 않게 된다. '언어' 그 자체가 즉자적으로 '행위'로 연결될 수 없고, 언어가 특정 상황에서 표현될 때 비로소 그 표현행위가 차별행위로 명명될 수 있기 때문이다. 그런 의미에서 흔히 차별적인 용어 중에는 그 자체가 차별이라기보다는 차별로 연결될 수 있는 맹아적 속성을 내포한 것이라는 점에서 언어공동체는 해당 용어가 사용되는 상황과 맥락에 대해 각별히 유념할 필요가 있다. 박정일(2004)의 연구에서도 '차별적 언어 표현'이라는 용어를 사용하면서 이는 듣는 입장과 말하는 입장의 관계에서 출발하여 문맥이나 단어의 의미에 멸시와 차별의 관념이 내포되어 있는 것으로 규정하고 있다. 화자와 청자, 문맥과 의도가 함께 어우러져 차별적 언어 표현인지의 여부가 판단될 수 있다는 것이다. 이에 대해 박혜경(2009 : 25)은 언어공동체의 의사소통구조를 구성하는 개념적 측면과 차별적 인식이라는 내용적 측면이 모두 고려되어야 함을 강조하고 있다. 그런 만큼 비하용어를 선정하는 것과 구체적 상황에서 비하표현으로 규정하는 것은 양자가 서로 연결되어 있으면서도 비하용어가 사용되는 상황과 맥락에 따라 어떤 때에 어떻게 차별행위로 이어지는 것인지에 대한 구체적인 기준과 관점이 충분히 논의되어 사회적 합의를 얻을 수 있는 수준에까지 이르러야 할 것으로 보인다.

Chapter 02

장애 개념에 대한 정치적 및 행정적 접근

내가 어떻게 살아야 할지 아무런 생각이 없었던 대학교 3학년 때.

특수교육으로 저명하신 타 대학 교수님이 오셔서 강의하시는 장애인복지론 수업을 들었다.

특별히 관심이 있어 들었던 과목이 아니다 보니 그저 수업을 따라가던 중,

학기 초반에 장애 종류와 등급을 강의하시는데 그 방대한 양의 정보에 난 아예 질려버렸다.

장애 종류는 왜 그리 많다고 느꼈는지, 등급별로 의학적 기준을 왜 그리 자세하게 설명하시는지, 왜 이걸 배워야 하는지 등등 도대체 내용과 방식에 대해 이해하기가 어려웠다.

결국 난 장애인복지론에 흥미를 잃고 아주 낮은 학점을 받으며 그 다음 학기에 쫓기다시피 군대로 도망갔다.

그래서 그런지 현재 재직하고 있는 대학교에서 장애인복지론을 가르치면서 장애 종류나 등급에 대해 그리 많은 시간을 할애하지 않는다.

대신 나는 '머리숱이 거의 없는데도 왜 장애인복지법에 따라 장애등록을 할 수 없는지', '노인들이 노인성질환으로 인해 그리고 쇠약해지면서 장애로 등록할 수 있을 텐데 왜 등록하기 꺼리는지', '학생들과 어울리는 데 어려움을 가지고 있는 어떤 학생들은 장애등록이 되어 있지 않다는 이유로 왜 정부지원의 큰 범주에서 빠져 있어야 하는지' 등에 대해 더 많이 이야기 나누기를 기대한다.

그러나 늘 그렇듯 바람과 현실은 다르다.

사실(fact)에 관한 것이라도 학생들이 수업시간 전에 (제발) 좀 확인해 오고, 수업시간에는 다양한 맥락들과 쟁점들에 대해 깊이 토론했으면 하지만 늘 처음부터, 기초부터 설명하고 있는 나를 보게 된다.

학생들은 교수의 이런 마음을 알까 모를까…

1 누가 장애인인가?

장애로 정하는 데 있어서의 애매함

장애인이라 함은 장애를 가진 사람을 말한다. 장애는 무엇인가? 사전적 의미로는 '어떤 사물의 진행을 가로막아 거치적거리게 하거나 충분한 기능을 하지 못하게 함 또는 그런 일', '신체 기관이 본래의 제 기능을 하지 못하거나 정신능력에 결함이 있는 상태'를 의미한다(네이버 사전, 2019). 그러나 장애에 대한 이러한 사전적 의미는 장애인을 설명하는 데 충분하지 않다. 왜냐하면 신체 기관이 제 기능을 못하는 경우라 하더라도 어떤 때에는 그것을 장애라고 부르면서 이들을 장애인으로 간주하지만 시대적 배경이 다르면 장애, 장애인이라고 부르지 않기 때문이다. 필자는 어느 순간부터 머리카락의 대부분을 잃어 흔히 '대머리'다. 그렇다고 두발장애, 두발장애인이라고 하지 않는다. 또 예전에는 신장, 심장 등 내부기관이 제 기능을 하는 데 어려움이 있더라도 장애라고 부르지 않았다. 한편, 정신능력에 결함이 있는 경우에도 예전에는 아예 장애인 취급을 해주지 않았다. 흔히 '장애인' 하면 신체장애인을 뜻했기 때문이다. 정신능력에 결함이 있으면 '미쳤거나', '마귀나 귀신에 씌인 것'으로 간주되었다. 이 둘을 섞어서 한 범주로 간주하는 것을 신체에 장애가 있는 집단에서는 마땅찮게 생각했던 것이다.

장애는 사회가 정하는 것

그렇기 때문에 장애는 신체적인, 정신적인 손상(impairment)과는 다르다. 신체적 · 정신적 손상은 사실(facts)에 속하는 반면, 장애는 사회적 구성물(social constructs)이다. '손가락 하나가 없다, 시력을 잃었다'라는 것은 객관적인 사실이다. 그러나 장애를 결정하는 데 그러한 사실의 포함 여부와 경중을 구분하고 이에 대한 사회적 의미를 부여할지 말지는 사회 구성원의 합의를 이끌어 낼 수 있는 힘을 지닌 세력이 결정한다. 때로는 지배계급이 재정적 한계를 이유로 장애인정 범위를 제한하고, 때로는 거센 장애운동의 저항 때문에 정부가 마지못해 인정범위를 넓히고 장애인에 대한 사회적 배려의 수준을 높이기도 한다.

선천적 및 후천적 장애

현대 사회로 접어들면서 인과적 관계를 통해 사회현상을 명확하게 설명하는 것은 쉽지 않은 일이다. 그만큼 사회가 단순하게 운영되지도 않을뿐더러 매우 다양한 관계망이 거미줄처럼 얽혀 있기 때문이다. 예전에 시민법적 원리가 작동할 때에는 과실책임의 원칙에 입각하여 원인을 제공한 자가 반드시 책임을 지도록 하였으나 오늘날의 사회법적 원리에서는 과실책임의 원칙만으로는 복잡하게 얽힌 사회현상의 실타래를 제대로 풀기 어렵다. 그래서 등장한 것이 무과실책임의 원칙이다. 사용주가 근로자에 대해 자신의 인과적 잘못이 없더라도 산업재해에 대해서는 포괄적 책임을 지도록 하고 있다. 환경문제도 마찬가지다. 환경 오염 경로를 명확하게 따지기 힘들다고 하여 오염으로 인한 피해가 없어지는 것은 아니다. 그렇기 때문에 포괄적 추정에 따라 무과실책임을 지게 하고 있다.

손상은 왜 생기는가? 구분기준에 따라 다양하게 나눌 수 있겠지만 시기적으로 볼 때 선천적인 경우와 후천적인 경우로 나눌 수 있다. 선천적인 경우는 개념상 태어나기 전에 이미 손상이 발생했거나 발생한 것으로 추정하는 경우이다. 환경오염, 약물오남용, 유전 등을 그 원인으로 들고 있으나 정확하게 인과적 관계를 밝혀낸 경우는 많지 않다. 후천적인 경우는 교통 및 재해 등 각종 사고, 장기손상, 영양결핍, 고령화 등을 들 수 있다. 뿐만 아니라 지적장애나 자폐성장애의 경우 대부분 선천성으로 간주하고 있으나 최근에는 타인과의 상호작용이 줄어들고 과도한 TV 시청 등으로 인해 후천적으로 장애가 발생하는 경우도 늘어나고 있다.

그런데 우리는 이때 이러한 손상을 손상이라 부르지 않고 일반적으로는 장애라고 부른다. 그러므로 손상을 장애와의 관련 논의에서, 일상적인 이야기에서 끌어들이면 조금 복잡해진다. 우리는 흔히 장애라고 하면 객관적인 상태에서의 손상이라는 의미로 사용하기도 하고, 또 그러한 손상 그 자체뿐만 아니라 그러한 손상을 가지고 힘들게 살아가는 상태라는 의미로도 쓰인다. 이에 대하여 다음에서 좀 더 자세하게 살펴보자.

2 장애에 대한 정치적 접근

손상과 장애 구분의 정치학(Politics)

위에서 살펴본 장애의 사전적 개념은 사실 손상(impairment)에 속한다. 손상이란 '신체 기관이 본래의 제 기능을 하지 못하거나 정신능력에 결함이 있는 상태'를 말하는데, 손상 그 자체가 장애(disability)를 발생시키지 않기 때문이다. 즉, 시력이 나빠 안경을 쓰지 않으면 앞이 잘 안 보이는 사람이 있고 나이 많은 부모님들도 바늘귀에 실을 꿰기 힘들다. 하지만 이러한 것은 안경 등을 통해 시력을 교정하면 장애가 발생하지 않는다. 장애가 발생하고 장애인이 된다는 것은 단순히 신체적으로, 정신적으로 어떤 '결함(deficits)'이 있는 상태 그 자체를 말하기보다는 그 상태로 살아가는 데 뭔가 사회가 요구하는 기능을 제대로 수행하지 못한다는 것을 의미한다.

일반적으로 장애인, 장애라는 용어는 익숙한데 손상이라는 낱말은 우리가 흔히 쓰지도 않을 뿐만 아니라 왜 또 굳이 손상과 장애를 구분하려고 하는지 얼핏 보면 이해하기 어렵다. 그런데 장애운동에서, 학술적으로 이렇게 구분하는 실익이 뭘까? 이를 여기서 따져보고자 한다. 그런데 따지기 전에 하나 생각할 게 있다.

> 갑돌이는 휠체어를 사용하는 척수장애인이다. 시내에 볼 일이 있어 나갔는데 건물 출입구까지 도로에서 계단 10개를 올라가야 하는 그런 장소에 위치해 있었다. 누군가의 도움을 받아서 겨우 입구까지 갈 수 있었다. 하지만 출입문에 들어선 이후에 가고자 하는 5층까지 가는 엘리베이터가 없다. 더 이상 갈 수가 없다.

도와줄 사람도 옆에 없다. 만약 갑돌이가 비장애인이라면? 걸어서 갈 수 있겠지. 그러면 뭔가? 갑돌이가 5층에 못 가는 것은 자신의 척수에 손상이 있기 때문이다. 왜 못 간다고? 갑돌이가 가지고 있는-다른 사람들은 제대로 된 기능을 가지고 있는 반면-손상 때문에, 즉 올라가지 못하는 귀책사유는 갑돌이 자신에게 있는 것이다.

한편 영국의 Smith는 5층 정도의 건물에는 거의 모두 엘리베이터가 설치되어 있어 큰 어려움 없이 자신이 가고자 하는 층에, 가고자 하는 사무실 어디든지 접근 가능하다. Smith는 갑돌이와 똑같은 손상을 가지고 있는데도…

5층에 가고자 하는 목적, 사회적으로 목적지까지 이동할 수 있다는 것, 또 그렇게 하지 못한다는 것이 갑돌이는 모두 다 자신의 척수손상과 관련되어 있다고 생각했는데 Smith의 사례를 듣는 순간, 왜 이제까지 내가 가진 척수손상을 원망했는지 그게 원망스러웠다.

5층에 접근하지 못하는 것은 그 사람이 가진 손상 때문인가, 척수손상을 가진 사람의 추가적인 욕구에 대해 적절하게 대응하지 못한, 대응하지 않은 사회 때문인가?

손상과 장애에 대한 ICIDH(International Classification of I.D.H) 설명 : 개인책임에 초점

그렇다면 5층까지 가지 못하는, 자신의 목적을 달성하지 못하는(Dis+ability) 것은 손상과 관련이 있을 수도, 없을 수도 있다. WHO(1980)에서는 신체적인, 정신적인 손상(Impairment)이 기능상실(Disability)을 낳고, 기능상실이 종국적으로는 사회적 불이익(Handicap)을 가져온다고 보았다. 손상을 가장 근원에 두고 이로부터 출발하는 직선적인(linear) 설명이다.

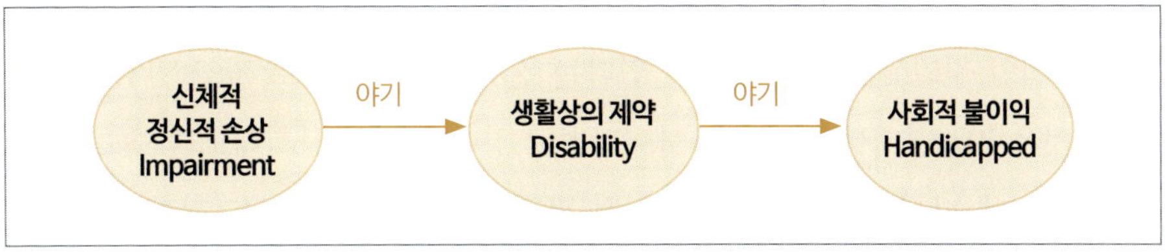

| 그림 2-1 | 세계보건기구(WHO)의 ICIDH 논리

얼핏 보면 당연한 논리적 귀결처럼 보인다. 손상이 있기 때문에 앞이 보이지 않는다든가, 혼자서 식사할 수 없다든가, 빨리 뛰지 못한다든가 하는 제약된 기능을 가질 수밖에 없고, 무한경쟁시대를 살아가는 이 사회에서 적자생존(The Fittest Survives) 및 약육강식(弱肉强食)의 정글법칙이 적용되기 때문에 주어지는 사회적 불이익은 '강한 것이 좋다'라고 하는 자본제의 미덕에서 연유되어 나온 것이라고 볼 수 있다.

그러나 과연 손상이 사회적 불이익의 유일한 근원일까? 사회적 불이익을 가져오는 손상의 범위는 전 세계적으로 보편적인가? 국가마다 동일한가, 다른가? 우리나라에서는 인정되지 않는 후천성면역결핍증(AIDS), 암(cancer) 등은 왜 다른 나라에서는 장애로 인정되는 것일까?

설사 손상이 기능상실의 원인이 된다 치자. 하지만 그로 인해 사회적 불이익, 즉 자신이 일자리도 없고 집에서만 지내야 한다면 지금의 기능 정도는 더욱 더 나빠져 오히려 손상의 정도가 더 심해지고 기능상실의 진행속도는 더 빨라지는 경우도 있다. 이런 경우는 어떻게 설명할 건가? 사회적 편견이 자신을 스스로 집에 가두게 하고 그로 인해 정신질환이 생기는 등 사회적 불이익이 오히려 손상을 가속화시킬 수도 있다는 점은 전혀 설명이 되지 않는다.

손상과 장애에 대한 다차원적 설명 : 개인책임과 사회책임의 절충안

이러한 비판과 반성을 토대로 WHO(2000)는 종전의 그러한 일직선적인 설명을 스스로 거두어들였다. 종전의 WHO(1980) 버전은 사회적 불이익에 맞닥뜨리는 것은 결국 그 화살표를 역으로 거슬러 올라가면 개인이 가진 손상 때문임을 묵시적으로 설교하고 있었기 때문이다. 즉, 사회가 어떠한 불이익을 주든지 간에 그 종국적인 원인(遠因)은 개인에게 있다는 전제를 암묵적으로 깔고 있었던 것이다. 그것은 1970년대부터 거세게 불어닥쳤던 장애에 대한 사회적모델(Social Model of Disability)에 따른 장애에 대한 사회적 관점에 의해 끊임없이 그리고 거침없이 공격당했다. 그 결과 WHO(2001)에서는 ICF(International Classification of Functioning)를 내 놓으면서 종전의 ICIDH를 대신하였다.

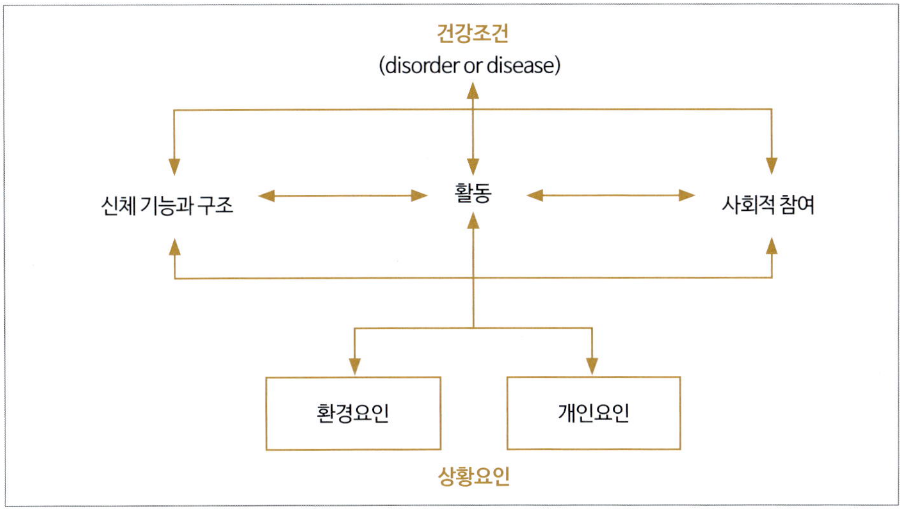

| 그림 2-2 | **세계보건기구(WHO)의 ICF 얼개**

위 그림에서 '신체 기능과 구조', '활동', '사회적 참여'가 오른쪽으로 화살표가 그어져 있는 부분은 ICIDH 그림과 동일하다. 그런데 좌에서 우로 일방적이고 선형적인 설명 외에 오른쪽에서도 화살표가 진행되는 것을 볼 수 있다. 뿐만 아니라 위아래로 '건강상태'와 '상황요인'이 부가적으로 붙어 있다. 이 모든 것들이 서로가 서로에게 영향을 주고 또 받고 있다.

'활동'이 저조하면 '신체 기능과 구조'가 나빠질 수 있으며, 앞서 설명한 대로 '사회적 참여' 정도가 낮으면 '신체 기능과 구조'나 '활동'에도 부정적인 영향을 미칠 수 있다. 예를 들어, 운동을 끊임없이 하지 않으면 신체기능이 나빠질 가능성은 더 높아지며 친구를 만나든 노동을 하든 사회생활을 통해 끊임없이 새로운 정보를 접하고 자신이 이 사회에 기여하고 있다는 존재감과 효능감으로도 신체 기능을 유지하거나 그 수준을 제고시킬 수 있는 가능성은 그렇지 않은 경우에 비해 보다 높다고 볼 수 있다.

또 똑같은 수준의 '신체 기능과 구조', '활동' 및 '사회적 참여' 정도라 하더라도 자신이 가지고 있는 '건강상태'에 따라서 이 세 가지의 상태에 달리 영향을 줄 수 있다. 장애 정도가 유사한 사람이라도 만성질환에 대한 유전적 요인을 가지고 있으면 부정적인 영향을 끼칠 수 있다. 뿐만 아니라 '맥락적 요인'으로 사회가 어떠한 인프라를 가지고 있느냐에 따라 '신체 기능과 구조'가 같아도 '사회적 참여' 정도가 다를 수 있다. 즉, 청각장애인이어도 수화통역사 배치 여부에 따라 자신의 생산성이 달라질 수 있고, 사회적 대우도 다를 수 있다. 휠체어 장애인도 마찬가지다. 장벽 없는 구조물(Barrier-Free Facilities) 앞에서는 더 이상 장애인이 아니다. '맥락적 요인'에서의 개인적 요소 또한 영향을 미친다. 어떤 장애인은 스스로에 대해 소극적이냐, 긍정적이고 진취적이냐에 따라 '신체 기능과 구조', '활동', '사회적 참여'의 정도에 영향을 미칠 수 있다.

이렇듯 ICF가 종래의 한계를 뛰어넘어 사회환경적 요인이 손상에 영향을 미친다는 설명과 관점을 포섭함으로써 현실을 보다 정확하게 반영하고 있다고 평가되고 있다. 그러나 그럼에도 불구하고 ICF는 개인과 환경이라는 변증법적 순환과정을 내세우면서 일견 사회환경적 측면을 고려하는 것으로 보이지만 완전히 개인적 관점, 즉 개인의 신체적 및 정신적 기능이 사회적 불이익을 가져오는 논리적 고리를 완전히 끊지는 못한 한계를 내포하고 있어 사회적모델의 입장에서 있는 학자들로부터 공격을 받고 있다(Kim, 2005).

손상과 장애에 대한 사회적모델 : 사회책임에 초점

장애에 대한 사회적모델에서는 손상은 객관적인 상태를, 장애는 그러한 손상으로 인해 생기는 사회적 결과라고 본다. 즉, 손상으로 인해 생기는 추가적 욕구에 대해 사회가 적절히 대응하지 못한 결과 생기는 사회적 불이익이 발생하는 상태를 장애라고 보는 것이다. 그러므로 손상이라고 하는 객관적인 사실이 같더라도 사회가 어떻게 대응하는가에 따라 사회적 장벽이 생기기도 하고 생기지 않기도 하기 때문에 사회적 불이익의 원인은 각 개인이 가지고 있는 손상이 아니라 사회에 있다고 보는 것이다.

그러한 관점에서 조망하는 이유는 장애는 개인책임이고 국가가 그러한 개인들에 대한 가부장주의적 관점에서 그들을 보호하기 위하여 재정의 여건범위 내에서 각별히 신경 쓴 결과 장애인복지정책이 발전하는 것이기 때문에 보호적 관점을 던져버리면, 재정여건이 좋아지지 않으면 언제든지 정부의 노력은 철회될 수 있다고 볼 수 있다. 물론 급부행정은 경직적이어서 지급수준을 후퇴시키는 것은 매우 어려우나 여전히 시혜적 관점이지 권리적 관점에서 장애인도 당당한 시민으로서 보편적 삶을 살아갈 수 있는 여건을 보장해 달라고 이야기한 결과로 간주하기 어렵다. 그렇기 때문에 초점을 개인에 맞추는 것이 아니라 사회에 맞추도록 함으로써 누가 노력해야 하는지에 대한 책임소재를 전환시키고 장애인 당사자, 장애인 부모들이 살아가는 동안 짊어져야 하는 삶의 질곡들에 대한 무거운 책임감에서 벗어나 당당히 필요한 여건들을 만들어 달라고 주장할 수 있게 만든 사회적모델은 '코페르니쿠스적인 전환'이라고 해석해도 손색이 없다.

3 장애에 대한 행정적 접근

행정적 접근의 의미

앞에서와 같이 장애를 정치적 성격으로 접근하면 일단 손상과 장애를 분리하여 계속 설명해야 한다. 그러나 다음 이유로 이 양자의 구분이 현실적으로 쉽지 않다.

첫째, 손상이라는 낱말이 매우 낯설다. 그만큼 현실에서는 손상이라는 용어를 거의 쓰지 않는다. 또 손상이라는 단어를 장애와 구별하면서 의식적으로 쓰기 전에 이미 장애라는 용어를 다양한 의미를 함축하는 용어로 사용해 왔다.

둘째, 현실에서 쓰는 장애라는 용어는 장애운동적 성격에서, 학문적 성격에서 이야기하는 장애, 즉 사회적 장벽이자 사회적 실패의 결과로서 쓰는 장애라는 개념과 다른 의미를 가진다. 현실에서는 장애인이라는 용어에서의 장애는 어떤 손상 그 자체를 말한다. 발달장애인이라면 발달장애를 가진 자를 말한다. 뿐만 아니라 장애인이라고 하면 그러한 손상을 가지고 척박한 현실을 살아가는, 사회적 장벽과 차별에 정면으로 부딪히며 살아가는 사람을 의미한다. 그만큼 장애라는 용어에 사회적 장벽, 사회적 차별이라는 개념도 내포되어 있는 것으로 이해되고 있다.

셋째, 행정적 개념으로서는 누가 장애인인가라는 질문에 대해 어떤 사람은 장애인이고 어떤 사람은 장애인이 아니다라고 할 때 그렇게 구분하는 기준이 명백해야 한다. 그래야만 어떤 사람이 어떤 사회서비스가 필요하다고 할 때 그 사람에게 요구하는 서비스를 줄 것인지, 즉 그러한 서비스를 이용할 자격이 있는지를 획정할 수 있기 때문이다. 더군다나 자연스러운 상태에서 해당 급여나 서비스의 수급자격 여부를 가리는 데 있어 개별적으로 판단하는 시스템이 아니라 획일적으로 장애인등록을 하기 위한 개념으로서의 장애라는 것은 다차원적이라기보다는 평면적이다.

결국 종합적으로 살펴보면 우리는 손상이라는 말을 현실에서는 거의 쓰지 않으며 장애가 가지는 이중적 의미를 사용되는 맥락을 고려하여 이해하게 된다. 하지만 행정적으로는 누가 장애인인지를 명확하게 구분하여 보여주기 위해서는 장애를 손상과 등치하여 이해할 수밖에 없다. 그러나 그러한 장애인이 살아가는 모습을 보면, 또 살아가는 척박한 현실의 무게를 덜어주는 각종 급여나 서비스가 필요한 사람이 가지고 있는 장애라는 것은 단순히 손상이라는 협소한 개념을 넘어서게 되고, 또 넘어설 수밖에 없음을 우리는 알 수 있다. 그렇기 때문에 장애등록제에서의 장애는 손상과 같은 의미라 할지라도 그러한 장애인에 대한 각종 장애서비스를 제공함에 있어서는 장애를 둘러싼 사회적 맥락을 포섭하고 있다는 것을 알 수 있다.

우리나라는 장애인등록제 시행

우리나라는 어떤 사람이 국가가 인정하는 장애인인지 아닌지를 명백하게 구분하기 위해 장애인등록제를 시행하고 있다. 이에 따라 장애인으로 간주되고 장애인정책에서의 각종 혜택을 받기 위해서는 등록을 반드시 해야 한다. 이는 1981년에 제정된 「심신장애자복지법」이 1989년 「장애인복지법」으로 전면 개정되면서 도입되었다. 즉, 신체적 및 정신적 손상이 있다는 사실 자체만으로는 정책적으로 장애인으로 간주되지 못하고 반드시 일정한 의료적 검사를 거쳐 행정기관에 등록해야 한다. 정부는 장애인등록제를 시행함으로써 정책고객의 수를 정확하게 파악할 수 있다는 장점에 주목한다. 이를 기반으로 다양한 정책을 구현함에 있어 정책대상의 범위를 가늠하고 변화의 추이를 고려할 수 있다는 것은 정책을 구상하고 추진하는 데 있어 대단한 편의성을 제공해 준다. 즉, 장애인등록제는 장애인 당사자로 하여금 정책의 혜택을 받기 위해서는 '네가 불편하더라도 의료진에 의한 진단을 받아 등록해야만 가능하다'라고 하는 행정편의적 측면에 기초해 있다.

1989년 당초에는 그렇게 등록할 수 있는 장애인의 범주는 지체, 시각, 청각 · 언어, 정신지체 등 네 가지에 불과했다. 이후 제1차 장애범주 확대는 2000년 1월에 시행된 「장애인복지법 시행령」 개정을 통해 이루어졌다. 종래 지체, 청각, 언어, 시각 및 정신지체에 추가적으로 뇌병변장애의 독립, 신장장애, 심장장애, 발달장애, 정신장애가 포함된 것이다. 이러한 10종의 장애종별은 2003년 7월부터는 안면장애, 간장애, 장루 · 요루장애, 간질장애, 호흡기장애가 추가되면서 현재와 같은 15종의 장애범주로 확대되었다.

최초 장애범주(1989)	제1차 장애범주 확대(2000)	제2차 장애범주 확대(2003)
지체장애	뇌병변장애	안면장애
청각장애	신장장애	간장애
언어장애	심장장애	장루·요루장애
시각장애	발달장애	간질장애
정신지체	정신장애	호흡기장애

| 그림 2-3 | **장애범주 확대 과정**

출처 : 김진우(2011).

15종의 장애는 「장애인복지법 시행령」 제2조에 따른 [별표1]에 그 종류와 각 장애종별로 그 개념이 명확하게 제시되어 있는데, 지체장애, 뇌병변장애, 시각장애, 청각장애, 언어장애, 지적장애, 자폐성장애, 정신장애, 신장장애, 심장장애, 호흡기장애, 간장애, 안면장애, 장루 · 요루장애, 뇌전증(간질)장애 등이 여기에 속한다.

장애 분류

정부가 인정하고 있는 15가지의 장애종류는 다음 〈표 2-1〉과 같다. 그러한 다양한 종류의 장애를 어떤 기준으로 나누느냐에 따라 다양한 묶음으로 구성될 수 있겠지만 「장애인복지법」에 따라 '신체적 장애'와 '정신적 장애'로 크게 대별될 수 있다.

신체적 장애는 다시 또 크게 외부장애와 내부장애로 나눌 수 있다. 내부장애는 각종 신체적 장기와 관련된 장애를 말한다. 심장장애, 신장장애, 간장애, 장루 · 요루장애, 뇌전증장애, 호흡기장애가 여기에 속한다. 외부장애는 외부로 드러나는 신체적 손상과 감각장애를 포괄한다. 외부로 드러나는 신체적 손상은 지체장애, 뇌병변장애, 안면장애를 말하며, 감각장애는 청각장애, 언어장애, 시각장애가 여기에 속한다.

한편 정신적 장애는 지적장애, 자폐성장애, 정신장애 세 가지로 구성된다. 「발달장애인 권리보장 및 지원에 관한 법률」이 제정되면서 동법 제2조 제1호에서는 발달장애인을 지적장애인과 자폐성장애인을 포함한 개념으로 규정하고 있으나 '발달장애' 개념은 「장애인복지법」상의 개념은 아니다.

〈표 2-1〉 **장애종류의 체계적 분류**

대분류	중분류	소분류	종 류
신체적 장애	외부장애	외부에 드러나는 장애	지체장애
			뇌병변장애
			안면장애
		감각장애	청각장애
			언어장애
			시각장애
	내부장애		심장장애
			신장장애
			간장애
			요루·장루장애
			뇌전증장애
			호흡기장애
정신적 장애		발달장애	지적장애
			자폐성장애
			정신장애

그런데 장애인복지법 제15조(다른 법률과의 관계)에서는 '제2조에 따른 장애인 중 「국가유공자 등 예우 및 지원에 관한 법률」 등 대통령령으로 정하는 다른 법률을 적용받는 장애인에 대하여는 대통령령으로 정하는 바에 따라 이 법의 적용을 제한할 수 있다'고 규정하고 있다. 종래에는 정신장애인이 장애인복지법에 따라 장애인등록은 하되 이들에 대한 정부지원은 장애인복지법이 아니라 「정신건강증진 및 정신질환자 복지서비스 지원에 관한 법률」에 의거하여 마련된 별도의 지원체계에 따라 이루어지도록 하여, 장애인복지와는 별도의 보건의료 및 복지

서비스체계를 마련 · 적용해 왔던 것이다. 그러나 이후 정신장애인에 대한 장애인복지법 적용 배제에 대한 문제점을 끊임없이 제기하면서 마침내 2021년에 제15조를 개정하여 「정신건강증진 및 정신질환자 복지서비스 지원에 관한 법률」의 적용을 받는다 하여 장애인복지법을 통해 향유할 수 있는 권리가 배제되지 않도록 한 것이다.

한편 국가유공자로 지정된 장애인의 경우에는 국가보훈부[1]가 이들에 대해서는 별도로 각종 지원정책을 포괄적으로 규정하고 있어 장애인복지법상의 지원과 중복되지 않도록 하기 위하여 제15조의 규정을 그대로 두고 있다. 그러나 이 또한 장애인복지법에서 각종 지원 서비스를 확대한 경우 국가유공자인 장애인의 경우 이에 대한 정부의 지원을 못 받는 등 불이익을 받을 수 있기 때문에 관련 법률들이 서로 조응하면서 발전체계를 맞추어갈 필요가 있다. 예를 들어, 각종 바우처사업이 등장했던 2008년, 2009년에 「국가유공자 등 예우 및 지원에 관한 법률」에서는 그러한 사회서비스 지원체계를 갖추지 못해 법령 및 제도 정비 때까지 불이익을 받았던 경우를 그 예로 들 수 있다.

장애인등록, 어떻게 하는가?

우리나라에서는 정책적으로 '장애인이 되려면' 장애인등록을 해야 하는데, 장애인등록 신청은 장애인으로 등록하고자 하는 사람의 주소지 관할 읍 · 면 · 동 사무소를 방문하여 '장애인 등록 및 서비스 신청서'를 작성하여 제출해야 한다.

---

1 우리나라 정부조직은 기능별로 편제되어 있다. 노동 및 고용 정책기능은 고용노동부가, 보건복지 정책기능은 보건복지부가, 교육 정책기능은 교육부가 맡고 있다. 그러나 대상별 조직은 이러한 기능별 편제와 업무중복의 우려를 가져올 수 있다. 예를 들어, 여성가족부의 경우 여성정책을 염두에 두고 업무를 추진하다 보면 장애여성에 대한 정책이 여성가족부 소관인지, 보건복지부 소관인지가 불분명해지고 부처 간 조정 · 연계 · 협력이 원활하지 않으면 타 부처에서 어떤 정책을 하는지 살펴보지 않고 정책을 추진하게 되고 이럴 때 업무중복이 불가피하게 발생할 수밖에 없다. 아울러 국가보훈부도 국가보훈대상자라는 인구 특성 중심으로 업무를 종합적으로 관할하다 보니 이들의 고용정책은 고용노동부와, 이들에 대한 복지지원의 경우는 보건복지부와 연결되기도 하고 때로는 충돌하기도 한다. 그러므로 기능별 편제와 인구 특성별 편제가 공존할 경우는 국정조정기능이 매우 중요해진다.

장애인등록 신청은 본인이 하는 것을 원칙으로 하되, 18세 미만의 아동과 거동이 불가능한 경우 등 본인이 신청하기 어려운 경우에는 보호자가 대신 신청할 수 있다.

신청에 따라 장애인 등록 신청이 접수되면 읍 · 면 · 동사무소에서는 장애인진단의뢰서를 발급하게 되고, 신청인은 의료기관의 전문의사에게 장애진단 및 검사를 통해 관계서류(장애진단서, 검사결과서, 진료기록지)를 발급받아 주소지 관할 읍 · 면 · 동사무소에 제출하면 된다. 제출된 서류는 읍 · 면 · 동사무소에서 장애심사전문기관인 국민연금공단으로 보내지고 여기에서 종합검토하여 장애등급을 판정하게 되며, 장애인으로 등록된 경우에는 본인의 희망에 따라 장애등록증 또는 장애인복지카드가 발급된다.

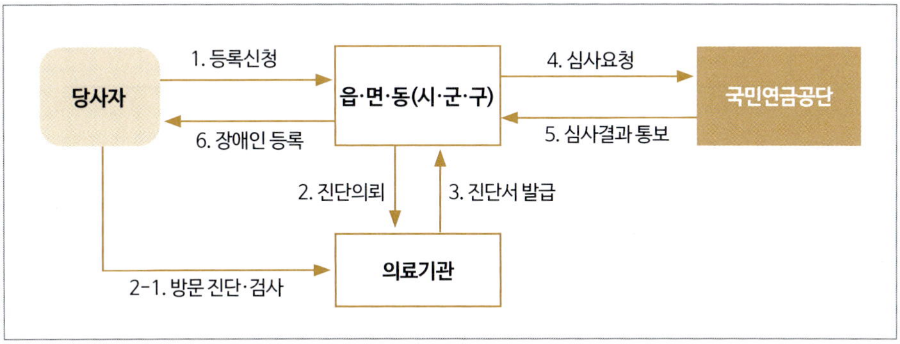

| 그림 2-4 | **장애인등록절차**

4 등록장애인 인구 규모

이러한 장애범주의 확대는 당연히 장애인구의 증가로 이어진다. 그러나 실제 등록장애인구 증가는 예측치보다 훨씬 가파르게 상승했다. 제1차 장애범주 확대를 통해 12만 명이, 제2차 장애범주 확대를 통해서 15만 명의 장애인이 추가로 정책대상으로 포섭될 것으로 예상되었으나 실제 장애인구는 장애범주 확대를 통한 장애인 인구 증가 예측치보다 훨씬 늘어난 것이다.

즉, 2017년 기준으로 보면 등록장애인은 약 2,540천 명으로 전체 인구의 약 5% 정도이며 추정장애인 수와의 격차가 매우 좁혀진 것을 볼 수 있다. 이는 장애등록을 더 이상 부끄럽게 생각하지 않고 장애인으로서 받는 각종 사회적 지원을 하나의 권리로 인식하고 인권의식 또한 제고되었다는 것을 말해준다.

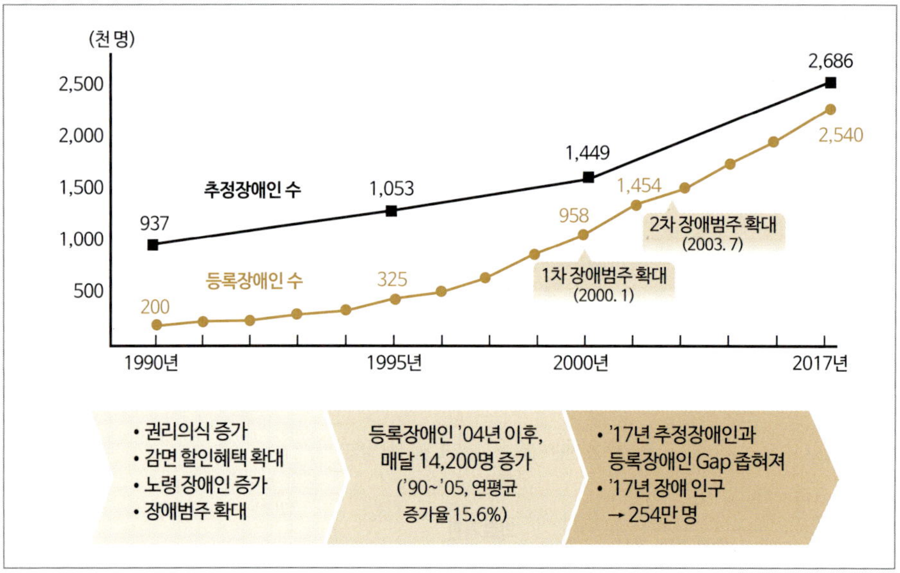

| 그림 2-5 | **추정장애인 및 등록장애인 인구 추이**

5 외국의 장애등록제 또는 유사사례

동양권 문화에서의 요건주의

그렇다면 외국도 장애인등록제도를 운영하고 있을까? 궁금해진다. 먼저 우리가 생각해야 할 것은 등록제라는 것이 등록 여부에 따라 사회가 인정하는 장애 여부가 결정된다는 면에서 매우 형식적인 면이 강하고 요건주의적 발상에 해당한다는 것이다. 만약 실질적 내용이 중요하다면 등록 여부와 상관없이 내가 그러한 상태에 있다고 주장하고 자신에게 필요한 급여나 서비스를 요구하면 정부가, 사회가 그러한 급여나 서비스를 받을 수 있는지를 따져 적합하다면 정해진 절차에 따라 지급하면 되는 것이다. 마치 우리는 정해진 인감(印鑑)을 정부에 등록해 놓고 향후 사용하는 것이 정부에 등록되어 있는 인감과 동일한지를 따져 그 효력발생 여부를 결정하는 패러다임과 다를 바가 없다. 그러한 요건주의는 정부정책의 패러다임을 지배하고 있다. 비단 장애 분야뿐만아니라 행정 전반에 걸쳐 미리 정해진 기준(criteria)에 따라 그 범위 내에 들면 긍정적으로 판단을 내리지만 그렇지 않은 경우에는 '지침에 없다'는 이유로 거절한다. 그렇기 때문에 법령에 한 줄이라도 넣기 위해 사력을 다한다. '등(等)'에 대한 해석도 그렇다. 앞에서 나열된 종류들이 복수일 때 마지막에 붙이는 '등'으로 해석할 것인지, 아니면 앞서 언급된 것들 외에 이와 유사한 것들을 모두 사전에 예상하여 열거할 수 없어서 '등'을 쓴 것인지에 따라 이 문구를 해석하여 적용해야 하는 실무자로서는 애매해질 때가 종종 있다. 하지만 우리나라에서는 요건주의 패러다임으로 인해 '등'의 해석을 앞서 제시된 사유에 국한해서 해석하는 경우가 많아 해석적 확장이 잘 이루어지지 않는다. 이러한 패러다임은 동양적 발상에서 비롯된다. 즉석에서 이루어지는 사인보다는 도장과 인감이 아직도 공식적인 법률관계에서는 매우 중요한 위치를 차지하고 있다.

일본 사례

그런 의미에서 같은 동양권에 속하는 일본에서도 장애인등록제를 운영하고 있다. 일본에서는 장애유형을 장해자기본법에서 크게 신체장애, 지적장애, 정신장애(발달장애 포함)로 대별하고 장애등급 및 판정 그리고 신청절차는 개별법률에 각각 근거하고 있다. 장애판정을 통해 얻을 수 있는 사회복지서비스는 상담 정도에 그치고 복지급여를 받기 위해서는 장애판정을 받은 후에 자립생활지원법에 따른 장애정도구분을 받아야 한다.

먼저 장애판정에서 지체장애인인 경우에는 신체장애인복지법에, 지적장애인은 지적장애인복지법에, 발달장애인은 발달장애인법에, 그리고 정신장애인은 정신보건 및 정신장애인복지법에 따라 일련의 절차를 거쳐야 한다. 대부분 지정의사의 진단서와 의견서를 첨부하여 시정촌을 통해 도도부현 지사(장애인자립상담센터)에게 장애자수첩 교부를 신청할 수 있다. 도도부현 지사는 사회복지심사회의에 동 안건을 회부하여 장애인수첩을 교부할지 말지를 결정하여 지사에 답신하고 지사는 다시 시정촌에 전달하여 신청자에게 그 결과를 알려준다. 지적장애인의 경우 18세 미만은 아동복지법에 우선적용받기 때문에 거주지역관할 아동상담소에 신청서를 제출하고 판정을 받으면 요육수첩을 발급받는다. 18세 이상일 경우에는 시정촌을 거쳐 지적장애자갱생센터에서 장애판정을 받는다. 정신장애인도 마찬가지로 시정촌을 거쳐 도도부현의 정신보건복지센터에서 소관위원회에 회부하면 여기에서 판정을 내리고 다시 전달체계 경로를 따라 당사자에게 통보된다.

일본에서 장애판정을 받으면 서비스와 관련하여 각종 경제적인 혜택을 받을 수 있는 자격을 가지게 된다. 장애등급에 따라 장애복지수당, 특별장애자수당, 특별아동부양수당, 장애기초연금, 심신장애자 부양공제제도, 소득세 공제, 주민세 공제, 각종 자동차 관련 세금공제, 상속세 공제, 증여세 면제 등을 받을 수 있다. 그러나 복지서비스를 받기 위해서는 서비스의 필요성, 서비스 양 등을 결정하기 위해서 장애정도구분을 평가받아야 한다. 즉, 경제적 혜택과 관련해서는 의료적 판단기준과 직접적으로 연결시킨 반면, 돌봄서비스 등을 받기 위해서는 자신의 서비스 필요 정도, 처해 있는 환경 등을 종합적으로 판단해야 하므로 어느 정도 의료적 측면 외에 사회환경적 측면을 고려하는 셈이다(김성희 · 변경희 · 이성애 · 정희경 · 이민경, 2012).

호주 사례

서구 국가에서는 동양에서의 등록제를 사용하기보다는 해당 급여나 서비스를 받는 데 지금의 신체적 · 정신적 손상의 종류나 정도에 따라 수급자격이 있는지, 얼마만큼의 급여를 받아야 하는지를 개별구체적으로 따져 판단하는 시스템을 가지고 있다. 여기에서는 호주의 예로 설명하고자 한다. 호주는 크게 장애판정이 복지급여와 돌봄서비스를 받기 위해서 그 자격을 심사하는 데 활용된다. 먼저 복지급여는 국가에 대하여 당사자가 현금급여를 지급해 달라는 것은 그만큼 자기 스스로 일하기가 어렵다는 것을 말하며 이에 따라 국가는 당사자가 일할 능력을 어느 정도 상실했는지를 판단하는 데 장애판정이 쓰인다. 이와는 다르게 서비스를 받기 위해서는 장애판정이 그렇게 큰 의미를 지닌다기보다는 해당 서비스가 얼마만큼 필요한지에 대해 별도의 평가를 통해 의료적 관점과 사회환경적 관점을 공히 고려하여 판단한다. 후자의 경우는 어떤 장애를 가졌냐가 중요한 게 아니라 지금 어떤 상태에 있으며 어떤 욕구(Needs)를 가지고 있느냐가 더 중요하다. 서비스 평가 틀에는 앞서 살펴본 ICF의 내용을 구성하는 세부 요소들을 반영하여 개인적 측면과 사회적 측면을 종합적으로 고려하여 서비스의 필요 정도와 제공방식을 결정하게 된다(김성희 외, 2012).

Chapter 03

장애등급제 폐지의 의의 및 적용

2013년 장애등급제 폐지가 사회적 이슈로 떠올랐을 때, 특히 박근혜 정부가 대선공약과 국정과제로 내세웠을 무렵 나의 은사님으로부터 전화를 받았다. “등급폐지 관련 위원회를 구성하려고 하는데 같이 하면 좋겠다”는 내용이었다. 매몰차지 못한 성격임에도 불구하고 나는 정중하게 거절했다. ‘장애등급제 폐지는 2~3년 안에 할 수 있는 것이 아니라고 생각합니다. 적어도 6년 이상은 걸립니다… ’라는 것이 나름의 이유였다. 안 되는 걸 알면서도 그런 위원회에 발을 담그기가 싫었다. 지금까지 등급제 폐지와 관련된 어떤 위원회에 참여하거나 정부 연구도 하지 않았다.

그건 소극적 저항이었다. 장애등급을 폐지하고 장애 당사자의 욕구에 초점을 맞추자는 거대 물결을 거스를 필요는 없었다. 하지만 불가능한 것을 가능하게 만들어야 한다고 주장하고 장애인 단체, 그것을 단호하게 대응하지 못한 정부가 정책을 엉뚱하게 만드는 주범이다. 그렇게 눈 가리고 아웅 하는 식의 정치적 행보에 동조하고 싶지 않았다. 결과적으로 장애등급제 폐지는 10년이 걸린 셈이 되고 말았다.

정책슬로건은 광화문에서, 시청 앞에서 외쳐질 수 있다. 하지만 그것이 정책설계단계에 접어들면 보다 냉정해져야 한다. 정부도 정책입안에 대한 자존심과 자부심을 가지고 불합리한 요구에 대해서는 단호하게 입장을 정리해야 한다. 국회나 청와대, 정권이 중요한 게 아니다. 우리의 현실과 미래를 결정할 정책을 우리 스스로가 소중하게 다루어야 한다. 정책 간 정합성과 잠재적 역기능도 고려하면서 하나하나 기초를 쌓아나가며 신중하게 설계해야 한다. 그렇지 않으면 영락없이 얼치기가 되고 만다.

1 장애등급제 도입 역사

우리나라에서 장애 관련 법률의 시초는 1977년에 제정된 「특수교육진흥법」이지만 장애인복지 관련법률로서 최초로 제정된 법률은 1981년 제정된 「심신장애자복지법」이라고 할 수 있다. 동법 제2조(정의)에서는 "이 법에서 '심신장애자'라 함은 지체불자유,[1] 시각장애, 청각장애, 음성 · 언어기능장애 또는 정신박약 등 정신적 결함으로 인하여 장기간에 걸쳐 일상생활 또는 사회생활에 상당한 제약을 받는 자로서 대통령령으로 정하는 기준에 해당하는 자를 말한다"고 규정하고, 동법 시행령 제2조(심신장애자의 기준)에서 지체부자유자, 시각장애자, 청각장애자, 음성 · 언어기능장애자, 정신박약자 등으로 구분하였으며, 제2조 제2항에서는 "심신장애의 정도에 따라 등급을 구분하되, 그 등급은 보건복지부령으로 정한다"라고 하여 시행규칙으로 위임해 놓고 있다.

이에 따라 동법 시행규칙 제2조에서 심신장애자 장애등급을 별표1로 정하고 있는데, 여기에서는 1급부터 6급까지 장애인 등급을 나누어 등급 간 기준을 제시하였다. 하지만 1989년 「장애인복지법」으로 전면개정되면서 장애인등록제도가 도입되어 장애등급이 현실에서 작동하기 시작한 것은 1987년 장애인등록제도 시범사업을 거쳐 1989년 이후부터라고 할 수 있다.

2 장애등급제 내용

장애등급표

다음 〈표 3-1〉에서 보는 바와 같이 장애등급은 획일적이지는 않지만 1급부터

1 아래와 같이 시행규칙에서는 '지체부자유'라고 하지만 법률에서는 '지체불자유'로 명시하고 있다.

6급까지 분포되어 있으며 장애 정도에 따라 가장 중증인 경우에는 1급, 가장 경증인 경우에는 6급이 부여되었다.

〈표 3-1〉 **장애인복지법상의 장애등급표**

장애종별 \ 등급	1	2	3	4	5	6
지체장애	○	○	○	○	○	○
뇌병변장애	○	○	○	○	○	○
시각장애	○	○	○	○	○	○
청각장애		○	○	○	○	○
언어장애			○	○		
지적장애	○	○	○			
자폐성장애	○	○	○			
정신장애	○	○	○			
신장장애		○			○	
심장장애	○	○	○		○	
호흡기장애	○	○	○		○	
간장애	○	○	○		○	
안면장애		○	○	○	○	
요루·장루장애		○	○	○	○	
뇌전증장애		○	○	○		

중증장애인 개념

그중에서 누가 '중증장애인'인지에 대해서는 「장애인복지법」에서는 아무런 언급이 없고 각 법률에서 중증장애인으로 간주하는 기준들은 각각 다르다.

「장애인 고용촉진 및 직업재활법」 제2조(정의) 제2호에서 "중증장애인이란 장애인 중 근로능력이 현저하게 상실된 자로서 대통령령으로 정하는 기준에 해당하는 자를 말한다"라고 하면서, 동법 시행령 제4조(중증장애인의 기준)에서 "「장애인복지법 시행령」 제2조 및 별표1에 따른 사람 중 고용노동부령으로 정하는 기준에 해당하는 사람"을 중증장애인이라고 보았다. 시행령 내용 중에서 언급된 '고용노동부령으로 정하는 기준에 해당하는 사람'은 「장애인 고용촉진 및 직업재활법 시행규칙」 별표1에 따른 장애인을 말한다.

한편 「장애인연금법」은 장애로 인하여 생활이 어려운 중증장애인에게 장애인 연금을 지급함으로써 중증장애인의 생활 안정 지원과 복지 증진 및 사회통합을 도모하는 데 이바지함을 목적으로 하고 있는데, 여기에서의 중증장애인은 동법 시행령과 보건복지부장관고시에 따르면 '1급장애인, 2급장애인 그리고 3급 중복장애인'을 의미한다.

등급결정의 영향력

이렇게 장애등록이 결정되면 어떤 등급을 받는가에 따라 자신에게 주어질 급여와 서비스의 수급 여부와 정도가 결정된다. 그만큼 등급 숫자는 장애인의 삶에 대한 막대한 지배력을 발휘한다. 예를 들어, 중증장애인을 고용하면 2명을 고용한 것으로 간주하는 더블카운트제는 중증장애인을 고용할 가능성을 높일 수 있고, 장애인연금은 중증장애인만을 대상으로 하기 때문에 등급이 낮으면(등급의 숫자가 커지면) 연금수령권을 가지지 못하게 된다. 이러한 문제점이 장애인의 삶 구석구석에서 발견되면서 장애등급제 폐지에 대한 사회적 요구가 수면 위로 떠오르기 시작하였다.

3 장애등급제 폐지의 필요성

의학적 기준 적용의 과도한 영향력

먼저 의학적 판정이 장애인의 삶에 결정적으로 영향을 미치는 현재의 모습에서 폐지의 필요성을 찾을 수 있다. 누가 정책대상으로서의 장애인이고 비장애인인지를 판가름하는 기준은 반드시 필요하다. 하지만 의학적 판정이 장애등급으로 결정되고 등급에 따라 모든 서비스의 범위와 수준이 결정된다면 장애인의 운명은 결과적으로 의사의 판단에 전적으로 의존하게 되는 것이다. 그러나 의학적 판단은 서비스의 필요 여부, 범위와 수준을 결정하는 데 참고해야 할 내용 중의 일부분이지 전체이어서는 곤란하다. 장애아동이 어떤 환경에서 양육되어야 하는지, 자신이 어떤 사회활동을 하는지에 따라 어떤 서비스를 받을 것인지를 판단함에 있어 의학적 판단기준은 그 의미가 클 수도 작을 수도 있어 상대적인 의미를 가진다. 그렇기 때문에 의학적 판정이 장애등급과 장애인의 사회적 삶의 수준을 등식으로 연결하는 방식은 개선될 필요가 있다는 주장에 대한 사회적 공감대가 커지게 되었다.

장애등급이 욕구의 크기를 대신할 수 없다

장애등급은 만능이 아니다. 장애등급은 손상의 정도를 나타내는 척도일 뿐이다. 손상의 정도가 같아도 어떻게 사회가 대응하는가에 따라 장애가 심화될 수도 경감될 수도 있다. 장애등급이 결정되면 모든 것이 멈추는 것이 아니다. 손상의 정도에 따른 욕구의 내용과 성격을 규명하고 장애인이 처해 있는 현실을 고려하여 이에 대해 사회가 어떻게 대응할 것인가를 결정해야 한다. 2012년 당시 장애인활동지원서비스는 장애등급 1급 중 일부에 국한되어 제공되었다. 왜 장애등급 2급, 3급 또는 그 하위등급의 자라 할지라도 서비스에 대한 욕구가 없었겠는가.

장애등급에의 과도한 의존이 불러오는 부작용

등급에 따른 사회적 대응의 차이는 결국 당사자로 하여금 보다 높은 등급, 즉 2급 또는 1급을 받기 위해 아니할 말로 자신의 신체 또는 정신을 훼손해야만 제대로 된 서비스를 받게 된다는 생각을 떨쳐버릴 수 없게 만든다. 또 실제 많은 경우 높은 장애등급을 받기 위해 여러 가지 편법을 쓰거나 장애등급을 후하게 매기는 병의원을 찾기도 하였다. 이를 감안한다면, 장애등급에 대해 별도의 심사체계를 구축하여 객관성을 확보하든지 아니면 등급이 아니라 욕구의 정도를 각 서비스의 영역별로 가늠하는 방안을 모색하게 된 것이다.

4 장애등급제 폐지에의 역사적 맥락

장애등급제라는 행정편의적 제도는 의학적인 손상의 정도를 기준으로 장애인의 모든 삶에 자의적이고 편의적으로 적용하도록 허용함으로써 삶의 각 영역에서 욕구에 기반한 급여와 서비스 제공체계를 갖추는 데 걸림돌로 작용해 왔다. 장애계에서는 장애인의 몸에 등급을 매겨 구분짓고 서열화하여 낙인을 부여하는 과정이었고 사회적 차별을 가져오는 촉매자의 역할을 장애등급제가 수행해 왔다는 관점에 서 있다. 그런 만큼 등급에 따라서 장애인의 삶이 달라지는 서비스 공급자적 관점과 편의를 지양하고 장애인 당사자가 어떤 서비스를 얼마만큼 필요로 하는지에 대해 초점을 맞출 수 있는 대안적 욕구평가체계 마련에 초점이 맞추어지게 된 것이다.

촉발적 계기

2007년 이전까지는 장애인등록을 원하는 경우 장애인이 각 장애유형별로 지정된 전문의에게 장애등급판정을 받아서 장애진단서를 소관 지방자치단체에 제출하면 장애인등록이 될 수 있고 별도의 등급심사제도가 없었다. 하지만 그동안 장애등급이 특정 지역의 특정 병 · 의원에서 편향적으로 결정되는 것에 대한 정책개선방안을 모색하던 중 보건복지부는 2007년 중증장애수당 지급금액을 상향

조정하면서 2007년 4월부터 국민연금공단 장애심사위탁기관에서 중증장애수당 신청인에 대하여 장애등급심사를 적용하였고 2010년에는 1~3급에 한하여 신규 등록장애인, 장애등급 조정, 장애 재판정대상자까지 심사대상을 확대하고 7월에는 장애인연금 신청자에 대해 장애등급을 재심사하도록 규정하는 한편, 2011년에는 장애심사대상을 신규등록, 장애등급 조정 또는 장애 재판정하는 모든 장애인에 대하여 등급에 상관없이 전면 시행한 것이다. 이러한 새로운 시스템에 따라 병 · 의원에서 의사 1인이 판정하던 과거 장애등급 판정체계를 국민연금공단 장애심사센터에서 판정하도록 하여 일선 병의원에서는 장애진단만 하도록 절차를 변경하였다. 그 결과 장애등급이 하락하는 사례가 다수 발생하면서 기존에 받던 서비스가 축소되거나 철회되는 경우가 생기게 되었고 이에 대한 장애인의 불편과 불만이 커지게 되었다.

한편 2007년이라는 시기에 정부는 장애인활동보조사업을 처음 시범사업으로 시행하고 매년 서비스 제공량을 확대하다가 2011년에는 「장애인활동지원에 관한 법률」을 제정, 동년 10월부터 장애인활동서비스를 제도적으로 도입하게 되었다. 그러나 서비스량은 확대되더라도 이용대상자는 계속 1급으로 묶여 있었는데, 한국장애인단체총연합회에서는 성명을 발표하여 1급과 2급 판정이 객관적이지 못하다는 것과 활동을 지원하는 것을 장애등급에 온전히 의존하는 현행 시스템에 문제를 제기하기에 이르렀다. 더군다나 국민연금공단의 장애등급 재심사로 인해 장애등급이 하향조정되면서 서비스 지원 축소에 직면하게 된 장애인의 불만이 더해지면서 아예 장애등급제를 폐지하자는 주장에 이르게 된 것이다.

장애등급제 폐지 촉구 장애운동 전개

장애등급제에 기반한 정책운용 및 재심사 의무화정책은 10여 개의 장애인단체가 '장애등급제 폐지와 사회서비스 권리확보를 위한 공동대책위원회'를 구성하여 정부에 대응하면서부터 중요한 사회적 이슈로 급부상하게 되었다. 2010년

9월 국민연금공단 장애등급심사센터를 전국장애인차별철폐연대가 점거하여 장애등급심사에 따라 장애등급이 하락하고 서비스가 축소된 사례를 근거로 장애등급기준을 전면 재검토하고 장애등급기준으로 활동보조 대상을 제한하는 현행 활동지원서비스정책을 전면 수정해 달라고 요구하고 이에 대해 정부가 장애등급제에 대해 검토하는 논의의 장을 약속하면서 장애운동의 주장 내용이 정책어젠다 형성단계로 접어들게 되었다.

이에 보건복지부는 2010년 '장애인서비스 지원체계 개편기획단'을 구성하여 하위분과로 장애등록판정, 전달체계 및 재정, 서비스제도개선을 두고 운영해 나갔으나 2012년부터 전국장애인차별철폐연대는 장애등급제 및 부양의무제 폐지를 장애운동의 주요 슬로건으로 삼았고 이것이 2012년 대선공약으로 채택되면서 일개 정부부처 차원이 아니라 정권 차원에서의 추진과제 후보로 떠오르게 된 것이다. 이후 2012년 박근혜 정부가 출범하면서 장애등급제 개편을 국정과제로 채택함에 따라 공식적인 정책어젠다로 포섭되었고 보건복지부는 장애판정체계 기획단을 구성, 장애계, 복지 · 의료 · 재활학계 전문가 등을 중심으로 2013년 12월까지 운영하면서 다음 네 가지에 대해 합의하면서 운영을 종료하였다.

① (장애등급제 단순화 추진 여부) 장애등급제 폐지를 위한 중간단계로 중증/경증의 단순화 과정을 거치지 않는다.

② (직접적 소득보장) 소득보장(장애인연금, 장애수당 등)은 의학적 기준, 직업 · 근로능력기준, 사회적 환경 여건 등을 고려하여 종합판정체계를 마련한다.

③ (할인 · 감면제도) ⓐ 장애등급 구분에 따라 할인율에 차등을 두지 않는 제도는 제도개편 후에도 할인율에 차등을 두지 않는다.

ⓑ 장애등급에 따라 할인율에 차등이 있는 제도는 장애인복지서비스 총량이 감소하지 않는 범위에서 소득기준 등 기타 조건을 고려하여 단일 감면율 적용방안 등을 검토한다.

④ (개별 서비스) 서비스 분야는 장애영역별 특성을 반영한 인정조사표를 마련한다.

장애등급제 폐지를 위한 시범사업 실시

이러한 합의사항에 기반하여 2014년 3월에는 '장애종합판정체계 개편 추진단'을 다양한 전문가로 구성, 현행 장애등급제를 대신할 종합적 판정도구 및 모형을 개발하고자 하였다. 보건복지부는 2015년부터는 6개 지방자치단체에서 장애등급제 개편 1차 시범사업을 실시하였고 그 결과에 기반하여 시범사업 모형을 개발하기 위하여 '장애인 맞춤형 서비스 지원체계 구축 지원단'을 구성하고 시범사업 실무준비를 위해 보건복지부 내에 '장애등급제 개편 실무추진단'을 두고 2016년 6~11월 동안 2차 시범사업을 실시하였다.

1차 시범사업의 경우 활동지원서비스만 서비스종합판정이 이루어졌고 그 외 판정에 대해서는 추가 개발해야 하는 어려움이 있었는데, 2차 시범사업에서는 그 외 다양한 사업에 적용할 수 있는 조사표로 개선하게 되었다. 3차 시범사업은 2017년 4월부터 10월까지 국민연금공단이 주축이 되어서 작동하는 체계뿐만 아니라 읍면동 허브 연계모형과 연계하여 보다 적절한 전달체계를 구축하기 위한 노력이 진행되었다.

2017년 박근혜 정부가 퇴진하고 문재인 정부가 새롭게 등장하면서도 장애등급제 폐지는 여전히 공약 중의 하나였고 국정과제에도 포함되었다. 그간의 장애등급제 폐지를 위한 준비과정에 더하여 문재인 정부 내에서는 장애등급제 폐지를 마무리하여 종료하겠다는 의지를 표현한 것이다. 또 법적으로도 2019년 7월부터 시행하는 것으로 하여 폐지를 위한 마무리 작업이 진행되었다. 하지만 2018년 8월 한국시각장애인연합회에서는 성명서를 내고 시각장애인에 대한 서비스 급여량이 줄어들지 않도록 해야 하는데 3차 시범사업 결과 시각장애만 급여시간이 줄어드는 것에 대해 우려를 표명(에이블뉴스, 2018)하면서 자칫 장애종별 간 형평성 문제로 확대될 가능성도 없지 않았다. 폐지에 임박한 상황에서도 장애인단체들은 여전히 서비스 급여량의 감소를 우려하여 정부를 압박하였고 이에 대해 정부는 미봉책이라도 이러한 가능성을 최소화할 수 있는 제도적 장치를 추가로 마련하여 장애등급제 폐지가 일단락되도록 마무리하는 데 총력을 기울이게 되었다.

5 장애등급제 폐지 정책의 실제

장애등급제 폐지의 정책적 목적

정부는 1988년 의학적 심사에 기반하여 1~6급 장애등급제가 도입된 이후 장애등급에 따라서만 급여를 차등적으로 지급하고 장애인의 개별적 욕구에 대해서는 고려하지 못했다는 비판을 수용하여 '장애등급제의 단계적 폐지'를 국정과제로 채택하고 등급제 폐지추진방향을 모색해 왔다. 정부는 장애등급제 폐지의 핵심적 정책가치는 '수요자 중심의 장애인 지원체계를 구축'하는 것이라고 밝히고 있다. 그동안 지원체계가 장애등급으로 대표되는 공급자 관점에서 정책개발 · 집행이 용이한 체계였으나 이제는 개개인의 욕구와 환경을 보다 세밀하게 고려하는 서비스 지원체계를 갖추겠다는 것으로 이해할 수 있다. 하지만 실제로 수요자 맞춤형이 되기 위해서는 수요자의 욕구를 있는 그대로 읽어낼 수 있는 욕구판정체계가 필요하고 드러난 욕구에 따라 수요자 중심으로 서비스가 잘 전달되어야 한다. 물론 그러한 욕구 대응 서비스가 통합적이고 유기적으로 제공되어야 하겠지만 무엇보다 중요한 것은 기획된 서비스를 제대로 제공할 수 있는 재정적 여건을 갖추는 것이다. 그렇지 않으면 장애등급제 폐지의 정책적 목적을 달성하기 어렵고 반쪽의 성공에 불과하게 될 수도 있다.

장애등급제 폐지에 따른 장애인 구분

장애인 여부에 대한 객관적인 인정을 위해 장애인등록은 현행대로 유지되지만 종전의 1~6급이라는 장애등급은 이제 역사 속에서 사라지게 된다. 그에 대한 대안으로 장애등급이 폐지되더라도 장애 정도에 따라 '장애의 정도가 심한 장애인'과 '심하지 않은 장애인'으로 구분되며 종전의 1~3급 중증장애인(3급은 중복장애)에게 인정되어 오던 우대혜택은 유지된다.

장애등급제 폐지 이후 서비스 혜택

장애등급제 폐지에 따라 장애등급을 기준으로 지원해 오던 급여는 확대될 것으로 전망된다. 예를 들어, 2019년 당시 건강보험료의 경우 종전에는 1 · 2급은 30%, 3 · 4급은 20%, 5 · 6급은 10% 경감되었으나 폐지 이후에는 중증이 30%, 경증은 20% 정도 경감되고, 노인장기요양보험에서도 종전에는 1 · 2급은 30% 경감되었으나 폐지 이후에는 중증에 대해 30% 경감함으로써 그 수혜의 폭이 넓어졌다고 볼 수 있다.

한편 정부는 장애인의 욕구 · 환경 등을 고려한 서비스 지원을 위해 장애인서비스 지원 종합조사를 도입하였는데, 이는 2019년 7월 1일부터 활동지원급여, 장애인 보조기기, 장애인거주시설, 응급안전서비스 등 4개 서비스 분야에 우선 적용하게 된다. 그러나 특별교통수단 등 장애인 이동지원 분야는 2020년부터, 장애인 연금 등 소득 및 고용지원 분야에 대해서는 2022년부터 서비스 특성에 맞는 종합조사를 추가개발하여 단계적으로 적용하도록 하였다.

여기에서 활동지원서비스가 이슈화되고 있다. 정부는 활동지원서비스의 경우 평균 지원시간이 확대되고 이용자도 지속적으로 확대해 나갈 계획이며 당장은 최중증장애인의 경우 과거 최대 월 441시간이었으나 폐지 이후에는 월 480시간으로 확충하는 방향으로 설계한 바 있다. 그러나 기존의 활동지원 수급자가 갱신조사를 받는 과정에서 일부 수급자에게는 시간감소가 발생하고 있어 장애등급제 폐지 이후 서비스 축소금지 원칙에 따라 보완책이 필요하다고 지적받고 있다. 이에 정부는 심신상태, 생활환경 등에 변화가 있는 경우에는 급여를 조정하지만 그렇지 않은 경우에는 다음번 갱신조사를 받기 전까지 3년간은 종전의 활동지원시간을 그대로 인정하도록 경과조치대책을 마련하고 있다.

다음 〈표 3-2〉는 장애등급제 폐지에 따라 서비스 수급대상이 확대되는 경우를 정리해 놓은 것이다.

〈표 3-2〉 **장애등급제 폐지 이후 서비스 대상이 확대되는 정책**

연번	부처	서비스	현 행	개 편
1	복지부	활동지원	1~3급	전체 장애인
2		활동지원 본인부담 경감	상한 32만 2,900원	상한 15만 8,900원
3		장기요양보험료 경감	1·2급	중증장애인
4		건강보험 장애인보장구 (자세보조용구, 휠체어, 욕창예방매트리스, 이동식전동리프트)	1급 / 1·2급 지체·뇌병변	중증 지체·뇌병변
5		산소치료 요양비	1 ~ 2급 호흡기장애	중증 호흡기장애
6		건강보험료 경감	1 ~ 6급 : 30~10%	중증 : 30%, 경증 : 20%
7		의료분쟁조정 직권개시	1급	중증장애인
8		어린이집 우선입소	1 ~ 2급, 3급 중복발달	중증장애인
9		의사 의약품 조제	1 ~ 2급	중증장애인
10		예방접종 피해보상	1 ~ 6급 100~25%	중증 100%, 경증 55%
11		장애인 생산품 생산시설	1 ~ 2급 및 3급 일부유형	중증장애인
12		구강보건 비급여 지원	2 ~ 4급 뇌전증, 1 ~ 6급 뇌병변	전체 뇌전증, 뇌병변
13	국토부	특별교통수단	(이용자) 1·2급 (법정대수) 200인당 1대	(이용자) 중증의 보행상 장애 (법정대수) 150인당 1대
14	산업부	전기사용상 응급조치	1~3급	전체 장애인
15	문체부	체육유공자 지정	1 ~ 2급	중증장애인
16	경찰청	장애인 운전교육 지원	1~4급	전체 장애인
17	행안부	점자주민등록증	시각 1~3급	전체 시각장애인
18	외교부	점자여권	시각 1~3급	전체 시각장애인
19	과기부	정보화 방문교육	1 ~ 2급	중증장애인
20	통일부	북한이탈주민 취업보호	1 ~ 5급	전체 장애인
21	여가부	아이돌봄 우선지원	1~2급, 3급 중복 발달장애	중증장애인
22	중기부	장애인창업점포지원	저소득 또는 중증장애인	전체 장애인
23	고용부	산재보험 유족보상	1~2급, 시각 3급	중증장애인

6 장애등급제 폐지에 대한 평가 및 향후 과제

장애등급제 폐지에 대한 평가

장애등급제는 등급에 따라 서비스의 총량을 자동적으로 결정하고 장애인 당사자가 처해 있는 상황 등 욕구에 대해서는 전혀 고려하지 않는, 등급으로 욕구의 크기를 자동적으로 치환하는 행정편의적 접근인 반면, 이러한 등급제를 폐지하는 것은 장애인 당사자가 가지고 있는 욕구에 더 집중하겠다는 정책적 패러다임의 변화를 시사한다.

하지만 등급제 폐지를 위해 설치되었던 장애판정체계기획단에서 도출한 합의사항이 지켜졌을까?

첫째, 중간단계로의 중경증 단순화 과정을 거치지 않는다고 하였음에도 불구하고 결과적으로는 중증장애인과 경증장애인으로 구분하게 되었고, 또 그것이 중간과정인지, 최종적 종착지인지도 불분명하다는 점에서 과연 장애인 맞춤형 정책으로 설계된 것인지에 대해 합리적 의문을 가질 수 있다.

둘째, 소득보장에 대한 종합판정체계를 마련한다고 하였으나 이는 고용영역과 함께 단계적으로 적용영역을 확충하는 것으로 결정되어 현재진행형이라고 볼 수 있다.

셋째, 장애영역별 특성을 반영한 인정조사표를 마련한다고 하였으나 실제 다양한 장애종별이 가지고 있는 욕구를 밖으로 현시할 수 있는 수단적 도구로서 정치하게 설계되었는가에 대해서도 반성할 점이 많아 지속적으로 보완이 필요한 부분이다.

무엇보다 2014년에 합의한 사항을 2019년까지 5년의 기간 동안에도 충분히 숙고된 내용이 도출되지 못한 것에 대한 비판적 반성이 필요하다. 그것이 전문가들의 실력 문제인지, 장애인단체나 정치권에서 정치적으로 요구한 것에 대한 정부의 미온적 대응인지 분명히 그 이유가 있을 것인데, 그에 대한 과정분석도 실시되어서 타 정책입안과정에도 적용할 수 있는 시사점을 도출하는 것도 매우 의미 있는 작업이라고 본다.

장애등급제 폐지정책의 향후 과제

이를 살펴보기 전에 먼저 장애등록제의 필요 여부에 대해서도 한 번쯤은 짚어볼 필요가 있다. 앞서 설명한 대로 우리는 동양권 문화에 익숙하여 요건주의가 행정의 제반 국면에 깊숙이 스며들어 있어 사안사안에 대한 개별적 판단에 익숙하지 않다는 점에서 장애등록제 폐지는 쉽지 않을 작업일 수 있다. 하지만 장애인 당사자의 욕구, 나아가서는 현재 정부로부터 어떤 지원을 받아야 할 한 사람으로서 자신의 현재 상태와 처지를 평가하여 정부가 부족한 부분을 채우려는 노력은 굳이 장애인등록제에 기초해야 할 필요는 없다.

즉, 정부가 인위적으로 등록할 수 있는 대상을 획정해 놓고 그 외에는 어떠한 어려움이 있어도, 욕구가 있어도 법적인 장애인이 아니라는 이유로 그 사람이 가지고 있는 욕구와 처지에 대해 눈과 귀를 닫는 것은 당사자 중심의 맞춤형 접근과는 거리가 먼 해결방식이다. 그런 현행 접근방식이 경계선장애에 대한 정책적 방치로 나타나고 다른 많은 희귀질환자로 하여금 – 내부장애와 비슷하면서도 – 삶의 고통과 질곡을 온몸으로 겪게 하고 있고 정부와 사회는 그들이 공식적 정책대상이 아니라는 이유로 외면하고 있는 게 우리의 현실이다. 그러므로 개별적 욕구에 기초한 판단이 이루어질 수 있도록 판정체계를 기초부문과 추가부문으로 대별하는 등 정책별로 판단기준을 개별화하고 이를 시행할 수 있는 담당인력의 확충 및 일하는 방식의 전환이 필요하다 하겠다.

아울러 장애인 정책 추진에 대한 예산이 확충되어야 한다. 이는 단순히 장애인 정책의 갈래가 많아지고 사각지대를 해소하는 차원이 아니다. 장애등급제 폐지와 관련하여 직결되는 이슈들이 생길 수 있기 때문이다. 예를 들어, 현재 주택에 대하여 장애인특별분양 신청 시 종전에는 1급 장애인일 경우에는 20점을 부여받았는데 이제는 적어도 신규로 등록하는 장애인이 중증일 경우 이 장애인이 종전의 1급에 해당하면 다른 장애인보다 더 우선권을 가져야 하는데 이제는 이를 구분할 기준이 없으므로 종전의 1급, 2급, 3급 모두가 중증장애인으로서 동일한 점수를 받는다면 특별분양주택이—각 등급별 숫자가 똑같다고 가정하면—3배로 많아져야 한다. 이에 따라 관련 예산이 충분히 반영되지 않으면 예전의 1급 장애인은 장애등급제 폐지에 따라 예전에는 없던 경쟁을 하는 등 불이익을 받게 될 수도 있다. 그러므로 욕구에 기반한, 또 현재의 새로운 시스템에 따른 예산의 확충이 전제되어야 할 필요가 있다. 만약 예산을 동결한다면 장애인 등급제 폐지 이후 정책별로 개별화된 판단기준이 추가로 마련되어 종전 1급에게 우선권을 부여해야 한다. 물론 해당정책이 종전 1급에게 우선권을 준다는 것이 합당하다는 판단이 전제되어야 하겠지만.

마지막으로 장애등급제 폐지에 따라 영향을 받는 다양한 중앙부처들이 있다. 가깝게는 교육부의 「장애인 등에 대한 특수교육법」이 있고, 고용노동부의 「장애인 고용촉진 및 직업재활법」이, 중소벤처기업부에는 「장애인기업활동촉진법」이 있다. 멀게는 「병역법」의 병역의무면제자 선정기준도 이번 장애등급제 폐지와 관련이 있다. 즉, 1급 장애인만 병역의무면제자인데 이제 중증장애인으로 하면 종전의 1급, 2급, 3급 장애인이 모두 포함되어 병무청으로서는 이를 선별하는 작업이 추가로 필요하게 된다. 이때 현재 마련되어 있는 종합욕구사정표를 사용하여 사정점수를 활용할 수는 있겠으나 그것이 병역의무면제 판단기준으로 적합한지에 대해서는 논쟁적일 수 있다. 논의를 확대하여 다른 모든 분야도 마찬가지로 현재의 종합욕구사정표가 갖는 의의에도 불구하고 모든 정책영역에 변화 없이 이식되는 데는 한계가 있으므로 자체적인 보완책을 각 중앙정부에서 마련할 필요가 있으며, 이때 보건복지부와의 협업과 상호 조율이 생산적으로 이루어져야 할 것이다.

Chapter 04

장애인의 삶

자유에 대하여 3

굶주린 者만이
한 끼 밥의 所重함을 알 듯
어디 人跡이 드문 山 속에 土窟을 파고
숨어 있거나
갇혀 있는 者만이
自由를 안다

나는 몸이 자유롭지 못하여
이곳, 밖으로 通하는 階段이 열댓 개나 있는
집으로 이사를 오면서부터
남의 도움 없이는
대문 밖, 한 발자국도 내놓을 수 없어
社會的으로나 道德的으로 指彈받아 마땅한 무슨
犯罪를 저지르고 警察과 자신의 良心에 쫓기는
凶惡犯처럼 집안에서 杜門不出
숨어 있거나 갇혀 있다
(생략)

- 정훈소[1] 시집 『아픈 것들은 가을 하늘을 닮아 있다』 중에서(p. 103)

1 정훈소 시인은 1963년생으로 생후 3개월 후 뇌성마비장애인으로 살아가고 있다. 1996년 계간 문예지 「뿌리」에 작품을 발표하기 시작하였고, 이 시집은 1998년에 발간되었다.

1 장애인의 삶을 알 수 있게 하는 자료

장애인의 삶을 알 수 있게 하는 자료들은 매우 다양하게 수집된다. 장애와 장애인을 연구하는 학자들이 학문적 연구목적에 맞게 현장의 데이터를 직접 수집하여 이를 분석, 발표하게 되면 장애인의 삶의 일부분이 세상에 드러나기도 하고, 정부는 학문적 호기심이라기보다는 정책수립이라는 실용적 대안을 찾기 위해 장애인의 특정한 삶의 부분을 조사하기도 한다. 이보다 더 넓게는 아예 법에서 장애인의 삶의 실태를 조사하도록 규정하고 있다.

〈표 4-1〉 **법에서 규정하고 있는 실태조사**

법 령	내 용
장애인복지법 제31조(실태조사)	① 보건복지부장관은 장애인 복지정책의 수립에 필요한 기초 자료로 활용하기 위하여 **3년마다** 장애실태조사를 실시하여야 한다. ② 제1항에 따른 장애실태조사의 방법, 대상 및 내용 등에 관하여 필요한 사항은 대통령령으로 정한다.
장애인 고용촉진 및 직업재활법 제26조(장애인 실태조사)	① 고용노동부장관은 장애인의 고용촉진 및 직업재활을 위하여 **매년 1회 이상** 장애인의 취업직종·근로형태·근속기간·임금수준 등 고용현황 및 장애인근로자의 산업재해 현황에 대하여 전국적인 실태조사를 실시하여야 한다. ② 제1항에 따른 실태조사에 포함되어야 할 사항과 실태조사의 방법 및 절차 등은 고용노동부령으로 정한다.
장애인 등에 대한 특수교육법 제13조(특수교육 실태조사)	① 교육부장관은 특수교육대상자의 배치계획·특수교육교원의 수급계획 등 특수교육정책의 수립을 위한 실태조사를 **3년마다** 실시하고 그 결과를 공표하여야 한다. ② 교육부장관은 대학에 취학하는 장애학생의 교육여건을 개선하기 위하여 필요하다고 인정하는 경우 장애학생의 교육복지 실태조사를 3년마다 실시하고 그 결과를 공표하여야 한다. ③ 교육부장관은 제1항과 제2항에 따른 실태조사를 위하여 필요한 경우 관계 중앙행정기관의 장, 지방자치단체의 장 및 「공공기관의 운영에 관한 법률」에 따른 공공기관의 장, 대학의 장, 그 밖의 관련 법인 또는 단체의 장에 대하여 자료의 제출 또는 의견의 진술을 요청할 수 있다. 이 경우 요청을 받은 자는 정당한 사유가 없으면 이에 협조하여야 한다.

	④ 제1항과 제2항에 따른 조사의 내용과 방법, 그 밖에 조사에 관하여 필요한 사항은 대통령령으로 정한다
교통약자의 이동편의 증진법 제25조(실태조사)	① 국토교통부장관은 교통약자의 이동편의 증진을 위한 정책을 효과적으로 수립하는 데 필요한 기초자료로 활용하기 위하여 다음 각 호의 사항을 조사하여야 한다. 1. 교통약자의 숫자 등 현황 2. 교통약자의 이동 실태 3. 이동편의시설의 설치 및 관리 현황 4. 보행환경 실태 5. 교통수단, 여객시설, 이동편의시설 및 보행환경에 대한 교통약자의 만족도 6. 그 밖에 교통약자의 이동편의 증진을 위하여 필요한 사항 ② 시장 또는 군수는 지방교통약자 이동편의 증진계획의 효과적인 수립에 필요한 기초자료로 활용하기 위하여 제1항 각 호의 사항을 조사할 수 있다. ③ 제1항에 따른 조사의 시기·방법 등에 관하여 필요한 사항은 국토교통부령으로 정하고, 제2항에 따른 조사의 시기·방법 등에 관하여 필요한 사항은 해당 지방자치단체의 조례로 정한다. ④ 국토교통부장관, 시장 또는 군수는 제1항 및 제2항에 따른 조사를 위하여 관계 행정기관과 교통사업자에 대하여 필요한 자료의 제출 또는 지원을 요청할 수 있다.

위에서 제시한 법률 외에도 여러 법률에서 실태조사를 규정하고 있다. 이러한 조사내용들은 그 목적에 맞게 장애인의 삶의 단면을 보여주는데, 그나마 「장애인복지법」에 의한 장애인실태조사가 가장 광범위하게 관련 자료를 수집하여 분석 · 제시하고 있다. 하지만 이러한 실태조사는 장단점이 있다. 장점으로는 장애인의 평균적인 삶을 제시해 준다는 점이고, 단점으로는 장애인이 살아가면서 겪고 있는 다양한 실제 삶의 내용, 목소리가 생생하게 들리기보다는 평균이라는 수치로 감춰진다는 점이다. 그러므로 이와는 별도로 장애인 당사자가 살아가는 삶에서 경험한 내용들을 이 세상에 알리는 조사도 별도로 시행될 필요가 있다. 즉, 자신이 장애를 가지고 살아갈 때 어떤 차별적 경험을 하는지, 장애아이를 키우는 데 어떠한 어려움에 직면하게 되는지, 정부가 만들어놓은 정책들이 있지만 실제 정책고객의 입장에서 어떤 효과가 있고, 어떤 장벽들이 있는지, 어떤 때에

이런 정책들이 무용지물인지 등에 대한 이야기도 수렴되고 세상에 드러낼 필요가 있다. 통계로 처리된 숫자가 웅변하는 호소력은 제한되어 있을 뿐만 아니라 숫자 뒤에 감추어진 실제 내용이 어쩌면 '진실(truthness)'인데 양적인 데이터가 보여주는 '사실(fact)'에만 의존하려는 '과학(science)에의 맹신'을 의식적으로라도 반성할 필요가 있다. 다음에서는 정부가 시행하는 실태조사에 기반하여 제시되는 장애인의 삶의 내용들과 그 외 다양한 연구를 통해 드러난 삶의 실태 중 중요한 몇 가지만 제시하고자 한다.

2 장애인 인구

장애 – 전 생애에 걸친 영역

장애인은 아동이나 노인과 달리 일정 연령대를 기반으로 하지 않는다. 태어나면서부터 장애를 가지고 태어나기도 하고, 나이 들어서 장애가 생길 수도 있다. 그러므로 장애인은 전 생애에 걸쳐 존재한다. 그렇기 때문에 장애인복지의 정책 갈래는 다양하고 복잡해질 수밖에 없다. 장애아동에 대한 정책과 장애노인에 대한 정책이 같을 수 없기 때문이다. 그것뿐인가. 장애종별에 따라 시각장애인의 욕구와 발달장애인의 욕구는 다를 수밖에 없고, 그에 대한 대응이라고 볼 수 있는 정부정책 또한 달라야 한다. 횡으로는 다양한 연령대가, 종으로는 장애종별이 스펙트럼처럼 넓게 펼쳐져 있어 이를 x, y 축으로 그림을 그려보면 4사분면 중에 어디에 위치하는가에 따라 욕구와 정책의 내용이 달라질 수밖에 없다. 그런 만큼 장애인 인구를 생각할 때는 인구 크기가 얼마인가도 중요하지만 장애인 인구가 가지는 다양한 특성을 염두에 둘 필요가 있다.

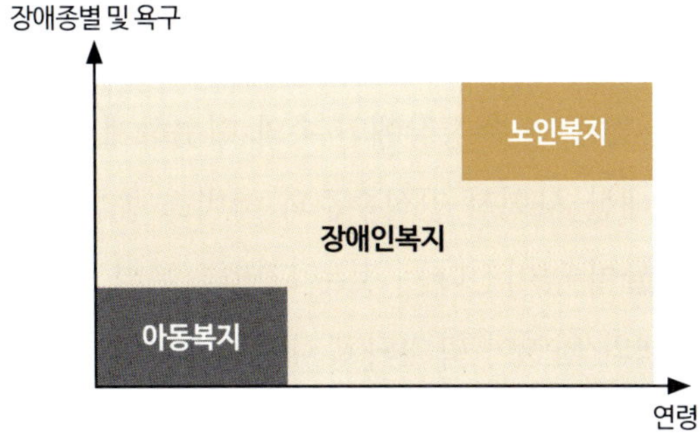

| 그림 4-1 | **장애인복지의 연령대 및 욕구의 특징**

장애인 인구

우리나라에서는 장애인등록제를 시행하고 있어 실제 등록장애인이 몇 명인가는 행정적으로 이미 결정되어 있다. 정부에서도 등록장애인 인구를 집계하고 그 추이를 매년 발표한다. 그렇다고 해서 우리나라에서 장애를 가지고 살아가는 사람이 등록장애인뿐일까? 장애를 등록하면 그때부터 '나는 장애인'이라는 사회적 정체성이 생기기 때문에 일부 사람들은 등록하기를 꺼리기도 한다. 즉, 얼마든지 등록할 수 있으나 등록하지 않은 사람도 사실상은 장애인이라고 보면 한 나라의 장애인이 몇 명쯤 되겠는지 추정해 보는 것도 중요해진다. 물론 전 국민 인구조사 때 장애 여부를 파악하면 정확한 장애인의 규모를 알 수 있겠지만 장애 여부 판단 자체가 육안으로 할 수 있는 게 아니어서 이를 실시하기에는 행정비용이 많이 들어 실제 시행하기가 쉽지 않다. 대신 표본집단을 뽑아서 그 집단 내에서 장애인으로 간주될 수 있는 사람의 수를 파악하고 이를 전체 인구집단으로 추정할 수 있는데 인구 100명당 장애인의 수를 우리는 '장애인 출현율'이라고 부른다.

우리나라에서 장애인의 인구, 장애인의 삶을 통계로 보여주기 위해 정부는 장애인복지법에 따라 한국보건사회연구원을 통해 장애인실태조사를 실시한다. 2020년 장애인실태조사에 따르면 전국의 장애인은 2,622,950명으로 260만 명대 정도로 나타나고 있다. 65세 이상 장애인은 2017년 46.6%에서 2020년 49.9%로 증가하였으며 1인 가구 또한 2017년 26.4%에서 2020년 27.2%로 그 수가 증가하고 있다.

2020년 장애인 수는 2017년 추정장애인 수와 비슷하게 나타났다. 이러한 장애인 등록률은 장애에 대한 사회적 인식수준과 서비스 종류 및 수혜 가능성에 따라 달라지는데, 등록률이 높아진다는 것은 그만큼 우리 사회가 장애를 덜 부끄러워하며 장애인 정책의 외연이 확대되고 내실이 기해지는 과정에서 나타난다. 하지만 장애등록 절차와 방법을 잘 모른다거나 번거로움 등으로 인해 등록하지 않는 경우에 대한 정책적 대비도 필요하다.

3 재가장애인의 삶

일반현황

장애인구의 수는 지난 조사에 비해 다소 하락했지만 앞서 설명한 바와 같이 65세 이상 인구가 46.6%에서 2020년 49.9%로 3.3%p 증가하였다. 우리 사회가 점차 고령화 사회로 접어듦에 따라 장애노인의 수가 지속적으로 증가하고 있음을 알 수 있다. 또 장애인 중 1인 가구의 비율이 26.4%에서 202년 27.2%로 0.8p 증가하였다.

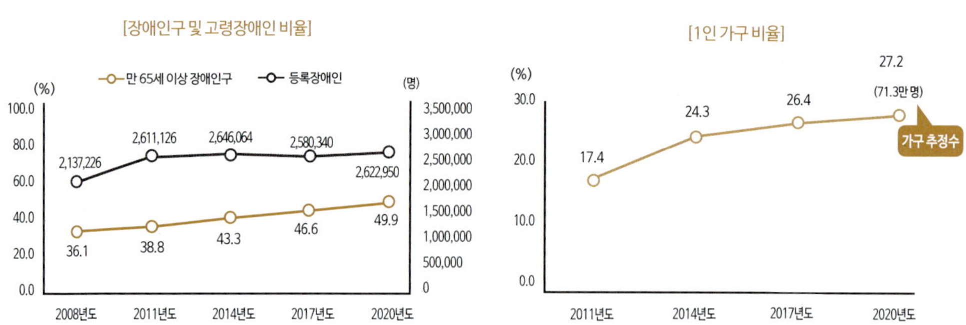

| 그림 4-2 | 고령장애인 및 1인 가구 장애인 인구 추이

연령대별로는 다음 표를 살펴보면 만 30~39세가 4.8%로 지난 조사와 동일했으며 만 40~49세가 9.5%로 지난 조사에 비해 0.9%p 감소했음을 알 수 있다. 그 외에는 다소 증감의 차이는 있지만 지난 조사와 비교해 볼 때 크게 차이는 없다.

〈표 4-2〉 **실태조사에 따른 연령별 인구분포 추이** (단위 : %)

구 분	2008년도	2011년도	2014년도	2017년도	2020년도
만 0~17세	3.9	3.5	2.7	3.3	3.0
만 18~29세	4.0	4.2	4.1	4.6	4.2
만 30~39세	7.4	7.2	6.7	4.8	4.8
만 40~49세	16.7	14.2	12.5	10.4	9.5
만 50~64세	32.0	32.1	30.7	30.3	28.7
만 65세 이상	36.1	38.8	43.3	46.6	49.9
계	100.0	100.0	100.0	100.0	100.0

건강 특성

장애인의 14%는 주관적 건강상태를 '좋다'고 생각하고 48.7%는 '나쁘다'고 생각하고 있다. 그에 반해 전체 인구는 주관적 건강상태가 나쁘다고 생각하는 비율이 15.6%인 점을 감안한다면 장애인이 실제로 자신의 건강상태에 대해 많이 우려하고 있음을 알 수 있다.

〈표 4-3〉 **주관적 건강상태(주관적 건강인지율)** (단위 : %)

		장애인		전체 인구
		2017년	2020년	
주관적 건강상태	좋음	14.9	14.0	32.4
	보통	33.8	37.3	52.0
	나쁨	51.3	48.7	15.6
계		100.0	100.0	100.0

실제로 장애인은 적기에 적절한 서비스를 필요한 양만큼 제공받지 못하면 건강에 적신호가 켜지고 이는 조기사망으로 이어진다. WHO에서는 특히 발달장애의 경우 약 10~15세 정도로 비장애인에 비해 조기사망한다고 밝히고 있다. 우리나라도 그러한 전 세계적인 추세와 크게 다르지 않다. 국립재활원 재활연구소(2022 : 433)에 따르면 장애인 사망 시 평균연령은 2021년 남자 74.7세, 여자 80.8세로 일반국민 남자 80.6세, 여자 86.6세에 비해 약 6세 정도 조기사망하는 것으로 나타났다. 특히 발달장애인의 경우 56.0세, 정신장애인은 63.1세로 일반국민의 기대수명과는 현격한 차이를 보이고 있다.

〈표 4-4〉 장애인 사망 시 평균연령 추이 : 2011~2021년 (단위 : 세)

구분	2011	2012	2013	2014	2015	2016	2017	2018	2019	2020	2021
전체	71.4	72.2	72.8	73.5	73.9	74.2	75.1	75.6	76.1	76.7	77.3
남성	69.2	69.8	70.4	71.0	71.5	71.7	72.5	73.0	73.6	74.2	74.7
여성	74.8	75.8	76.4	77.1	77.4	77.6	78.6	79.1	79.5	80.1	80.8
발달장애	51.1	50.3	50.8	51.9	52.0	53.5	54.5	55.6	54.8	55.8	56.0
정신장애	56.6	57.6	58.2	58.8	59.6	59.3	60.0	60.8	61.5	61.6	63.1

출처 : 국립재활원 재활연구소(2022). 2022 장애인 건강보건관리사업. 국립재활원, p. 433에서 재구성.

그뿐만 아니라 장애인의 사망과 주관적 건강상태, 만성질환과 정신질환 유병률, 고강도 신체활동 실천율 등이 비장애인 또는 전체 국민에 비해 전반적으로 낮게 나타났고 그중에서 중증장애인의 경우에는 가장 낮은 수준에 머물고 있다(박진관 · 전인혜 · 김세린, 2022 : 56).

그럼에도 불구하고 장애인이 최근 1년간 병의원에 가고 싶을 때 가지 못하는 경험은 32.4%로 2017년에 비해 약 2배 가까운 증가를 보이고 있어 의료접근성에 대한 사회적 대응이 절실함을 일깨워 준다. 미충족 의료서비스를 경험하게 되는 주된 이유로는 의료기관까지의 이동불편, 경제적 이유 등으로 나타났으며 코로나19 등으로 인한 장애인의 외출빈도가 크게 감소한 점도 병의원 이용 경험에 영향을 미치는 것으로 추측된다.

〈표 4-5〉 **연간 미충족의료율(병의원)** (단위 : %)

구 분		2014년도	2017년도	2020년도
미충족 의료 경험 있음		19.1	17.0	32.4
미충족 의료 경험 없음		80.9	83.0	67.6
주된 이유	경제적인 이유	58.8	39.2	20.8
	병의원 등에의 예약 어려움	1.9	0.2	0.7
	의료기관까지 이동 불편	15.2	25.0	29.8
	갈 수 있는 시간에 병의원 운영 안 함	6.1	-*	-*
	병의원 등에서의 오랜 기다림	2.5	0.9	4.3
	증상의 가벼움	6.4	6.9	19.3
	의료기관의 장애인 편의시설 미비	1.8	1.1	1.1
	의사소통의 어려움	4.5	2.5	3.3
	의료진의 장애에 대한 이해 부족		0.9	0.9
	시간이 없어서		13.7	7.3
	의료기관 방문 시 동행할 사람이 없음		7.8	6.8
	어떤 의료기관에 가야 할지 몰라서		1.0	1.6
	기타	2.8	0.6	4.1
계		100.0	100.0	100.0

주 : 전체 연령
* 2014년 이후 보기문항 없음, (음영) 2017년에 신설 보기문항

사회적 특성

장애인의 생활만족도는 2017년 수준으로 유지되었으나 여가생활 만족도는 2.9점으로 다소 낮아진 것으로 나타났다.

〈표 4-6〉 **생활만족도** (단위 : %)

구 분	2011년도	2014년도	2017년도	2020년도
매우 만족	8.7	7.1	5.0	5.1
약간 만족	44.5	48.5	53.6	50.7
약간 불만족	34.5	33.8	32.6	36.7
매우 불만족	12.3	10.6	8.8	7.6
계	100.0	100.0	100.0	100.0

1) 4점 척도(전혀 없다 – 별로 없다 – 약간 있다 – 매우 있다)
2) 4점 척도(매우 어렵다 – 약간 어렵다 – 거의 어렵지 않다 – 전혀 어렵지 않다)

〈표 4-7〉 **문화 및 여가활동에 대한 만족도** (단위 : %)

구 분	2011년도	2014년도	2017년도	2020년도
매우 만족	4.3	5.4	4.0	3.6
약간 만족	35.2	37.5	45.3	39.4
약간 불만족	38.7	39.1	38.5	42.1
매우 불만족	21.8	18.0	12.2	15.0
계	100.0	100.0	100.0	100.0

한편, 장애인 차별에 대한 인식은 좋아졌다고 느낀 반면, 장애인차별금지법의 인식은 큰 변화를 보이지 않았다. 즉, 장애인 차별에 대하여 '없다'고 응답한 비율은 36.5%로 2017년 20.1%, 2014년 27.4%에 비해 증가하였으나, 「장애인차별금지법」에 대해서 '알고 있다'로 응답한 경우는 장애어르신의 경우 인지비율이 낮아 5.4%로 2017년 13.9%에서 감소한 것으로 나타났다.

〈표 4-8〉 **장애인 차별 인식**

(단위 : %)

구 분	전 체	연령별		
		19세 미만	19~64세	65세 이상
없다	36.5	27.2	30.4	42.7
있다	63.5	72.8	69.6	57.3
계	100.0	100.0	100.0	100.0

〈표 4-9〉 **장애인차별금지법 인식**

(단위 : %)

구 분	전 체	연령별		
		19세 미만	19~64세	65세 이상
알고 있다	10.5	17.8	15.5	5.4
들어본 적이 있으나 내용은 모른다	25.9	24.5	31.0	21.2
알지 못한다	63.6	57.6	53.5	73.4
계	100.0	100.0	100.0	100.0

일상생활 및 돌봄 특성

장애인의 일상생활 수행 시 도움 필요정도는 장애인의 32.1%가 타인의 도움이 필요하여 2017년 33.9%에 비해 다소 감소하였다. 다만, 지원 수준이 높은(거의 남의 도움 필요) 경우는 6.2%로 증가하였다. 이를 세부적으로 살펴보면, 만 65세 이상 장애노인의 경우 일상생활에서 도움이 필요한 경우는 34.1%로 전체 장애인에 비해 높으며, 2017년(장애노인의 일상생활 도움이 필요한 비율 37.6%)에 비해서 다소 감소한 것으로 나타났다.

〈표 4-10〉 **일상생활 도움 필요 정도** (단위 : %)

구 분	2014년		2017년		2020년	
	전체	만 65세 이상	전체	만 65세 이상	전체	만 65세 이상
혼자서 스스로	51.3	44.9	46.9	38.8	47.8	43.8
대부분 혼자서	16.5	18.5	19.2	23.6	20.1	22.0
일부 도움 필요	17.7	21.2	19.5	21.7	17.2	18.4
대부분 필요	8.6	8.9	8.9	10.1	8.7	9.4
거의 남의 도움 필요	5.9	6.5	5.5	5.8	6.2	6.3
계	100.0	100.0	100.0	100.0	100.0	100.0

한편, 일상생활 지원 서비스(장애인 활동지원서비스, 노인장기요양보험, 장애인 생활도우미 등)를 이용한 경험이 있는 경우는 13.5%로 2017년에 비해 4.0%p 증가한 것으로 나타났다.

〈표 4-11〉 **일상생활 지원 서비스 이용 경험** (단위 : %)

구 분	2014년	2017년	2020년
일상생활 지원 서비스 이용 경험	7.9	9.5	13.5
장애인 활동지원서비스	3.1	3.2	6.9
노인 장기요양보험	5.2	5.7	7.0
장애인 생활도우미, 발달장애인활동지원서비스 등	-	1.2	3.0

돌봄 특성과 관련하여, 주 도움제공자는 가족 구성원이 76.9%(2017년 81.9%)로 여전히 가족의 부담이 높은 것으로 나타났다. 그럼에도 불구하고 활동지원사, 요양보호사 등 공적 돌봄서비스 제공자가 주 도움제공자인 비율은 18.6%로 2017년 11.5%, 2014년의 11.1%에서 큰 폭으로 증가하였는데, 이는 장애인활동지원사업 확대, 발달장애인 활동지원서비스 등 돌봄지원 서비스 확대 노력의 결과라 할 수 있다.

〈표 4-12〉 **주로 도와주는 사람의 유형** (단위 : %)

구 분	2014년도		2017년도		2020년도	
배우자	37.7	81.5	39.4	81.9	38.4	76.9
부모	20.1		21.1		20.8	
자녀(며느리, 사위)	16.7		16.6		13.3	
형제·자매	5.1		3.7		2.8	
조부모	1.1		0.5		0.4	
손자녀	0.5		0.3		0.4	
기타 가족	0.3		0.3		0.5	
친척	0.8		0.5		0.6	
친구	0.8		0.2		0.4	
이웃	1.1		1.1		0.2	
활동지원사	3.3	11.1	2.2	11.5	9.1	18.6
가정봉사원	0.5		0.6		0.5	
요양보호사	7.3		8.7		9.0	
간병인	2.0		2.4		1.3	
기타	2.7		2.4		2.0	
계	100.0		100.0		100.0	

경제적 특성 및 복지서비스 수요

2020년 가계금융복지조사에 따르면 전국가구 대비 장애인가구 소득은 2019년 기준 연평균 4,246만 원으로 전국가구 평균소득(5,924만 원)의 71.7% 수준으로 나타났다. 소득분위로는 하위분위(1~2분위)에 장애인가구의 59.8%가 분포하는 등 저소득가구 비중이 높다. 소득원천별로는 근로 · 사업 · 재산소득(76.8%), 공적이전소득(19.6%), 사적이전소득(3.5%) 순으로 공적이전소득 비중이 높은 것으로 나타났다. 소득원에서 공적이전소득 비중이 높은 경향은 저소득 가구일수록 높아진다고 한다. 참고로 공적이전소득이란 공적연금, 기초연금, 양육수당, 장애인연금, 장애수당, 기초생활보장급여 등 정부가 제공하는 현금급여를 말한다. 전국가구의 경우에는 공적이전소득이 7.7%인 점을 감안해 볼 때 장애인가구에서 상대적으로 높다는 것을 알 수 있다.

이러한 열악한 경제적 여건을 감안해 볼 때 장애인가구의 정부지원에 대한 요구는 높은 수준을 유지할 수밖에 없다. 실태조사 결과에 따르면 국가 및 사회에 대해 가장 우선적으로 요구하는 사항은 '소득보장'(48.9%), '의료보장'(27.9%), '주거보장'(7.4%), '고용보장'(3.6%)의 순으로 나타나고 있는데 소득보장이 가장 큰 비중을 차지하는 것을 알 수 있고 이어서 의료보장, 주거보장 등의 순으로 나타나 2017년 대비 다소 차이를 보이고 있다. 이러한 소득보장 욕구의 증가와 고용보장 욕구의 감소는 코로나19 장기화로 인한 소득감소 및 고용시장 위축의 결과로 볼 수 있다.

〈표 4-13〉 **국가 및 사회에 대한 요구사항** (단위 : %)

구 분	2014년	2017년	2020년	연령별		
				19세 미만	19~64세	65세 이상
소득보장	38.5	41.0	48.9	28.9	52.9	46.5
의료보장	32.8	27.6	27.9	30.8	22.4	32.8
고용보장	8.5	9.2	3.6	6.5	5.6	1.5
주거보장	6.4	5.1	7.4	5.8	7.8	7.2
이동권 보장	1.8	3.0	1.5	1.0	1.1	2.0
보육·교육 보장	1.7	1.2	0.7	11.9	0.5	0.2
문화여가생활 및 체육활동보장	1.6	1.4	1.4	2.4	1.5	1.1
장애인 인권보장	2.7	2.5	1.9	6.5	2.5	1.1
장애인 인식개선	2.2	2.0	1.5	4.0	1.5	1.4
장애인 건강관리(장애예방 포함)	1.2	6.0	2.5	1.6	2.3	2.8
의사소통 및 정보접근 참여보장	0.6	0.5	0.3	0.1	0.1	0.4
재난안전관리	0.5	0.3	0.1	0.0	0.1	0.2
기타	0.3	0.2	0.3	0.1	0.2	0.3
없음	1.3	-	2.0	0.5	1.7	2.4
계	100.0	100.0	100.0	100.0	100.0	100.0

4 시설장애인 현황

장애인거주시설 현황

2021년 12월 기준 장애인거주시설은 전체 1,535개소가 있으며, 그중에 공동생활가정이 753개소(49.0%)로 전체 거주시설의 절반 가까이 운영되고 있고, 지적장애인거주시설 310개소(20.2%), 중증장애인거주시설 249개소(16.2%), 단기거주시설 164개소(10.7%), 지체장애인거주시설 28개소(1.8%), 시각장애인거주시설 15개소(0.9%), 장애영유아거주시설 9개소(0.7%), 청각언어장애인거주시설 7개소(0.5%)가 설치 · 운영되고 있는 것으로 나타났다.

시설에 거주하고 있는 장애인은 현원 기준 28,565명인데, 지적장애인의 거주시설에서 거주하고 있는 장애인이 11,205명(39.2%), 중증장애인거주시설 10,568명(36.9%) 순으로 가장 많이 거주하고 있었으며, 공동생활가정 2,823명(9.8%), 단기거주시설 1,792명(6.3%), 지체장애인거주시설 1,055명(3.7%), 시각장애인거주시설 569명(1.9%), 장애영유아거주시설 357명(1.4%), 청각언어장애인거주시설 196명(0.8%) 순으로 나타났다.

이를 평균 입소인원으로 살펴보면, 장애영유아거주시설이 39.6명, 중증장애인거주시설이 42.4명으로 가장 높게 나타났고, 청각장애인거주시설의 평균 입소인원은 28명, 지적장애인거주시설은 36.1명으로 나타났다.

〈표 4-14〉 **2021년도 유형별 장애인거주시설의 시설수 및 인원 현황** (단위 : 개소, 명, %)

구 분		시설수	인원수
장애유형별	지체장애인거주시설	28 (1.8)	1,055 (3.7)
	시각장애인거주시설	15 (0.9)	569 (1.9)
	청각언어장애인거주시설	7 (0.5)	196 (0.8)
	지적장애인거주시설	310 (20.2)	11,205 (39.2)
중증장애인거주시설		249 (16.2)	10,568 (36.9)
장애영유아거주시설		9 (0.7)	357 (1.4)
단기거주시설		164 (10.7)	1,792 (6.3)
공동생활가정		753 (49.0)	2,823 (9.8)
총 계		1,535 (100.0)	28,565 (100.0)

장애인거주시설 변화 추이

연도별 장애인거주시설의 변화 추이를 살펴보면, 2012년 장애인복지법 개정 이후에도 장애유형별거주시설은 지속적으로 증가추세를 보여 2012년 1,348개소에서 2019년 1,557개소로 증가하다가 2020년부터 1,539개소로 줄어드는 것으로 나타났다.

〈표 4-15〉 **연도별 장애인거주시설 변화 추이**

(단위 : 시설수, 명)

구분	합 계			장애유형별 거주시설											
				지체장애			시각장애			청각장애			지적장애		
	시설수	정원	현원	시설수	정원	현원	시설수	정원	현원	시설수	정원	현원	시설수	정원	현원
2009	397	26,912	23,243	38	2,697	2,230	14	1,096	760	11	792	519	172	10,733	9,539
2010	452	28,571	24,395	40	2,640	2,055	14	1,092	744	10	732	462	196	11,463	10,178
2011	490	29,419	25,345	69	2,597	2,102	15	1,122	787	9	552	361	226	12,161	10,788
2012	1,348	35,545	30,640	40	2,563	2,057	16	1,151	786	8	519	335	278	13,366	11,743
2013	1,397	35,813	31,152	69	2,468	1,978	16	1,151	770	8	482	320	293	13,422	12,001
2014	1,457	35,860	31,406	44	2,627	2,208	15	991	632	7	373	270	309	13,562	12,136
2015	1,484	35,746	31,222	69	1,933	1,668	16	970	628	7	373	255	321	13,971	12,369
2016	1,505	35,232	30,980	40	2,178	1,766	17	1,010	711	7	373	228	317	13,450	12,112
2017	1,517	34,855	30,693	39	2,047	1,690	17	1,011	700	7	363	232	313	13,394	12,008
2018	1,527	34,345	30,152	33	1,754	1,418	16	907	662	7	363	223	320	13,319	11,865
2019	1,557	33,954	29,662	33	1,600	1,304	15	866	615	7	373	216	313	12,858	11,485
2020	1,539	33,071	29,086	28	1,367	1,121	16	798	579	7	373	205	317	12,713	11,349

구 분	중증장애인거주시설			장애영유아거주시설			장애인단기보호시설			장애인공동생활가정		
	시설수	정원	현원	시설수	정원	현원	시설수	정원	현원	시설수	정원	현원
2009	153	11,042	9,728	9	552	467	-	-	-	-	-	-
2010	182	12,052	10,364	10	592	491	-	-	-	-	-	-
2011	191	12,404	10,798	10	586	509	-	-	-	-	-	-
2012	201	12,536	11,006	10	592	510	128	1,683	1,438	667	3,140	2,760
2013	216	12,904	11,412	9	528	473	131	1,724	1,432	685	3,134	2,766
2014	223	12,802	11,344	9	539	466	137	1,766	1,495	713	3,200	2,855
2015	233	12,762	11,314	10	622	541	141	1,783	1,548	171	3,276	2,862
2016	233	12,514	11,192	9	522	452	146	1,902	1,616	736	3,283	2,903
2017	233	12,256	10,996	9	522	429	147	1,948	1,699	752	3,314	2,939
2018	239	12,221	10,995	9	522	398	150	1,975	1,671	753	3,284	2,920
2019	251	12,335	10,978	9	522	382	159	2,064	1,733	770	3,336	2,949
2020	251	12,069	10,866	9	514	361	157	2,002	1,733	754	3,235	2,872

* 단기보호시설과 공동생활가정은 기존에 지역사회재활시설로 분류되었으나, 2012년을 기점으로 장애인거주시설로 분류되어 포함됨.

출처 : 한국장애인개발원. 2021 장애통계연보.

이 중 장애유형별 거주시설의 변화 추이를 자세히 살펴보면, 지체장애인은 2012년 이후 40개소에서 2020년 28개소로 줄어들었고, 시각장애인은 2012년 이후 16개소 가량을 유지하고 있으며, 청각장애인은 2012년 9개소에서 2020년 7개소로 감소하는 경향을 보여주고 있다. 다만, 지적장애인은 2012년 278개소에서 2020년 317개소로 증가한 것으로 나타났다.

따라서 최근 장애인거주시설의 지속적 증가추세는 지적장애인거주시설의 증가 추세임을 알 수 있다. 중증장애인거주시설의 경우 2012년 201개소에서 매해 증가하여 2020년에는 251개소로 나타났으며, 장애영유아거주시설은 2012년 10개소에서 2020년 9개소로 1개소가 줄어들었다. 장애인단기보호시설은 2012년 128개소에서 2020년 157개소로, 장애인공동생활가정은 2012년 667개소에서 2020년 754개소로 꾸준한 증가추세를 보이고 있다.

시설장애인

시설장애인의 삶에 대해 장애인 실태조사만큼 전국적으로 상세하게 조사된 것은 없다. 다만, 학자들이 개별 관심에 따라 특정 분야에 대해 그 삶의 단면들을 드러내곤 하는데 여기에서는 김미옥 · 김고은의 연구(2010) 내용을 정리하여 제시하고자 한다. 이 연구에서는 19개 장애인거주시설에서 각 시설당 3명의 하루 일과를 조사하여 통계청에서 전 국민을 대상으로 실시하는 생활시간조사에서의 '생활시간조사 활동분류표'를 기준으로 작성된 자료를 분석하였다.

거주시설에서의 일상생활은 개인유지를 위한 활동건수가 가장 많이 나타났고, 교제 및 여가활동, 가정관리의 순으로 많은 활동을 하고 있었다. 또한 장애 정도가 심해질수록 개인유지나 기타 활동 등의 건수가 많고 일이나 가정관리, 동료 보살피기, 교제 및 여가활동의 건수가 줄어드는 것으로 나타났다. 비장애인의 생활시간과 비교해 본 결과, 경증장애인은 개인유지에 각각 비장애인 43%, 장애인 42.6%로 유사하게 나타났으며, 여가활동 역시 유사한 비율을 보여주었다. 장애 정도가 심해질수록 개인유지에 사용하는 시간은 증가하고, 교제 및 여가활동 영역은 감소하여, 비장애인의 일상생활과는 다른 모습들이 관찰되었다. 따라서 장애 정도가 일상생활활동의 영역을 결정하는 데 매우 중요한 요소임을 이 연구를 통해서 알 수 있다.

장애 정도에 따라 일상생활활동이 달라지는 모습의 구체적인 내용은 다음과 같다. 첫째, 시설이라는 단체생활의 특성으로 인한 활동들이 있었다. 예컨대 전체적으로 생활재활교사나 자원봉사자, 다른 이용자들과 인사를 하는 활동이 매우 많이 나타나고, 경증 이용자의 경우는 다른 이용자(중증)를 돌보는 과정에서 다툼이나 신경질을 부리는 활동들이 나타났다. 또한 교사에 대하여 일상적인 대화의 형태와는 다른 대화 활동이 나타난다. 이는 지속적으로 교사의 관심을 받으려 하거나 자신의 행동이나 상황에 대해 교사에게 확인을 받으려는 활동들인데, 이용자들이 개인적인 활동을 할 때마다 일일이 교사에게 허락이나 약속을 받아 내거나 질문을 하는 행동들을 말한다. 둘째, 이용자들의 특이행동과 관련된 활동들이 주를 이루는데 장애가 심해질수록 혼자 서성거리거나 혼자 말을 하는 등의 활동이 많고, 신경질을 내거나 감정조절이 안 되는 등의 행동을 보여준다. 또한 자기관리나 일상생활에서의 문제행동을 보이고, 틱이나 자폐성향 등의 장애로 인한 행동들이 나타난다. 전체 일상생활활동 중 14.2%가 특이행동 활동을 하는 것으로 나타났고, 장애 정도별로 살펴보면 경증 4.5%, 중증 10.9%, 최중증 25.5%가 특이행동을 하는 것으로 나타나 장애 정도가 심할수록 특이행동의 빈도가 많았다고 한다.

잘 알려지지 않은 시설장애인 : 비판적 검토

“존재는 존재이유를 만들어 낸다”

장애인거주시설이 왜 만들어졌을까? 다양한 이유가 있겠지만 서양에서는 사회위생론에 따라 열등한 존재와 섞이기 싫은 사람들이 만들어 낸 구별된 사회적 공간이었다. ‘난 네가 싫거든!’이라는 말을 매번 하기보다는 아예 지역사회 내에서 존재할 수 없는, 격리된 공간으로 삶의 영역을 이전시킨 것이다.

우리나라는 어떨까? 조금 다르다. 물론 뒤에 탈시설화를 다루는 장(章)에서 좀 더 깊게 이야기하겠지만 우리는 한국전쟁 이후 오갈 데 없는 사람 중에 스스로 자기를 보호하기 가장 힘든 사람을 민간기관에서 발 벗고 나서서 보호한 측면이 크다. 물론 가난했던 정부, 밤낮없이 일해야만 가족을 건사할 수 있었던 열악한 압축적 성장과정, 생산적으로 기여하지 못하는 사람들에 대한 동정, 외원기관의 원조 등이 버무려져 장애인거주시설이 탄생했지만, 우리 모두 스스로 장애를 부끄러워하고 어디 가서 남에게 민폐가 되지 않을지 조바심을 냈다. 그러나 그렇게 살지 않아도 된다는 것을 정부가, 이 사회가 이야기했다기보다는 '내가 왜 이렇게 살아야 해?'라는 문제의식에서 출발한 장애인 당사자의 목소리가 점차 사회에 들리게 되면서 운동장이 기울어져 있다는 것을 조금씩 알게 된 것이다.

그럼에도 불구하고 장애인거주시설의 수는 지속적으로 증가했다. 그렇게 대규모적인 삶은 이제 없어져야 한다는 목소리에도 불구하고 자식의 삶을 걱정하던 부모부터도 장애인거주시설 설치 · 운영 그리고 이용에 매달리게 만들었다. 그런데 거기에 사는 장애인 당사자의 목소리는 거의 드러나지 않았다. 그리고 터져 나오는 시설장애인의 이해하기 어려운 죽음, 운영비리와 인권침해 사례 때문에 시설이 언론의 주목을 받을 때만 그 단면에 비춰진 장애인의 삶이 전부였다.

물론 장애인거주시설도 많이 변했다. 스스로 변신하고 혁신해 왔다. 내외부적인 압력과 반성에 힘입어 장애인 인권에 기반한 다양한 운영방식이 실시되어 왔다. 그럼에도 불구하고 시설장애인의 삶에 대해서는 아직도 베일에 가려져 있다. 정부도, 사회도 관심이 없던 공백에 장애인거주시설에서 소식지로, 자기옹호대회 등을 통해 그리고 일부 학자들에 의해 조금씩 드러난 것이 전부라 해도 과언이 아니다. 그런 의미에서 시설장애인의 삶에 대해 장애인 실태조사에서 보다 풍부하게 관련 정보를 수집하는 것이 바람직하다. 행복e음 자료에는 객관적으로 드러난 통계치만 포함되어 있지 당사자의 의사가 반영된 내용은 없기 때문이다.

5 감추어진 삶 : 학문적 패러다임에 대한 반성 필요

설문조사나 실험에 기반한 양적조사 패러다임은 대규모 데이터가 가지는 특성과 속성을 간단하고 명료하게 보여준다는 점에서 장점이 있다. 하지만 우리나라에는 그러한 양적조사 패러다임이 너무 지배적이다. 다행히도 최근 들어서는 면접이나 참여관찰에 기반한 질적조사 패러다임이 차츰 자리를 잡아 나가면서 양자의 균형을 맞추려는 시도와 노력이 그 전보다는 훨씬 더 기반을 갖추었다고 볼 수 있다.

양적조사 패러다임은 조사대상의 평균적 의미와 내용을 통해 우리 사회가, 정부가 무엇을 해야 할 것인지를 고민하게 만드는 장점이 있다. 또 표본 데이터의 모집단에 대한 추정을 통해 오차범위 내에서 신뢰할 만한 결과로 대중들에게 제시할 수 있다. 반면 질적조사 패러다임은 이미 전체 모집단에 대한 대표성을 갖지 못하기 때문에 조사결과가 일부 특정 집단, 개인의 목소리는 들릴 수는 있으나 그것으로 전체의 목소리를 대변하기는 어렵다는 비판을 받는다.

하지만 통계로 처리되어 있는 데이터의 결과에 대한 보다 심층적인 내용을 알고 싶을 때에는 당사자를 붙들고 물어봐야 한다. 왜 정부의 노력이 의미 없다고 생각하는지, 왜 그것이 도움이 안 되는지, 만족하지 못한다면 그 이유가 무엇인지 등 그 결정을 둘러싼 다양한 맥락들을 함께 고려할 때 전체적인 상(象)을 제대로 포착할 수 있다. 그렇지 않으면 장애인의 삶에 대해 피상적인 통계결과만 전달될 뿐이고 당사자에게는 자신의 이야기를 들려줄 기회조차 박탈당하게 된다. 이것이 장애인 실태조사 또한 국가데이터를 구축하는 차원에서 주요 데이터에 당사자의 삶에 대한 이야기를 담아야 할 이유이다.

Chapter 05

장애에 대한 사회적모델과 자립생활모델[1]

영국에서 사회적모델을 배우고 한국에 돌아오니 한국에서도 장애에 대한 사회적모델에 대해 이해하고 정책에 용해시키려는 노력이 여기저기에서 이루어지고 있는 것을 알 수 있었다. 나 또한 그 대열에 합류하여 배운 지식을 나누고 있던 즈음, 강연장에서 한 실천전문가의 질문을 받게 되었다.

"영국에서의 사회적모델과 미국에서의 자립생활모델이 어떻게 달라요?"

나는 솔직히 대답했다.

"저는 자립생활모델에 대해 깊이 있게 고민해 본 적이 없습니다. 더군다나 이 양자를 비교하는 것에 대해서는 문득문득 스쳐 지나가는 생각 외에 깊이 있게 고민한 적은 한 번도 없습니다. 참 부끄럽네요… "

"하지만 저에게 시간을 조금만 주세요. 어차피 풀어야 할 숙제라고 직감적으로 느껴지네요. 제가 공부해 보겠습니다."

그 약속 때문에 그 날 이후부터 양 모델에 대한 이해와 양자의 유사점과 상이점을 찾는 데 나의 많은 부분을 쏟아 부었다. 여기에서의 내용 대부분은 「사회복지연구」라는 학회지에 실린 논문에서 발췌한 것이다. 여러 장애를 이해하려는 모델이나 정상화이론 등 관점들이 있지만 이들을 모두 소개하는 것보다는 이 양자에 대해 보다 깊은 이해를 하면 좋겠다는 바람에서 내용을 구성하였다.

1 이 글은 김진우(2010). 장애에 대한 사회적모델과 자립생활모델에 대한 이론적 비교 연구. 사회복지연구, 41(1), 39-63에서 발췌한 내용에 기초해 있다.

1 장애를 바라보는 관점

장애에 대한 설명력

앞 장에서 살펴본 바와 같이 장애인과 그 가족은 비장애인과 그 가족에 비해 전반적으로 소득, 고용, 교육, 타인에 대한 의존 등에 있어 열악한 위치에 있고, 차별이나 부정적인 인식에 직면하면서 하루하루를 살아간다. 왜 그러한 삶을 살아가는 것일까? 자신이 듣지 못해서? 보지 못해서? 나 스스로 일을 처리할 수가 없어서? 내가 가진 손상(impairment) 때문에? 아니면 혹시라도 이 사회가 뭔가 부족한 면이 있어서? 어디서부터 무엇이 잘못된 것일까?

장애인이 비장애인에 비해 열악한 삶을 살아가는 것은, 어떤 것을 잘하지 못하는 것은 자신에게 있는 손상이라는 굴레 때문인지 아니면 사회가 그렇게 만든 것인지? 장애를 어떻게 설명해야 하나? 왜 정부는 '장애인복지'를 하고 있나? 그 근거와 정당성은 어디에서 연유하는 것인가?

이러한 질문에 대해 대답하기 전에 먼저 필자의 경험 하나를 소개하고자 한다.

> 필자는 10년 동안 중앙정부에서 근무하면서 장애인복지정책을 담당한 적이 있다. 그때 필자의 마음을 아프게 하는 이야기 중의 하나가 '장애인복지가 시혜적이라는 것'이었다. 장애인 당사자도, 교수도 모두 그렇게 주장하고 또 주장하는 바에 대해 서로 동조하는 분위기였다. 노인복지, 아동복지보다 장애인복지가 더 발전할 수 있도록 열심히 예산당국과 머리를 맞대고 그들의 비위를 맞추어 주면서 조금이라도 더 예산을 확보하려고 하얗게 밤을 새기를 얼마나 했는데… 내가 시혜를 베풀기 위해서 이렇게 하는 것이 아닌데, 왜 시혜적이라고 하는 것일까. 어차피 열심히 해도 욕 들을 텐데 나는 왜 이러고 사는가…

이렇게 솔직히 고백하자니 부끄럽지만, 당시에는 서운한 마음이 적지 않았던 것 같다. 하지만 권리에 기반하여 장애인이 당당하게 사회와 국가에 요구할 수 있는 것과 제도가 있음으로 인해 얻는 반사적 이익은 다르다. 그렇기 때문에 등급을 매기고, 요건을 만들어서 이에 적합한 사람만 혜택을 주고 그렇지 않은 사람은 정책이 그림의 떡에 지나지 않는다. 요건이 엄격하면 제도는 대다수의 장애인에게 적용되지 않고 예산을 확보하는 대로, 확보하는 분량만큼의 자유만 늘어나니까 권리에 기반하지 않았다 하여 '시혜적'이라고 한 것이다. 즉, 이들을 불쌍히 여겨 더 많은 예산을 배정하면 감사하게도 장애인이 혜택을 받을 수 있고, 그렇지 않으면 그러한 '은혜'는 하사되지 않는다. 그러므로 적어도 '시혜적'이 되지 않으려면 당사자가 특정한 급여나 서비스를 요구할 수 있는 권리를 가져야 한다.

하지만 여전히 의문은 남는다. 분명 자신이 휠체어를 타기 때문에, 앞이 보이지 않기 때문에, 듣지 못하기 때문에, 자신의 지적 능력이 떨어지기 때문에 월급을 적게 받고, 사회에 참여하기 어려운데, 어떻게 권리에 기반하여 제도의 성립을 요구할 수 있는가? 즉, 분명히 자신의 신체적인, 정신적인 상태가 어려움을 자아내는데 왜 정부에게 이런저런 법을, 제도를 만들어 달라고 이야기할 수 있는가? 정부가 최선을 다해서(?) 제도를 만들어 나가면 되는 것 아닌가? 과연 그렇게 생각하고 바라보는 관점이 옳은가?

즉, 장애-내가 사회적으로 무언가를 할 수 없는 상태-를 어떻게 이해하는가? 무엇으로 설명해야 할 것인가? 그렇게 장애를 설명하는 논거와 힘을 장애에 대한 설명력이라고 하고 이에 대해 다음에서 좀 더 깊이 있게 고민해 보고자 한다.

Finkelstein의 장애인마을

Finkelstein(1980)은 장애가 신체적 · 정신적 손상 때문에 생긴다는 명제에 대해 반론을 펴기 위해 장애인마을 우화를 들려주고 있다. 이의 원래 취지는 살리고 좀 각색하면 다음과 같다.

> 어떤 마을이자 작은 나라에는 휠체어 타는 사람이 95%이고, 나머지 5%는 키가 190cm인 사람들이 살고 있다. 그렇다 보니 출입문은 휠체어 타는 사람에게 맞

추어서 높을 필요가 없고 대신 폭을 넓게 설계하면 된다. 전봇대 또한 높을 필요가 없어서 2미터 남짓이다.

문제는 키가 190cm인 사람들이 허구한 날 낮은 출입문 높이 때문에 목에 걸리거나 뒷걸음질 치다가 머리를 다치고 심하면 생명을 잃기도 했다. 또 저녁에 회식이라도 있을라치면 거나하게 한 잔 하고 친구랑 하이파이브 하다가 전깃줄에 감전되어 죽었다는 기사가 심심찮게 사회면을 장식하곤 했다.

참다 못한 190cm의 장신들이 정부를 찾아가서 따지고 대책을 요구하기 시작했다. 정부는 '딱하지만 이미 올해 예산은 모두 결정되었을 뿐만 아니라 내년도 예산도 이미 정부를 떠나 국회로 갔으니 내후년부터라도 이에 대해 생각해 보겠노라'고 이야기하고 이내 휠체어를 돌려서 자기 사무실로 가버린다. 속에서 열불이 터진다. 목소리라도 높일라치면 공무집행방해를 운운한다. 이후 2년을 참고 기다린 즈음 정부는 당정협의를 거쳐 어느 날 보도자료를 배포했고 신문에는 이런 기사가 보도되었다. '출입문 높이 높인다 – 살맛나는 세상 이제 오는가'. 그런데 자세히 보니 그 나라 전체 문이 500만 개인데 겨우 500개 고치는 예산만 확보한 것이다. 예산이 원래 점증적으로 증가하니 또 내년에는 더 많은 예산이 투입될 수 있다고 생색을 낸다. '어느 세월에 이 문들을 다 고치나…' 그러는 사이 학교 선생을 하고 있는 190cm 사촌동생이 목관절 부상으로 입원했다는 문자가 왔다. 오늘은 또 어제 회사 내 옆 팀 부서 회식 때 이 차장과 김 대리가 또 감전으로 의식불명이란다.

이래서는 안 되겠다 싶어 이제는 머리띠라도 둘러매고 아예 국회 앞에서 드러눕기로 했다. 그렇게 시위하고 있는데 지나가는 행인이 이렇게 이야기하는 소리가 들린다. '어이구… 저렇게 과격하게 시위하니 키 큰 사람들을 안 좋아하지… 저런다고 뭐가 바뀌나… 하여튼…'

저번에는 출입문 고친다고 왜 그 많은 예산을 국민의 5%밖에 되지 않는 사람들을 위해 써야 하냐고 대놓고 빈정대더니 이제는 억울한 우리의 마음을 헤아려주기보다는 열등한 2등 시민 취급하기 일쑤다. 정말 마음 같아서는 목숨을 걸어서라도 우리가 어떻게 이 사회에서 살아가는지 온몸으로 보여주고 경종이라도 울리고 싶은데 이제 막 걸음마를 뗀 아들이 자꾸 눈에 밟힌다…

이 우화가 말하고자 하는 바가 무엇일까? 우리가 흔히 이야기하는 장애인은 휠체어를 타는 사람이다. 하지만 휠체어 타는 사람이 다수이고, 그 사회의 권력은 다수인 휠체어 탄 사람에게서부터 나온다. 다수의 소수에 대한 억압인 것이다. 그렇다면 신체적인 손상이 문제가 아니다. 대다수와 다른 소수의 사람이 살아가는 데 주어지는 불이익을 그 사회가 당연한 것으로 여기는 것이다. 그렇기 때문에 현실세계에서의 장애문제도 다수와 소수의 대립의 구도로 파악될 수 있다. 억압과 장벽은 신체적 · 정신적 손상에서 연유하는 것이 아니라 소수에 대한 다수가 부여하는 데서 기인한다.

그런 점에서 이 우화는 우리에게 대단한 시사점을 제시해 준다. 장애인이 어려운, 열악한 삶을 살아가는 것은 어쩌면 당연하다고 생각했는데, 자신의 운명이라고 생각했는데, 무언가를 할 수 없다는 불이익의 이유를 굳이 손상에서 찾으려는 마음이 저절로 발동되었는데, 이 모든 것들이 우리가 만들어 낸 하나의 사회적 구성물(social constructs)이라는 것을 깨닫게 해준다.

그러면 이제 궁금해진다. 장애인이 어려운 그리고 열악한 삶을 살아가는 것 그리고 장애(disability)가 있다는 것이 무엇인가? 장애는 어떻게 설명되어야 하는가? 그러한 신체적 · 정신적 손상을 가진 당사자가 아니라면 누가 이 장애에 대한 책임이 있다는 말인가?

모델이라는 것

장애가 왜 생기는가? 이에 대한 나름의 이야기를 풀어내는 데에는 '자신이 어디에 서서 어디를 바라보는가'에 따라 달라진다. 우파적 입장에서는 이 사회가 큰 문제 없이 잘 구성되어 있고 운영상의 애로는 개선 · 보완해 나가면 된다고 본다. 기본적인 사회적 합의에 동조하지 못하는 것을 일탈이라고 본다. 하지만 좌파적 입장에서는 지금 여기를 구성하고 있는 논리는 이로부터 이득을 얻는 자들이 엄격하게 짜놓은 그물이기 때문이며 변혁의 불씨는 항상 내재적이다. 그러므로 이 사회를 올바른 방향으로 바꾸기 위해서는 기존의 지배논리를 변혁시켜야 한다. 그렇기 때문에 자신의 존재위치에 따라 현실을 바라보는 입장도 달라지게 된다. 장애에 대한 시각도 마찬가지다. 열악한 삶의 원인이 자신이 가지고 있는 신체적 · 정신적인 손상 때문인지, 아니면 그러한 손상으로 인해 생기는 욕구에 대한 사회의 무관심과 억압 때문인지는 장애를 바라보는 관점이 완전히 다르기 때문이다.

관점이 다르면 모델을 구성하는 내용도 달라진다. 우리가 살펴볼 사회적모델, 자립생활모델에서 도대체 '모델(model)'이라는 것이 뭘까? 흔히 이론(theory)이라고 하면 동서고금을 막론하고 그러한 내용이 거의 모두 다 적용될 수 있는 보편성을 가진다는 것을 의미한다. 그만큼 여러 시각에 의해 반박되고, 보완되고, 종합되어서 하나의 단단한 논리체계로 성립되었을 때 이론이라고 부른다. 하지만 그러한 이론의 단계에까지는 이르지 않았으나 논리적 체계를 어느 정도 갖추었을 때 그 내용을 모델이라고 부른다. 모델은 이론이 아니어서 다른 사회, 다른 시대에 적용하면 설명력이 떨어질 개연성이 있다. 그런 점에서 사회적모델이든, 자립생활모델이든 앞으로 이론적 체계를 좀 더 다듬어야 장애에 대한 사회이론, 자립생활이론으로 발전할 수 있다. 다음에서는 사회적모델과 자립생활모델을 각각 살펴보고 이 둘이 갖는 유사점과 상이성, 그리고 우리 사회에 던져주는 함의를 고민해 보고자 한다.

2 문제제기

우리 사회의 모습과 모델들과의 관계

최근 우리 사회의 장애인복지는 단순히 외형적 성장에 그치지 않고 장애인의 삶의 질 향상을 구현하는 데 도움이 되기 위한 내용들이 대폭 도입되었다. 복지급부행정으로는 맞춤형 욕구평가체계 등 전달체계 개편, 장애인연금, 장애인활동지원서비스, 각종 재활 관련 바우처사업, 「발달장애인법」 제정, 자립생활 개념 도입, 성년후견제 실시, 장애인 보조기기 지원 및 산업육성 등이, 규제행정으로는 대표적으로 「장애인차별금지 및 권리구제 등에 관한 법률」(이하 "장애인차별금지법"이라 한다)이 제정되었고, 이 양자의 성격을 모두 가지고 있는 권익옹호의 영역이 점차 확대되고 있다.

그러한 정책적 변화는 장애(disability)를 바라보는 우리 사회의 관점 변화가 그 기저에 깔려 있다고 볼 수 있다. 이는 사회복지의 제도화가 시작되었던 1980년대 후반부터 추진된 다양한 사회복지정책의 체계적 발전에 힘입은 바가 크지만, 사회적 불이익으로서의 장애와 장애인으로 살아가는 삶을 우리 사회에 알리려는 장애인 당사자들의 노력이 사회의 인식과 제도를 바꾸는 데 큰 역할을 했던 것이 사실이다(남찬섭, 2007; 이승기, 2007). 이런 당사자의 적극적인 활동에의 기초가 되었던 이념적 틀로서, Wolfensberger(1972)의 정상화이론, Oliver(1983; 1990)의 장애에 대한 사회적모델, 미국에서 태동되어 전 세계로 확산된 자립생활모델(DeJong, 1984) 등을 들 수 있으며, 한편 사회복지실천현장에서는 서비스 이용자의 참여(participation)와 소비자주권(consumer sovereignty), 역량강화(empowerment), 강점중심(strengths-centred perspective) 등(김용득, 2002)을 들 수 있다.

왜 사회적모델과 자립생활모델인가?

이 중에서 최근 우리 사회의 장애인 복지발전과정에서 원용되었던 이념적 틀 중에 큰 영향을 끼친 것으로 사회적모델과 자립생활모델을 들 수 있다. 「장애인차별금지법」의 제정과 「장애인복지법」에의 자립생활조항의 반영에 적극적으로 참여하였던 '장애인차별금지연대', '중증장애인자립생활연대'에서 장애인이 갖는 욕구에 대한 사회적 책임과 장애인 당사자의 자립생활 영위를 위한 탈시설화와 활동보조서비스의 도입을 주장한 것이 다름 아닌 사회적모델과 자립생활모델이 지향하는 핵심내용이었기 때문이다.

우리나라에 사회적모델이 소개된 것은 학문적 영역에서부터 시작되었다. 1990년대 후반 장애인복지 관련서적에서 재활모델과 비교된 사회적모델의 내용이 간단하게 소개된 이후, 「장애개념의 변화와 사회복지실천 현장 함의」(김용득,

2002 : 164)라는 논문에서 Oliver의 사회적모델이 널리 알려지게 되었다. Oliver의 사회적모델을 둘러싼 다양한 논의에 대해서는 이동석(2004) 및 박경수(2005)의 논문에서 '개인과 사회' 그리고 '물질과 문화'라는 스펙트럼으로 사회적모델을 둘러싼 다양한 논의를 다루는 Priestley(1998)의 분류체계가 소개 · 적용되면서 한국 장애학계가 이에 대해 보다 깊이 있게 이해하게 되었다. 아울러 김경미 · 김미옥의 연구(2006)에서는 Priestley의 분류체계에 따라 장애인복지 관련 투고논문의 성격을 분석하기도 하였다. 한편 정부에서 사회적모델을 직접 언급한 것은 최근의 일이다. 2007년 '장애인 복지정책의 현황과 과제'라는 정책설명자료에서 우리 사회가 재활모델을 극복하고 사회적모델에서의 장애개념으로 변화되고 있음을 설명하고 있다.

자립생활모델은 학술적 차원뿐만 아니라 장애인복지 실천현장에서의 노력을 통해 차츰 그 뿌리를 내리게 되었다. 자립생활 개념은 1997년 '서울 국제장애인 학술대회'에서 일본의 자립생활운동이 소개되면서 우리나라에 알려지게 되었고, 이후 정립회관의 노력으로 다양한 강연, 프로그램 등이 실시되면서 전국적으로 확산되기 시작하였다(김경혜, 2004). 자립생활센터는 자생적으로, 보건복지부의 시범사업으로 또는 지방자치단체의 재정적 지원을 받아 설립 · 운영되다가, 2007년 이후 정부가 「장애인복지법」을 개정하여 자립생활에 관한 한 장(章)을 신설함으로써 장애정책 전반에 있어 자립생활의 이념을 추구할 것을 천명하기에 이르게 되었다.

문제는 양 모델이 장애인 정책 및 실천분야에 대해 갖는 긍정적 영향력에도 불구하고, 양자의 관계에 대해서는 학문적으로도, 실천적으로도 이를 규명해 보려는 시도 없이 양자의 상이성과 유사성에 대해 늘 의문만 가져 왔다는 것이다. 학문적 배경에 따라 또는 장애운동 현장의 편의에 따라 때로는 영국에서 태동된 사회적모델을, 때로는 미국에서 출발한 자립생활모델을 이야기해 왔다고 해도 과언이 아니다. 아울러 이 양자가 서로 다른 것인지, 아니면 궁극적으로는 지향하는 바가 같으나 출발선상이 다른 것인지, 각 모델의 차원적 범위에 따라 비교의 내용이 달라지는 것인지, 우리가 요구하는 다양한 정책적 변화는 어느 모델에 근거해야 더 적합한 것인지 등등에 대한 현장의 갈증에 대해 학문적으로 충분히 답해오지 못했던 것이 사실이다.

이런 연유로 본 장에서는 장애에 대한 사회적모델(Social Model of Disability)과 자립생활모델(Independent Living Model) 간의 관계에 대해 살펴봄으로써 각 모델의 정체성을 보다 명확하게 이해하고자 한다. 이를 위해서 양 모델 간 유사점과 상이점, 서로에 대한 의미, 이러한 관계성을 살펴보는 것이 우리 사회에 어떤 함의를 주는지 등에 대해 다음에서 살펴보고자 한다.

3 장애에 대한 사회적모델(Social Model of Disability)

장애에 대한 사회적모델은 M. Oliver가 K. Marx의 유물론적 사고에 기초하여 설명한 경제적 개념의 내용에서부터 출발한다. 하지만 그러한 유물론적 관점이 갖는 한계를 장애에 대한 문화적 설명(Cultural Explanation of Disability)을 주창한 학자들로부터 비판받으면서 사회적모델의 외연이 확장되었다. 한편 사회적모델은 개인적모델, 의료적모델이 갖는 한계를 극복하기 위해 제시된 패러다임의 전환이라고 볼 수 있는데, 일단의 학자들은 다시 손상에 대해 주목하되, 개인적모델과 같이 손상 그 자체에, 손상을 가진 당사자의 시선이 머물지 않고 그러한 손상에 대해 다시 사회학적으로 재해석(sociological reinterpretation of impairment)을 하여 개별적 손상들이 갖는 합으로서의 사회적 억압과 장벽을 이야기하고자 하는 학자들의 주장 또한 넓은 의미에서의 사회적모델에 포함되면서 사회적모델의 내용이 보다 풍성하게 되었다고 볼 수 있다(Barnes & Mercer, 2003).

M. Oliver의 사회적모델

Oliver의 사회적모델은 성립과정에서의 역사적 맥락과 밀접하게 관련되어 있는데, 영국에서의 장애운동의 현대적 역사는 장애인에 대한 소득보장에의 요구로부터 출발했다고 본다(Oliver, 1983). 경제적 욕구 해결에의 갈망이 컸던 만큼 장애계의 넓은 공감대를 형성하며 확산되었으나, 이후 장애인의 소외와 억압의 문제는 소득문제에 그치지 않는다는 것을 깨닫고, 장애인의 삶의 모든 국면에서의 사회적 장벽을 해소하기 위한 노력으로 확산되었다(Finkelstein, 1980; Oliver, 1983). 이는 종래의 장애에 대한 개인적 책임을 강조했던 개인적모델(Individual Model of Disability)과 장애인 삶에 의료진이 개입할 수 있는 토대를 확산시켰던 의료적모델(Medical Model of Disability)과의 결별을 선언했다는 점에서 패러다임의 전환이라고 볼 수 있다(Oliver, 1996a). 한편 Oliver의 사회적모델에서의 장애는 특정한 역사적 맥락 안에서 발전하는 사회경제적 관계에서의 물질적 산물이라는 관점에 서 있다. 이는 Finkelstein(1980)이나 UPIAS(Union of Physically Impaired Against Segregation)의 기본 원칙(1976)에서 확인된 바처럼 장애인 당사자에 의한 노력을 통해 사회제도를 바꿈으로써 장애가 제거될 수 있다고 보는 것이다.

Oliver 극복 : 장애에 대한 문화적 설명

장애에 대한 문화적 설명은 Oliver의 정치경제학적 해석이 갖는 한계를 극복하기 위한 노력의 일환으로 이해된다. 장애가 자본제사회의 산물임을 주장하는 Oliver의 패러다임에 대하여 사회적 차별과 억압의 결과로서의 장애는 인류역사 전체를 관통하는 주제라는 것이다. 고대사회뿐만 아니라 중세나 근대에서도 장애인을 2등 시민으로 간주하였고 그러한 부정적 인식은 문화를 통해 학습되고 세대 간에 전승된다는 것이다(Barnes, 1996).

나아가 Shakespeare(1996a)는 Oliver의 사회적모델은 손상에 대한 경험과 그로부터 이어지는 장애를 모두 아우르기 위해 재개념화되어야 한다고 주장하고 있다. 장애인 억압에 대한 문화의 역할을 분석할 때 보다 넓은 통찰력을 제공해 준다는 것이다. 그는 또한 손상을 입은 사람이 단순히 물질적인 차별에 의해 장애를 가지게 되는 것이 아니라 편견에 의해서도 그럴 수 있다고 보는데, 단순히 대인관계뿐만 아니라 그러한 선입견은 문화적 표상과 언어에서, 사회화과정에서 명확하게 나타난다(Shakespeare, 1996b)고 한다(김진우, 2007 재인용).

이들이 관심을 갖는 것은 장애인의 억압에 문화가 얼마나 중요한 역할을 담당하는가이다. 역사적으로 장애인은 사회의 주류로부터 다소 배제되어 왔는데, 그들이 사회의 주류로 다시 돌아오는 것을 막기 위하여 그리고 장애인을 사회로부터 끊임없이 거리를 두게 하려고 사회는 비장애인에게 장애인에 대한 부정적인 이미지를 갖게 하고 장애인들을 '미확인된' 상태로 내버려 둘 필요가 있었다. 이러한 것들은 장애인이 두려움의 대상으로, 혐오 그 자체로, 주변화되어야 할 대상으로 여겨지게 하는 것이다(김진우, 2007). 이러한 과정에서 비장애인의 사고,신념, 표현 등의 방식은 직접적으로 장애인의 경험과 정체성에 영향을 미치고, 또한 장애인의 일상적 삶에 거대한 영향력을 행사하는 사람들에 의해 공유되어 온 것이다. 더군다나 이러한 집합가치는 '억압하기 위한 지배 수단으로 장애를 야기하는 문화'를 통해 전승되어 온 것이다(Priestley, 1998 : 87).

그러한 문화는 앞서 언급한 바와 같이, 자본제사회에서만 확대재생산된 것이 아니라 산업화 이전 고대 그리스 시대에까지 거슬러 올라간다. 즉, 육체적 향락의 중요성이 강조되던 그 시절에는 인간의 신체 및 지능의 우수함이 강조되었고 그러한 문화는 그리스 신화에도 반영되어 있는데, 제우스와 헤라의 아들 중 유일하게 장애가 있는 헤파에스테스(Hephaestes)는 아버지로부터 하늘에서 버림받았다가 사랑의 신인 아프로디테가 그를 불쌍히 여겨 결혼하였으나 이후 아프로디테는 건장한 아레스(Ares)를 사랑하게 되고 '불구(cripple)'라는 이유로 헤파에스테스를 버리게 된다. 죄에 대한 벌로서의 손상(impairment)은 그리스 문화에서도 볼 수 있는데, 술에 취해 밤늦게 옆에 있는 여자를 성적으로 범한 오이디푸스 렉스가 아침에 눈을 떠보니 그 여자가 어머니였다는 것을 알고 그에 대한 대가로 자신의 눈을 멀게 하는 유명한 일화에서도 이러한 것을 엿볼 수 있다. 중세도 마찬가지다. 종교개혁가 마틴 루터도 장애아동에게서 악마를 보았다고 하여 그를 살해할 것을 권고한 바 있다(Shearer, 1981, Barnes, 1996 재인용). 18세기 이후에는 '자유주의적 효용주의(Liberal Utilitarianism)'로, 19세기에는 '사회적 다윈주의(Social Darwinism)'와 '유전학운동(Eugenics Movement)'을 앞세워 신체적 · 지능적 불완전성을 지닌 사람을 그 사회에의 위협적인 존재로 간주하는 과학적 합리화(scientific ratification)는 20세기에까지 이어지고 있다(Barnes, 1996).

오늘날에도 사회생활에 있어서 억압적인 문화의 확산은 문화적 표상을 통해, 법제의 형태와 내용을 통해, 복지 행정 · 제도를 통해 다양한 방법으로 표현된다. 텔레비전, 연극장, 영화, 순수예술 또는 자선단체 홍보에서, 그러한 문화는 대중매체 생산자로 하여금 사회적으로 수긍할 수 있는 사람과 문제에 대한 메타포와 상징으로서 손상에 대한 부정적 표상을 다루도록 유도한다(김진우, 2007).

Oliver 극복 : 손상에 대한 사회학적 재해석

다른 한편으로, 의료적모델에 따라 장애인들의 신체적 · 정신적 손상(impairment)을 병리화시키고 처치되어야 할 대상으로 간주함으로써 장애를 둘러싼 사회적 논의의 구조에서 한 발 벗어나 있던 손상을 사회학적으로 재해석하려는 노력에 관한 것이다. 그들은 사회적모델과 장애에 대한 문화적 설명은 신체적인 손상 그 자체(Crow, 1996; French, 1993)와 손상이 개인의 정체성에 미치는 영향(Hughes, 1999)에 대해 적극적으로 관심을 기울이지 못하는 한계에 주목한다.

장애에 대한 논의는 경제와 문화라는 사회적 차원에서 출발하고 그칠 것이 아니라 손상을 가지고 살아가는 개인적 경험이 가져다주는 소중한 가르침과 구체적인 근거에서부터 출발하여 이를 사회학적으로 재해석할 때 비로소 손상과 장애에 대해 구체적이고도 올바른 이해를 도모할 수 있다는 것이다. 즉, 자기 자신의 몸에 대한 경험은 소중히 다루어져야 하며(Crow, 1995), 손상은 장애에 대한 억압적인 사회구조를 불러일으키는 물질적 기초라는 것이다(Abberley, 1996).

이런 관점에서 볼 때 Oliver의 사회적모델은 신체적 · 지능적 제약, 질병, 사망에의 두려움 등에 대한 경험을 부인(Morris, 1991)하는 관점에 서 있는 것으로 간주된다. 반면 손상과 그의 영향력을 중요하게 다루는 입장에서는 이것이 장애와 장애정체성을 정치적으로 체계화하는 출발점이 될 수 있다고 본다. 이러한 입장에 서 있는 French(1993 : 23)는 '장애운동의 통합과 발전을 위한' 논의구조에서 손상에 대한 재해석이 갖는 의의를 논의하고, 장애인이 직면하는 특정한 문제를 발견하고 해결방안을 찾는 데 손상으로부터 출발하는 논의가 얼마나 유용한지에 대해 강조하고 있다.

Oliver 사회적모델의 한계와 대안 모색

위에서 살펴본 바와 같이 K. Marx의 유산에 이어 정치경제학적 관점에서 장애를 바라본 M. Oliver의 사회적모델은 많은 다른 관점에 의해 공격을 받았고 이를 극복하기 위해 논의의 범위를 확장해 나가기도 하였다. 손상에 대한 사회학적 재해석의 입장이 그 목소리를 높일 때 Oliver는 장애에 대한 사회적모델(Social Model of Disability)과 함께 손상에 대한 사회적모델(Social Model of Impairment)을 내세우기도 한 것이다(Oliver, 1996).

이러한 사회적모델에 대해 T. Shakespeare는 교조적이면서 낡고 오래된 사회적모델이 갖는 한계를 냉정하게 지적하게 된다(Shakespeare, 2006). 먼저 무장애 유토피아의 실현 가능성에 대해 의문을 제기한다. 한국식 표현으로 빗대면 휠체어 장애인이 해운대 모래사장이나 북한산 바위등산이 가능하지 않고, 시각장애인이 영종도의 석양을 감상하는 데 어려움이 뒤따른다는 것이다. 휠체어 장애인을 위해 단차를 없애면 시각장애인의 보행이 위태로워질 수 있으며, 시각장애인 유도블록은 휠체어 장애인의 이동에 어려움을 야기시킬 수도 있다는 것이다. 또 모든 건축물을 무장애로 만들수도 없다는 점도 함께 지적하고 있다. 즉, Oliver의 무장애 유토피아는 제한적인 의미를 가질 수밖에 없다는 것이다. 또 앞서 예화로 든 Finkelstein의 장애인마을에서 키가 2미터가 넘는 사람이 휠체어를 타고 다닐 수는 있지만 휠체어를 타는 대다수 국민이 일어서서 걸어다닐 수 없다는, 비가역적인 성격에 주목한다. 마샤즈 빈야드(Marsha's Vineyard) 섬에서 다수의 청각장애인이 그 사회에서 차별받지 않고 사회의 주류에 참여할 수 있는 모습에서 우리는 무릎을 칠 수 있다. 하지만 그 섬에 있는 청능인들은 뉴욕에 가서 생활하는 데 큰 어려움이 없지만 청각장애인들은 거대한 사회적 장벽과 억압 앞에 놓일 것임을, 그래서 손상 유무에 따라 같은 경험을 제공할 수 없다는 점을 주장한다. 이 두 가지 예화에서 우리는 당초 장애(disability)에 대한 고정관념을 무너뜨리기에 충분한 통찰력을 제공해 주지만 또 다른 측면에서는 그 이면의 삶이 어떻게 펼쳐질 것인지에 대해 추측해 볼 때 손상(impairment)이 존재하고 있음을 간과해서는 안 된다는 것을 알려주고 있다.

이러한 Shakespeare의 혜안이 주는 함의가 무엇일까? 그것은 모델은 이론으로 진화하기 위해 부단히 검증하고 폐기하며 더 넓은 설명력을 가져다주는 내용을 끊임없이 탐색해야 함을 웅변해 주는 것이지 않을까? 그렇다면 우리 사회도 사회적모델을 접하고 활용하는 장애운동이나 실천현장에서도 다양한 논의들이 일어날 필요가 있다. 교조주의적이고 배타적인 사회적모델이 갖는 한계가 이미 20년 전에 논의되었음에도 장애인은 피억압집단으로, 사회와 비장애인은 억압체계로 이분법적으로 나누어 대결적 양상을 고착화시키는 논의와 노력은 어떤 노력으로라도 형해화해야 한다. 그보다 더 나아가 어떻게 더불어 살아갈 것인지에 대해 함께 논의하는 열린 사회를 만들기 위한 노력에 초점을 맞출 필요가 있다. 일각에서는 이러한 주장이 한가한 감상적 주장이라고 할 수도 있겠다. 또 지금과 같이 장애인에 대한 차별과 억압, 분리와 배제가 여전히 드러내놓고 또 때로는 감추인 채로 위장된 사회에서는 여전히 장애 대비 비장애의 대립적 구도가 투쟁의 대상과 방향성을 보다 선명하게 하는 이점을 강조할 수도 있다. 하지만 그로 인해 분열과 이반의 조짐이 나타난다면 우리는 사회적모델의 한계를 통해 더 넓은 시각을 주장한 다양한 논의들을 열린 마음으로 성찰할 필요가 있다. 우리가 경계하고 도전해야 할 것은 닫힌 사회이다. 이제까지 장애에 대한 몰이해와 오랜 관행의 힘을 지닌 차별과 억압에 도전하고 이를 철폐하기 위한 노력과 함께 정부, 실천현장, 장애당사자, 전문가 등이 함께 가야 할 방향에 대해 숙의하고 결정을 존중하고 실행하는, 이후 또 그로부터 출발하는 열린 구조를 함께 만들어 가려는 대승적 노력이 필요해 보인다.

4 자립생활모델(Independent Living Model)

자립생활운동의 태동

미국에서의 자립생활이념의 태동과 발전은 1960년대의 민권운동과 그 맥을 같이한다고 볼 수 있다. 흑인이나 여성과 마찬가지로 장애라는 이유 때문에 교육, 고용 등 삶의 제 영역에서 받는 차별과 불평등을 제거함으로써 다른 시민과 동일한 민권을 되찾기 위한 노력을 '일상생활에서의 자립'이라는 이념에서 시작하고 있다(김경혜, 2004). 이때 자립은 '아무런 도움 없이 모든 일을 스스로 할 수 있다'는 소극적 의미보다는 '필요한 원조와 지원을 받으면서 자신의 생활 전반을 조정하고 관리하는 주체가 되는' 적극적 의미로 이해되고 있다. 당시 노인요양병원이나 지적장애인을 위한 시설에 입소하는 것밖에는 달리 대안이 없던 시절에 시설 입소 후 선택권과 자기통제권을 박탈당한 채 살아가는 모습이 인간다운 삶을 영위하는 것과는 멀다고 판단되어 지역사회 내에서 비장애인의 삶과 유사한 삶의 내용과 형태를 유지하기 위한 제반 사회적 노력이 수반되어야 함을 강조하게 된 것이다. 즉, 탈시설화와 지역사회 내 거주공간의 확보, 불충분한 서비스 공급 및 공급자 중심적 서비스체계 등 종전의 지배 패러다임의 사슬을 끊기 위한 자조 및 자기옹호적 노력이 가속화되었다(Martinez, 2003).

재활 패러다임과 자립생활 패러다임 비교

이러한 자립생활모델은 종전의 재활모델과 비교해 볼 때 전문가에 의한 통제로부터 벗어나 장애인 당사자에 의한 선택과 통제로의 패러다임적 전환을 암시하고 있다. 다음 표는 전통적인 재활 패러다임과 자립생활 패러다임을 비교한 것이다.

〈표 5-1〉 **재활 패러다임과 자립생활 패러다임 비교**

항 목	재활 패러다임	자립생활 패러다임
문제의 정의	신체적 손상 직업기술의 결여 심리적 부적응 동기 및 협동심 부족	전문가·친인척 등에 의존 부적절한 지원서비스 건축물 및 경제적 장벽
문제의 소재	개인	환경 및 재활과정
사회적 역할	환자/클라이언트	소비자
문제의 해결책	의사, 물리치료사 작업치료사, 직업상담사 기타	동료상담, 옹호, 자조 소비자 통제 장애물 및 불리한 조건 제거
통제자	전문가	소비자
기대성과	일상소득능력 극대화 실질소득을 얻는 취업 심리적 적응, 동기부여 치료완료	자기지도(self-direction) 환경제약의 최소화 사회적 경제적 생산성 향상

자립생활운동의 전개

역사적 맥락의 관점에서 보면, 1965년 Medicaid(의료보호법) 제정으로 저소득층에 대한 의료급여프로그램이 제공되었는데, 의료적 처치를 주로 하지는 않으나 장기적으루 일상생활에서의 돌봄이 필요한 장애인은 요양원(nursing home)에 보내지다가, 자립생활운동이 활발해지면서 1975년에 Medicaid법이 다시 개정되어

시설이 아닌 지역사회에 거주하는 중증장애인에게 가정봉사원 파견을 주정부의 재량으로 실시할 수 있게 되었다. 그러나 1973년 재활법(Rehabilitation Act)이 제정되면서 자립생활의 관점은 보다 탄력을 받게 되었다. 그만큼 재활법이 자립생활운동에서 요구했던 것이 명문화되기도 했지만 더욱 중요한 것은 연방정부의 재정지원을 받고 있는 어떤 프로그램이나 활동에서 장애로 인한 차별을 용납하지 않는다는 504조이다. 이를 근거로 차별로부터 보호받아야 하는 장애인의 권리가 법적으로 인정받게 되었으며 실제로 1972년 버클리 자립생활센터가 연방정부로부터 지원을 받게 된 것이다(이익섭 · 김경미 · 윤재영, 2007). 이후 동법은 1974년 개정되면서 서비스 수급자격을 확대시켜 자립생활을 가속화시켰다. 모든 장애아동들에게 교육을 보장하고, 주택보조금 지급, 건축물 편의시설 증진, 대중교통의 편의시설 확충 등에 큰 영향을 미치게 된 것이다(Lachat, 1988).

이러한 재활법의 제정 및 개정에 따라 재정지원을 받아 활동하게 된 버클리 자립생활센터에서는 자립생활이념을 사회운동과 연결된 지역사회 중심의 프로그램으로 전환시키는 데 큰 역할을 수행하였다(The Institute for Educational Leadership, 1984). 이후 미국 전역에 걸쳐 여러 자립생활센터가 설립되었는데, 여기서 제공하는 자립생활서비스는 소비자 주도(Consumer Control and Self-Help), 동료역할모델과 동료관계(Peer Role Modeling and Peer Relationship), 전 장애영역에 대한 강조(Cross-Disability Emphasis), 프로그램과 시설에 대한 평등한 접근(Equal Access to Programs and Facilities) 등의 철학적 이념에 기초해 있으며, 아울러 실제 제공되는 자립생활서비스의 형태는 정보제공과 의뢰, 동료상담, 권익옹호, 자립생활기술훈련, 기타 활동보조 등으로 구성되었다(우주형, 2006).

자립생활운동의 세계화

이러한 자립생활에의 노력은 1982년 전미자립생활협의회라는 조직이 구성되는 것으로 가시화되었으며 동 협의회에서의 노력은 점차 세계 각국에 알려지게 되었는데, 이후 1970년대 후반부터 조직화된 장애운동단체들이 있었던 캐나다,

핀란드, 영국, 독일 및 스웨덴에서 자립생활이념을 도입하게 되었다. 동양에서는 일본이 먼저 1981년부터 미국에 6주에서 1년 프로그램으로 10년에 약 10명의 수련생들을 보내어 자립생활의 이념과 프로그램을 학습하였으며, 일본자립생활협의회는 태국, 한국, 스리랑카와 베트남에 자립생활의 개념을 소개하기 시작하면서 점차 동서양을 막론하여 장애운동과 서비스 패러다임으로 자리 잡게 되었다(Martinez, 2003).

5 영국 내에서의 자립생활모델

영국에의 소개

영국에 자립생활모델이 소개된 배경에는 미국 자립생활운동을 학습하기 위해 현지를 방문한 사회적모델의 이론형성자인 Finkelstein, 장애활동가였던 Rosalie Wilkins, 'Project 81' [2]을 기획 · 추진하였던 John Evans 등이 등장한다. 이들은 그동안 가족이 없거나, 가족돌봄이 싫거나 경제적 어려움이 있어 장애인시설에서 보호받아 온 관행에 대해 문제를 제기하면서 탈시설 기반을 제공해 달라는 요구를 하며 자립생활운동을 영국에 알리기 시작하였다. 미국에서는 대학교에서의 이동권, 학습권 및 거주권 확보를 위해 자립생활운동이 시작되었다면, 영국에서는 장애인들이 시설을 떠나 지역사회 내에서 개인적이거나 집에서 생활하면서 생기는 욕구를 충족하기 위해 유료돌봄노동자 배치를 요구하는 등 탈시설화를 이루려는 노력에서 출발되었다.

그러나 자립생활모델의 기본 아이디어와 원칙이 영국의 상황에 그대로 적

2 탈시설을 통해 지역사회 내 거주권확보운동을 이끌던 모임인 'Project 81'은 1971년에 형성되었지만 1981년 세계장애인의 해를 기념하고 아울러 자신들의 자립생활을 성취하는 데 도움이 되고자 제정연도보다는 '81'을 사용하였다(Evans, 2003).

용되기 어려웠기 때문에 자립생활 시스템을 영국의 복지국가모델에 접목하고 재해석해야만 하였다(Evans, 2003). 나아가 사회적모델의 전통적 유산의 그늘 아래 있던 영국에서의 몇몇 장애운동가들은 자립생활이라는 말 대신에 '통합(integrated)'생활 또는 '포섭(inclusive)'생활이라는 용어가 더 적합하다는 주장이 제기되었다. 사회적 존재로서의 인간은 상호의존적(interdependent)이기 때문에 어의상으로 자립(independent)이라는 용어가 그 모델이 함축하고 있는 의미를 제대로 전달하지 못하기 때문이다(Barnes, 2003). 실제로 리즈(Leeds), 밀톤 케인즈(Milton Keynes), 리스터셔(Leicestershire) 등에서는 통합생활센터(Centre of Integrated Living)라고 명명하고 있다.

자립생활운동의 정착 및 발전

자립생활운동이 펼쳐진 국가의 정치 및 사회적 구조가 다르더라도 자립생활의 원리는 같다고 볼 수 있다. 이것이 전 세계에 있는 자립생활운동 실천가들을 하나로 묶는 힘이 되기도 하였다. 영국에서는 최초로 햄프셔에 자립생활센터(Hampshire Centre for Independent Living)가 1984년에 설치되었고, 이후 설치된 더비셔자립생활센터가 미국 캘리포니아 버클리에서 태동·발전하였던 7대 기본 욕구에 기초하였다고 한다면, 햄프셔센터에서는 고용, 교육 및 훈련, 소득과 급여 등 4가지를 덧보태어 11대 기본 욕구를 기축으로 활동을 벌여나갔다.

이러한 자립생활모델이 영국에서 발전하는 과정에서 역사적 사건으로 기록될 수 있는 것으로 지금은 폐지되었지만 당시 자립생활기금(Independent Living Fund)의 설치, 영국장애인위원회 내 자립생활위원회 신설, 그리고 직접지불제도의 도입을 들 수 있다(Evans, 2003).

첫째, 자립생활기금의 설치는 1984년부터 1986년까지의 소득보장체계의 변화에 기인한다. 즉, 급여체계를 변경하면서 재가보호수당(Domestic Care Benefits)을 삭제한 정부의 조치에 격분한 장애인들이 지속적으로 장애운동을 통해 급여삭감조치에 항의한 결과 이에 상응하는 자립생활기금의 설치를 중앙정부로부터 확보하게 된 것이다.

둘째, 자립생활모델이 영국에서 발전하면서 진보하게 된 계기는 1989년 '자립생활 유럽연대(European Network on Independent living)'가 자립생활에 대한 장애인의 권리를 캠페인하기 위해 구성된 것이라고 볼 수 있는데(NCIL, Homepage), 그 이유는 '자립생활 유럽연대'가 영국 장애인위원회(BCODP[3])의 하위조직인 자립생활위원회의 설립을 이끌어 냈기 때문이다. 이후 1996년에 BCODP는 직접지불제도(direct payments) 마련을 포함한 자립생활을 둘러싼 다양한 정책 수립 및 공동연대를 위한 관련 캠페인을 펼쳐나가기 위해 '전국자립생활센터(National Centre for Independent Living)를 설치하기로 결정하게 되었다.

셋째, 직접지불제도는 1948년에 제정한 사회보장법(Social Security Act)에서 '지방정부는 현금급여(cash benefits)를 제공하지 못한다'고 한 법적 규정에 따라 도입과정에서 큰 어려움을 겪었다. 사회서비스 비용을 장애인 당사자에게 지급코자 하는 지방정부의 현금지급방식이 오래된 관행에 위배되는 것이라는 이유로 중앙정부에서는 아주 완강하게 법 제정에 대해 부정적인 입장을 고수해 왔기 때문이다. 뿐만 아니라 자립생활제도가 장애인 당사자에게 서비스에 대한 통제권을 넘기는 것이기 때문에 얼마나 서비스에 대한 욕구가 분출될지 예측하기 어려워 정책으로 담아내기가 어렵다는 것이 정부의 입장이었다. 아울러 1992년 사회서비스를 담당하고 있었던 Virginia Bottomley 보건부장관은 지방정부에 대해 직접지불제도는 불법이라는 것을 명시한 지침을 시달하여 장애인 당사자에 의한 사회서비스에 대한 통제권 확보는 매우 어려운 상황으로 돌입하게 된다(Evans, 2003). 이러한 상황에서 자립생활위원회와 영국자립생활센터가 처음 수행한 과제 중의 하나는 사회적돌봄서비스(social care service)에 대한 직접지불제도를 도입하기 위한 관련 법령(Direct Payment Act)을 제정하도록 정부를 설득하는 임무를 맡게 된 것이다. 이후 정치적으로 영향력을 미칠 수 있는 보건부장관, 장애인장관

3 BCODP는 British Council of Disabled People을 말하며 현재는 United Kingdom Disabled People Council로 개칭되었다.

(Minister of Disabled People) 등과 접촉하였지만 공식적으로 도움을 줄 것이라는 확답을 받지 못하고 재무부장관은 비용구조 때문에 동법에 대해 비우호적이라는 입장만 확인한 것에 그치고 말았다. 이러한 암울한 상황에서도 한편으로 사회서비스국장협의회(Association of Directors of Social Services)에서는 직접지불제도 법안을 지지해 주었고, 결정적으로는 정치적으로 독립된 정책연구원(Policy Studies Institute)에서 기존의 장애인서비스와 직접지불제도에 의한 활동보조서비스 구매 간의 비교연구를 수행한 결과, 서비스의 질, 비용 및 이용자 만족도에서 후자가 훨씬 높은 점수가 나온 연구결과가 발표되면서 분위기가 급반전되기 시작하여, 정부에서 연구결과 발표 일주일 전에 직접지불제도의 도입을 전격적으로 발표하였던 것이다. 나아가 1996년에는 BCODP 내 자립생활위원회에 의해 직접지불제도를 발전시키기 위해 보건부(Department of Health)의 지원을 받아 전국자립생활센터를 설치하게 되었다. 이러한 자립생활모델의 핵심적 내용은 이후 2002년 영국장애권리위원회(United Kingdom's Disability Rights Commission, DRC)의 '모든 장애인을 위한 자립생활에의 기본적이고 실행 가능한 권리'라는 목표에 반영되었다(Barnes & Mercer, 2006). 이러한 직접지불법의 제정은 전반적으로 서비스 제공과정에서 사회서비스기관으로부터 장애인 당사자에게로 정치적 권력이 이양된 것으로 볼 수 있으나, 직접적으로는 서비스 이용과정에서 당사자 자신의 삶에 대한 통제권을 확보하여 자립생활의 토대를 확고히 하기 위한 수단이라는 점에서 자립생활의 이념이 용해된 것으로 볼 수 있다.

6 양 모델의 다차원적 관계

관계에 대한 개관

사회적모델과 자립생활모델의 관계를 살펴보는 것은 이 양자가 어떤 유사성을 가지고 있으며 어떤 상이한 점을 가지고 있는지를 고찰하여 사회복지실천현장에서, 장애운동의 이념지향으로서 어떤 모델에 기초해야 하는지에 대한 해답의 실마리를 찾기 위함이다. 다음 |그림 5-1|은 사회적모델과 자립생활모델의 다차원적 관계를 보여주고 있다. 사회적모델은 Oliver의 주장내용에 더해서 장애에 대한 문화적 접근과 손상에 대한 사회학적 재해석이 포함되면서 그 범위가 넓어져 왔고, 자립생활모델은 자립생활 실천에의 구체적인 변화내용에서 출발하여 전달체계 개선, 자립생활에의 장벽 제거, 법 · 제도적 변화 및 인권옹호의 차원까지 확대되어 왔다. 그만큼 초기의, 협의의 모델범위 간의 비교는 상대적으로 상이성이 더 부각될 수 있으며, 사회적모델의 범위가 점차 넓어지고 최근에 이를수록 거시적 · 이념적 차원과 미시적 · 실천적 차원의 윤곽이 점차 유사해지는 경향을 보인다.

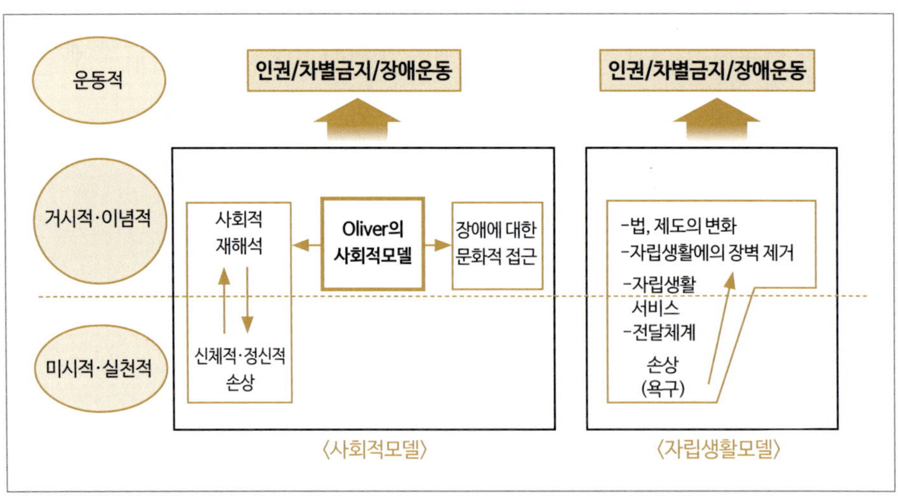

| 그림 5-1 | **사회적모델과 자립생활모델의 다차원적 비교**

그러나 현재의 모습을 보면 유사한 측면이 많지만 각 모델이 형성된 시대적 배경과 국가적 여건이 다르기 때문에, 또 지향하는 초기의 핵심적인 가치가 다르기 때문에 양 모델이 태동된 시점에서의 상이성은 없어지지 않는다. 아울러 유사해진다 하더라도 이념적 근거와 구체적인 대안제시의 수준은 다를 수밖에 없다는 점에서 양 모델에 대한 정확한 이해를 도모하기 위해 상이성과 유사성을 살피는 것은 학문적, 실천적, 장애운동적 측면에서 매우 유용할 것으로 보인다.

양자 간의 상이성

사회적모델과 자립생활모델은 상이한 시대적 · 지리적 태동 배경을 지니고 있다. 사회적모델은 장애인이 살아가면서 정치적 힘을 얻기 위해서는 소득보장이 우선 시급하게 이루어져야 한다는 인식하에 1970년대에 장애운동을 벌이는 과정에서 장애인을 둘러싼 광범위한 사회적 억압체계를 무너뜨리지 않은 채 소득보장만 이루어지는 것은 의미가 없다는 것을 이후에 깨닫고 장애가 개인의 책임이 아니라 장애인의 욕구에 대응하지 못하는 사회적 실패, 사회적 억압의 소산이라고 이해하여 조망의 폭을 넓혔다. 이에 반해 자립생활모델은 1960년대 민권운동의 일환으로 장애학생의 학습권 확보를 위한 사회 인프라 개선 및 일종의 활동보조 지원을 시작으로 서비스제공에의 헤게모니를 공급자에서 장애인 당사자로 옮기는 실천활동에서부터 출발하였다. 다음에서는 이러한 양 모델의 차이에 기초하여 세 가지를 중점적으로 논하고자 한다.

첫째, 모델의 출발점에 관한 것이다. 사회적모델은 장애에 대한 사회적 책임에 대한 논리체계를 형성하려는 영국 내 전 장애계 역량의 총합에 초점을 두고 있다. 신체적 · 정신적 손상에 대해서도 개별구체적인 욕구 중심의 발상은 전체 장애운동의 정치적 힘을 분산시킬 수 있기 때문에 가급적 자제해야 한다고 주장한 것(Oliver, 1996a)도 이에 기초한 것이다. 이러한 이념적 지향이 이후 장애운동의 방향성을 제시해 주는 이데올로기의 역할을 수행하게 된다. 그러나 사회적모델을 장애인복지실천현장에서 어떻게 실천하는 것인가에 대한 질문에 대해서는 구체적인 대안을 제시하지 않고 있다. 그만큼 사회적모델이 사회구조에 대한 기본입장과 장애의 원인에 대한 패러다임 전환에 기초한 것이지, 구체적인 실천과정에서 제기되는 개별구체적인 사안들의 처리방향에서 출발하지 않았다는 것을 시사한다. 그러나 자립생활모델은 장애인이 지역사회에서 살아가는 데 필요한 서비스 제공 내용 및 방식의 변화에서 출발한다. 장애인이 시설이나 병원에서 제공되는 서비스에 종속되는 것이 아니라 집 또는 집과 유사한 환경 속에서 살면서 주류사회에 편입되는 데 필요한 서비스가 장애인 자신의 통제 아래 제공되기를 요구하는 것이다. 그만큼 사회구조에 대한 거시적 패러다임의 변화라기보다는 당사자주의를 서비스실천과정에서 실현시키려는 의지에서 출발했다는 점이 사회적모델과 다른 점이라 할 수 있다. 그러한 실천패러다임이 자립생활센터라는 전달체계를 구축하고 나아가 장애인의 인권을 실현하기 위한 하나의 이념적 지향점으로 정립되어 나갔던 것이다(Zarb, 2003).

둘째, 핵심가치에 관한 것이다. 사회적모델은 장애에 대한 사회적 책임을 핵심주제로 다루고 있다. 그러한 사회적 책임수행에의 실패원인으로 자본제사회의 '생산성'이나 '유용성'을 다루고 있고 장애에 대한 부정적인 문화적 재생산구조를 밝혀내고 있다. 이를 구성하는 이론적 토대는 손상(impairment)과 장애(disability)의 개념을 분리하는 데서 출발한다. 세계보건기구(WHO) ICIDH (International Classification of Impairments, Disabilities and Handicap)의 선형적 설명(Linear explanation)에서 탈피, 더 이상 손상이 아니라 사회적 억압 또는 실패에서 장애인이 받는 사회적 불이익의 원인을 찾고자 하였다. 그러한 노력으로 세계보건기구가 2001년에 ICF(International Classification of Functioning, Disabilities and Health) 개념을 설명하면서 ICIDH의 한계를 극복하여 '의료적모델과 사회적모델을 통합'하게 된 것이다(WHO, 2001 : 19).

반면 자립생활모델에서는 사회적 억압을 직접적으로 찾기보다는 서비스 실천현장에서의 가치에서부터 출발하였다. 즉, 핵심적 가치로서 자유(freedom), 선택(choice), 소비자주권(consumer sovereignty), 통제(control) 등을 주요하게 다루고 있다.

그러나 이러한 서비스 제공방식의 패러다임 변화를 지향하다 보면 종국에는 장애인의 인권과 사회권적 기본권의 실현과 만나게 된다. 필요한 서비스를 제공해 달라고 요구하고, 이를 관철시키기 위한 노력들은 그 결과가 임시방편이 아니라면, 법적인 근거를 마련하는 투쟁으로 연결되고 관련예산을 확보하고 집행하도록 요구하는 것으로 이어지게 되며, 이는 자립생활에 걸림돌이 되었던 사회적 억압요소를 철폐하고 새로운 대안들을 모색하는 과정으로 이어진다는 점에서 자립생활모델은 미시와 거시적 측면에서의 가치를 결과적으로 모두 아우른다고 볼 수 있다.

셋째, 정책과의 연계점에 관한 것이다. 사회적모델은 사회의 거시 패러다임을 바꾸는 데 관심이 있다. 사회적모델에 기초한 장애운동은 1980년대부터 장애인차별금지법을 제정하도록 정부를 압박하였고 이에 대한 가시적 성과로서 영국장애인차별금지법(Disability Discrimination Act, 1995)을 제정하게 되었다(Barnes & Mercer, 2006). 즉, 법적인 변화를 통해 장애인들이 인권이라는 기초 위에서 장애정책들이 권리로 접근되도록 거시적 변화에 더 초점을 둔다. 반면 자립생활모델에서는 서비스 제공에 있어서 장애인 당사자의 헤게모니 장악에 관심이 있다. 장애인이 지역사회 내에서 살아가는 데 걸림돌이 되는 장벽을 제거하는 구체적인 내용에 일차적인 초점을 둔다. 1978년 재활법개정안에서도 성인이 된 중증장애인들이 지역사회의 주류에 통합되어 경제 및 사회생활을 할 수 있도록 지원하는 정보제공과 의뢰, 동료상담, 이동, 활동보조 등과 같은 서비스를 제공하는 지역사회 중심의 서비스센터 설립을 추진한 것도 그 예에 속한다. 그러나 자립생활모델이 이러한 미시적 및 메조적 차원에 머문 것은 아니다. 점차 자립생활모델이 이념화되고 거시적인 사회제도적 차원에서의 억압적 요소를 타파해 내려는 행정적 노력은 미국장애인차별금지법(Americans with Disabilities Act, 1990)의 제정에 결정적인 역할로 이어졌다고 볼 수 있다. 결과적으로 이러한 양 모델들 간의 상이한 점들을 정리하면 다음 〈표 5-2〉와 같다.

〈표 5-2〉 **사회적모델과 자립생활모델의 상이성**

범 주	사회적모델	자립생활모델
시대 분위기	1970년대(BCODP, UPIAS)	1960년대 민권운동(DeJong)
태동배경	소득보장운동의 한계 극복	장애학생 편의제공, 재활모델 극복
점화순서	이념적 → 운동적····실천적	실천적 → 운동적/이념적
접근방식	거시적	미시적/메조적(전달체계) → 거시적
핵심가치	Impairment와 Disability 분리 장애에 대한 사회적 책임	소비자주권, 자기신뢰, 동등한 접근
문제의식	개인적모델과 장애인을 대상화, 객체화시키는 의료적모델의 한계	공급자 중심 서비스제공방식 문제점 전문가 위주의 서비스 불신 시설수용 중심
대안마련	서비스 내용 및 제공방식에 대한 구체적인 언급이 없음	자조모임, 활동보조서비스

양자 간의 유사성

양 모델은 그 태동시기와 지리적 배경이 다르고, 초기의 지향점이 달랐더라도 이들이 갖는 근본적 속성이 유사한 부분이 있고, 아울러 자립생활모델이 하나의 거시적 이념으로 자리 잡게 되면서 양자의 거리는 더욱 좁혀지고 있다.

첫째, 양자 모두 당사자주의를 채택하고 있다는 점이다. 이는 오랜 세월 동안 장애인 자신은 장애전문가에 의해 객체화되고 대상화된 역사적 과정에 대한 반성에서 출발한다는 의미가 깃들어 있다. 사회적모델은 사회적 억압을 타파하기 위한 장애인 당사자의 주체적 역할에 대해 강조한다. 뿐만 아니라 연구에서도 장애인 자신이 연구자로서 연구의 헤게모니를 갖고 전체 연구 과정과 재정을 통제할 수 있어야 한다는 해방적 관점(Emancipatory Approach)을 지향하고 있다(Oliver, 1992). 자립생활모델에서도 장애인 자신의 선택(choice)과 통제(control)를 핵심가치로 두면서 장애인 당사자에 의한 동료상담, 그리고 권익옹호활동을 통한 지속적인 정보습득 및 연대행동을 도모하고 있다는 점에서 중증장애인 당사자의 주체성을 강조하고 있다.

둘째, 초기 단계에서의 지적장애인 소외다. 이는 장애인의 주체적인 역할을 강조하면서, 지적장애인의 자기옹호(self-advocacy)가 활발하게 전개되지 않았고 자기결정에 대한 자유론적 접근이 팽배하여 지적장애인의 장애운동에의 주체적 참여보다는 신체장애인의 목소리가 더 중요하게 간주되었던 것이다. 사회적모델에서도 처음 UPIAS에서 손상(Impairment)과 장애(Disability)에 대한 개념규정을 할 때 신체장애인만 염두에 두고 정신적 손상(mental impairments)에 대해서는 아무런 언급이 없었다. 이후 영국장애인단체협의회(BCODP)에서 문제를 제기하여 모든 손상을 포괄하는 방향으로 넓혀졌고 이러한 개념은 세계장애인연맹(DPI)에 의해 채택되었다. 자립생활모델도 마찬가지다. 자립생활을 주장한 것도 척수손상, 근디스트로피, 뇌병변, 경화증 등을 가진 신체장애인들이었고(DeJong, 1979 : 435) 그들이 처음 구상했던 자립생활센터 또한 많은 프로그램들이 신체적 손상이 있는 장애인들을 대상으로 하고 있었다. 당사자에 의한 선택과 통제가 정신적 손상이 있는 장애인에게까지 미치지 못하였던 것이다. 사회적모델에서 손상과 장애에 대한 개념규정이나 연구에서의 해방적 관점을 주장하는 것이 지적장애인들에게는 많은 한계로 다가오듯이, 자립생활모델에서도 자립생활운동이 확대되면서 과연 전체 장애종별을 모두 아우르는 것인지에 대한 비판적 반성이 일어나면서 변화되기 시작했다는 점에서 양자 간 유사성을 보인다.

셋째, 자립생활모델이 자립생활에의 실천적 측면을 실현시켜 나가는 과정에서 사회와 정부의 책임을 묻게 되면 사회적모델과 유사해진다. 즉, 사회적모델이 거시적으로 장애의 원인과 책임을 묻는 데 있어 장애당사자와 의료집단으로부터 사회와 정부로 그 패러다임을 전환시켰다고 볼 수 있다. 한편 자립생활모델이 생활실천적 과정에서의 미시적 측면에서 출발하였지만 자립생활을 성취하는 것 자체가 인권을 실현한다는 관점(Disability Right Commission, 2007)에까지 이르면 자립생활이 미 · 거시 차원을 모두 아우르게 되면서 양자의 유사성의 범위가 넓어진다는 것이다. 결국 장애를 제거하기 위한 사회적 노력이 법적 · 제도적으로 요구되며 이를 실현하라는 주장이 당사자에 의해 관철되기 위한 과정에서 양 모델이 공히 이념적 지향점을 제시하는 역할을 수행하게 된다.

넷째, 양 모델은 모두 장애인의 완전한 사회참여와 자립을 위한 당사자들의 노력이 구체적인 가시적 성과를 도출하려는 당사자 중심의 장애운동에 이념적 기반을 제공한다는 점이다. Oliver의 사회적모델에서는 복지국가의 재정통제적 성격(Stone, 1984)에 의해서 장애인이 전문가들에 의해 제공되는 서비스나 치료로부터 대상화되고 객체화되는 것을 거부한다. 물론 장애인 개개 당사자가 겪는 어려움의 구체적 내용이 중요하지만 그러한 어려움의 총합의 근저에는 사회적 억압이 깔려 있으므로 장애계의 결집된 힘을 정치화시키기 위해서는 장애가 가지고 있는 공통성(commonality)에 초점을 맞추고 장애운동을 전개해야 한다고 주장한다(Oliver, 1996a). 손상을 사회학적으로 재해석하고자 하는 입장에서도 마찬가지다. 각자가 가지고 있는 손상으로 인해 살아가는 구체적이고 개별적인 경험들이 모여서 하나의 큰 정치적 세력으로 등장할 수 있다는 것이다. 개인적인 것이 정치적(The personal is the political)이라는 것이다. 결국 사회적모델은 장애인에게 주어진 차별과 억압 그리고 장벽을 허무는 장애운동의 논리적 토대라고 할 수 있다. 자립생활모델도 마찬가지다. 자신의 신체적 손상에도 불구하고 학습과정에, 나아가 일상생활과정에 참여하는 것을 가로막는 장애요소를 제거해 달라는 요구에서부터 출발한다. 나아가서는 자립생활운동으로서 자립생활서비스가 확충되며 자립생활에의 장벽이라고 할 수 있는 사회적 차별을 철폐하기 위한 노력에까지 이른다. 이른바 인권운동으로서의 자립생활모델의 성취를 주장하는 것이다. 그러므로 양 모델은 차별철폐에 이은 장애인 인권을 실현하는 제반 과정과 분야에서의 이념적 기반을 제공한다고 볼 수 있다. 위의 네 가지 내용을 정리하면 다음 〈표 5-3〉과 같다.

〈표 5-3〉 **사회적모델과 자립생활모델의 유사성**

사회적모델	공통 범주	자립생활모델
• 연구에서의 해방적 관점 • 사회적 억압 타파에의 장애인 당사자의 주체성 강조	당사자주의	• 자신의 선택(choice)과 자신에 의한 통제(control)
• UPIAS의 손상과 장애 개념 • 신체장애인 위주의 장애운동 전개 - 이후 정신적 장애 포괄	초기 지적장애 소외 신체장애 위주	• 자립생활센터(CIL) 초기모델 - 척수손상 등 신체장애인 위주 - 이후 정신적 장애 포괄
• 개별 차별경험의 공통적 원리로서의 사회적 억압 - 차별금지 및 인권보호에의 사회책임	장애에 대한 사회적 책임	• 지역사회거주 및 자립에의 장벽철폐에 대한 사회책임 - 자립생활서비스 제공에의 책임 - 이후 서비스를 넘어서 법제도의 변화 요구
• BCODP를 통한 연합적 운동 - DDA 제정에의 기여	장애운동에의 이념지향 제공	• 서비스 패러다임을 차별금지 및 인권옹호 차원의 자립생활운동으로까지 포괄 - ADA 제정에의 기여

양 모델의 상호보완적 관계

사회적모델이 장애의 원인을 개인보다는 사회로부터 찾는 거시적 패러다임의 전환을 의미하는 반면, 자립생활모델은 자립생활을 실천하기 위한 서비스의 제공 및 제공방식의 변화와 자립추구에의 장벽제거를 위한 광범위한 노력을 강조한다. 즉, 사회적모델은 장애에 대한 사회적 책임이 강조되지만 그에 따른 책임의 구체적인 내용과 양태에 대해서는 깊이 있게 다루지 않는 반면, 자립생활모델에서는 '자립생활 영위'를 최고의 가치로 자리매김하고 그에 필요한 실천적·제도적 변화를 요구하게 된다. 그만큼 자립생활을 실천하기 위해서는 사회적모델이 강조하는 사회적 억압과 차별을 없애기 위한 노력을 하지 않을 수 없고, 사회적모델이 중요하게 생각하는 사회적 책임을 수행하는 실천적·방법적 원리 또는 실천 패러다임으로서 자립생활이념은 사회적모델의 구체적인 실천에의 지향점을 제시해 준다고 볼 수 있다.

장애인의 자립생활을 실천하기 위해 노력하는 제반 활동들은 장애인이 자신의 삶에 대한 통제권을 가지면서 살아가는 데 필요한 사회적 지원을 필요로 하게 된다. 그러한 사회적 지원은 단순히 복지국가의 실천원리에 따라 제공되는 것이 아니라 철저히 복지예산의 통제적 요소에 의해 장애인의 욕구는 주어진 예산규모에 의해 재단되고 우선순위에 따라 서열화된다. 욕구충족의 필요성이나 시급성, 개별화된 판단과 계획에 의해 이루어지지 않는다. 그러므로 장애인이 자립생활을 영위하기 위해 필요한 서비스의 종류와 수준, 서비스의 제공방식 등에 대한 장애인의 통제권 부재 및 상실은 장애인의 신체적 · 정신적 손상으로 인해 나타난 추가적 욕구에 민감하게 대응하지 못하는 사회의 무관심과 억압의 결과로 나타난다고 볼 수 있다. 이런 측면에서 자립생활을 실천하기 위한 제반 활동과 노력은 결국 사회적 장벽과 억압에 맞부딪혀 사회를 설득하고 욕구충족의 절박함을 사회에 드러내기 위한 장애운동의 투쟁성과 밀접하게 연관된다. 이는 장애(disability)가 신체적 · 정신적 손상에 기인하는 것이 아니라 사회적 억압과 차별에서 기인하는 것임을 주 내용으로 하는 장애에 대한 사회적모델(Social Model of Disability)의 패러다임과 일치한다. 자립생활모델을 실천하는 과정은 결국 사회적모델이 역설하는 사회적 장벽과 차별을 철폐하기 위한 노력으로 결집된다.

한편 사회적모델은 장애에 대한 사회적 책임을 강조한다. 사회가 어떻게 바뀔 것인가에 대해 장애인의 욕구에 기초할 것을 요구한다. 그러나 그러한 욕구를 충족시키는 궁극적 의미가 무엇인가? 결국은 장애인의 주류사회에의 통합이다. 그러나 사회통합은 궁극적 목적이지, 일상적인 장애인의 개별 삶의 현장에서 어떠한 변화를 초래하게 할 것인가에 대한 설명은 사회적모델에서는 그리 구체적이지 않다. 결국 사회적모델을 실천하기 위해서는 장애인의 일상 삶을 변화시키는 방향이 제시되어야 하는데 그것이 자립생활일 수 있다는 것이다. 물론 자립생활이라는 것은 하나의 대안이지만 장애서비스 실천현장의 지배적 패러다임이라고 볼 때 사회적모델의 실천현장이 어떻게 바뀔 것인지에 대한 방향성을 제시하는 핵심역할을 수행한다고 볼 수 있다.

7 양 모델 간의 관계성 정립이 한국 사회에 갖는 함의

발달장애인의 상대적 소외 극복

사회적모델과 자립생활모델은 모두 당사자주의에 기반한 이념체계로서 사회운동 및 학술운동 과정에서 지적장애인이 상대적으로 불이익을 받았고 아울러 그러한 불이익을 개선하려는 역사로 이루어졌다. 사회적모델과 관련하여, 당초 Oliver의 사회적모델에서는 신체장애인들을 중심으로 한 개별 장애인의 삶에 내재해 있는 사회적 억압이라는 공통성(commonalities)에 관심을 두었으나(Oliver, 1996), 이후 기존 모델의 한계를 극복하려는 다양한 노력이 강구되면서 장애종별에 따른 욕구의 상이성(differences)에 관심을 갖기 시작하였다. 자립생활모델도 마찬가지로 탈시설과 지역사회에서의 물리적 장벽제거에 초점을 둠으로써 지적장애를 포함한 정신적 장애에 대해서는 상대적으로 소홀했던 것이 사실이다. 초기 버클리자립생활센터에서 일상생활지원으로 재가서비스, 휠체어 수리, 보도(sidewalks) · 건물 · 교통에 대한 물리적 접근, 동료상담 등을 중점사업으로 추진한 내용도 지적장애인이 핵심대상으로 간주되지는 않았다(Martinez, 2003).

그러나 이후 캘리포니아 주 정부에서 실시하는 IPP(Individual Program Plan)를 통해 지적장애인의 자립을 지원하고(정종화, 2008), 캔사스 자립생활센터에서는 학습장애를 포함한 지적장애인에 대한 역량강화와 자기결정권 증진을 위한 전환서비스를 제공(Wehmeyer & Gragoudas, 2004)하고 있는 등 자립생활센터에서 정신적 장애 영역도 포괄하여 관련 서비스를 제공하고 있다.

이러한 역사적 과정에서 얻을 수 있는 시사점은 우리 내부에서 벌어지고 있는 장애종별 간의 격차를 줄이고 상대적으로 소외된 발달장애인의 삶을 드러내며, 이들의 권리가 획기적으로 보장될 수 있는 방안이 모색되어야 한다는 점이다. 그러나 현재까지의 「장애인복지법」은 발달장애인의 권리를 옹호하기 위한 법으로서는 매우 부족한 형편이다. 이런 점을 감안하여 2014년에 비로소 「발달장애인 권리보장 및 지원에 관한 법률」이 제정되었다. 그동안 장애인복지법이 작동하고 있었지만 정책지향 이념이나 정책내용이 발달장애로 인해 생기는 추가적 욕구에 대응하는 데는 부족함이 없지 않았다. 그만큼 우리나라도 외국에서와 같이 장애인복지의 출발이 발달장애가 아니라 장애인의 대다수를 차지하는 지체장애에 무게중심을 두었던 것이다.

하지만 법 제정이 문제해결에의 종착지를 의미하지는 않는다. 그것은 시작에 불과하다. 동 법에서 자기결정, 의사소통, 인권침해에의 대응 등 발달장애인 삶의 주요한 지점들에 대한 정책적 개입을 시사하고 있다. 하지만 실제 삶의 영역에서 일어나는 복잡다단한 사건들에서 이 같은 정책지향 이념과 개입수단이 제대로 구현되기 위해서는 방향설정만으로는 부족하고 구체적인 내용과 이를 뒷받침하는 전문성이 담보되어야 한다.

첫째, 자기결정에는 '위험에의 감수'를 포함하고 있지만, 이 양자의 정확한 균형지점을 찾기란 쉽지 않다. 그뿐만 아니라 설사 이를 찾는다고 하더라도 장애인복지실천현장에서 위험을 감수하면서 자기결정을 훈련하고 이를 보장하려는 노력은 현실에서 일어나기 어렵다. 위험한 상황에서 결과적으로 당사자에게 위해한 일이 생기면 온통 그 부모 또는 직원에 대한 비난 일색으로 언론과 여론이 도배질되기 때문이다. 자기결정과 자립을 이야기하지만 정작 주변에는 온통 보호적 환경에서 자기결정을 저해하고 자립을 막는 일들이 벌어질 수밖에 없다. 이것이 장애에 대한 사회적 책임을 실현하는 것이라 볼 수 있는가. 자립을 지원하는 것이라고 할 수 있는가.

둘째, 의사소통과 정보제공 또한 발달장애인들이 보이는 소통의 방식이 제각각이어서 이를 고려하여 응대하기보다는 발달장애인을 이해하기 어려운 집단으로 생각하여 피하거나 사회규범을 벗어났기 때문에 이들을 교화 또는 분리 대상으로 간주하는 것이다. 발달장애가 어떠한 특성을 나타내는지에 대해 관심을 가지고 한 발자국 더 다가가기보다는 언제 자신에게 불이익이 미칠지 모른다는 불안감에 한 걸음 더 뒷걸음치게 된다. 발달장애로 인한 행동들이 사회규범에서 벗어날 때 어떻게 응대해야 하는지에 대한 전문성도 매우 낮다. 원칙은 이해하고 경험으로 관련 정보들을 모으고 있으나 체계적인 교육시스템 부재로 인해 지식화되지 않고 후대에 잘 전승되지도 않는다.

셋째, 인권침해에의 대응도 마찬가지다. 남부지방의 어느 외딴 섬에서 임금도 제대로 받지 못하고 일하는 발달장애인을 그저 돌봐준 것만으로도 감사해야 하는지, 노동력 착취로 간주해야 하는지에 대한 사회적 판단도 애매하다. 한편 경찰, 검찰 등 사법 분야에서는 발달장애인에 대한 수사과정에서 대다수는 여전히 발달장애적 특성을 잘 이해하지 못한다. 법은 제정되었지만 그만큼 경험과 지식이 충분히 축적되지 않았기 때문이다.

결과적으로 법은 있지만 발달장애인이 세상 속에서 더불어 함께 살아갈 여건은 아직 척박하기만 하다. 법 내용만으로는 세상이 무지갯빛처럼 아름다울 것 같지만 정작 하루하루의 삶은 싸워서 쟁취해야 하는 전쟁터이며 흙빛으로 덮여 있다. 그러므로 이제라도 법에서 내용적으로 부족한 부분은 수정 · 보완하며 끊임없는 교육과 강력한 법 집행으로 우리의 삶 속에 발달장애가 드러나고 경험을 같이 공유하며 우리 각자가 발달장애인과 더불어 어떻게 함께 살아갈 수 있는지를 학습하는 과정이 필요하다. 그래야만 이 사회가 발달장애인들의 자립에 한 걸음 더 다가갈 수 있을 것이며 이것이 사회적모델과 자립생활모델을 실질적으로 구현하고자 하는 가시적 모습이라고 할 수 있다.

장애에 대한 문화적 해석 관심 강화

자립생활모델에서의 자립생활이란 사회로부터의 필요한 도움을 기반으로 장애인 자신이 삶에 대한 선택과 통제를 통해 능동적 주체가 된다는 것을 뜻한다(Brisenden, 1986). 그러한 사회적 도움과 지원은 각종 물리적 · 정보적 접근권을 보장하는 것뿐만 아니라 필요한 제반 사회서비스를 포괄한다고 볼 수 있다. 그럼으로써 자립생활모델이 인권적 차원에까지 이르는 포괄적 범주를 담고 있어야 한다고 보는 시각도 있다(Disability Right Commission, 2007). 그만큼 자립생활모델이 서비스 실천, 전달체계, 장애운동 등에 대한 이념적 기초의 성격을 뛰어

넘어 권리적 차원으로 이해될 필요가 있다는 것이다. 그러나 그렇다고 해서 자립생활모델이 인권모델과 동일할 수는 없다. 인권을 보장해야 하는 여러 이유 중의 하나가 자립생활일 수 있는 것이고, 자립생활이념을 성취하는 것이 인권적 차원에까지 이르러야 한다는 것이지, 자립생활의 성취가 인권의 제반 차원을 모두 충족시킨다고 보기는 어렵다. 그중의 하나가 그 사회의 문화에 의한 장애의 재생산구조를 들 수 있다. 상징과 표현을 통해 장애에 대한 비합리적인 요소를 부각시키고 정당화시키는 문화와 그러한 문화를 수동적으로 비합리적인 정체성으로 받아들이는 메커니즘은 조성행정적 급부만으로서는 깨뜨리기 쉽지 않다. 그러한 개념은 사회적모델이 기초하고 있는 Young(1990)의 사회적 억압(social oppression)으로 설명하거나 장애에 대한 문화적 해석(Barnes, 1996; Shakespeare, 1996a)의 관점이 보다 설득력이 뛰어나다. 자립생활모델은 장애에 대한, 자립생활이념을 적용시키는 과정에서 문화적 재해석의 필요성에 의해 최근 강조되고 있다(Martinez, 2003). 그러므로 우리 사회에서도 자립생활모델의 문화적 관점에 대한 보다 깊은 논의와 함께 사회적모델에서의 문화적 재해석에 관한 내용이 서비스실천현장에 보다 상세히 알려질 필요가 있고, 정책수립에 있어서도 우리 사회의 문화 전반에 퍼져 있는 문화를 통한 장애의 재생산 고리를 차단하기 위한 제도적 장치 마련 또한 시급하다고 하겠다. 덧붙여 우리 사회가 안고 있는 유교적 · 가부장적 문화 특성이 '자립', '자립생활', '사회책임'이라는 용어와 맥락을 적용함에 있어 어떤 영향을 미치는지 등에 관한 후속연구가 필요하고, 장애인이면서 성적 소수자 또는 여성이거나, 소수민족(ethnicity) 출신의 하위문화 내에서는 그러한 용어와 패러다임이 어떤 의미로 받아들여지는지에 대한 보다 심도 있는 논의도 이루어질 필요가 있다고 본다.

패러다임의 변화와 구체적 대안제시에서의 상대적 우위

사회적모델의 핵심은 장애는 손상으로 인해 생겨난 욕구에 대한 사회의 대응 부재 또는 부실이 낳은 산물이라고 보고, 사회제도적 차원에서의 적극적인 대응이 필요하다는 데에 있다. 덧붙여 이념적 차원에서의 문화의 역할과 신체적 · 정신적 손상을 가지고 살아가는 삶의 구체적인 내용에 대해서도 중요성을 부여한다. 이러한 사회적모델은 장애를 바라보는 거시적 패러다임의 변화를 요구하고 그러한 사회적 책임성을 구현하기 위한 법적 · 제도적 장치와 장애인의 욕구 간의 간극을 메우도록 촉구하는 견인차 역할을 수행한다. 그러한 간극의 원인을 차별의 개념으로 접근하기도 한다. 「장애인차별금지법」은 그 사회에 대해 단순히 차별하지 말 것을 명령하는 것 이전에 사회가 차별하고 있다는 것을 시인하고 하나의 사회문제로 다루겠다는 의지의 표현인 것이다(김진우, 2008a). 장애인이 겪고 있는 불이익이 개인적 차원이 아니라 사회적 차원에서의 차별 때문에 생긴다는 것을 공식화하고 명문화한 것이다. 사회적모델에 의한 패러다임의 변화가 어떤 파장을 불러일으키는지를 확인할 수 있는 좋은 예라고 할 수 있다. 우리나라에서도 장애인차별금지법제정연대가 기초한 이념이 자립생활에 국한된다기보다는 폭넓은 의미에서의 '장애에 대한 사회적 책임', '사회의 차별적 속성과 관행에 의해 불이익을 받으면서 살아가는 장애인의 삶을 변혁시키려는 노력'을 포괄하고 있었다는 점에서 사회적모델의 패러다임에 기초하여 장애운동을 펼쳐 나갔던 것으로 보인다. 그러나 그러한 사회적모델은 자립생활모델과 달리 서비스 내용 및 제공방식, 전달체계에 대해서는 구체적인 언급이 없다. 반면 자립생활모델에서는 자립생활센터의 설치, 자립생활서비스의 제공 및 제공과정에서의 소비자 주권, 동료상담 등의 내용을 보다 구체적으로 제시하고 있다. 그러므로 구체적인 정책의 변화에 대해 사회적모델에서 그 대안까지 제시하기는 거리감이 있는 반면, 자립생활모델에서는 자립생활 성취를 위한 수단적 요소들에 대한 논리적 자리매김이 훨씬 친숙하고 대중적 공감을 얻기가 상대적으로 용이할 것으로 보인다. 또한 우리가 안고 있는 과제로서 장애인복지관과 자립생활센터의 관계정립, 장애인거주시설로의 개편에 따른 탈시설화 논의, 탈시설화에 따른 지역사회보호 기반조성 등은 넓게는 장애에 대한 사회적 책임성을 제고시키는 움직임이지만 직접적으로는 자립생활을 성취하기 위한 과정이라고 할 수 있어, 당분간은 자립생활모델이 더 높은 사회적 설득력을 가지고 원용될 것으로 예상된다.

8 글을 맺으며

이 장에서는 장애를 설명하는 다양한 모델 중에서 우리나라에 소개되고 실제 원용되고 있는 사회적모델과 자립생활모델의 관계와 한국 사회에의 함의를 살펴보았다. 양 모델은 발전과정에서 시간이 흐를수록 점차 포괄적인 모델로 발전해 나간 것으로 보인다. 사회적모델은 장애에 대한 경제적 접근에서 문화적 재해석과 장애인의 개별적 삶까지 이해의 폭을 넓혀왔다. 한편 자립생활모델은 장애인이 살아가는 실존적 차원에서의 자립을 성취하기 위한 물리적 환경과 서비스 구조를 바꾸는 것에서부터 전달체계 마련, 전국적인 법 · 제도의 변화까지 포괄하게 되었다. 이러한 양 모델은 태동 및 발전의 시대적 배경, 지향이념, 포괄범위가 다소 상이하더라도 장애인 당사자의 주체성을 강조한 반면 발달장애인에 대해서는 상대적으로 무관심했다는 유사성을 지닌다.

그러나 이러한 이해에도 불구하고 앞으로 양 모델이 한국 사회에 탄탄하게 뿌리내리기 위해서는 이들에 대한 보다 깊은 이해가 필요하다고 본다. 즉, 실제 내용과는 별개로, 학계뿐만 아니라 서비스 실천현장에서, 장애운동가들에 의해 양 모델이 어떻게 이해되고 있는지, 「장애인차별금지 및 권리구제 등에 관한 법률」의 제정, 장애인 자립생활과 관련한 「장애인복지법」의 개정, 장애인활동지원제도 및 장애인연금의 제도방향 정립 등에 있어서의 양 모델이 어떠한 역할을 했는지 등에 대한 깊이 있는 분석이 이루어질 필요가 있다. 아울러 장애에 대한 인식변화와 문화적 컨텐츠 구성, 서비스 실천과정, 장애인정책의 거시적 틀 등을 논함에 있어 양 모델이 갖는 추가적 함의를 살펴보는 연구가 앞으로 진행되어야 할 것이다.

PART 02

장애인 정책

정책이라는 것이 뭘까? 중앙정부 단위에서 보면 국민이 겪는 현실의 어려움을 타개하기 위해 일정한 행·재정적 개입을 통해 소기의 목적을 달성하려는 체계적인 노력이라고 할 수 있다. 그것이 복지정책 분야라면 정책고객이 다 함께 행복하게 살아갈 수 있는 생활환경을 갖출 수 있도록 직접적으로 또 민간을 통해 간접적으로 개입하는 것을 말한다. 그렇게 개입하기 위해서는 그 근거가 필요한데, 이는 법 제정으로 풀어 나가게 된다. 법은 정책을 담는 그릇이기 때문이다.

장애인 정책도 마찬가지다. 장애인 정책은 장애인의 삶에 개입하는 국가의 다양한 노력 또한 장애인 관련 법에 근거해 있으며 정책이라는 이름으로 현장에서 집행 · 구현된다. 물론 정책의 틀이 모든 관련 세부적인 내용을 규정하지는 않는다. 예를 들어, 자립생활센터나 장애인복지관 지원정책을 수립 · 집행하고 있지만 센터나 복지관의 기능과 역할의 대강을 벗어나 세부적인 내용까지 설계해 주지는 않는다. 그것은 실천현장에서의 전문가의 몫이고 지역실정에 맞게, 지역주민으로서의 장애인의 욕구에 기반하여 다양하게 대처해 나가는 실천기술과 연결된다.

장애인의 삶에 맞닿아 있는 장애인 정책은 수십 가지가 넘는다. 얼핏 생각해 봐도 장애인의 소득, 보육 및 교육, 고용, 주거, 교통편의, 물리적 및 정보 접근성, 문화생활, 체육, 선거, 돌봄, 권익옹호, 차별금지 등이 생각될 수 있다. 그러한 다양한 장애인 정책을 배우는 입장에서는 이들에 대해 조금씩이라도 이해하는 것이 필요하겠지만 지면관계상 모두 소개하는 것이 어려워 여기에서는 장애인 정책 중에서도 가장 기본적이라고 할 수 있는 소득보장, 교육, 직업재활 및 고용에 대해 보다 자세하게 살펴보고자 한다.

먼저 왜 자본제사회에서 장애인에 대한 소득보장이 중요하고 또 절실하게 필요한가에 대해 보다 상세하게 설명하였고, 장애인 교육은 교육현실이 어떠한지에 대한 이해를 도모하는 것에 비중을 두었다. 직업재활 및 고용에서는 현재 고용노동부와 보건복지부가 함께 이 정책에 대해 고민하고 있는 만큼 이 양 부처 간의 관계 및 현실을 둘러싼 쟁점들을 이해하는 데 보다 지면을 할애하였다.

그렇다고 제3부 및 제4부에 있는 주제들이 정책과 무관하다는 뜻은 아니다. 다만, 정책의 종류 중에 사회서비스와 관련되거나 사회복지행정에서 주로 다루는 사회복지 전달체계 중 장애인복지 전달체계가 어떻게 편제되어 있는지는 제3부에서 별도로 살펴보려 하였고, 장애인정책 중 인권과 직접적으로 관련되는 것들은 제4부에서 만나도록 순서를 배정하였다.

Chapter 06

장애인 소득보장

경상남도 양산에 위치하고 있는 한 장애인거주시설의 원장이 나에게 장애인 소득보장의 중요성과 관련하여 에피소드 하나를 들려주었다.

자유롭게 시설을 출입하던 거주인 분들은 아침을 드시고 시설 정문 밖 조금 떨어진 곳에 있는 슈퍼마켓에 들르는 것이 하루 일과의 시작이었다고 한다. 괜히 과자를 집었다 놓고 아이스크림 통을 열였다 닫았다 하기를 반복한다.

슈퍼마켓 주인은 이들에 대해 매몰차게는 못하더라도 '사지 않을 거면 나가라', '괜히 아이스크림 통 열면 전기세 많이 나간다' 하면서 가끔 눈치를 주곤 했단다.

그러던 중 시설 거주인들에게도 장애수당이 지급되면서 권력(?)의 판도는 완전히 달라졌다고 한다. 시설 거주인 중 많은 분들이 매일 1천 원씩 가지고 그 슈퍼마켓에 가서 자기가 그동안 먹고 싶었던 것을 사 먹는데, 그 전에는 눈치를 주던 사장님도 이제는 적극적으로 신상품 과자와 아이스크림을 소개하기 바빴고 손님 대우가 극진했다는 것이다. 이제는 거주인 분들이 성가신 장애인이 아니라 언제든 환영받는 소비자가 된 것이다.

이 이야기를 들으며 1970년대 영국 장애운동도 마찬가지로 소득보장운동부터 시작한 역사가 떠올랐다. 주머니에 돈이 있어야 사람대우를 제대로 받게 되는 셈이다.

어찌 동서양이 닮아도 참 많이 닮았다.

1 장애인에게 소득 없는 게 왜 정부 책임이냐?

노동능력 상실 및 사회적 차별

장애인 소득보장(income security)은 장애인의 기본생활을 보장하기 위해 이들의 소득을 일정 수준 이상으로 유지시켜 주는 제도를 말한다. 그렇다면 장애인에게는 왜 소득을 보장해 주어야 하는 것일까? 장애인의 소득수준이 전체 가구에 비해 월등하게 낮기 때문이다. 그렇다면 그게 왜 국가 책임인가? 이 질문에 다다르게 되면 앞서 살펴본 장애에 대한 관점과 맞물린다. 만약 장애가 개인 책임이라고 한다면 장애인의 소득수준이 낮은 것에 대해 국가가 책임질 이유가 없다. 다만, 국가는 가부장적 이데올로기에 따라 그야말로 백성을 불쌍히 여겨 은혜를 베풀면 된다. 열심히 국가가 돈을 걷어서 그중의 일부를 떼어서 긍휼한 마음으로 장애인을 도와주는 것이다. 이것이 시혜적 관점이다. 그러나 장애가 사회 책임이라면 접근하는 방식이 달라진다.

우리나라에서는 「장애인차별금지 및 권리구제 등에 관한 법률」이 2007년에 제정되었다. 이것은 국가와 사회가 장애인을 차별하는 것이 기정 사실이며 나아가 사실 자체를 너머서 사회문제에까지 이르렀음을 국가가 공인한 것이다. 그래서 이를 법제화한 것이다. 이 땅을 살아가는 장애인들이 자신의 능력과 상관없이 차별받고 억압받는 것이 우리의 현실임을 정부가 인정한 것이다. 그걸 하지 말라는 것이 또 이 법의 취지이기도 하다. 그러나 엄연히 지금도 장애인은 차별받고 억압받으면서 살아가고 있으며 그 결과 자신의 능력과는 별개로 취업이 되지 않고 취업이 되더라도 비장애인에 비해 낮은 임금을 받으면서 살아가고 있다. 또 때로는 신체적 · 정신적 손상 때문에 일을 하지도 못하게 되어 소득이 발생될 수 있는 원천이 차단되어 있는 경우도 있다. 그렇기 때문에 장애는 사회책임으로 이해될 수 있다. 그러면 이야기를 조금 전 논의와 연결시키면 장애가 사회책임이기 때문에 비장애인에 비해 현격하게 차이가 있는 소득수준을 정부가 어느 정도 보전해 주는 것이 마땅하다는 생각으로 이어질 수 있다.

인권적 관점

사람은 태어나 살아가는 과정에서 온갖 어려운 일에 직면하게 된다. 넘어져서 다치기도 하고, 조그마한 호기심에 사기를 당하기도 한다. 선의를 베풀었는데 감당하지 못할 악의로 돌아올 때도 있다. 아무리 생각해도 빚더미로 생을 포기해야만 할 것 같은 생각에 밤을 새우기도 한다. 그러나 살아가는 데 그러한 모든 행위는 자기 책임이다. 자본제 사회에서는 일하지 않는 자는 먹지도 말라고 한다. 일하지 않는 것, 일할 수 없는 것이 결코 미덕이 아니다. 나도 타인의 노력으로부터 혜택을 받는 것처럼 나도 직간접적으로 타인에게 유용한 효용가치를 베풀면서 공존하게 된다.

하지만 넘어진 것이, 호기심을 부린 것이, 선의를 베푼 것이, 빚을 진 것이 모두 자기 책임이고 그러한 수렁에 빠지게 된 것도, 그로부터 벗어나는 것도 흔히 자기 몫으로 돌리곤 한다. 또 사람마다 모두 자신이 노력해서 그로부터 벗어나려고 발버둥친다. 하지만 도저히 불가항력적인 때도 있다. 주변에 가족도, 친척도 도와줄 어떤 사람도 없을 수 있다. 그로부터 세월이 조금 더 지나게 되면 당사자는 인간으로서 견디기 힘든 상황에 갇힐 수 있다. 그러한 상황, 처지에 놓이게 되면 인간으로서의 존엄성을 상실하고 만다.

과연 그러한 상황이 전적으로 개인에 국한된 고립자로서 일어나는 일일까? 그렇지 않다. 이 사회는 모두 연결되어 있다. 상대평가로 학점을 부여하다 보면 C학점이 있어야 A학점이 존재한다. 누군가의 희생이 있어야만 성취도 있게 된다. 동종업계에 10개의 회사가 있다가 2개로 압축된다면 8개는 도산하고 폐업하거나 인수합병의 대상이 되었다는 것을 의미한다. 살아남은 2개 기업은 독과점 이윤을 누릴 수 있겠지만 그것은 다른 한편으로는 없어진 8개 기업 덕분(?)이다. 물론 2개 기업의 남다른 노력과 탁월한 성과를 폄하하고 싶은 마음은 없다. 하지만 적어도 살아남은 자가 가져야 할 책임은 있는 것이다.

이런 논리라면 누군가에게는 돈이 있고, 누군가에게는 돈이 없다면 그 돈 없다는 사실이 자기 책임일까? 맞다. 자기 책임이다. 자기가 자기의 삶을 책임질

자세와 노력은 언제든지 먼저 전제되어야 한다. 하지만 자신의 의지와 노력에도 불구하고 그 상태에서 벗어나지 못하고 있다면 국가가, 사회가 나서는 것은 당연하다. 이를 좀 더 따지고 보면 '자신의 의지와 노력'이라는 것이 반드시 전제되어야 하는가, 또 그것을 어떻게 판단할 것인가도 문제가 된다. 아이를 키우는 데 네가 낳았으니 네가 키워라, 네가 그 양육비용을 노동시장에서 노동력을 팔아 충당하라고 하는 것이 아니라 아이를 낳는 것은 이 사회의 구성원을 충원한 것으로 우리 사회 공동으로 양육의 책임을 공유한다고 생각하면 아동수당은 우리가 아는 대로 인구 특성에 따라 특정 연령대까지 소득수준과 상관없이 지급하는 것이 전혀 어색하지 않다. 장애가 개인책임이 아니라 사회책임이라면 장애로 인한 추가비용이 발생하는 것 또한 개인책임으로 간주되어서는 곤란하다. 그러한 비용을 보전하는 것은 지극히 국가가 책임져야 하는 영역이다. 영국에서는 장애생계수당은 소득을 따지지 않는다. 그렇기 때문에 기본적 질서로서의 자본제 사회가 가지고 있는 규칙은 엄연히 살아있되, 일부에서는 탈상품화 방식에 따라 국가로부터 개인에게로의 소득이전은 국가의 책임이자 개인의 권리라고 볼 수도 있는 것이다. 그것이 복지국가의 원리이다.

글의 전개

이러한 논리에 따라 소득수준을 보정하는 정책은 자본제사회 운용과정에서 실제로 다양하게 나타날 수 있다. 첫째는 시장 내에서 공정하게 분배되도록 하는 메커니즘을 만들어 나가는 것이다. 이는 자본제 사회에서 보다 적극적으로 게임의 룰을 바꾸어 손에 쥐는 배분의 정도 자체를 개선시키자는 것이다. 둘째는 근로장애인이 빈곤으로 빠지지 않게 하도록 사회보험을 통한 사회적 위험에 대비하는 것이다. 셋째는 근로 여부를 떠나 신체적 · 정신적 손상으로 인해 발생하는 추가적 비용을 보전하고 근로 애로에 따른 소득보장을 위한 정책이다. 넷째는 현재 빈곤에 처하게 된 경우에 일정 정도 소득을 보장하여 인간다운 삶을 영위할 수 있도록 하는 것이다. 다음에서는 이러한 다양한 정책들을 소개하고 이의 문제점을 어떻게 개선해 나갈지에 대해 서술하고자 한다.

2 시장에서의 소득분배 개선

고용에의 장애인차별금지법 엄격 적용

'난 장애인이 싫어. 그러니 아무리 장애인이 일솜씨가 좋아도 난 고용 안 할 거야'라고 대놓고 장애인 고용을 꺼리면 장애인 차별이다. 즉, 장애인을 싫어하는 자신의 선호를 고집하여 장애인을 분리, 배제, 격리시키는 것을 직접차별이라고 부른다. 장애를 이유로 배제시켰으니 그 고용주는 장애인을 차별한 것이고 장애인이 국가인권위원회에 진정하면 차별사건으로 조사가 실시된다. 하지만 차별을 입증하더라도 자신을 그렇게 몰아간 기업에 계속 몸담고 일하는 것이 마음 편한 일은 아니어서 당사자로서는 계속 직장생활을 하기가 용이하지 않다. 그렇기 때문에 차별에 대해서는 정부가 단호하게 대응하여 차별하려는 마음이나 움직임을 사전에 최소화해야 한다.

채용과정에서는 차별이 없었다 하더라도 채용 이후 임금지급에서, 승진체계에서 장애를 이유로 불이익을 받아서도 안 된다. 장애가 있더라도 동일한 생산성을 보이면 동일한 임금을 지급해야 한다. 물론 장애 때문에 일하기가 불편하여 생산성을 100% 발휘하기 어렵다면 그러한 불편한 부분을 개선해 주어야 한다. 이때 정부는 그러한 '합리적 조정(Reasonable Adjustment)' 때문에 발생하는 비용을 보전해 줄 수 있어야 하며, 기업으로서도 그러한 합리적 조정이 과도한 비용을 발생시키는 것이라면 채용하지 않아도 불법은 아니다. 다만, 그러한 합리적 조정을 핑계삼아 장애인을 고용하지 않으려는 관행은 없어야 한다.

그렇게 노동시장에서의 소득분배가 공정하게 이루어지면 장애인의 소득이 지금보다 많아질 것이고 그러한 경제정책과 사회정책이 사후적인 소득보장정책 시행에 따른 정부재정 부담을 경감시켜 줄 수 있다.

장애인 일자리 창출

장애로 인하여 충분한 생산성을 보여주지 못하거나 장애가 고용을 기피하게 하는 정당한 사유가 있어서, 또 장애친화적이지 않은 사회적 환경과 인식 때문에 장애인에게 일자리가 마련되지 않는 경우도 있다. 그럴 경우 소득을 창출할 수 없으니 소득보장정책으로 떠안는 것이 바람직한가? 그렇지 않다. 자신의 주머니에 일정 금액 이상이 있을 수 있게 하는 것도 중요하지만 그렇게 소득이 보장된다고 해서 자신이 일을 통해 사회에 참여하고 자아를 실현하는 그 과정에서의 삶에 대한 행복을 맛볼 기회를 누릴 수는 없다. 그러므로 일을 통한 자립정책은 소득보장정책보다도 정책 수립 및 집행에 우선순위를 두어야 한다.

우리나라에도 그런 연유로 장애인 고용정책을 펼치고 있다. 의무고용제로, 각종 장애인 고용을 촉진시킬 수 있는 다양한 정책을 시행함으로써 고용주에 대한 부담은 덜면서 장애인 고용에 대한 매력을 높이는 정책을 강구하고 있다. 한편 노동시장에서 생산성이라는 것이 상대적이므로 최대한 당사자의 처지와 환경에 맞는 직종을 개발하고 또 의도적으로 일자리를 창출해서 장애인을 일하는 공간으로 배치하는 적극적인 장애인 고용정책을 실시하고 있고 또 앞으로도 이에 대한 정책비중은 더욱 높아져야 할 것으로 보인다.

3 사회보험을 통한 소득보장

내가 일을 할 수 있다면?

일단 근로자로 일하기 시작하면 사회보험제도를 통해 근로자의 노령, 실업, 질병, 장애 등의 사회적 위험으로부터 보호하여 건강과 소득을 보장하기 위한 제도적 장치가 작동하게 된다. 우리나라의 대표적인 사회보험으로는 산업재해보상보험, 건강보험, 국민연금, 고용보험을 들 수 있다. 국민연금과 유사한 직역연금으로서 군인연금, 공무원연금, 사립학교교직원연금, 별정우체국직원연금 등이 있다. 사회보험 중에서 소득을 보장해 주지 않지만 건강보험과 노인장기요양보험은 질병 · 사고 및 돌봄필요로 인해 과도한 비용지출 위험을 사회적으로 분산시키는 역할을 한다.

장애 관련 사회보험

이 중에서 장애인의 소득보장과 직접적으로 관련이 있는 것은 국민연금과 산업재해보상보험이다. 근로자가 국민연금 가입기간 중에 산업재해가 아닌 다른 이유로 장애를 입은 경우에는 장애일시보상금과 장애연금을 지급받게 된다. 장애일시보상금은 「국민연금법」상 장애등급 4급에 해당하는 경미한 장애에 대하여, 장애연금은 장애등급 1~3급에 해당하는 장애가 발생한 경우에 등급에 따라 기본연금액(40년 가입 시 이전 소득의 60%)의 60~100%를 지급하게 된다. 한편 산업재해보상보험은 사업장에서 업무상 재해를 당한 산재근로자 및 가족에게 생활의 안정을 도모하기 위해 요양급여, 휴업급여, 장해급여, 유족급여, 상병보상연금, 장의비, 간병급여 등을 지급한다. 이 중에서 장애와 관련 있는 것은 장해급여로서 노동능력 상실 정도와는 무관하게 신체적 · 정신적 손상의 정도에 따라 획일적으로 마련된 기준에 따라 지급하게 된다.

4 기초생활보장제도를 통한 소득보장

내가 일을 할 수 없다면?

만약 장애인이 자신의 장애 때문에 일하기 어려워 소득이 없거나 매우 낮은 경우에는 공적부조인 기초생활보장제도가 작동한다. 즉, 자신의 소득인정액이 「국민기초생활보장법」에서 정한 각종 급여별 수급기준보다 낮고 부양의무자 기준에 적합하면 생계급여, 주거급여 등 각종 기초생활보장급여를 받아 자신의 인간다운 삶을 유지하게 된다.

기초생활보장제도의 적용

급여별 수급기준은 종전에는 최저생계비를 실태조사를 통해 계측하여 이를 준거로 삼았으나 이제는 우리나라 중위소득의 몇 퍼센트(%)인지를 정하는 상대평가기준을 사용하고 있다. 한편 부양의무자 기준으로는 부양의무자가 없거나 부양의무자가 있어도 부양능력이 없거나 또는 부양의무자가 부양능력이 있더라도 실질적으로 부양하지 않는 경우에 해당한다. 부양의무자는 수급권자를 부양할 책임이 있는 자로서 수급권자의 1촌 이내의 직계혈족 또는 그 배우자로 한정된다. 최근 부양의무자의 부양능력을 대폭 완화하여 부양의무자의 실질적 폐지를 지향하고 있어 부양의무자 기준 때문에 생활이 어려운데도 정부로부터 아무런 지원을 받지 못하는 사례가 최소화되는 방향으로 정책이 변화되고 있다.

5 적극적인 소득지원정책

적극적인 소득지원정책은 장애수당과 장애아동수당을 들 수 있다. 2008년에는 중증장애로 인해 근로가 어려운 경우 소득보전과 장애로 인한 추가비용보전의 두 가지 성격이 포함되어 있는 장애인연금제도가 도입되었다.

장애수당 및 장애아동수당

장애수당은 김대중 정부 출범 당시에는 생계보조수당의 명칭으로 1급 및 2급 거택단독장애 및 자활 중복장애인 42,368명에게 월 46천 원이 지급된 바 있다(김용득 · 김진우, 1999). 이는 제1차 장애인복지발전 5개년계획에 따라 2000년 「장애인복지법」의 개정으로 그 명칭이 장애수당으로 변경되었는데 전 연령대에 대해 동일한 금액을 지급하였다. 그러나 그 지급수준이 매우 낮아 2006년 기초생활수급자 중에서 중증장애인은 월 7만 원, 경증장애인은 월 2만 원 정도여서 장애인실태조사(변용찬 · 김성희 · 윤상용 · 최미영 · 계훈방 · 권선진 · 이선우, 2005)를 통해 조사된 장애로 인한 추가비용을 감당하기에는 턱없이 부족한 형편이었다. 이를 노무현 정부의 말기인 2007년에는 기초생활수급자 외에 차상위계층에 대해서 그 금액을 대폭 인상하고 18세 미만의 아동을 부양하는 경우 종래 장애수당 수급 대신에 장애아동수당을 10만~20만 원 정도로 차등지급하는 획기적 전환을 이루었다.

이러한 적극적인 소득지원정책의 틀은 장애수당이 2006년 1,119억 원에서 2007년 3,130억 원으로, 장애아동수당이 2006년 15억 원에서 2007년 279억 원으로 대폭 증가한 예산에 기초하였다. 이러한 예산소요 확보는 추가적인 재정투입과 함께 LPG 세금인상분 지원제도의 폐지에 따른 재정절감분에 의해 이루어졌다. LPG 지원제도는 연혁적으로 볼 때 과거 LPG에 대한 세금이 인상되면서 이를 보전하기 위한 대책으로 2001년부터 장애인 자동차의 경우 LPG 세금인상분을 에너지특별회계에서 지원하도록 한 것에서 출발하였다. 이는 장애인의 이동에 대한 경제적 부담을 경감시켰다는 점에서는 대단히 환영받는 정책이었다. 그러나 장애로 인한 추가비용 소요분, 즉 이동에 따른 추가비용을 장애수당의 구성요소에 적정하게 반영하여 지원하지 못하고 자동차 사용이라는 비용발생 원인별로 감면시책을 편 결과, 자동차를 사용하는 사람만 동 혜택을 받게 되고 자동차 미소유 장애인은 이동편의와 관련하여 지원을 받지 못하는 불합리한 자원배분의 형태를 가져오게 되었다. 뿐만 아니라 시행 첫 해 269억 원이었던 지원액이 5년 뒤인 2006년에는 2,715억 원으로 10배나 늘어났고 지출비중도 연금과 산재를 제외한 장애인지출 총액의 5.9%에 이르게 되면서 그러한 왜곡은 더욱 가속화되었던 것이다(김동완, 2008). 이에 2006년 장애인지원종합대책을 마련하면서 단계적으로 폐지하는 방향으로 가닥을 잡았다.

이러한 LPG 지원제도의 변화에 대해 두 가지 의견이 제기되었다. 장애수당의 획기적 개선과 자원배분의 왜곡을 동시에 해결한 발전적 과정이라는 것과, 양자 간의 상쇄적 관계를 장애인복지 확대로 치환해서는 안 된다는 것이다.

생각건대, 정부에서 LPG 지원예산의 기하급수적 증가로 인한 향후 4~5년 동안의 예산압박을 감안한 선제적 조치로 볼 수 있는 여지가 있는 것은 아니다. 하지만 자원배분의 왜곡을 방치하는 것도 정부가 묵과해서는 안 되는 것이며 소득보장정책 또한 기초수급자와 차상위계층을 중심으로 두텁게 펼쳐나갈 필요가 있다는 점에서 긍정적인 면에 더 비중을 둘 수 있다. 다만, 장애로 인한 추가비용의 소요가 장애수당에 적절하게 반영되고 있는 것인지에 대해서는 의문이다. 그것은 2007년 장애수당의 대폭 인상 이후 장애인연금이 도입될 때까지 동결되었고 최근까지도 거의 인상되지 않았기 때문이다. 그만큼 장애로 인한 추가비용을 세밀하게 분석하여 이동수단 이용 등에 대한 지원이 적절하게 이루어지기를 바라는 장애인의 염원을 신중하게 반영해 오고 있다고 볼 수 없으며 그렇다면 이동권 측면에서 볼 때 일부 계층에게는 이동권 약화의 결과를 초래하게 된 것이라는 점에서 정책적 후퇴라고 평가하여도 반박하기 어렵다. 그러므로 장애로 인한 이동애로 때문에 발생하는 추가비용을 현실적으로 반영한 금액을 지급하는 것이 그야말로 LPG 세금지원의 본래적 취지를 되살리는 방법이라고 본다.

장애인연금제도 이해

"장애인연금"이란 근로능력의 상실 또는 현저한 감소로 인하여 줄어드는 소득과 장애로 인하여 추가로 드는 비용을 보전하기 위하여 중증장애인에게 매월 일정액의 연금을 지급하는 사회보장제도이다. 용어가 비슷하지만 다른 것으로 「국민연금법」상의 장애연금이 있다. 「국민연금법」에 따른 장애연금은 국민연금 가입자가 장애를 입은 경우에 받는 사회보험방식의 공적연금(기여식 연금)이지만, 장애인연금은 본인의 기여 없이 지원받는 일종의 무기여식 연금이라고 할 수 있다.

장애인연금을 받으려면 세 가지 조건이 충족되어야 한다. 첫째는 연령으로 신청월 현재 만 18세 이상(신청일이 속하는 월의 말일까지 만 18세가 되는 자는 만 18세 이상으로 봄)이어야 한다. 둘째는 등록된 중증장애인(종전 1급, 2급, 3급 중복)이어야 한다. 세 번째는 「공무원연금법」, 「공무원재해보상법」, 「사립학교교직원연금법」, 「군인연금법」, 「별정우체국법」 등에 따른 직역연금 수급권자 및 그 배우자가 아니면서 소득인정액 조건을 충족해야 한다. 수급요건을 충족하려면 소득인정액이 본인과 배우자의 소득평가액과 재산의 소득환산액을 합산한 금액(소득인정액)이 선정기준액 이하여야 한다.

- ■ 소득인정액 = 월 소득평가액 + 재산의 소득환산액
  - 월 소득평가액=기타 월소득 합계+(상시근로소득 - 상시근로소득 공제)
  - 재산의 소득환산액=[{(일반재산 - 기본재산액)+(금융재산 - 2,000만 원) + (자동차가액)-(부채)}×재산의 소득환산율(연 4%)÷12개월]+(고급자동차, 고가회원권의 재산가액)
- ■ 2023년 선정기준액
  - 단독가구 : 122만 원, 부부가구 : 195만 2천 원

지급받을 자격을 충족하면 기초급여와 부가급여로 구성되는 장애인연금을 받게 된다. 먼저 기초급여는 근로능력의 상실 또는 현저한 감소로 인하여 줄어드는 소득을 보전해 주기 위해 만 18세에서 만 65세가 되는 전달까지 지급하는 급여를 말한다. 기초급여액은 자신의 소득인정액의 정도에 따라 차등적으로 지급받는데 소득인정액이 92만 원 미만이면 최고로 지급받을 수 있는 금액인 323,180원을 받게 된다.

〈표 6-1〉 **단독가구에 대한 장애인연금 기초급여 지급기준**

소득인정액	92만원 미만	92만원 이상 ~94만원 미만	94만원 이상 ~96만원 미만	96만원 이상 ~98만원 미만	98만원 이상 ~100만원 미만	100만원 이상 ~102만원 미만
선정기준액과의 차액	30만원 초과	28만원 초과 ~30만원 이하	26만원 초과 ~28만원 이하	24만원 초과 ~26만원 이하	22만원 초과 ~24만원 이하	20만원 초과 ~22만원 이하
기초급여액	323,180원	300,000원	280,000원	260,000원	240,000원	220,000원

소득인정액	102만원 이상 ~104만원 미만	104만원 이상 ~106만원 미만	106만원 이상 ~108만원 미만	108만원 이상 ~110만원 미만	110만원 이상 ~112만원 미만
선정기준액과의 차액	18만원 초과 ~20만원 이하	16만원 초과 ~18만원 이하	14만원 초과 ~16만원 이하	12만원 초과 ~14만원 이하	10만원 초과 ~12만원 이하
기초급여액	200,000원 (특례자)209,960원	180,000원	160,000원	140,000원	120,000원

소득인정액	112만원 이상 ~114만원 미만	114만원 이상 ~116만원 미만	116만원 이상 ~118만원 미만	118만원 이상 ~120만원 미만	120만원 이상 ~122만원 이하
선정기준액과의 차액	8만원 초과 ~10만원 이하	6만원 초과 ~8만원 이하	4만원 초과 ~6만원 이하	2만원 초과 ~4만원 이하	0원 초과 ~2만원 이하
기초급여액	100,000원	80,000원	60,000원	40,000원	20,000원

이러한 기초급여액은 부부가구 중 1인만 급여를 받을 수 있을 때에는 소득인정액이 165만 2천 원 미만인 경우에 최고금액을 받을 수 있다. 부부가구 중 2인 모두 급여를 받을 때에는 소득인정액이 147만 2천 원 미만일 때이며 받는 최고급여액은 2인 생활에 따른 생활비 차이를 감안하여 각각의 기초급여액에 20%를 감액하여 총 517,080원을 받게 된다.

아울러 원칙적으로는 직역연금을 받는 경우 장애인연금 지급대상에서 제외되지만 2014년 6월 30일 이전까지 수급자격을 유지하고 있는 직역연금 수급자와 그 배우자는 기초급여 특례수급자로 선정될 수 있어 1인 수급 기준 161,590원을, 2인 수급 기준으로 258,540원을 최대로 받을 수 있다.

〈표 6-2〉 **직역연금 수급 특례 대상자에 대한 기초급여 지급기준**

구 분	차액(선정기준액-소득인정액)							
1인 수급 시 기초급여액	14만원 초과	12만원 초과 ~14만원 이하	10만원 초과 ~12만원 이하	8만원 초과 ~10만원 이하	6만원 초과 ~8만원 이하	4만원 초과 ~6만원 이하	2만원 초과 ~4만원 이하	2만원 이하
	152,850원	140,000원	120,000원	100,000원 (특례자) 104,980원	80,000원	60,000원	40,000원	20,000원
2인 수급 시 기초급여액	24만원 초과	20만원 초과 ~24만원 이하	16만원 초과 ~20만원 이하	12만원 초과 ~16만원 이하	8만원 초과 ~12만원 이하	4만원 초과 ~8만원 이하	4만원 이하	
	246,000원	240,000원	200,000원	160,000원 (특례자) 167,960원	120,000원	80,000원	40,000원	

6 경제적 부담경감정책

경제적 부담경감정책은 자신의 소득으로 지출해야 할 부분을 정부가 대신 보전해 줌으로써 지출에 따라 낮아질 가처분소득을 실질적으로 유지시켜 주는 것을 말한다. 이러한 경제적 부담경감정책으로 교육비 및 의료비 지원, 그리고 각종 감면제도의 시행을 들 수 있는데 이는 앞서 살펴본 적극적인 소득지원정책과는 달리 매우 시혜적인 성격을 가진다. 물론 조세행정의 비용절감 차원에서 걷고 나누는 과정을 생략한 효율성을 전혀 외면할 수는 없다. 하지만 사안별로 혜택이 보장되는지는 정부가 결정하는 것이며 자신의 소득으로 지출하는 주체성을 확보하기 어렵다는 점에서 스티그마(stigma)를 초래할 수 있으므로 시혜성 감면제도의 확대보다는 적극적인 소득지원정책을 우선 추진해야 할 것으로 본다.

7 장애인 소득보장제도 개선방안

앞서 설명한 장애인소득보장제도를 종합적으로 정리하면 다음 표와 같다. 국민연금법상의 장애연금, 공적부조로서의 국민기초생활보장제도, 장애인연금 중 기초급여 등으로 구성되는 소득지원부문이 있고, 장애로 인한 추가비용적 성격을 가지는 장애인연금 중 부가급여, 장애수당 및 장애아동수당이 있다. 물론 지출해야 할 부분의 비용을 사전에 차단하는 경제적 부담경감대책도 소득보장제도의 한 부분으로 자리매김될 수 있다.

〈표 6-3〉 **장애인 소득보장제도**

구분	정 책	수급자격	수급내용
소득지원	국민기초 생활보장제도	기준중위소득 대비 각 급여별 소득인정액이 지급기준액 이하인 국민	급여액 = 급여기준액 - 소득인정액
	장애연금	국민연금 가입자 또는 가입했던 자 중 국민연금법상 장애등급이 1~4급인 자	1급 : 기본연금액 100% + 부양가족연금액 2급 : 기본연금액 80% + 부양가족연금액 3급 : 기본연금액 60% + 부양가족연금액 4급 : 기본연금액 225%(일시보상금)
	장애인연금 중 기초급여	만 18세 이상의 장애인연금법상 중증장애인 중 소득인정액이 보건복지부장관이 고시하는 금액 이하인 자	월 328,180원(최대)
추가비용 보전	장애인연금 중 부가급여	만 18세 이상 장애인연금수급자 중 국민기초생활보장 수급자와 차상위계층, 차상위초과자	- 기초수급(생계,의료) 월 8만 원 - 기초수급(주거,교육) 차상위 월 7만 원 - 차상위초과 월 2만 원 ※ 65세 이상인 경우 별도 계산
	장애수당	만 18세 이상의 등록장애인 중 장애인연금법상 장애의 정도가 심하지 않은 자로서 국민기초생활보장수급자 및 차상위계층에 해당하는 자	- 기초수급 또는 차상위 월 6만 원 - 보장시설 입소(생계의료) 월 3만 원
	장애아동수당	만 18세 미만의 등록장애인으로 국민기초생활보장 수급자 및 차상위계층에 해당하는 자	- 기초수급(생계, 의료) 중증 22만 원 - 기초수급(생계, 의료) 경증 11만 원 - 기초수급(주거, 교육), 차상위 중증 17만 원 - 기초수급(주거, 교육), 차상위 경증 11만 원

출처 : 보건복지부 홈페이지(www.mohw.go.kr) 내용을 재구성.

장애인연금 등 장애인 소득보장정책은 그동안 빠른 속도로 발전하여 빈곤을 개선하는데 일정 정도 기여했다고 볼 수 있다. 하지만 우리의 경제수준 향상의 속도와 경제규모에 비추어 장애인의 적정한 삶 보장을 위한 정책으로서 보다 수준 높게 기능하기 위해서는 다음의 영역에에서의 미비점을 보완하여 이를 고도화시킬 필요가 있다.

첫째, 현재 장애인연금은 장애의 정도가 심한 장애인에게 지급하고 있는데 이것이 근로능력상실 정도를 정확하게 반영하고 있지 않기 때문에 나타날 수 있는 사각지대에 주목할 필요가 있다. 한편, 장애인연금이 종전의 3급 중복장애인까지 지급하던 것을 전체적으로 종전의 3급 단독일 경우에도 지급을 확대하자는 의견(박진우, 2020 : 9)이 있으나 이는 논쟁적이다. 확대할 경우 현재 장애급여가 가진 모순을 심화하는 결과를 초래할 위험성이 있기 때문이다. 그러므로 근로능력 평가제도와 장애의 정도가 심하여 이로 인한 소득창출기회의 제한으로 인한 생활상의 어려움을 경감시키기 위한 소득보장제도와의 연계가 지급대상의 확대보다 선행되어야 할 것으로 보인다(오욱찬 · 이원진 · 엄다원, 2022 : 152).

둘째, 국민기초생활보장제도가 빈곤갭[1]을 완화하는 주된 정책적 수단으로 기여하고 있지만 사실 빈곤선 설정에서 장애로 인한 추가비용을 계상하지 않음으로 인해 빈곤선과 장애로 인한 추가비용 반영선 사이의 현재의 차상위계층은 공공부조정책에서 제외되는 문제점을 잉태하고 있다는 점에 주목할 필요가 있다. 물론 인구 특성에 따른 개별적인 빈곤선을 설정하지 않고 있는 국민기초생활보

1 빈곤갭이란 '빈곤선' 이하에 있는 사람들의 소득을 빈곤선 수준까지 끌어올리기 위하여 어느 정도의 소득이 필요한지를 나타내는 지표를 말한다. 예를 들어, 전체 인구 10명 중에 빈곤선 100만 원 이하인 사람이 2명이라면 빈곤율은 20%이다. 하지만 빈곤의 크기를 살펴보는데 빈곤율 20%가 주는 의미는 제한적이다. A국가의 경우 한 명은 자신의 소득이 10만 원, 다른 한 명은 20만 원인 경우 빈곤에서 벗어나기 위해서는 90만 원+80만 원 = 170만 원이 필요하게 된다. 그런데 B국가의 경우 같은 빈곤율 20%라 하더라도 자신의 소득이 한 명은 80만 원이고, 다른 한 명은 90만 원이라고 한다면 10만 원+20만 원 = 30만 원으로서 빈곤에서 벗어나기 위해 필요한 소득은 30만 원 정도에 불과하다. 그러므로 다 같은 빈곤율 20%라 하더라도 A국가는 B국가에 비해 그 빈곤의 정도가 심하다고 볼 수 있다. 이를 들여다볼 수 있게 하는 지표가 빈곤갭이다.

장제도의 기본 틀에서 연유된 것이고 이는 장애인만을 고려할 것이 아니라 다른 인구특성과 함께 검토되어야 할 거시적 접근을 요한다는 면에서 당장의 개선의 여지는 커 보이지 않지만 장애인 소득보장정책의 개선점을 고려함에 있어서는 반드시 짚고 넘어가 야 할 대목이라고 읽힌다.

한편, 장애로 인한 추가비용보전정책과 관련해서는 다음과 같은 개선방안을 검토해 볼 필요가 있다. 첫째는 추가비용을 정확하게 산정하는 것이 장애인에 대한 빈곤선 설정에 정확한 가이드라인을 제시할 수 있는 토대가 된다는 점이다. 그만큼 현실에서의 실제적 추가비용을 반영하지 못하면 못할수록 실질적인 빈곤에 빠져있는 사각지대를 놓치게 되고 이는 빈곤의 고통 속에 있음에도 불구하고 정부의 적절한 지원을 적기에 받을 수 있는 기회를 놓침으로 인해 장애인 가족의 희망을 빼앗는 결과를 초래하고 이는 극단적 선택 등으로 이어질 수 있는 도화선이 될 수 있기 때문에 적정한 추가비용 산정은 그 자체를 뛰어넘는 파급효과를 가져오는 중요한 모수라고 볼 수 있다. 둘째는 앞서 살펴본 것처럼 의료비 추가비용으로 인한 격차는 건강보험에서의 수가나 저소득계층에 대한 의료비 지원정책의 강화를 모색하는 것이 일차적으로 필요할 것으로 보인다. 이와 함께 의료비 지출과는 상대적으로 상관이 적더라도 추가비용이 기존의 추가비용 보전적 성격의 소득보장정책 지원금액 간의 격차가 큰 장애종별에 대해서는 적정 수준의 비용보전금액이 설정될 수 있도록 개별화된 지원방안을 모색할 필요가 있다. 셋째는 현재 장애로 인한 추가비용은 장애인연금에서의 추가급여와 장애수당 그리고 장애아동수당 등으로 파편화되어 있는데 이를 통합하여 추가비용보전정책을 수립할 필요가 있다. 이를 위해서는 현재 장애수당, 장애아동수당 및 장애인에 대한 경제적 부담경감대책은 장애인복지법에, 장애인연금은 장애인연금법에 근거해 있는 이중성을 극복하기 위해 (가칭) 장애인소득보장법으로 통합하고 그 내에서 장애로 인한 추가비용 보전적 성격의 소득보장정책과 소득지원정책을 포괄하여 정책이 체계적으로 재편 · 설계될 필요가 있다고 본다.

Chapter 07

장애인 교육

2007년 장애인차별금지법이 제정될 때 故 노무현 대통령은 장애인단체 식구들을 청와대로 초청했다. 법 제정을 기념하여 서명식을 하면서 축하를 하는 자리로 모였다.

그런데 식이 시작하자마자 장애인 몇 분들이 허리춤에 감추어 둔 작은 플래카드를 꺼내면서 외치기 시작했다.

"장애인교육지원법을 제정하라!"
"시설비리 척결! 사회복지사업법 개정하라!"
"활동보조인서비스를 권리로 보장하라!"

한순간에 아수라장이 되었다.
경호를 책임진 분들뿐만 아니라
당사 장관이었던 유시민은 이 만남에서 왜 이래야만 하는지 의아해했다.

대통령은 주장하는 바를 들으셨고
또 언짢게 생각하지 않고 그들의 이야기를 이해하려고 노력하셨다.

결국 장애인교육지원법은 「장애인 등을 위한 특수교육법」 개정으로 이어졌다.
장애인단체의 절박한 바람은 이루어졌지만
소소한 징계라 하더라도 얼마나 많은 징계를 받았는지 소문이 흉흉하다.

"상황과 맥락을 좀 구분하면 안 될까?"
2019년 여름 어느 날 사석에서 그때의 사진 전면에 나오는 분 중의 한 명에게 간곡히 부탁했다.
또 "제발 그때의 상황을 더 이상 술자리에서 무용담처럼 이야기하지 말아달라."
'더하기 장애운동'이 더 절실하지 않을까…

그렇게 탄생하게 된 것이 장애인 교육의 또 다른 시작이었다.

1 들어가면서

장애인들은 신체적 · 정신적 손상의 종별, 정도와 특성에 따라 적절한 교육의 기회를 가질 수 있어야 한다. 장애아동의 경우에는 초등교육과 중등교육을, 장애성인의 경우에는 고등교육과 평생교육을 받을 수 있어야 한다. 장애인 교육과 관련한 정책은 「특수교육진흥법」이 1977년에 제정되면서 시작되었다. 시각장애 · 청각장애 · 정신지체 · 지체부자유 · 정서장애 · 언어장애 · 학습장애 등의 장애가 있는 사람 중 특수교육대상자에 대하여 특수학교에서 교육을 받을 수 있다.

그렇다면 장애인들은 특수학교에서만 교육을 받아야 하는 것일까? 그렇지 않다. 장애인이라도 비장애인들과 함께 교육을 받는 데 어려움이 없다면 일반학교 일반학급에서 얼마든지 교육을 받을 수 있다. 그러나 신체적 · 정신적 손상 때문에 비장애인과 동일한 출발선상에서 교육을 받기 어렵다면, 그들의 신체적 · 정신적 손상으로 인해 교육과정에 대해 추가적인 욕구가 있다면 이를 충족시켜 줌으로써 실질적인 교육권을 보장해야 한다.

노무현 정부에서는, 제2차 장애인복지발전 5개년계획에서는 장애유아에 대한 무상교육의 기회를 확대하는 데 그쳤지만, 2006년 5월 말 그 기틀을 마련한 장애인복지종합지원대책에서 3세 미만 장애영아에 대한 무상교육 실시 근거를 마련하여 교육기관, 가정 혹은 시설 등에 순회교육을 실시하고, 유 · 초 · 중 · 고등학교 과정에 대한 의무교육을 실시하기 위해 인프라를 단계적으로 확충키로 결정(빈부격차 · 차별시정위원회, 2006)한 바 있다. 이러한 획기적인 정책을 담아내기 위해서 당시 「특수교육진흥법」은 구태의 정부주도방식의 의미를 내포하고 있기 때문에 장애계가 주장해 왔던 「장애인교육지원법」의 법 명칭을 수용하여 '특수한 교육'이 필요한 장애아동이라는 사회적 인식을 개선하고자 한 바 있다. 그러나 '특수교육'이라는 용어를 둘러싼 미묘한 갈등 때문에 '진흥'이라는 낱말을 삭제하는 대신 특수교육은 살려서 「장애인 등에 대한 특수교육법(이하 "특수교육법"이라

한다)」으로 최종적으로 결정되었다. 그럼에도 불구하고 「특수교육법」 아래에서도 여전히 특수학교 및 특수학급에서의 진학 시 학급수의 과부족 문제, 특수교사의 순환근무에 따른 전문성 문제, 교과교재의 낙후성 등에 대해서는 의제상정 및 과제관리를 하지 못한 채 다음 정부로 그 숙제를 넘겨야만 했다. 이후 2007년 「장애인차별금지 및 권리구제 등에 관한 법률」이 제정되었고 장애인 교육권 확보를 위한 지속적인 정책의 개선 및 발전이 거듭되었다. 다음에서는 이러한 장애인 교육의 세 가지 원칙적인 측면을 살펴보고 이것들이 어떻게 현실 속에 용해되어 있는지를 살펴본 후 부족한 부분들을 어떻게 앞으로 보완해 나가야 하는지 그 방안을 모색해 보고자 한다.

2 장애인 교육의 세 가지 측면

장애인 교육은 크게 교육받을 권리, 차별금지 및 관련 서비스 제공 등으로 대별해 볼 수 있다.

교육받을 권리

첫째, 교육받을 권리다. 교육받을 권리는 장애인이 국민의 한 사람으로서 「헌법」과 「교육기본법」에서 보장하는 교육받을 권리와 의무교육을 받을 권리를 가리키는 것으로 「특수교육법」에서 특수교육을 필요로 하는 장애인의 의무교육기간을 구체적으로 명시하고 있다. 장애인의 의무교육 기간은 만 3세부터 만 17세로 유치원 과정부터 고등학교 과정까지이며, 그 밖의 만 1~2세인 영아 및 만 18~20세에 대한 전공과 교육은 무상으로 이루어진다. 의무교육은 국민의 교육권으로 반드시 보장되어야 하며 영아 교육과 전공과 교육 그리고 고등교육을 비롯한 평생교육도 능력에 따른 기회의 균등이 보장되어야 한다. 다음 〈표 7-1〉은 장애인의 교육받을 권리가 「헌법」과 각 단행법률에서 어떻게 제시되어 있는지를 보여준다.

〈표 7-1〉 **장애인의 교육받을 권리 관련 근거법률**

구분	법률	내용
교육받을 권리	헌법	제31조 ① 모든 국민은 능력에 따라 균등하게 교육을 받을 권리를 가진다. ② 모든 국민은 그 보호하는 자녀에게 적어도 초등교육과 법률이 정하는 교육을 받게 할 의무를 진다.
	교육기본법	제3조(학습권) 모든 국민은 평생에 걸쳐 학습하고, 능력과 적성에 따라 교육받을 권리를 가진다. 제8조(의무교육) ①의무교육은 6년의 초등교육과 3년의 중등교육으로 한다. ② 모든 국민은 제1항에 따른 의무교육을 받을 권리를 가진다.
	장애인 등에 대한 특수교육법	제3조(의무교육 등) ① 특수교육대상자에 대하여는 「교육기본법」 제8조에도 불구하고 유치원·초등학교·중학교 및 고등학교 과정의 교육은 의무교육으로 하고, 제24조에 따른 전공과와 만 3세 미만의 장애영아교육은 무상으로 한다. ② 만 3세부터 만 17세까지의 특수교육대상자는 제1항에 따른 의무교육을 받을 권리를 가진다. 다만, 출석일수의 부족 등으로 인하여 진급 또는 졸업을 하지 못하거나, 제19조 제3항에 따라 취학의무를 유예하거나 면제받은 자가 다시 취학할 때의 그 학년이 취학의무를 면제 또는 유예받지 아니하고 계속 취학하였을 때의 학년과 차이가 있는 경우에는 그 해당 연수(年數)를 더한 연령까지 의무교육을 받을 권리를 가진다. ③ 제1항에 따른 의무교육 및 무상교육에 드는 비용은 대통령령으로 정하는 바에 따라 국가 또는 지방자치단체가 부담한다.

교육받는 데 따른 차별금지

둘째, 장애인이 필요한 교육을 받는 데 따른 차별금지다. 차별금지는 「헌법」과 「교육기본법」에 모든 국민이 법 앞에 평등하므로 누구든지 개인적 조건에 의해 차별받지 않으며 교육에서 차별받지 않는다고 규정하고 있다. 따라서 장애인은 교육의 기회나 교육환경에 대해서, 즉 교육을 받는 과정에서 장애를 이유로 분리, 배제, 제한 등의 차별을 받지 않아야 한다. 이에 대하여 「특수교육법」과 「장애인차별금지법」에서는 별도의 차별금지 조항을 두어 교육에서의 차별이 무엇인지를 구체적으로 제시하고 있다.

〈표 7-2〉 **차별금지 관련 근거법률**

구분	법률	내용
차별금지	헌법	제11조 ① 모든 국민은 법 앞에 평등하다. 누구든지 성별·종교 또는 사회적 신분에 의하여 정치적·경제적·사회적·문화적 생활의 모든 영역에 있어서 차별을 받지 아니한다.
	교육기본법	제4조(교육의 기회균등) ① 모든 국민은 성별, 종교, 신념, 인종, 사회적 신분, 경제적 지위 또는 신체적 조건 등을 이유로 교육에서 차별을 받지 아니한다. ② 국가와 지방자치단체는 학습자가 평등하게 교육을 받을 수 있도록 지역 간의 교원 수급 등 교육 여건 격차를 최소화하는 시책을 마련하여 시행하여야 한다.
	장애인 등에 대한 특수교육법	제4조(차별의 금지) ① 각급 학교의 장 또는 대학(「고등교육법」 제2조에 따른 학교를 말한다. 이하 같다)의 장은 특수교육대상자가 그 학교에 입학하고자 하는 경우에는 그가 지닌 장애를 이유로 입학의 지원을 거부하거나 입학전형 합격자의 입학을 거부하는 등 교육기회에 있어서 차별을 하여서는 아니 된다. ② 국가, 지방자치단체, 각급 학교의 장 또는 대학의 장은 다음 각 호의 사항에 관하여 장애인의 특성을 고려한 교육시행을 목적으로 함이 명백한 경우 외에는 특수교육대상자 및 보호자를 차별하여서는 아니 된다. 1. 제28조에 따른 특수교육 관련서비스 제공에서의 차별 2. 수업, 학생자치활동, 그 밖의 교내외 활동에 대한 참여 배제 3. 개별화교육지원팀에의 참여 등 보호자 참여에서의 차별 4. 대학의 입학전형절차에서 장애로 인하여 필요한 수험편의의 내용을 조사·확인하기 위한 경우 외에 별도의 면접이나 신체검사를 요구하는 등 입학전형 과정에서의 차별 5. 입학·전학 및 기숙사 입소 과정에서 비장애학생에게 요구하지 아니하는 보증인 또는 서약서 제출을 요구 6. 학생 생활지도에서의 「장애인차별금지 및 권리구제 등에 관한 법률」 제4조의 차별

장애인 차별금지법	**제13조**(차별금지) ① 교육책임자는 장애인의 입학 지원 및 입학을 거부할 수 없고, 전학을 강요할 수 없으며, 「영유아보육법」에 따른 어린이집, 「유아교육법」 및 「초·중등교육법」에 따른 각급 학교는 장애인이 당해 교육기관으로 전학하는 것을 거절하여서는 아니 된다. ② 제1항에 따른 교육기관의 장은 「장애인 등에 대한 특수교육법」 제17조를 준수하여야 한다. ③ 교육책임자는 당해 교육기관에 재학 중인 장애인 및 그 보호자가 제14조 제1항 각 호의 편의 제공을 요청할 때 정당한 사유 없이 이를 거절하여서는 아니 된다. ④ 교육책임자는 특정 수업이나 실험·실습, 현장견학, 수학여행 등 학습을 포함한 모든 교내외 활동에서 장애를 이유로 장애인의 참여를 제한, 배제, 거부하여서는 아니 된다. ⑤ 교육책임자는 취업 및 진로교육, 정보제공에 있어서 장애인의 능력과 특성에 맞는 진로교육 및 정보를 제공하여야 한다. ⑥ 교육책임자 및 교직원은 교육기관에 재학 중인 장애인 및 장애인 관련자, 특수교육 교원, 특수교육보조원, 장애인 관련 업무 담당자를 모욕하거나 비하하여서는 아니 된다. ⑦ 교육책임자는 장애인의 입학 지원 시 장애인 아닌 지원자와 달리 추가 서류, 별도의 양식에 의한 지원 서류 등을 요구하거나, 장애인만을 대상으로 한 별도의 면접이나 신체검사, 추가시험 등(이하 "추가서류 등"이라 한다)을 요구하여서는 아니 된다. 다만, 추가서류 등의 요구가 장애인의 특성을 고려한 교육시행을 목적으로 함이 명백한 경우에는 그러하지 아니하다. ⑧ 국가 및 지방자치단체는 장애인에게 「장애인 등에 대한 특수교육법」 제3조 제1항에 따른 교육을 실시하는 경우, 정당한 사유 없이 해당 교육과정에 정한 학업시수를 위반하여서는 아니 된다.

관련 교육서비스 확충

셋째, 관련 교육서비스 확충이다. 장애라는 개인적 조건으로 인해 교육기회 및 교육환경에서 겪어야 하는 불리한 여건을 그대로 두는 것이 아니라 격차해소를 위해, 진정한 교육권 실현을 위해 필요한 관련 교육서비스를 제공하는 것이다. 이를 위해 「특수교육법」에서는 '특수교육관련서비스'로 규정하면서 가족지원, 치료지원, 보조인력 제공, 보조공학 지원, 교통비, 기타 관련서비스 등을 지원하도록 하고 있다. 한편 「장애인차별금지법」에서는 이와 유사한 개념과 내용으로 학교장으로 하여금 정당한 편의제공을 의무화하고 있다.

3 세 가지 측면의 현황

1) 교육받을 권리 현황

영유아 및 초중등학교 과정

현재 영유아 및 초중등학교 과정의 교육은 「특수교육법」 제15조에 의해 시각장애, 청각장애, 지적장애, 지체장애, 정서 · 행동장애, 자폐성장애(이와 관련된 장애를 포함한다), 의사소통장애, 학습장애, 건강장애, 발달지체, 그 밖에 대통령령으로 정하는 장애를 가진 사람으로 특수교육이 필요하다고 진단 · 평가된 사람을 그 대상으로 하고 있다. 2018년 기준 재학 중인 장애학생은 총 90,780명이며 이들을 장애영역별, 교육과정별, 전달체계 유형별(특수학교, 특수학급, 일반학급, 특수교육지원센터)로 나타내면 다음 〈표 7-3〉과 같다.

〈표 7-3〉 **교육을 받고 있는 장애아동 현황** (단위 : 명)

<table>
<tr><th colspan="3" rowspan="2">배치별</th><th rowspan="2">특수학교</th><th colspan="2">일반학교</th><th rowspan="2">특수교육 지원센터</th><th rowspan="2">계</th></tr>
<tr><th>특수학급</th><th>일반학급 (전일제통합학급)</th></tr>
<tr><td colspan="3">특수교육대상자 수</td><td>28,942</td><td>61,993</td><td>18,474</td><td>294</td><td>109,703</td></tr>
<tr><td rowspan="18">학생 수</td><td rowspan="11">장애 영역별</td><td>시각장애</td><td>1,079</td><td>207</td><td>458</td><td>1</td><td>1,745</td></tr>
<tr><td>청각장애</td><td>560</td><td>689</td><td>1,646</td><td>12</td><td>2,907</td></tr>
<tr><td>지적장애</td><td>14,540</td><td>35,855</td><td>5,457</td><td>15</td><td>55,867</td></tr>
<tr><td>지체장애</td><td>3,905</td><td>3,232</td><td>2,326</td><td>59</td><td>9,522</td></tr>
<tr><td>정서·행동장애</td><td>68</td><td>1,186</td><td>577</td><td>-</td><td>1,831</td></tr>
<tr><td>자폐성장애</td><td>7,781</td><td>10,183</td><td>1,307</td><td>4</td><td>19,275</td></tr>
<tr><td>의사소통장애</td><td>206</td><td>1,396</td><td>1,042</td><td>1</td><td>2,645</td></tr>
<tr><td>학습장애</td><td>10</td><td>628</td><td>399</td><td>-</td><td>1,037</td></tr>
<tr><td>건강장애</td><td>13</td><td>109</td><td>1,834</td><td>-</td><td>1,956</td></tr>
<tr><td>발달지체</td><td>780</td><td>8,508</td><td>3,428</td><td>202</td><td>12,918</td></tr>
<tr><td>계</td><td>28,942</td><td>61,993</td><td>18,474</td><td>294</td><td>109,703</td></tr>
<tr><td rowspan="7">학교 과정별</td><td>장애영아</td><td>113</td><td>-</td><td>-</td><td>294</td><td>407</td></tr>
<tr><td>유치원</td><td>956</td><td>5,676</td><td>2,149</td><td>-</td><td>8,781</td></tr>
<tr><td>초등학교</td><td>9,876</td><td>33,121</td><td>8,588</td><td>-</td><td>51,585</td></tr>
<tr><td>중학교</td><td>6,461</td><td>12,425</td><td>4,119</td><td>-</td><td>23,005</td></tr>
<tr><td>고등학교</td><td>6,522</td><td>10,585</td><td>3,618</td><td>-</td><td>20,725</td></tr>
<tr><td>전공과</td><td>5,014</td><td>186</td><td>-</td><td>-</td><td>5,200</td></tr>
<tr><td>계</td><td>28,942</td><td>61,993</td><td>18,474</td><td>294</td><td>109,703</td></tr>
<tr><td colspan="3" rowspan="2">학교 및 센터 수</td><td rowspan="2">194</td><td colspan="2">12,190</td><td rowspan="2">197</td><td rowspan="2">12,581</td></tr>
<tr><td>9,288</td><td>8,366</td></tr>
<tr><td colspan="3">학급 수</td><td>5,443</td><td>13,287</td><td>17,497</td><td>61</td><td>36,288</td></tr>
<tr><td colspan="3">특수학교(급) 교원 수</td><td>10,146</td><td>13,888</td><td>-</td><td>1,565</td><td>25,599</td></tr>
<tr><td colspan="3">특수교육 지원인력 수</td><td>5,192</td><td>10,313</td><td>280</td><td>-</td><td>15,785</td></tr>
</table>

장애영역별로는 전체 학생 중에 지적장애가 53.7%로 제일 많고 자폐성장애가 13.4%로 그 뒤를 잇고 있으며 이후로는 지체장애, 발달지체 등의 순으로 나타났다.

특수교육대상자 중에서 특수학교, 특수학급이나 전일제통합학급에서 교육을 받기 힘든 경우에는 가정이나 시설, 병원 또는 일반학교에서 순회교육을 실시한다. 특수학교에서 파견하는 경우, 특수학급에서 파견을 겸임하는 경우, 특수교육지원센터에서 담당하는 경우 등으로 나뉘는데 이렇게 순회교육을 받는 아동은 약 4,292명 정도이다.

〈표 7-4〉 **순회교육 현황** (단위 : 명, 학급)

구분	학생 수											학급 수			교사 수			
	기관					학교과정												
	가정	시설	병원	일반학교	계	장애영아	유치원	초등학교	중학교	고등학교	계	순회	파견	계	순회	파견	겸임	계
계	1,749	377	94	2,513	4,733	131	1,194	1,856	829	723	4,733	496	46	542	2,134	49	16	2,199
특수학교	855	137	49	-	1,041	41	142	433	191	234	1,041	261	46	307	264	49	-	313
특수학급	493	182	6	30	711	-	62	305	149	195	711	235	-	235	235	-	16	251
특수교육지원센터	401	58	39	2,483	2,981	90	990	1,118	489	294	2,981	-	-	-	1,635	-	-	1,635*

※ * 센터 순회 강사 169명 포함

고등교육 진학과정

2023년 4월 특수학교, 특수학급 및 일반학급에서의 졸업자 8,899명 중 대학(전문대학 포함)이나 전공과로 진학한 경우는 3,799명으로 진학률이 42.7%이며, 취업한 졸업생은 1,760명으로 취업률은 34.5%로 나타났다. 한편 같은 시기에 전공과를 졸업한 2,371명 중에서 38명만이 대학(전문대학 포함)에 진학했으며 나머지 중 1,174명은 취업하여 취업률은 50.3%로 나타났다.

하지만 여전히 비진학자와 미취업자의 수는 많이 남아 있다. 고등학교 졸업생

중에는 3,340명이 비진학 및 미취업(NEET : No Education and Employment/Training) 자에 속하고 있어 이들이 매년 누적된다고 할 때 10년이면 산술적으로 3만 명의 청년이 집에 그냥 머물거나 복지관 등을 전전해야 함을 암묵적으로 웅변해 준다.

〈표 7-5〉 **고등학교 및 전공과 졸업 특수교육대상자 진로현황**[1]

(단위 : 명, %)

구분		졸업자 수		진학자 수										취업자 수				비진학·미취업자 수	
				전공과		전문대학		대학교		계		진학률* (%)		소계		취업률** (%)			
		전체	여	계	여	계	여	계	여	계	여	계	여	계	여	계	여	계	여
전체		8,899	3,172	2,328	806	581	197	890	331	3,799	1,334	42.7	42.1	1,760	657	34.5	35.7	3,340	1,181
고등학교	계	6,528	2,290	2,328	806	559	192	874	326	3,761	1,324	57.6	57.8	586	203	21.2	21.0	2,181	763
	특수학교	2,076	717	1,130	393	7	4	65	25	1,202	422	57.9	58.9	45	15	5.1	5.1	829	280
	특수학급	3,354	1,212	1,173	406	357	123	353	136	1,883	665	56.1	54.9	483	171	32.8	31.3	988	376
	일반학급	1,098	361	25	7	195	65	456	165	676	237	61.6	65.7	58	17	13.7	13.7	364	107
전공과	계	2,371	882	-	-	22	5	16	5	38	10	1.6	1.1	1,174	454	50.3	52.1	1,159	418
	특수학교	2,268	832	-	-	19	4	15	5	34	9	1.5	1.1	1,087	410	48.7	49.8	1,147	413
	특수학급	103	50	-	-	3	1	1	-	4	1	3.9	2.0	87	44	87.9	89.8	12	5

※ * 진학률 = (진학자 수 / 당해년도 졸업자 수)×100

※ ** 취업률 = {(취업자 수 / (졸업자 수 – 진학자 수)} × 100

출처 : 교육부(2023). 2023 특수교육 통계.

장애대학생 현황

2017년도 장애인 등에 대한 특별전형(특수교육대상자 특별전형 포함)을 통해 입학한 학생은 전문대학에 73명, 일반대학교에 1,232명 등 총 1,305명으로 나타났다. 한편 2017년 대학 정보공시 기준으로 466개 대학에 9,103명의 장애대학생이 재학하고 있는 것으로 나타났다.

〈표 7-6〉 **장애대학생 현황** (단위 : 개교, 명)

구 분	전문대학		대학교		합 계	
	2012	2017	2012	2017	2012	2017
대학 수	16(16)	26(18)	90(84)	114(83)	100	140(101)
학생 수	97	73	566	1,232	663	1,305

※ 2017년의 대학교에는 사이버대학, 산업대학 방송통신대학, 각종 대학 등이 포함되었음.
※ 괄호 안은 최종 등록기준 학교 수

2) 장애인 교육차별

(1) 교육차별의 주요 내용

국가인권위원회에 제도 시행 때부터 2016년 말까지 진정된 교육차별 사건은 총 1,025건이었다. 그중 '수업 · 시험평가 편의 미제공'이 16.9%, '수업 등 교내외활동 배제'가 12.4%로 높았고 '특수학급 설치'가 8.4%, '전 · 입학 거부'가 7.0%, '시설물 접근 및 이용 제한'이 5.7%, '괴롭힘'이 3.5%의 순으로 나타났다.

이를 2008~2010년 사이의 통계와 비교해 보면 그때는 시설물 접근 및 이용 제한, 수업 · 시험평가 편의 미제공, 수업 등 교내외활동 배제 등의 순으로 그 상대적 비율이 20%대로 매우 높았으나 2016년까지의 전체 통계를 보면 그 비중이 상대적으로 낮아졌을 뿐만 아니라 시설물 접근 및 이용은 그 순위가 밀려날 만큼 진정사건의 수가 2010년까지 43건이었으나 2016년까지 58건에 불과해 6년 동안 15건의 신규 진정사건이 접수되는 등 최근 들어 매우 적어지고 있다는 것을 알 수 있다.

〈표 7-7〉 **장애인차별금지법 시행 이후 2016년 말까지의 교육영역 진정사건 유형** (단위 : 건, %)

<table>
<tr><th colspan="2" rowspan="2">구 분</th><th rowspan="2">합 계</th><th colspan="7">차별 시정 진정 유형</th></tr>
<tr><th>전입학 거부</th><th>시설물 접근 및 이용 제한</th><th>수업 · 시험 평가 편의 미제공</th><th>수업 등 교내외활동 배제</th><th>특수학급 설치</th><th>괴롭힘</th><th>기 타</th></tr>
<tr><td rowspan="4">2008</td><td>공공</td><td>29</td><td>2</td><td>7</td><td>6</td><td>10</td><td>1</td><td>3</td><td>-</td></tr>
<tr><td>민간</td><td>29</td><td>1</td><td>9</td><td>14</td><td>1</td><td>3</td><td>1</td><td>-</td></tr>
<tr><td>합계</td><td>58</td><td>3</td><td>16</td><td>20</td><td>11</td><td>4</td><td>4</td><td>-</td></tr>
<tr><td>비율</td><td>100</td><td>5.2</td><td>27.6</td><td>34.5</td><td>18.9</td><td>6.9</td><td>6.9</td><td>-</td></tr>
<tr><td rowspan="4">2009</td><td>공공</td><td>28</td><td>2</td><td>7</td><td>4</td><td>8</td><td>1</td><td>2</td><td>4</td></tr>
<tr><td>민간</td><td>21</td><td>-</td><td>9</td><td>4</td><td>5</td><td>-</td><td>1</td><td>2</td></tr>
<tr><td>합계</td><td>49</td><td>2</td><td>16</td><td>8</td><td>13</td><td>1</td><td>3</td><td>6</td></tr>
<tr><td>비율</td><td>100</td><td>4.0</td><td>32.6</td><td>16.3</td><td>26.5</td><td>2.0</td><td>6.1</td><td>18.3</td></tr>
<tr><td rowspan="4">2010</td><td>공공</td><td>35</td><td>-</td><td>2</td><td>6</td><td>5</td><td>4</td><td>7</td><td>11</td></tr>
<tr><td>민간</td><td>20</td><td>4</td><td>9</td><td>6</td><td>1</td><td>-</td><td>-</td><td>-</td></tr>
<tr><td>합계</td><td>55</td><td>4</td><td>11</td><td>12</td><td>6</td><td>4</td><td>7</td><td>11</td></tr>
<tr><td>비율</td><td>100</td><td>7.3</td><td>20.0</td><td>21.8</td><td>10.9</td><td>7.3</td><td>12.7</td><td>20.0</td></tr>
<tr><td rowspan="4">2008~2010</td><td>공공</td><td>92</td><td>4</td><td>16</td><td>16</td><td>23</td><td>6</td><td>12</td><td>15</td></tr>
<tr><td>민간</td><td>70</td><td>5</td><td>27</td><td>24</td><td>7</td><td>3</td><td>2</td><td>2</td></tr>
<tr><td>합계</td><td>162</td><td>9</td><td>43</td><td>40</td><td>30</td><td>9</td><td>14</td><td>17</td></tr>
<tr><td>비율</td><td>100</td><td>5.6</td><td>26.5</td><td>24.7</td><td>18.5</td><td>5.6</td><td>8.6</td><td>10.5</td></tr>
<tr><td rowspan="4">2008~2016</td><td>공공</td><td>860</td><td>32</td><td>33</td><td>126</td><td>115</td><td>83</td><td>26</td><td>445</td></tr>
<tr><td>민간</td><td>165</td><td>40</td><td>25</td><td>47</td><td>12</td><td>3</td><td>10</td><td>28</td></tr>
<tr><td>합계</td><td>1,025</td><td>72</td><td>58</td><td>173</td><td>127</td><td>86</td><td>36</td><td>473</td></tr>
<tr><td>비율</td><td>100.0</td><td>7.0</td><td>5.7</td><td>16.9</td><td>12.4</td><td>8.4</td><td>3.5</td><td>46.1</td></tr>
</table>

출처 : 조형석(2011); 정호균(2017).

(2) 교육차별 진정사건 사례

장애를 이유로 한 입학 거부

진정인은 뇌병변1급 장애인으로, ○○대학교 사학과 박사과정 입학전형에 단독으로 응시하였으나 장애를 이유로 불합격되었다며 위원회에 진정을 제기하였다. 위원회 조사 과정에서 당시 전형위원회 위원장은 구술시험 시 진정인의 장애로 인해 답변을 들을 수 없어 서류를 근거로 심사를 진행하였다고 진술하였으나, 전형위원 중 한 명이 박사학위 청구논문을 작성하기 위해서는 본인 스스로 새로운 자료 발굴을 해야 하나 진정인의 경우 언어장애로 인해 용이할 것 같지 않아 불합격 처리했다는 내용이 포함되어 있는 이메일을 발송한 사실을 확인하였다. 이에 대해 위원회는 ○○대학교가 구술시험 시 장애의 특성을 고려함이 없이 자의적이고 불합리한 평가방식을 운용함으로써 진정인이 구술시험에서 자신의 지적 능력, 사고능력, 가치관 등을 표현할 수 있는 기회나 환경을 충분히 제공하지 않았고, 설령 신체적인 장애가 자료의 수집 및 발굴에 다소 영향을 미친다 하더라도 이는 보조인 등의 활용을 통해 극복이 가능하다는 점 등을 감안하면, 상기 행위는 장애를 이유로 한 입학거부에 해당한다고 판단하였다. 이에 ○○대학교 총장에게, 진정인의 불합격 처분을 취소하고 장애의 특성을 고려한 평가방식을 제공하여 진정인이 재심사 받을 수 있도록 조치할 것과 피진정인들에게 장애와 관련한 인권교육을 받을 것을 권고하였고, 해당 학교는 위원회 권고를 수용하였다.

장애학생에 대한 수업 배제

피해자의 부모인 진정인은, 청각장애가 있는 피해자가 같은 반 학생에게 장애인이라는 이유로 지속적인 폭행을 당했음에도 불구하고, 담임교사가 피해자의 의사를 시종일관 무시했을 뿐만 아니라, 피해자에게 등교하지 않아도 출석한 것으로 인정해 주겠다며 집에서 쉬라고 하는 등 장애학생을 차별하였다고 위원회에 진정을 제기하였다.

조사 결과, 피해자의 담임교사인 피진정인은 동료 학생에 의한 피해자의 폭행 사실을 인지하고 있었음에도 불구하고 피해자 구제를 위한 적정 절차를 거치지 않았을 뿐만 아니라, 피해자에게 매주 4시간 순회수업만 받도록 하고, 현장견학 및 외부활동 등에서 피해자를 배제시킨 후 임의로 출석한 것으로 인정하는 등, 장애를 이유로 정당한 이유 없이 모든 교내외 활동에서 피해자를 배제하고 「장애인 등에 대한 특수교육법」에서 정한 학업시수를 임의로 위반한바, 위원회는 이를 「장애인차별금지법」 제13조 제4항 및 제8항, 「장애인 등에 대한 특수교육법」 제4조 제2항 위반 행위에 해당한다고 판단하였다.

이에 피진정인에게, 국가인권위원회에서 실시하는 특별 인권교육을 이수할 것, 학교장에게, 「장애인차별금지법」에서 금지한 차별행위가 재발하지 않도록 학생과 전 교직원을 대상으로 인권교육과 장애인차별예방교육을 실시할 것, 「학교폭력예방 및 대책에 관한 법률」 제15조에 따른 학교폭력예방교육을 강화할 것, 교육감에게, 피진정인과 피진정인이 소속한 학교의 장을 조사 및 징계위원회에 회부할 것, 상기와 같은 사례가 재발되지 않도록 관내 학교 및 교직원들에 대해서 정기적으로 장애인차별예방 교육 및 학교폭력예방교육을 강화하고 향후 지도 · 감독을 철저히 할 것을 권고하였고, 피진정기관에서는 위원회 권고를 수용하였다.

장애인 이동권 미확보로 인한 학습권 차별

장애학생은 교육기관 내 각종 시설을 장애인 아닌 학생과 동등하게 이용할 권리가 있기에 강의실 이외에 외국어교육센터 등의 자유로운 접근 및 이용과 관련하여 정당한 편의를 제공하지 않는 행위는 교육차별에 해당한다고 판단하여, ○○대학교 총장에게 휠체어 사용 장애학생의 학습권 보장을 위해 교육시설의 재배치 또는 이동편의시설을 마련할 것을 권고하였다.

3) 기타 관련 지원

특수교육지원센터

특수교육지원센터는 하급교육행정기관(교육청, 교육지원청)이나 특수학교, 특수학급이 설치된 각급 학교 또는 관할 지역의 관공서(장애인복지관 포함) 등 접근이 편리한 곳에 설치하여 특수교육대상자인 장애인의 조기발견, 진단 · 평가, 정보관리, 특수교육 연수, 교수 · 학습 활동의 지원, 특수교육 관련서비스 지원, 순회교육 등을 담당하는 기관을 말한다. 2018년 기준 전국 모든 지역교육청에 199개의 특수교육지원센터가 설치 · 운영되고 있으며, 특수교육지원센터 인력으로는 교사 802명, 일반직 43명, 치료사가 318명, 기타 인력이 237명 등 총 1,400명이 배치되어 있다. 특수교육지원센터는 교육지원청 특수교육 담당 장학사의 책임하에 운영되며, 유 · 초 · 중 · 고등학교 일반학급 배치 특수교육대상학생에 대한 교육 지원 강화와 재택 순회교육 대상학생 교육활동 지원, 지역사회 장애인 및 특수교육대상학생과 가족 상담을 위하여 특수교사의 배치로 상시 운영된다. 특수교육지원센터는 크게 특수교육 활동 지원과 특수교육대상학생 발견 정보 관리 지원, 특수교육대상학생 진단 · 평가 지원, 특수교육대상학생 선정 · 배치 지원의 역할을 담당한다.

〈표 7-8〉 **특수교육지원센터 운영현황** (단위 : 개소, 명, 백만 원)

시·도	센터 수	교사			일반직			기타(전체 계약직임)				전체	연간 지원 예산 (총액)
		정규	계약	계	정규	계약	계	치료사	사회복무요원	기타	계		
계	199	495	307	802	25	18	43	318	61	176	555	1,400	84,167

특수교육 관련서비스

특수교육 관련서비스란 특수교육 대상자인 장애인의 교육을 효율적으로 실시하기 위하여 필요한 인적 · 물적 자원을 제공하는 서비스로서 상담지원, 가족지원, 치료지원, 보조인력 지원, 보조공학기기 지원, 학습보조기기 지원, 통학지원 및 정보접근 지원 등을 말한다. 교육감은 특수교육대상자인 장애인과 그 가족에 대하여 가족상담 등 가족지원과 치료지원 등 필요한 지원을 해야 한다.

이에 따라 지역의 여건을 고려하여 물리치료, 작업치료, 언어치료 등 수요자 중심의 치료지원 및 기타 보행훈련, 심리 · 행동 적응훈련 등 특정한 장애유형의 특수교육대상자에게 필요한 특수교육 관련서비스를 제공하고 있는데, 2012년에는 총 31,015명이었지만 2017년에는 44,516명으로 크게 늘어났다. 그 비중으로는 언어치료가 32%에서 37%로, 작업치료는 0.9%에서 8%로, 물리치료는 0.1%에서 6%로 상대적으로 크게 늘어나고 대신 기타 특수교육 관련 서비스는 상대적인 비중이 축소된 것으로 나타났다.

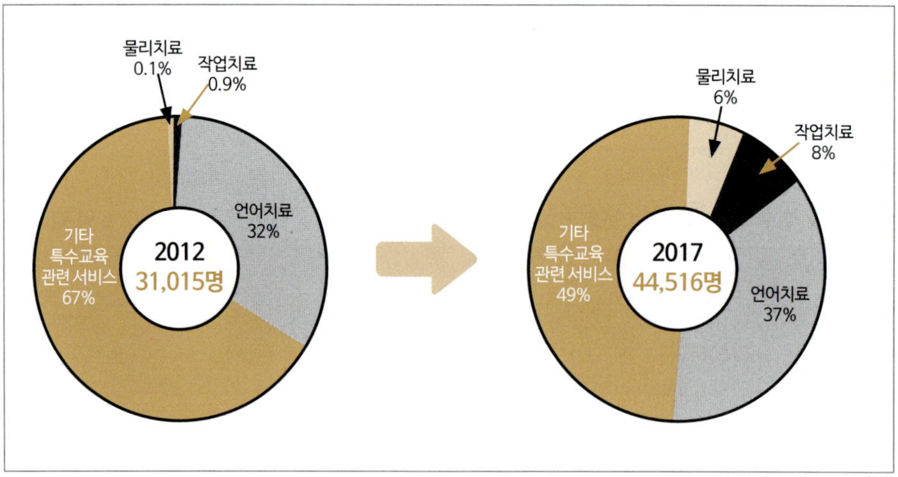

| 그림 7-1 | **치료지원 및 기타 특수교육 관련 서비스 제공 현황**

2008년 개정 특수학교 교육과정(교육인적자원부 고시 제2008-3호)이 2009년부터 연차적으로 적용됨에 따라, 교육과정에서 치료교육이 점차 축소되고 대신 치료지원이 확대 제공되고 있는데, 2018년 치료지원 제공 대상인 장애영아, 유치원 및 초등학교 전 과정, 중학교 1~2학년 및 고등학교 1학년 학생 중에서 치료지원 학생은 43,340명으로 집계되고 있다.

보조인력 지원의 일환으로 특수학교와 각급 학교에는 학습 및 교내외 활동 지원을 주로 하는 특수교육보조원을 배치하고 있다. 2018년 기준 유급보조인력은 특수학교에 2,539명, 특수학급에 5,252명, 일반학급에 191명이 배치되어 있고, 기타 공공근로 · 사회복무 · 무급이 부족한 인력을 보충해 주고 있다. 전체적으로는 특수학교가 4,480명, 특수학급이 7,596명, 일반학급이 373명으로 총 12,449명의 보조인력이 배치되어 있다.

〈표 7-9〉 **특수교육 보조인력 배치 수** (단위 : 명)

시·도계	특수학교						특수학급						일반학급						계
	유급				공공근로·사회복무·무급	소계	유급				공공근로·사회복무·무급	소계	유급				공공근로·사회복무·무급	소계	
	국고·지방비	자치단체(자활후원단체)	기타	소계			국고·지방비	자치단체(자활후원단체)	기타	소계			국고·지방비	자치단체(자활후원단체)	기타	소계			
계	2,503	33	3	2,539	1,941	4,480	5,069	171	12	5,252	2,344	7,596	189	1	1	191	182	373	12,449

한편 2018년 기준 전국 175개 특수학교에서는 677대의 통학버스를 운영하여 25,919명의 장애학생 중 62.8%인 16,272명의 학생을 통학지원하고 있다.

〈표 7-10〉 **특수학교 학생 통학버스 이용비율** (단위 : 명, 대, %)

시 · 도	전체학생 수	통학버스 수	이용학생 수	이용비율
계	25,919	677	16,272	62.8

또 통학버스를 이용하지 않는 특수학교 및 특수교육지원센터 배치학생 10,065명 중 8,964명(학부모 포함)에 대해 교통비를 지원하고 있으며 일반학교의 특수학급 및 일반학급 배치학생 64,443명 중 통학버스 이용 학생 5,106명을 제외한 59,337명 중 28,044명(학부모 포함)을 지원하고 있다.

〈표 7-11〉 **특수교육대상자 교통비 지원현황** (단위 : 명, 백만 원)

시·도	특수학교(센터 포함)						일반학교					
	전체 학생 수	학교 통학 버스 이용 학생 수	교통비 지원자 수 (학부모 포함)			교통비 지원 예산	전체 학생 수	학교 통학 이용 학생 수	교통비 지원자 수 (학부모 포함)			교통비 지원 예산
			유치원	초등 학교	중·고등 학교				유치원	초등 학교	중·고 등 학교	
계	26,337	16,272	311	3,052	5,601	7,366	64,443	5,106	1,795	9,068	17,181	12,853

보조공학기기 지원은 「장애인 등에 대한 특수교육법」 제2조(정의) 제2호에 따라 '특수교육 관련 서비스'의 한 종류로 간주된다. 이에 따라 제28조(특수교육 관련 서비스) 제4항에서는 '각급 학교의 장은 특수교육대상자의 교육을 위하여 필요한 (…) 장애인용 보조공학기기 등의 설비를 제공하여야 한다'고 규정하고 있다.

4 장애인 교육에서의 쟁점

'특수교육' 용어를 계속 쓸 것인가?

지난 2006년 「장애인 등을 위한 특수교육법」으로의 전면개정 시에도 '장애인 교육법'이라고 하여 '특수'라는 낱말을 삭제하는 것을 검토한 적이 있다. 사회서비스건, 직업재활이건, 고용이건, 교육이건 간에 그 어떤 것도 부정적인 의미에서의 차별적인 것이어서는 곤란하고 장애인과 비장애인이 보편적으로 사용할 수 있는 것들은 정책을 그대로 차용하는 것이 옳다. 그렇지 않다 하더라도 그러한 보편적 정책이 장애로 인하여 생기는 추가적 욕구를 반영하기 위하여 그들의 욕구에 적합하게 변형되어 고안된다. 또 그래야만 하고 그렇지 않은 경우에는 장애감수성이 떨어지는 정책이 될 수 있다.

장애인 교육도 마찬가지다. 교육과정이나 정책이 장애종별이 갖는 특성이나 장애 정도를 고려하여 그에 맞게 변화되어야 한다. 그렇다 하더라도 '특수'라는 단어를 교육분야에서 꼭 사용해야 할 필요가 있을까? 사회서비스를 특수사회서비스라고 하지 않으며, 특수직업재활, 특수고용이라고 하지 않는다. 하지만 교육계에서는 여전히 특수교육이라는 용어를 고집하고 있다.

그래서 장애학생 부모들은 묻는다. 무엇이 특수하냐고. 그에 관하여 어떻게 답할 수 있을까? 어쩌면 '특수'라는 낱말이 간접적으로 시사하는 전문분야라는 점에 심리적으로 기대고 싶은 것은 아닐까. 이는 마치 미술치료, 심리치료, 음악치료 등 '치료'가 주는 전문성과 권위에 기대는 것과 비슷해 보인다. 만약 그렇지 않다면 지금도, 향후 미래에도 그 교육의 특수한 점을 제목에서부터 부각해야 할 이유와 정체성을 장애 관련 타 정책 분야와 비교하여 명확하게 제시해야 할 것이다.

특수학교를 계속 증설할 것인가?

교육부는 특수교육대상자의 원거리 통학을 이유로 특수학교를 2017년 174개소에서 2022년 196개소로 최소 22개 이상 추가 설립할 것을 제5차 특수교육발전 5개년계획에 제시한 바 있다. 장애학생 부모도 비슷한 입장이다. 2017년 강서구 특수학교 설립을 위한 주민토론회에서 '특수학교 설립 반대추진 비상대책위원회'의 이름으로 일부 주민들이 반대하고 나섰지만 장애학생 부모들은 강서구에 교남학교가 있지만 포화상태이고 다른 특수학교를 다니기 위해 1시간 30분이나 걸리는 통학시간에 자녀들이 등굣길에 지친다는 이유로 설립을 간곡히 호소했다.

하지만 장애인에 대한 분리 · 배제 · 격리를 차별로 간주하면서 지금의 장애인 거주시설에 대해서는 강력하게 탈시설을 주장하여 지역사회 주민과 비슷한 거주공간에서 살아갈 수 있는 여건을 마련하는 것이 보편적 추세라고 하면서 왜 장애인들만의 교육을 지향하는 특수학교를 21세기에도 계속 확충해 나가야 하는지 의문이다. 거주는 보편적으로, 교육은 그들만의 세상 내에서 받는 것이 어떤 기준에서 조화 가능한 것인지 되짚어 봐야 한다.

물론 이해할 수 있는 점은 특수학급, 일반학급에서의 정부지원이 미흡하여 오히려 제대로 된 교육이 이루어지기 어려울 뿐만 아니라 비장애학생에게 피해를 줄 수 있는 점을 생각하지 않을 수 없다는 것이다. 또 특수학급이나 일반학급에서 가시적 · 비가시적인 차별 때문에 부모들이 겪는 심적 고통을 생각한다면 특수학교 증설을 주장하는 바의 내재적 정서를 외면하기 어렵다.

하지만 그것은 우리 사회가 바꾸어 나가야 할 문제이지, 회피하여 장애인들만 교육받는 특수학교를 확충하는 것이 미래지향적이라고 보기는 어렵다. 교육이 내실 있게 진행되고 부모들에게 불필요한 책임이 전가되지 않게 하기 위해서 더 많은 특수교사와 특수교육도우미가 배치되어 개별화교육을 진행할 수 있는 교육여건을 만드는 데 예산을 배가하고 장애아동차별에 대해서는 단호하게 국가인권위원회가 대응하면서 장애인 교육의 새 기틀을 만들어 나가려는 노력이 절실하다.

5 장애인 교육의 발전방향

1) 장애인 교육 관련 서비스 개발

특수교육지원센터 운영 모형 개발

우선 특수교육지원센터가 어떻게 운영되어야 하는지 표준모형을 개발하고 이를 적용함으로써 서비스의 내용과 범위, 관련 기관과의 협력, 학교 업무와의 차별성을 확보해 나갈 필요가 있다. 그렇게 함으로써 특별한 교육적 욕구에 맞는 진단과 평가, 그리고 교육기관 배치가 이루어질 수 있고 아울러 가족지원, 치료지원 등 교육에 필요한 관련서비스를 디자인함으로써 장애인 교육의 질을 보다 제고할 수 있다고 본다.

치료 및 훈련 관련 부처 간 협력

교육부의 치료지원 및 기타 관련서비스 지원과 보건복지부의 재활치료 지원과 통합운영을 모색하는 것이다. 아울러 학습보상기자재, 보완대체의사소통기기, 자세유지 및 이동용 보조기기 등 보조공학 기기의 부처 간 협력 지원이 모색되어야 한다. 그렇게 함으로써 보다 전문적이고 다양한 치료 · 심리 · 행동적응훈련 등에 대하여 서비스 수혜의 중복과 누락을 막을 수 있을 것으로 기대되며 이를 통해 국가재정의 효율적인 사용을 도모할 수 있게 될 것이다.

전문보조인력 및 학내 활동보조인 지원 활성화

청각장애인이나 시각장애인의 교육지원을 위해 현행 특수교육보조원 외에 수화통역사, 점역사, 속기사와 같이 전문기능을 갖춘 보조인력을 충분히 배치하여야 한다. 아울러 대학의 특성상 학습 외에도 중증장애인의 자립적인 동아리 참여 등 교내외 활동이나 기숙사 및 일상생활을 지원할 수 있는 활동보조인(학습보조인)을 제공하는 것이 필요하다고 본다. 그렇게 함으로써 현재 특수교육보조원으로서는 할 수 없는 수화통역과 같은 전문적인 서비스를 받음으로써 학습활동에서 소외되어 온 특정 종별 장애인의 교육권 수준이 향상될 것이며 중증장애인의 교내 이동 및 접근성이 향상되고 강의는 물론 대학생활 전반에 적극 참여함으로써 주체적이고 독립적인 성인기의 생활을 시작할 수 있게 될 것이다.

2) 과밀학급 해소 및 일반교원 자질 강화

법정 정원에 따른 특수교사 배치

과밀학급을 해소하기 위해서는 우선 일반학교와 특수학교로 구분하여 과밀학급 발생원인을 먼저 밝히고 아울러 특수학급 신설 방안과 불가피할 경우에는 특수학교 학급 신설방안을 강구하는 등 실태조사에 이은 대응계획 수립을 먼저 강구해야 할 것이다. 이어서 특수교육교원에 대한 수요분석에 따라 법정 정원을 산정하고 이에 따라 특수교사의 기간제 임용을 제한하고 엄격히 특수교사를 배치하여야 할 것이다.

일반교원의 연수 및 학교 구성원의 인권교육 강화

1994년부터 시작된 통합교육이 일반학교의 교사와 학생들의 장애인에 대한 인식 부족으로 아직까지 제자리를 잡지 못하고 있고 괴롭힘이나 집단따돌림 등 날로 아동의 인권침해에 따른 진정이 늘어나고 있다. 이에 교사의 중재와 학교 구성원의 인식 전환을 통해 학교 내 장애학생의 인권 침해를 예방하기 위해 통합학급 담당 교원에 대한 직무연수를 의무화하고 인권교육 및 장애이해교육을 강화해 나갈 필요가 있다.

아울러 장애 특성별 지도역량을 강화할 필요가 있다. 시각장애 학생에 대한 점자지도 및 보행훈련 지도, 청각장애 학생 담당교원의 교육용 수어능력 평가 · 인증, 자폐성장애 등 발달장애 학생의 문제행동 지도, 지체장애 학생의 자세와 감각 그리고 운동영역 지도, 중도 · 중복장애학생에 대한 보완대체의사소통 및 몸짓언어 지도, 장애 특성별 통합교육 지도역량 등을 강화해 나가야 할 것이다. 여기에 더하여 4차 산업혁명 시대에 걸맞게 SW 교육 및 융합교육과정에 대한 역량을 강화하는 방안도 다학제적으로 모색할 필요가 있다.

3) 모든 장애인의 중등 이후 교육 기회 보장

중등과정 이후의 교육기회를 모든 장애인에게 보장하기 위해서는 현재 특수학교에서 운영하고 있는 전공과의 위상을 재정립하고 대학교육과의 관계를 정립할 필요가 있다. 나아가서는 특수학교에서만 전공과를 운영하는 것이 아니라 대학에서도 전공과를 운영할 수 있는 법적 근거를 마련하는 방안 또한 심도 있게 검토될 필요가 있다고 본다. 아울러 지적장애인 등의 실질적인 교육지원이 내실화되기 위해서는 대학 내 장애학생지원센터의 임무를 보다 지적장애인의 학습권에 맞출 필요가 있고 장애학생에 대한 편의제공을 강화시켜야 한다. 뿐만 아니라 지금까지 독자적으로 운영되어 온 대학의 발달장애인 교육 프로그램이나 과정에 대한 행 · 재정적 지원이 이루어지는 등 포괄적 지원을 통해 발달장애인의 학습권을 보장하기 위한 콘텐츠가 마련되어야 한다.

아울러 장애인 평생교육을 보장하기 위하여 국가장애인평생교육진흥센터를 중심으로 평생교육 현황을 조사하고 이에 기반하여 국가 차원의 장애인평생교육 진흥계획을 수립하는 한편, 발달장애인훈련센터 및 발달장애인지원센터와 연계하여 발달장애인 평생교육 지원을 강화해 나갈 필요가 있다.

6 장애인평생교육

평생교육의 필요성

사회가 급변하면서 요구하는 지식과 정보가 거듭 변화되면서 기존의 정규교육의 내용만으로서는 충분하지 않은 시대에서 성인기 이후라도 필요한 정보를 습득하기 위한 노력은 매우 절실하다. 이를 위한 국가정책의 위상과 비중은 달라져야 하며 기업에서도 이를 요구하고 있다. 물론 국민들도 자신의 인적자본을 끊임없이 혁신시켜야 하는 도전에 직면하여 평생교육이 선택이 아닌 필수의 시대를 살고 있다.

이러한 흐름에서 장애인도 예외는 아니다. 장애 여부를 떠나 시대적 흐름을 따라잡는 평생교육도 필요하지만 장애에 대한 관념과 가치의 변화, 장애에 대한 사회적 담론과 지식체계가 지속적으로 업데이트되면서 이를 이해하고 그에 맞는 역할을 수행하기 위한 교육과 정보습득의 기회는 매우 중요하다. 특히 발달장애의 경우 배움의 길은 학령기에 그치지 않고 성인이 된 이후에도 지속적이고 반복적인 교육이 필요하다는 점에서 평생교육은 장애인에게 더 넓고 큰 의미를 수반한다.

정부는 이러한 시대적 흐름과 변화에 부응하고 인권신장의 사회적 요구에 발맞추고자 2018년에는 제4차 평생교육진흥 기본계획을 발표하고 여기에서 장애인 평생교육 추진체계 구축 등 세부과제를 발표한 바 있다. 이러한 정부의 노력은 「평생교육법」에 기초해 있고 「발달장애인 권리보장 및 지원에 관한 법률」에 따라 발달장애인에게 평생교육의 기회가 충분히 부여될 수 있도록 관련 정책의 개발이 필요하다는 법적 근거에 기반해 있다. 이에 따라 급변하는 사회환경 속에서 자립생활능력과 사회적응력을 높일 수 있도록 장애인의 지역사회 참여역량을 개발할 필요가 있고 장애인이 소외됨이 없이 양질의 평생학습권을 보장받을 수 있도록 정책적인 지원이 뒷받침되어야 한다.

장애인 평생교육의 현실

만 18세 이상의 장애성인은 약 2,495,189명으로 전체 장애인의 93.5%에 해당한다. 아울러 고령장애인의 수도 급속히 늘어나 평생교육의 수요는 갈수록 커지고 있는 추세이다. 하지만 장애인 평생교육의 현실은 어둡기만 하다. 전국적으로 평생교육기관은 4,169개에 달하고 있으나 장애인 평생교육기관 수는 308개로 전체의 7.4%에 불과하다.

〈표 7-12〉 **장애인 평생교육 프로그램 지원 현황** (단위 : 개, 백만 원)

연도	장애인 평생교육기관 수					운영 프로그램 수	지원예산
	장애인 야학	평생 교육기관	특수 학교	특수교육 지원센터	계		
2017	47	194	10	5	256	629	1,414
2018	53	203	10	3	269	674	2,404
2019	61	233	11	3	308	677	1,340

평생교육기관에서 운영하는 프로그램의 대부분은 비장애인 위주로 운영되고 있으며 장애인 접근성이 고려되지 않는 경우가 많아 장애인의 참여율은 저조한 편이다. 전체 성인의 평생교육 참여율은 평균 약 44.5%인 데 반해 장애인 평생교육 참여율은 약 4.8%에 불과하다. 이러한 수치는 물론 프로그램에 대한 접근성이 낮아서이기도 하지만 장애인을 위한, 장애인에게 절실하게 필요한 교육 콘텐츠가 다양하게 구비되지 않아서일 수도 있다. 즉, 장애유형과 정도를 충분히 고려한 프로그램이 없을뿐만 아니라 프로그램의 자체도 전체 평균 674개로 성인 평생교육 프로그램 수 216,980개의 0.3%에 불과한 실정이다.

〈표 7-13〉 **최근 5년간 평생교육 프로그램 운영 현황** (단위 : 개)

연 도	2014	2015	2016	2017	2018
전체성인	205,546	212,371	212,339	214,413	216,980
장애성인	449	568	580	629	674

그 외에도 장애인의 절반 이상이 중졸 이하의 학력소지자인 점을 감안할 때 그에 맞는 문해교육이 적절하게 구비되어 있지 못하고 있어 장애유형을 고려한 학력인정 맞춤형 학습시스템 등 장애인 문해교육 프로그램을 통한 학력인정 체제를 마련할 필요가 있다. 물론 최근에는 발달장애인에 대한 평생교육의 필요성이 사회적 공감대를 얻어 지방자치단체에 발달장애인평생교육센터의 설치가 확대되고 있는 추세이다. 하지만 전 장애영역에서 볼 때 장애인 평생교육에 대한 수요 등 실태조사가 이루어지지 않고 있어 이에 대한 보완이 이루어져야 체계적인 정책개발이 가능해질 것으로 보인다.

장애인 평생교육의 과제

먼저 발달장애인평생교육센터의 운영내실화를 들 수 있다. 평생교육에 대한 사회적 관심이 커지면서 센터가 많이 설치되었으나 필요성에 대한 당위적 주장이 앞서 정작 발달장애인에 대한 평생교육의 콘텐츠를 어떻게 가져갈 것인지에 대한 고민이 설익은 채로 센터를 운영하면서 장애인복지관과의 차별성 시비가 일어나고 고유 콘텐츠의 부재 속에서 일종의 돌봄역할을 하는 정도에 그치는 경우도 많아 이에 대한 보완이 필요하며 콘텐츠 시행에 필요한 예산이 적정하게 지원되어야 할 것으로 보인다.

둘째는 장애 친화적 평생학습 환경을 구축하는 데 있어 장애 전 영역을 포괄하는 장애인 평생학습도시가 조성되고 있지만 평생교육 내에서의 장애인 평생교육이라는 콘텐츠의 위상과 전체와의 조화의 상생방향에 대한 밑그림이 잘 보이지 않아 이에 대한 깊이 있는 성찰과 가치를 정립할 필요가 있다. 평생교육이 필요하더라도 장애 종별로 어떤 콘텐츠가, 장애와 비장애의 넘나듦을 지향하기 위해 유니버셜 디자인 개념으로 접근해야 할 것과 특별히 강조해서 장애로 인한 추가적 욕구에의 대응체계 마련에 차별성을 두어야 하는 것 사이에 균형과 조화가 필요하다.

셋째, 가버넌스의 체계화이다. 장애인복지 3두마차라고 할 수 있는 교육부, 보건복지부, 고용노동부 간의 협력체계를 고도화하는 작업이다. 교육부의 국가장애인평생교육진흥센터, 보건복지부의 한국장애인개발원, 고용노동부의 한국장애인고용공단이 실무기관이 되어 정책집행의 실제적 파트너십을 구축해야 한다. 지방자치단체 차원에서는 평생교육기관과 함께 장애인복지관 등 기존의 평생교육기능을 담당했던 장애인복지시설과 함께 평생교육센터와 유사한 역할을 하고 있는 발달장애인훈련센터가 연계협력의 실천의 장에서 적극적으로 역할을 모색하고 평생교육서비스를 이용하는 절차적 과정에서 단절과 누락이 없도록 역할과 책임의 연결고리를 빠짐없이 구축해야 한다. 마지막으로 이러한 연계체계가 그 자체로서 의미가 있는 것이 아니고 이를 통해 장애인의 사회참여와 삶의 만족도 제고에 긍정적으로 기여할 수 있도록 끊임없이 점검하고 보완해 나가야 한다.

Chapter 08

장애인 직업재활 및 고용

"처음에는 안 그러더니 점점 꾀가 늘어요 늘어. 어이구… "

사장님의 역정 섞인 말투지만 그래도 발달장애인 성근이에 대한 애정이 묻어났다.

열심히 일하던 성근이가 화장실 가는 횟수가 잦아지더니 이후에는 화장실에 가서 오래 머물다가 나온다는 것이다. 일하기 싫어서 화장실로 도망간다고…

성근이에게 물어봤다. "화장실에 왜 오래 있었어요?"

"힘들어서요…" 말꼬리를 내리면서 엄지손가락으로 계속 탁자를 문지른다.

뭔가 말하고는 싶은데 말하는 내용이 마땅찮을 때면 방바닥 장판을 문지르던 내 어릴 적 어머니가 많이 떠올랐다.

힘들어서, 8시간 근로, 잔업 등등 자신의 체력으로 버티기가 힘들어서 공장 내 도망칠 수 있는 유일한 곳이 화장실이었다. 결국 그는 퇴사해야만 했고 다시 복지관으로 발걸음을 옮겨야 했다.

일자리에 장애인의 능력을 맞추는 것이 아니라 장애인의 능력에 맞는 일자리가 만들어지고 제3자가 보기에 단순한 행위일지라도 '일'로 해석하는 그런 사회는 언제쯤 올까.

1 들어가면서

자본제 사회는 임노동을 팔고 그에 대한 대가로 임금을 받는 교환경제에 기초해 있다. 일하지 않으면서 자신의 생존조건을 보장해 달라고 하는 자들에 대해서는 역사적으로 가혹한 벌을, 열악한 처우를 내려 왔다. 자본제 질서를 유지하기 위한 이데올로기로서 도덕적 해이를 막는 최일선의 논리가 '일하지 않는 자는 먹지도 말라'는 것이었다.

문제는 일하고 싶어도 일하기 어려운 자들이 존재한다는 것이다. 그것이 적당한 일자리가 없어서일 수도 있고, 그 사회가 요구하는 생산성을 현시하지 못하는 사정 때문일 수도 있다. 장애가 사회적 책임이라면, 신체적 · 정신적 손상으로 인해 일하지 못하는 경우는 장애인 당사자에게 그 책임을 묻기는 어렵다. 도덕적 해이가 아니라 적어도 손상 때문이라면 그러하다. 이런 경우에 생존조건을 스스로 만들지 못하는 장애인에 대해 국가는 어떠한 입장을 취하게 될까? 국가가 민간에 대해 강제로 취업을 시킬 수 있는 것인가? 민간에서 그야말로 정당한 사유로 장애인에게 일자리를 제공하지 않을 때 국가는 속수무책인가? 어떠한 대책을 마련할 수 있을까?

다음에서는 먼저 장애인 고용정책의 다양한 형태를 알아보고 직업재활 및 고용 실태를 살펴보고자 한다. 이어서 장애인 직업재활 및 고용을 둘러싸고 제기되고 있는 쟁점을 이해함으로써 현재 우리 사회의 장애인 고용정책에 어떤 문제점들과 한계가 있는지를 살펴본 다음, 마지막으로 어떻게 하면 장애인들이 당당하게 자신의 능력에 맞는 일자리를 찾아 그에 맞는 적절한 대우를 받으면서 사회에 참여할 수 있는지를 함께 고민해 보고자 한다.

2 장애인 고용형태 및 고용애로 원인

장애인 고용의 다양한 형태

장애인은 자신의 신체적 · 정신적 손상으로 인해 일반노동시장에서 자신의 능력에 맞는 적합한 일자리를 찾기가 쉽지 않다. 물론 손상이 경미하거나 또는 심하다 하더라도 일부는 자신의 능력과 적성에 맞는 일자리를 찾을 수도 있다. 그러나 그렇지 못한 경우에는 정부가 적극적인 고용정책을 펼침으로써 장애인에게 일자리를 제공해 줄 수 있다.

일반노동시장에 아무런 제약이나 조건 없이 고용되는 것을 일반고용 또는 경쟁고용(competitive employment)이라고 하고, 정부가 일정 정도 개입하여 장애인 당사자에게 유리한 조건을 조성해 주면서 일자리를 가지도록 하는 것을 보호고용(protective employment)이라고 한다. 일반고용은 일반노동시장에의 취업을 전제로 하는 반면, 보호고용은 정부가 의도적으로 창출해 놓은 일자리에 장애인을 취업시키는 것을 말한다. 이 중간영역에 지원고용(supportive employment)이 존재한다. 지원고용은 취업을 정부가 마련한 일자리에서 하는 것이 아니라 일반노동시장 내에서 한다는 점에서 보호고용과 차이가 있지만, 잡코치(Job Coach)를 배치하여 옆에서 근로숙련도를 높이도록 도와주는 등 일정 수준에 있어서는 정부의 지원이 이루어진다는 점에서 경쟁고용과 차이가 있고 보호고용적 성격을 띠는 것으로 간주될 수 있다. 보호고용이 일반노동시장에의 진입을 일정 정도 포기한 채 장애인들만의 근로공간을 만들어 취업시키는 일종의 분리(segregation)정책이기 때문에 정부정책의 초점을 보호고용에 두기보다는 일반노동시장에의 진입에 노력하는 정책적 수단으로서 지원고용정책을 강구하는 것이 필요하다.

다른 한편으로는 장애인을 일반노동시장에서 잘 받아주지 않기 때문에 취업이 어려우므로 정부가 강제적으로 기업으로 하여금 장애인을 의무적으로 고용하도록 강제하는 할당고용제(allocation employment)가 있다. 우리나라에서는 의무고용제라고 부른다. 우리나라는 1990년 「장애인고용촉진등에관한법률」을 제정하면서 300인 이상 대기업으로 하여금 상시근로자의 2%를 장애인으로 채용하도록 강제하고 의무 미이행 시에는 장애인고용부담금을 장애인 미채용인원과 미채용기간을 고려하여 납부하도록 하였다.

또 다른 장애인 고용형태로는 유보고용(reserved employment)이 있다. 장애종별을 고려하여 특정 직종에 대해서는 일정 정도의 일자리 분량에 대해 지체장애인을 의무적으로 채용하도록 하는 것이다. 고속도로 통행료 징수원은 지체장애인도 얼마든지 가능하고, 텔레마케터는 시각장애인도 충분히 소화해 낼 수 있는 직종이라고 하면 해당 기업의 전체 일자리 중에 일정 비율의 일자리에 대해서는 장애인으로 채용할 수 있다.

장애인 고용, 왜 꺼릴까?

이렇듯 장애인들은 일반노동시장에서 취업하기가 쉽지 않아 정부가 나서서 장애인의 일자리를 챙긴다. 그렇다면 왜 정부가 나설 만큼 장애인은 취업하기가 어려울까? 생산성이 비장애인에 비해 동일하거나 더 나은 경우와 생산성이 떨어지는 경우로 나누어 볼 수 있을 것이다.

첫째, 생산성이 유사 또는 나은 경우이다. 장애인이 능력 있더라도 장애인에 대한 사회적 인식이 좋지 않으면 고용주는 장애인을 채용하지 않으려 한다. 막연한 인식이 아니라 자신의, 그리고 동료근로자들의 효용(utility)이 떨어지기 때문이다.

분명 장애인을 고용하면 비장애인 고용에 비해 더 많은 이윤을 고용주에게 보장해 줄 수 있다. 하지만 이윤이 아닌 효용이 최종적인 고려사항이라면 장애인을 고용해서 마음이 불편하거나 이것저것 신경 써야 할 것들이 많게 되면서 얻게 될 이윤은 조금 더 많을지는 몰라도 자신의 총체적인 효용은 비장애인 채용 때보다 더 높지 않아 장애인을 채용하는 것이 꺼려질 수밖에 없다. 그러나 곰곰이 생각해 보면 무한경쟁의 사회에서 보다 생산성이 높은 직원을 채용하지 않으면, 그 직원이 경쟁업체에 가게 되면 동일 이윤과 동일 품질하에서 가격 경쟁력에서

밀릴 수밖에 없으므로 장애인을 채용하지 않은 업체는 도산하여 그 업종에서 퇴출될 수밖에 없다는 논리가 성립된다.

그러나 현실은 그렇지 않다. 그 업체는 그대로 존재한다. 왜 그럴까? 그것은 위의 주장이 완전경쟁을 전제하였기 때문이다. 완전경쟁시장 아래에서는 가격, 품질 면에서 뒤떨어지면 퇴출될 수밖에 없다. 하지만 만약 그 상품시장이 완전경쟁시장이 아니고 독과점시장이라면 상황이 달라진다. 독과점시장에서는 독점이윤이 발생하기 때문에 생산성이 더 높은 장애인을 고용하지 않더라도 일정 정도의 독점이윤만 포기하면 업체 퇴출까지에 이르지는 않는다는 것이다. 어쩌면 독과점시장이라는 전제가 우리 현실과 유사하기 때문에 더 설득력이 있다. 뿐만 아니라 우리나라의 대기업은 독과점시장의 혜택을 누리고 있기 때문에 장애인을 고용하지 않음에 따른 장애인고용부담금의 지불에 대해 어느 정도 지출여력을 갖추고 있다고 볼 수 있다. 그로 인해 이러한 기업은 장애인을 고용하기보다는 장애인 고용부담금을 기꺼이 부담하려는 의사결정을 하게 된다. 그렇기 때문에 고용부담금 수준의 상향조정을 끊임없이 논의하게 되는 것이다. 장애인을 고용하는 편이 오히려 비용효과적이라고 판단이 들 때까지 말이다.

둘째는 장애인의 생산성이 비장애인에 비해 떨어지는 경우다. 신체적 · 정신적 손상으로 인해 비장애인에 비해 자신이 발휘할 수 있는 생산성이 낮기 때문에 비교적 좋은 임금 · 근무조건, 좋은 인적자원개발 기회를 갖춘 노동시장에 진입하지 못하고 열악한 임금, 근무조건, 인적자원개발 기회가 제공되는 2차 노동시장에 진입할 수밖에 없다. 나아가서는 그러한 2차 노동시장에도 진입하지 못하는 경우에는 간헐적 노동에 종사하거나 실업자로 전락하게 된다.

3 우리나라에서의 장애인 고용정책

우리나라에서의 장애인 경제활동 상태

먼저 장애인들의 경제활동 상황을 살펴보면 전체 인구에서는 경제활동참가율이 63.1%이고, 실업률이 3.8% 그리고 고용률이 66.6%에 이르는 반면, 장애인의 실업률은 약 두 배에 가까운 6.6%이며 고용률은 전체 인구의 절반을 약간 상회하는 34.5%인 것으로 나타났다.

〈표 8-1〉 **장애인의 경제활동참가율** (단위 : %)

구분(2018년)	경제활동참가율	실업률	고용률
전체 장애	37.0	6.6	34.5
전체 인구	63.1	3.8	66.6

그러한 장애인들이 고용되어 있는 형태를 살펴보면 장애인보호작업장이나 장애인근로사업장에 취업해 있는 것이 1.3% 및 1.5% 정도인데, 장애종별로 세부적으로 살펴보면 지적장애나 자폐성장애의 경우에는 이들 사업장에서 상대적으로 매우 높은 비중을 차지한다. 그만큼 장애인 고용의 현실적 과제는 지적장애와 자폐성장애에 초점이 맞추어질 수밖에 없음을 알 수 있다.

〈표 8-2〉 **장애인의 직장 유형**

(단위 : %, 명)

구분	지체 장애	뇌병변 장애	시각 장애	청각 장애	언어 장애	지적 장애	자폐성 장애	정신 장애	신장 장애	심장 장애	호흡기 장애	간 장애	안면 장애	장루 요루 장애	뇌전증 장애	전체
자영업	32.3	18.9	31.0	34.1	18.9	1.5	-	25.2	28.6	32.4	36.8	34.5	21.8	33.6	14.1	29.7
일반사업체	45.9	47.1	42.3	36.0	48.3	40.8	21.3	27.5	46.7	36.9	40.5	43.4	56.0	41.5	35.5	43.7
정부 및 정부관련 기관	10.7	14.4	12.8	18.9	10.0	13.8	8.5	12.8	16.4	7.2	4.5	9.3	13.1	17.1	3.0	12.4
장애인 보호작업장	0.1	2.3	0.2	0.2	-	15.5	26.1	4.7	-	-	-	-	-	-	-	1.3
장애인 근로사업장	0.7	1.0	1.0	0.3	-	10.7	21.3	16.3	-	-	6.8	-	2.6	-	4.4	1.5
장애인 표준사업장	0.1	1.0	0.3	0.4	-	1.6	-	-	-	-	-	-	4.3	-	-	0.3
장애인 관련 기관 (자립생활 센터 포함)	1.8	9.8	3.5	1.0	8.2	8.5	13.8	2.5	0.3	12.1	5.1	0.9	-	2.1	10.6	2.6
기타	8.3	5.4	9.0	9.3	14.7	7.7	9.0	11.0	8.0	11.3	6.3	12.0	2.2	5.7	32.4	8.4
계	100.0	100.0	100.0	100.0	100.0	100.0	100.0	100.0	100.0	100.0	100.0	100.0	100.0	100.0	100.0	100.0
전국추정수	447,774	23,117	96,657	93,099	4,008	43,797	4,260	5,439	23,110	1,051	1,705	5,277	1,242	3,319	952	754,807

출처 : 김성희 외(2020). 2020년 장애인 실태조사, p. 329 재구성.

우리나라에서의 장애인 고용정책의 얼개

장애인 고용은 크게 일반고용과 보호고용으로 나눈다. 일반고용은 비장애인과 마찬가지로 시장의 원리에 따라 형성된 일자리에 취업하는 것을 말하며, 보호고용은 일반노동시장으로의 진입이 어려운 중증장애인에게 의도적으로 정부가 창출한 일자리를 제공하는 곳에서 일하는 것을 말한다. 우리나라에서는 일반고용을 증진시키기 위하여 고용노동부에서는 장애인 의무고용제, 장애인고용장려금, 장애인 보조공학기기 지원, 장애인 고용관리비용 지원, 장애인 근로지원인 제도, 장애인고용시설 설치비용 융자, 장애인 직업능력개발 지원, 중증장애인 인턴제 등을 실시하고 있으며 보호고용은 주로 보건복지부의 장애인직업재활시설 운영지원, 중증장애인생산품 우선구매제 등을 통해 이루어진다. 한편 고용노동부에서 실시하지만 일반고용과 보호고용의 중간적 단계에 있는 것으로 간주될 수 있는 것이 장애인표준사업장 지원, 자회사형 표준사업장 지원 등이 있다. 다음에서는 장애인 의무고용제, 장애인 보호고용(장애인생산품 우선구매제 포함), 그리고 기타 고용노동부에서 실시하는 다양한 장애인 고용정책을 설명하고자 한다.

4 장애인 의무고용제

사회법적 원리로서의 장애인 의무고용제

초기 자본제사회에서의 시민법적 원리로 사적소유재산의 원칙, 계약자유의 원칙, 과실책임의 원칙을 이야기한다. 내가 벌어들인 소득과 재산을 함부로 강탈할 수 없고, 사인 간에 맺어진 계약을 제3자가 개입하지 못하며 내가 저지른 잘못은 내가 책임진다는 원칙으로 이는 자본제 발전의 초석이 되었다. 하지만 제2차 세계대전 이후 사회가 고도로 발전하고 복잡해짐에 따라 시민법적 원리를 원칙대로 주장하기가, 또 이를 지키기가 어려워졌다. 사적소유재산의 원칙에서 내 재산이라 하더라도 그 사용에 있어 책임을 묻게 되고 공공의 이익을 위해 국가가 강제로 수용할 수 있게 되었다. 계약자유의 원칙도 흔히 강자 대 약자의 프레임에서 약자를 보호하기 위한 각종 제도적 장치를 마련함에 따라 계약 성립 당시의 불균형한 힘의 관계에서 연역되는 불공정한 계약내용에 대해서는 국가가 간섭하기 시작했고 「근로기준법」, 「최저임금법」 등 각종 노동 관련법률이 등장하게 되었다. 과실책임의 원칙 또한 복잡한 사회현상에서 인과관계를 명확하게 밝힌다는 것이 어려워, 경우에 따라서는 과실이 없다 하더라도 책임을 지도록 하고 있다. 산업재해에 대한 보상문제라든가 환경 관련 책임이 이에 속하여 무과실책임의 원칙으로 변경되었다. 이러한 원리를 사회법적 원리라고 하며 계약자유에 대한 사회법적 프레임에 따라 장애인의 고용문제를 바라본 정책 중의 하나가 의무고용제인 것이다. 즉, 사용자와 노동자 양 당사자의 자유로운 합의에 기초하면 실제로는 장애인 고용이 어렵기 때문에 강제로 사회적 약자인 장애인을 고용하라고 국가와 지방자치단체 그리고 기업체에게 그 의무를 부과하여 장애인 고용애로 이슈를 치유하려고 하는 것이다.

장애인 의무고용제도 개요

장애인 의무고용제도는 1990년 「장애인 고용촉진 및 직업재활법(제정 당시 : 장애인고용촉진등에관한법률)」을 제정하면서 도입한 제도이다. 동 법률에 따라 국가, 지방자치단체 및 상시 근로자 30인 이상을 고용하고 있는 공공기관, 민간사업장에서는 의무고용률[1] 이상의 장애인을 고용하여야 하며 이를 준수하지 않을 경우

1 적용범위는 상시근로자 300인 이상 사업주에서 2004년에 상시근로자 50인 이상 사업주로 확대되었으며, 장애인 의무고용률은 일률적으로 상시근로자의 2%로 되어 있었으나, 국가 및 지방자치단체의 공무원에 대해서는 2009년부터 3%로, 공기업 및 준정부기관에 대해서는 2010년부터 3%로, 민간기업 및 기타공공기관에 대해서는 2010년에 2.3%, 2012년에 2.5%, 2014년부터 2.7%로 인상 조정하였다.

100인 이상 사업장부터 부담금을 납부해야 하는 제도이다. 장애인 고용이 현저히 저조한 경우에는 그 명단을 공표하도록 하고 있으나 다른 한편으로는 의무고용률 이상의 장애인을 고용한 사업주에 대해서는 규모에 상관없이 초과인원에 대해 장려금을 지급하는 등 장애인 고용을 증진시키기 위한 당근과 채찍 정책을 공히 사용하고 있다. 다음에서는 장애인 의무고용제도의 근간을 이루는 의무고용률, 부담금, 장려금에 대해 보다 자세하게 설명하고자 한다.

부문별 장애인 의무고용률

국가, 지방자치단체와 공공기관은 그 구분에 따라 그리고 일하는 자의 신분에 따라 의무고용률을 달리 적용했으나 2024년부터는 일률적으로 3.8%로 하여 의무고용률을 대폭 인상하였다. 민간기업에 대해서도 지난 10년 동안 점진적으로 그 비율을 인상시켜 장애인 고용에 대한 책임을 보다 강조하고 있다.

〈표 8-3〉 **부문별 장애인 의무고용률**

<table>
<tr><th colspan="2">연도 / 적용대상</th><th>'91~'08</th><th>'09</th><th>'10~'11</th><th>'12~'13</th><th>'14~'16</th><th>'17~'18</th><th>'19~'21</th><th>'22~'23</th><th>'24~</th></tr>
<tr><td rowspan="2">국가·자치단체</td><td>공무원</td><td>2.0%</td><td colspan="4">3.0%</td><td>3.2%</td><td>3.4%</td><td>3.6%</td><td>3.8%</td></tr>
<tr><td>근로자</td><td colspan="2">미적용</td><td>2.3%</td><td>2.5%</td><td>2.7%</td><td>2.9%</td><td>3.4%</td><td>3.6%</td><td>3.8%</td></tr>
<tr><td rowspan="2">공공기관</td><td>공기업·준정부기관</td><td colspan="2" rowspan="3">2.0%</td><td colspan="2">3.0%</td><td rowspan="2">3.0%</td><td rowspan="2">3.2%</td><td rowspan="2">3.4%</td><td rowspan="2">3.6%</td><td rowspan="2">3.8%</td></tr>
<tr><td>기타공공기관 지방공기업</td><td rowspan="2">2.3%</td><td rowspan="2">2.5%</td></tr>
<tr><td colspan="2">민간기업</td><td>2.7%</td><td>2.9%</td><td>3.1%</td><td>3.1%</td><td>3.1%</td></tr>
</table>

장애인고용 부담금

상시근로자 30인 이상 사업주로서 장애인 고용인원이 의무고용률에 미달하는 경우에는 2019년 기준으로 미고용 장애인 1인당 월 1,048,000원의 고용부담금을 부과 · 징수하는데 이를 부담기초액이라고 한다. 이는 장애인 고용의무인원 대비 고용하고 있는 장애인 근로자 비율이 3/4 미만인 경우에 적용한다. 하지만 실제 기업체에서 지불해야 하는 장애인 고용부담금은 장애인 근로자비율에 따라 달라지는데 이는 다음 표와 같다.

〈표 8-4〉 **2023년도 장애인고용 부담금 단가**

장애인 고용의무인원 대비 고용하고 있는 장애인 근로자 비율			
1/2 이상 3/4 미만	1/4 이상 1/2 미만	1/4 미만	장애인을 한 명도 고용하지 않은 경우
1,207,000원	1,279,420원	1,689,800원	2,010,580원

이러한 기준에 따라 각 국가 또는 지방자치단체, 기업체에서는 고용하지 않은 장애인 수와 개월 수를 계산하여 전체 부담금 총액을 납부하게 된다.

장애인고용 장려금

국가 또는 지방자치단체, 기업체에서는 기준 의무고용인원보다 더 많은 장애인을 고용한 경우에는 장애인고용 장려금을 초과고용 장애인 수와 그 개월수를 산입하여 지급받게 된다. 산입에 있어 더 많은 중증장애인 또는 여성장애인을 고용하도록 유인하기 위하여 차등적으로 지급단가를 설정하고 있다.

〈표 8-5〉 **2023년도 장애인고용 장려금 단가**

구 분	경증장애인		중증장애인		비 고
	남성	여성	남성	여성	
지급단가	35만 원	50만 원	70만 원	90만 원	지급단가와 월 임금액의 60%를 비교하여 낮은 단가 적용

장애인 의무고용 현황

2020년 12월 기준 장애인 의무고용 사업체 31,455곳의 장애인 근로자는 278,823명이고, 장애인 고용률은 전년 대비 0.02%p 오른 3.12%로 최근 지속 증가하였다.

세부적으로, 국가 · 자치단체 공무원 부문(의무고용률 3.2%)의 경우 27,997명을 고용하여 고용률은 2.93%로 전년과 비교하여 0.04%p 낮아졌는데, 이는 공무원 전체가 하락한 것이 주된 원인이다.

반면 국가 · 자치단체 근로자 부문(의무고용률 2.9%)은 24,852명을 고용, 고용률은 6.16%로 전년 대비 0.33%p 높아졌다.

공공기관(의무고용률 3.2%)은 22,835명을 고용, 고용률은 3.84%로 전년 대비 0.06%p 높아졌는데, 이는 공기업과 준정부기관 그리고 출자 · 출연기관에서 장애인 고용을 크게 늘렸기 때문이다.

민간기업(의무고용률 2.9%)은 203,138명을 고용, 고용률은 2.91%로 전년 대비 0.02%p 상승하였으나 여전히 공공기관에 비해 낮은 수준이다. 100인 미만 기업체에서는 고용률이 하락한 반면, 나머지는 모두 상승한 것으로 나타났다.

〈표 8-6〉 **2022년도 장애인 의무고용 현황표**

(단위 : 개소, 명, %, %p)

※ 법정 의무고용률 : 정부부문(공무원) · 정부부문(근로자) · 공공기관 3.6%, 민간기업 3.1%

구 분			2021년 12월 (A)				2020년 12월 (B)				증감(B-A)	
			대상 사업체	상시 근로자	장애인	고용률	대상 사업체	상시 근로자	장애인	고용률	장애인	고용률
합 계			30,478	8,674,826	268,663 (207,795)	3.10	31,455	8,936,761	278,823 (213,653)	3.12	10,160	▲0.02
정부부문	공무원	소계	317	931,368	27,618 (23,668)	2.97	317	954,759	27,998 (23,856)	2.93	380	▼0.04
		중앙행정기관	53	193,564	7,120 (6,034)	3.68	53	202,342	7,402 (6,209)	3.66	282	▼0.02
		헌법기관	4	24,929	730 (646)	2.93	4	24,988	719 (637)	2.88	-11	▼0.05
		지방자치단체	243	300,045	11,772 (9,942)	3.92	243	309,179	11,858 (9,979)	3.84	86	▼0.08
		교육청	17	412,830	7,996 (7,046)	1.94	17	418,250	8,019 (7,031)	1.92	23	▼0.02
	근로자	소계	305	401,933	23,418 (16,952)	5.83	306	403,286	24,852 (18,256)	6.16	1,434	▲0.33
		중앙행정기관	41	73,223	2,253 (1,909)	3.08	42	72,905	2,281 (1,923)	3.13	28	▲0.05
		헌법기관	4	3,808	120 (103)	3.15	4	3,103	106 (87)	3.42	-14	▲0.27
		지방자치단체	243	141,500	14,054 (10,295)	9.93	243	138,674	15,129 (11,388)	10.91	1,075	▲0.98
		교육청	17	183,402	6,991 (4,645)	3.81	17	188,604	7,336 (4,858)	3.89	345	▲0.08

공공 기관	소 계	764	586,801	22,179 (18,505)	3.78	790	594,568	22,835 (18,994)	3.84	656	▲0.06
	공기업	36	150,950	5,643 (4,965)	3.74	36	151,800	5,834 (5,138)	3.84	191	▲0.10
	준정부기관	95	129,619	5,657 (4,518)	4.36	94	130,714	5,785 (4,615)	4.43	128	▲0.07
	기타공공기관	204	175,027	6,069 (4,949)	3.47	208	176,586	6,183 (5,052)	3.50	114	▲0.03
	지방공기업	146	79,348	3,181 (2,766)	4.01	152	81,159	3,256 (2,813)	4.01	75	0.00
	출자·출연기관	283	51,857	1,629 (1,307)	3.14	300	54,309	1,777 (1,376)	3.27	148	▲0.13
민간 기업	소 계	29,092	6,754,724	195,448 (148,670)	2.89	30,042	6,984,148	203,138 (152,547)	2.91	7,690	▲0.02
	100인 미만	15,400	1,073,160	25,206 (19,290)	2.35	16,054	1,114,072	25,518 (19,391)	2.29	312	▼0.06
	100~299인	10,082	1,661,326	52,956 (40,629)	3.19	10,223	1,680,980	53,745 (40,739)	3.20	789	▲0.01
	300~499인	1,723	658,303	21,233 (16,098)	3.23	1,758	667,817	21,713 (16,468)	3.25	480	▲0.02
	500~999인	1,087	754,616	24,928 (19,175)	3.30	1,163	799,322	26,794 (20,228)	3.35	1,866	▲0.05
	1,000인 이상	800	2,607,319	71,125 (53,478)	2.73	844	2,721,957	75,368 (55,721)	2.77	4,243	▲0.04
	대기업집단	852	1,351,328	32,043 (24,788)	2.37	954	1,440,404	33,889 (25,651)	2.35	1,846	▼0.02

* ( )는 중증장애인 2배수제 미적용 시 현황

정부의 의무고용제 향후 과제

의무고용제는 앞서 설명한 것처럼 계약자유의 원칙을 변형한 것으로서 장애인의 일을 통한 자립과 사회참여를 보장하기 위해 각 고용주로 하여금 장애인 고용에 적극적으로 나서도록 독려하는 제도적 장치로 이해될 수 있다. 이는 정부정책을 통해 장애인의 일자리를 확대하도록 개입하는 것이지, 실질적이고 내실 있는 고용현장이 되기 위해서는 다양한 부가적이 노력이 필요하다.

첫째, 기존의 일자리에 장애인의 능력이 맞추는 것이 아니라 장애인의 능력에 맞춘 일자리가 의도적으로 만들어져야 한다. 장애로 인해 생기는 추가적인 욕구에 대해 사회적으로 어떻게 대응하느냐에 따라 장애인이 사회의 한 일원으로 그 역할을 수행할 수 있는지가 결정된다. 일자리에 능력을 끼워 맞추는 것이 아니라 능력에 맞는 일자리를 국가와 사회가 의도적으로 창출해야 하는 것이다. 즉, 공급자 중심이 아니라 수요자 중심의 사고와 발상이 중요하다.

둘째, 중증장애인 위주의 정책 패러다임으로 선회할 필요가 있다. 물론 고용장려금 제도나 더블카운트제도, 장애인직업재활시설에의 지원 등을 통해 중증장애인 고용을 늘리기 위해 지속적으로 노력하고 있으나 장애인 고용정책 자체가 중증장애인에 초점이 맞춰져 있다고 선언할 필요가 있다. 의무고용제가 있지만 고용주는 장애로 인해 노동생산성이 떨어지지 않는, 영향을 받지 않는 장애인, 즉 경증장애인을 선호한다. 그렇기 때문에 의무고용제에서 발달장애인이 취업하기는 매우 어렵다. 그러므로 경증장애인보다 중증장애인 고용증진을 위한 예산사용 등 정책의 초점이 변화되어야 한다.

셋째, 중증장애인 중심 고용정책이 그렇다면 경증장애인 고용을 경시하는 것을 의미하는가? 그렇지 않다. 경증장애인은 장애가 있다는 것이지 그로 인해 노동생산성이 낮아지거나 현격하게 떨어지는 것은 아니기 때문에 자신의 근로능력을 살릴 수 있는 일자리에 잘 매칭되면 비장애인에 비해 노동생산성을 손색없이 발휘할 수 있다. 그러나 현실적으로는 장애인에 대한 편견과 선입견 때문에 장애인 고용을 꺼리는 경우가 많다. 하지만 이는 명백한 차별이다. 그러므로 경증장애인의 고용이슈는 장애인 차별금지로 풀어야 한다. 장애에 대한 부정적인 인식 때문에 고용을 꺼리는 것은 인식개선과 함께 강력한 차별금지정책의 시행으로 장애인 고용에의 장벽을 허물어야 한다.

넷째, 마지막으로 장애인의 역량을 강화시켜 인적자본을 축적하기 위한 노력이 학교와 직업훈련기관 그리고 대학에서의 직업교육 등에서 이루어져야 한다. 가급적이면 자신이 생활하는 지역사회(community)에서 행복하게 사는 것이 Community Care의 핵심이기 때문에 그렇게 살 수 있는 기반이 일자리라고 보면 일을 통한 자립과 사회참여를 실현하기 위한 투자적 성격의 역량강화 프로그램의 중요성은 아무리 강조해도 지나침이 없다고 할 것이다.

5 장애인 보호고용정책

장애인직업재활시설 유형 구분

현재 우리나라에서 장애인에 대한 보호고용을 실시하는 직업재활시설의 수를 살펴보면 2020년 말 기준 보호작업장이 682개소, 근로사업장이 70개소, 직업적응훈련시설이 15개소 등 총 651개가 있다. 여기서 일하는 장애인은 20,819명이며 이 중에서 중증장애인이 19,231명으로 전체의 92.3%에 이른다.

〈표 8-7〉 **직업재활시설의 종류**

시설의 종류	정 의	사업내용
장애인 보호작업장	직업능력이 낮은 장애인에게 직업적응능력 및 직무기능 향상훈련 등 직업재활훈련 프로그램을 제공하고, 보호가 가능한 조건에서 근로의 기회를 제공하며, 이에 상응하는 노동의 대가로 임금을 지급하며, 장애인 근로사업장이나 그 밖의 경쟁적인 고용시장으로 옮겨갈 수 있도록 돕는 역할을 하는 시설	보호고용, 훈련관리 및 작업관리, 재활프로그램, 작업활동 프로그램

장애인 근로사업장	직업능력은 있으나 이동 및 접근성이나 사회적 제약 등으로 취업이 어려운 장애인에게 근로의 기회를 제공하고, 최저임금 이상의 임금을 지급하며, 경쟁적인 고용시장으로 옮겨갈 수 있도록 돕는 역할을 하는 시설	보호고용, 재활프로그램, 통근지원
장애인직업 적응훈련시설	작업능력이 극히 낮은 장애인에게 작업활동, 일상생활훈련 등을 제공하여 기초작업능력을 습득시키고, 작업평가 및 사회적응훈련 등을 실시하여 장애인 보호작업장 또는 장애인근로사업장이나 그 밖의 경쟁적인 고용시장으로 옮겨갈 수 있도록 돕는 역할을 하는 시설	기초작업능력 습득 사회적응훈련 실시

출처 : 보건복지부(2019a).

장애인직업재활시설 수 및 이용자

현재 우리나라에서 장애인에 대한 보호고용을 실시하는 직업재활시설의 수를 살펴보면 2022년 말 기준 보호작업장이 682개소, 근로사업장이 70개소, 직업적응훈련시설이 40개소 등 총 792개로 2016년부터 최근까지 계속 증가 추세에 있음을 알 수 있다.

〈표 8-8〉 **장애인직업재활시설 유형별 현황** (단위 : 개소)

구 분	2016년	2017년	2018년	2019년	2020년	2021년	2022년
전체	582	625	651	683	720	773	792
근로사업장	63	62	63	65	67	68	70
보호작업장	516	553	573	593	619	667	682
직업적응훈련시설	3	10	15	25	34	38	40

출처 : 2023 보건복지부 장애인직업재활시설 운영실적(2016~2022년).

장애인 직업재활시설을 이용하는 장애인 수는 2022년 기준 20,819명(근로장애인 14,228명, 훈련장애인 6,591명)이며, 이 중 중증장애인이 19,231명(92.4%), 발달장애인이 17,203명(82.7%)으로 나타났으며 이용장애인 수 또한 2016년에 비해 지속적으로 증가추세에 있음을 알 수 있다.

〈표 8-9〉 **장애인직업재활시설 유형별 현황** (단위 : 개소)

구 분	2021년			2022년		
	시설수	이용 장애인수	중증 장애인(비율)	시설수	이용 장애인수	중증 장애인(비율)
전체	773	20,504	19,712	792	20,819	19,231
보호작업장	667	16,791	16,296(97.1)	682	17,017	15,936(93.6)
근로사업장	68	2,923	2,635(90.1)	70	2,951	2,482(84.1)
직업적응훈련시설	38	790	781(98.9)	40	851	813(95.5)

출처 : 2023 보건복지부 장애인직업재활시설 운영실적(2016~2022년).

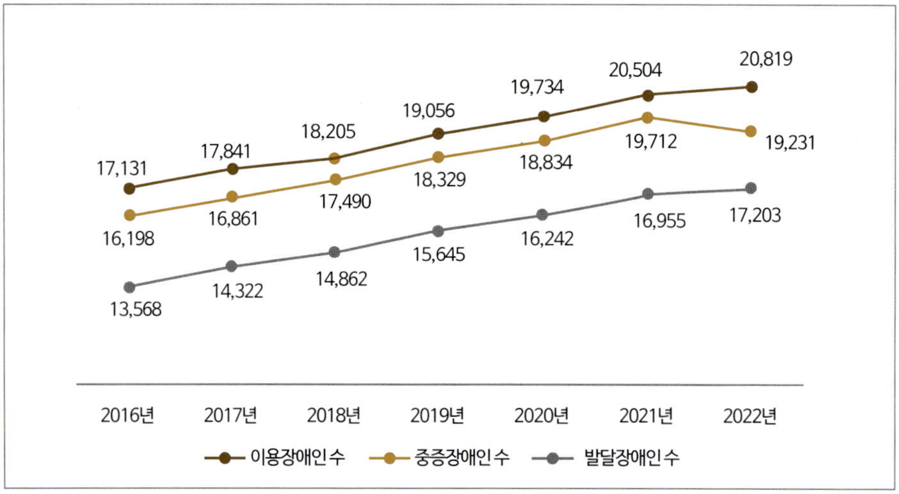

|그림 8-1| **2016~2022년 직업재활시설 이용장애인 변화 추이**

출처 : 2023 보건복지부 장애인직업재활시설 운영실적(2016~2022년).

이러한 이용장애인을 장애유형별로 세분화하여 살펴보면, 다음 표와 같이 지적장애가 15,588명(74.9%), 자폐성장애 1,615명(7.8%), 지체장애 1,023명(4.9%), 정신장애 986명(4.7%) 순으로 나타나고 있다.

〈표 8-10〉 **2021년 및 2022년 장애인 직업재활시설의 장애유형별 이용자** (단위 : 명, %)

구 분		합계	지적	자폐성	지체	정신	시각	뇌병변	청각	뇌전증	언어	기타*
2021	근로	13,600	9,954	962	924	686	247	346	363	31	48	39
	훈련	6,904	5,467	572	148	266	243	143	37	12	8	8
	합계	20,504	15,421	1,534	1,072	952	490	489	400	43	56	47
	비율	100.0	75.2	7.5	5.2	4.6	2.4	2.4	2.0	0.2	0.3	0.2
2022	근로	14,228	10,441	1,050	888	712	257	352	352	36	51	89
	훈련	6,591	5,147	565	135	274	236	140	45	12	10	27
	합계	20,819	15,588	1,615	1,023	986	493	492	397	48	61	116
	비율	100.0	74.9	7.8	4.9	4.7	2.4	2.4	1.9	0.2	0.3	0.6
증감	근로	628	487	8	△36	26	10	6	△11	5	3	50
	훈련	△313	△320	△7	△13	8	△7	△3	8	0	2	19
	합계	315	167	81	△49	34	3	3	△3	5	5	69
	비율	100.0	53	25.7	△15.6	10.8	1	1	△1	1.6	1.6	21.9

* 장애유형 중 기타에 신장, 안면, 심장, 장루・요루, 간, 호흡기장애인 등 포함

출처 : 2023 보건복지부 장애인직업재활시설 운영실적(2016~2022년).

장애인직업재활시설 매출액

직업재활시설 매출액과 수익금은 2018년 이후 증가하는 추세를 보이다가 2021년 코로나19의 영향으로 감소하였으나, 2022년에는 다소 회복세를 보이고 있다. 2022년 시설당 평균 매출액은 다음 표와 같이 7.3억 원, 평균 수익금은 2.2억 원으로 나타났다.

〈표 8-11〉 **2022년 직업재활시설 매출액 및 수익금 현황**

구 분		근로사업장	보호작업장	직업적응훈련시설	전 체
매출 현황	매출액	171,637백만 원	345,369백만 원	111백만 원	517,117백만 원
	수익금	51,228백만 원	97,219백만 원	41백만 원	148,489백만 원

시설 평균	평균 매출액	2,600백만 원	548백만 원	28백만 원	738백만 원
	평균 수익금	788백만 원	163백만 원	10백만 원	223백만 원

※ 직업재활시설 수익금은 이용장애인 급여 및 훈련수당 등을 제외하기 전 금액임
출처 : 2023 보건복지부 장애인직업재활시설 운영실적(2016~2022년).

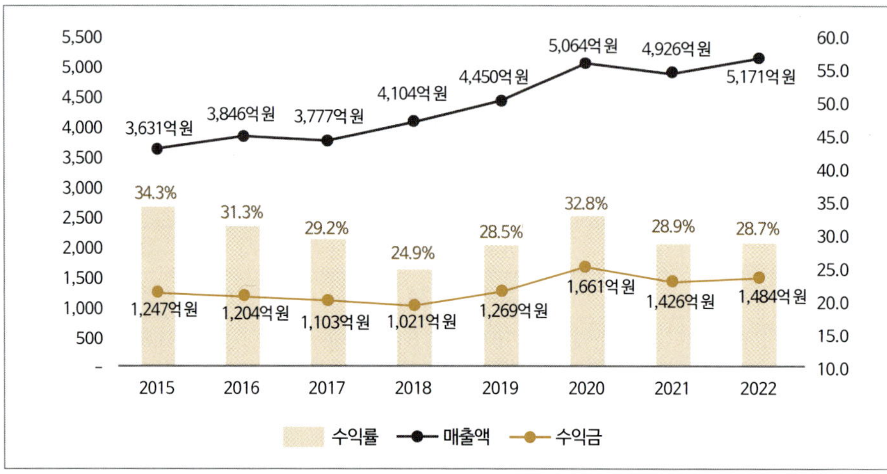

|그림 8-2| 2016~2022년 직업재활시설 매출액 및 수익금 추이
출처 : 2023 보건복지부 장애인직업재활시설 운영실적(2016~2022년).

중증장애인 생산품 우선구매제도

우선구매제도는 장애인생산품 판매를 촉진함으로써 중증장애인의 고용기회를 확대하기 위한 적극적 우대조치(affirmative action)의 하나이다. 장애인이 비장애인과 일반적인 환경과 제도에서는 공정한 경쟁을 할 수 없기 때문에 이를 보완하기 위한 제도로서, 보다 엄격하게 실행하고 유지하기 위해서 우선구매 적용기관을 국가나 지방자치단체, 공공기관으로 하고 있다.

1981년 제정된 「심신장애자복지법」은 여러 차례 개정이 되며 장애인 직업재활과 관련된 장애인복지시설(직업재활시설) 운영, 장애인이 만든 제작품의 판매 등에 대한 내용을 규정하였다. 그중 1989년 「장애인복지법」으로 전면 개정 시 제31

조(제작품의 판매)를 통해 장애인복지시설 등에서 장애인이 제작한 물품의 구매요구가 있을 때에는 최대한 그 요구에 응하도록 노력해야 한다고 규정하였다. 이후 1999년 「장애인복지법」 제40조에서는 국가 및 공공기관에서 물품을 구매할 시 일정 비율을 장애인생산품으로 구매하도록 의무화하면서 본격적인 우선구매제도가 시작되었다. 또한 2007년 개정된 「장애인복지법」에서는 우선구매 이외 수의계약제도, 장애인생산품 인증에 대한 규정을 추가하며 장애인생산품 우선구매제도의 정착에 기여하였다. 2008년에는 「중증장애인생산품 우선구매 특별법」(이하 '우선구매 특별법')을 제정함으로써 구매적용 기관이 구매계획을 작성하고 보건복지부장관에게 제출하고, 구매기관별 구매계획을 종합하여 공고하도록 규정하여 장애인생산품 우선구매제도의 효과를 제고함으로써 장애인생산품의 판매촉진을 꾀하고 있다. 「우선구매 특별법」을 통해 우선구매 물품을 특정하지 않고, 중증장애인생산품 생산시설에서 생산한 물품을 모두 구매 및 판매하도록 하였다. 단, 보건복지부가 지정한 생산시설에서 생산한 물품 및 서비스에 한하며, 공공기관에서는 총 구매액의 1%를 중증장애인생산품으로 구매하도록 하였다.

구매적용기관은 「우선구매 특별법」 제7조(공공기관의 구매촉진)에 의거하여, 2022년 기준 국가기관 59개소, 지방자치단체 245개소, 교육청 193개소, 공기업·준정부기관 130개소, 지방공기업 159개소, 기타공공기관 220개소, 기타 특별법인 6개소, 지방의료원 30개소 등 총 1,042개소(보건복지부, 2022)가 중증장애인생산품 우선구매 대상 기관이다.

한편 「우선구매 특별법」 제9조 및 동법 시행령 제16조(생산시설의 지정기준 등)에서 규정하는 중증장애인생산품 지정에 대한 내용을 보면, 첫째 중증장애인생산품의 직접 생산 또는 서비스 제공과정에 참여하는 장애인이 10명 이상일 것, 둘째, 중증장애인생산품의 직접생산 또는 서비스 제공과정에 참여하는 장애인이 상시적으로 전체 근로자의 100분의 70 이상이고, 그 장애인 중 중증장애인이 100분의 60 이상일 것, 셋째, 중증장애인생산품의 직접 생산 또는 서비스 제공과정에 걸리는 총 근로시간 중 장애인의 근로시간이 차지하는 비율이 상시적으로

100분의 50 이상일 것을 규정하고 있다. 2014년 11월 「우선구매 특별법」 시행령을 개정하여 중증장애인생산품 생산시설 지정 시 유효기간을 3년으로 설정하는 내용을 추가하여 생산시설의 지정요건 준수 여부를 정기적으로 점검함으로써, 생산시설에 대한 신뢰성을 높이고자 하였다.

「우선구매 특별법」에서 규정하는 기준을 충족하여 중증장애인생산품 생산시설로 지정된 곳은 2022년 12월 기준 762개소로 2017년 544개소에 비해 40% 이상 확대되었다. 또한 중증장애인생산품 생산시설의 장애인근로자 수는 2016년 9,925명에서 2022년 14,283명으로 약 44% 증가하였다.

보호고용 현대화를 위한 지원정책 방향

일반노동시장으로 진입하기 힘든 중증장애인의 일자리를 마련하기 위해 추진되고 있는 장애인직업재활시설정책은 우리나라 장애인 고용 및 직업재활정책에서 매우 중요한 위치를 점해 왔다. 장애인 의무고용제가 활성화되지 않고 장애인복지관 등 지역사회재활시설 또한 많지 않았던 시절인 1990년대에서 2000년대 초반까지만 해도 장애인직업재활시설에서 일도 하면서 돌봄서비스도 받을 수 있는 버팀목의 역할을 수행해 왔던 것이다. 하지만 세월이 지남에 따라 보호고용이 장애인에 대한 소외, 격리, 차별이라는 시각에 따라 우리나라 직업재활정책은 딜레마에 빠지게 되었다. 그만큼 전 세계적으로 보호고용에 대한 정책적 우선순위는 매우 낮아졌으며 최근에 와서는 폐기대상정책으로 간주되기에 이르렀다.

영국에서는 기업형 보호고용정책을 수행해 오던 렘플로이 회사(Remploy Ltd)가 보호고용적 성격 일자리 제공정책은 폐지하고 일반노동시장으로의 진입을 지원하는 역할로 탈바꿈했다. 또 핀란드와 프랑스에서는 사회적 기업의 형태로 보호고용이 전환되고 있으며, 노르웨이에서는 보호고용에 영구적으로 머물 수 있는 장애인의 비율을 제한하여 일반노동시장으로의 이행을 강화하고 있다.

특히 UN장애인권리협약이 비준되면서 우리나라에 대해 UN장애인권리위원회에서는 장애인직업재활시설을 축소(discharge)하라고 권고한 바 있으며, 독일에 대해서는 장애인작업장을 점진적으로 폐쇄(gradually close)하라고 권고한 바 있다. 그만큼 장애인을 분리시키고 배제시키는 보호고용에 대해서는 그 정책적 비중을 낮추어야 하는 것이 시대적 대세가 된 것이다.

하지만 직업재활시설이라고 모두 하나로 간주할 필요가 있는지에 대해 의문을 가질 필요가 있다. 일반노동시장으로의 진입이 어려운 중증장애인이 근로사업장에서 일하면서 최저임금을 지급할 수 있을 정도의 생산성을 갖춘 장애인과 동일시하는 것에서부터 문제가 발생할 수 있으므로 다른 장애인에게는 다른 근로환경을 마련해 주는 것이 필요하다. 어느 정도 생산성을 발휘하고 유지할 수 있는 가능성이 큰 장애인에 대해서는 최저임금도 보장하고 일반노동시장에서 일하는 환경과 유사하게 만들어 줌으로써 일반노동자와 유사한 근로조건을 제시하는 한편, 그렇지 않은 중증장애인에 대해서는 8시간 근로 및 그에 따른 최저임금을 고수하기보다는 일을 통해 사회에 참여할 수 있는 통로를 확보하고 일한 만큼의 소득을 얻고 부족하다면 공공부조를 통해 생활을 보장받는 시스템을 구축하면 된다.

나아가 보호고용이 장애인들만의 세상, 장애인들을 격리시키고 소외시키는 장으로 역할한다면 여기에서 일하는 노동자의 구성을 바꾸면 될 일이다. 즉, 직업재활시설에 장애인뿐만 아니라 노인이나 조건부 수급자도 모두 일할 수 있게 하면 장애인만의 세상은 더 이상 아니게 되는 것이다. 스웨덴의 삼할(Samhall)이라는 곳이 그러하다. 노동시장에서 이탈하였거나 그 주변을 전전하는 경우에 대해서는 이들에 대해 일자리를 제공하고, 지속적으로 일반노동시장으로의 전이를 시도해 나가는 중간단계 시설로서의 역할을 수행하는 것이 필요하다.

6 고용노동부 지원 직업재활사업[2]

우리나라의 직업재활은 1981년 「심신장애자복지법」 제11조(고용의 촉진)를 통해 1982년 한국장애인재활협회에서 '장애인 취업알선' 업무를 개시하면서 이루어졌다. 그 이후 1990년 「장애인고용촉진 등에 관한 법률」에 의하여 의무고용, 사업주지원 등의 정책이 포함되며 본격적으로 시행되었다. 동법은 경증장애인에게 국한되어 있고 중증장애인의 고용증대에는 큰 효과를 미치지 못한다는 평가를 받음으로써 2000년 「장애인고용촉진 및 직업재활법」으로 개정되었다. 이로써 중증장애인의 직업재활이 보다 활발하게 이루어지고 확대되었다.

장애인 직업재활은 크게 보건복지부에 의한 직접사업과 지방자치단체 지원에 의해 이루어지는 사업으로 나누어 볼 수 있는데, 보건복지부에 의한 직접사업은 '중증장애인직업재활지원사업'이다. 지방자치단체 지원에 의한 사업은 장애인복지관을 통한 직업재활사업과 장애인직업재활시설을 통한 사업을 들 수 있다.

〈표 8-12〉 **우리나라 직업재활사업 현황**

구 분	중증장애인 직업재활지원사업	장애인복지관	직업재활시설
근거법	장애인복지법 제21조	장애인복지법 제58조	장애인복지법 제58조
수행기관 수	171개소	228개소	792개소
예산지원	보건복지부	각 지방자치단체	각 지방자치단체
사업관리주체	보건복지부·한국장애인개발원	각 지방자치단체	각 지방자치단체

중증장애인직업재활지원사업은 중증장애인의 직업능력 개발 및 역량강화를 통해 사회참여 기회를 확대하고 중증장애인의 삶의 질을 향상시키는 데 주요 목적이 있다. 중증장애인의 직업재활을 위해 직업지도사업, 직업적응훈련사업, 지

2 여기에서의 내용은 「2022년 장애인백서」 제5장 장애인직업재활, pp. 126~133의 내용을 참조하였다.

원고용사업, 취업 후 적응지원사업 등을 장애인복지관, 장애인단체, 직업재활시설을 통해 각 기관의 특성에 맞는 사업을 실시하고 있다. 이외 2012년 9월부터 중증장애인의 직업적응과 직업유지 향상을 위해 직무보조인 지원사업을 실시하여 중증장애인의 고용창출 및 유지율 제고를 위해 노력하고 있다.

〈표 8-13〉 **중증장애인직업재활지원사업 수행기관의 기능**

사업수행기관	주 기능	주요 지원내용
직업재활센터(34개소)	직업상담, 직업평가, 적격성 결정, 직업재활계획수립, 직업적응훈련, 지원고용, 취업알선, 취업 후 적응지원	직업재활사업비 및 인건비, 직업적응훈련생 수당, 취업장려금, 직업재활사업 홍보비 등
직업평가센터(6개소)	직업상담, 직업평가	직업상담 및 직업평가 사업비 및 인건비 등
직업재활시설(83개소)	직업상담, 적격성 결정, 직업재활계획수립, 직업적응훈련, 취업알선	직업적응훈련 사업비 및 인건비, 직업적응훈련생 훈련수당 등
장애인단체(32개소)	직업상담, 적격성 결정, 직업재활계획수립, 취업알선	직업상담, 취업알선 사업비 및 인건비, 취업장려금, 직업재활사업 홍보비 등
직업재활프로그램 사업 수행기관(9개소)	기관 및 지역 특성에 맞는 취업지원, 직업역량프로그램, 전문가 양성 등 장애유형별 다양한 직업재활프로그램 지원	
직업능력개발 훈련기관(21개소)	직업선택이 가능한 직종에 대해 교과과정에 따른 직업훈련 실시(직업능력개발 훈련비와 훈련생 훈련수당 등 지원)	

7 관련 장애인 고용정책 이해

장애인 의무고용제도 외에도 정부는 장애인고용증진을 위해 여러 사업을 추진하고 있는데 장애인 표준사업장 설립 지원, 자회사형 표준사업장 설립 지원, 장애인 보조공학기기 지원, 장애인 고용관리비용 지원, 장애인 근로지원인 제도, 장애인 고용시설 설치비용 융자, 장애인 고용시설 · 장비 지원, 중증장애인

지원고용, 장애인 직업능력개발 지원, 중증장애인 인턴제, 장애인 취업성공패키지 등이 있다(고용노동부 홈페이지, 2023).

장애인 표준사업장 설립 지원

취업에 어려움이 있는 장애인, 중증장애인에게 안정된 일자리를 제공하기 위하여 표준사업장 설립 사업주에게 작업시설, 부대시설, 편의시설 등의 설치비용을 지원하고 있다. 장애인근로자 수가 10인 이상이며, 장애인 및 중증장애인을 상시근로자 수의 일정 비율 이상 고용하는 사업장을 설립할 경우 지급된다. 지원내용은 작업시설, 부대시설, 편의시설, 장애인 출퇴근용 승합차 구입 등 실제 투자한 금액의 75%를 10억 원 한도 내에서 무상 지원하고 있다.

자회사형 표준사업장 설립 지원

장애인을 직접고용하기 어려운 대기업에 새로운 장애인고용모델을 제시하여 기업은 장애인의무고용을 이행하고 장애인에게는 보다 좋은 일자리를 제공하는 사업이다. 자회사형 표준사업장 설립 지원 및 모회사의 고용부담금을 감면해 주고 있다.

지원대상은 「장애인고용촉진 및 직업재활법」 제28조에 의한 장애인 고용의무가 있는 장애인의무고용사업주(모회사)에서 설립한 자회사(발행주식 총수 또는 출자총액의 50%를 초과소유)이다.

자회사형 표준사업장에서 고용한 장애인원을 모회사의 장애인 인원으로 산입하여 부담금을 감면해 주고 무상지원금을 10억 원 내에서 지원한다. 「조세특례제한법」에 의한 세액감면 혜택, 장애인표준사업장 생산품 우선구매제 시행, 모회사의 자회사 지원 가능 특례도 신설되었다.

장애인 보조공학기기 지원

장애로 인해 직업생활에 어려움을 겪는 장애인에게 작업용 보조공학기기를 무상으로 지원하여 고용안정 및 고용촉진을 도모함이 목적이다. 장애인을 고용한 사업주와 장애인근로자가 대상이며, 보조공학기기 및 차량용 보조공학기기를 지원하고 있다. 장애인을 고용한 사업주에게는 직업생활용 보조공학기기 그리고 장애인근로자에게는 출퇴근 자동차 개조 및 운전보조공학기기를 제공한다.

장애인 고용관리비용 지원

사업목적은 중증장애인을 고용한 사업주의 고용관리비용 부담완화와 장애인근로자의 직장적응력 제고이다. 지원대상은 중증장애인을 고용하여 기준에서 정한 자격을 갖춘 작업지도원을 위촉 · 배치하여 작업지도를 실시한 사업주이다. 사업주가 수급자격인정 신청일 90일 이전에 중증장애인근로자를 새로이 고용하고 작업지도원을 선임하여 장애인 1명당 월 12시간 이상 작업지도를 실시해야 한다(작업지도원 1명당 관리대상 장애인은 5명을 초과할 수 없음). 대상 장애인 1명당 월 14만 원(평가 결과에 따라 최대 3년간 지원)까지 지원한다.

장애인 근로지원인 제도

담당업무를 수행하는 능력을 갖추었으나 장애로 인하여 업무를 수행하는 데에 어려움을 겪는 중증장애인근로자에게 근로지원인 지원을 통해 직업생활 안정을 도모함이 목적이다.

지원대상은 중증장애인 근로자이며 중증장애인의 부수적 업무(서류낭독, 물품이동 등)를 지원하는 보조인을 지원한다. 지원 단가는 2023년 기준으로 시간당 9,620원(수화통역 근로지원인의 경우 11,544원)이고 본인자부담은 시간당 300원이다.

장애인 고용시설 설치비용 융자

장애인을 고용하였거나 고용하고자 하는 사업주에 대하여 장애인고용 관련 작업시설, 부대시설, 편의시설 등의 설치비용을 융자지원함으로써 장애인 신규 고용 창출 및 고용안정을 도모하는 것이 목적이다. 지원대상은 장애인을 고용하여 사업을 운영하고 있거나 운영하고자 하는 사업주이고 장애인 1인당 1억 원 이내, 사업주당 15억 원 한도, 대출금리 5%, 5년 상환조건(2년 거치 3년 균등분할상환)으로 융자하고 있다. 융자금 용도는 작업시설, 편의시설, 부대시설의 설치비용 및 구입비용, 수리비용, 생산라인 조정비용, 출퇴근용 승합자동차 구입비용 등이다.

장애인 고용시설 · 장비 지원

사업주의 장애인고용에 따른 고용비용부담 경감과 근로환경 개선을 통해 장애인의 직장적응력 향상 및 고용안정을 도모함이 목적이다. 지원대상은 장애인을 고용하여 사업을 운영하고 있거나 운영하고자 하는 사업주이고, 장애인근로자 1인당 1천만 원(중증 1천 5백만 원) 한도 지원, 사업주당 3억 원 한도로 지원하고 사업주에게 장애인 고용에 따른 작업장비 · 공구, 편의시설, 통근용 승합자동차 구입비용을 지원하고 있다(단, 장애인근로자 2년 고용 조건)

중증장애인 지원고용

직무수행에 필요한 기술과 직장적응을 위한 현장체험을 통하여 구직 장애인에게 새로운 일자리를 창출해 주는 것이 목적이다. 중증장애인의 직무 및 직장적응을 위해 선 배치, 훈련 후 고용하는 방식으로 사전 훈련(6일 이내) 후 현장훈련(기본 3주 최대 7주, 필요시 최대 6개월)을 실시하고 훈련사업체에 직무지도원을 배치한다. 15세 이상 중증장애인이 대상이며, 훈련생에게는 훈련준비금을 지원하고 사업주에게는 보조금을 지원한다.

장애인 직업능력개발 지원

직업을 희망하는 장애인에게 다양한 직업능력개발 및 직업재활 서비스를 제공함으로써 장애인의 직업능력개발을 개발함을 목적으로 한다. 지원대상은 5개 직업능력개발원, 6개 맞춤훈련센터, 19개 발달장애인훈련센터, 3개 디지털 관련 센터, 공공훈련기관(폴리텍) 및 민간훈련기관에서 훈련받은 장애인이다. 장애인고용공단 산하 능력개발원(일산, 부산, 대구, 대전, 전남), 맞춤훈련센터(서울, 천안, 창원), 발달장애인훈련센터(서울, 인천, 대구, 광주), 디지털 관련센터(구로, 판교, 광주)에서 훈련받는 장애인에게 훈련수당을 지급한다. 공공훈련기관(폴리텍)에서 훈련받는 장애인에게도 훈련수당을 지급하고(교사에게 교사수당 지급) 민간훈련기관 공모를 통해 훈련비 지원 및 장애인 훈련생에게 훈련수당을 지급하고 있다.

중증장애인 인턴제

사업목적은 취업이 더 어려운 중증의 장애인을 대상으로 인턴 근무기회를 제공하고 직장 적응 및 직무 능력 향상을 통해 정규직으로의 취업 가능성을 제고하는 것이다. 지원대상은 특정 유형(척수손상 또는 근육병증으로 운동기능장애가 있는 지체, 뇌병변, 시각, 안면, 심장, 신장, 간, 호흡기, 장루 · 요루, 정신, 자폐성장애인)의 중증장애인을 채용한 사업체이다. 지원요건은 고용보험가입 사업장이고 지원내용은 인건비 일부 지원, 정규직 전환 시 지원금 지원이다. 인턴 채용 사업체에 인턴기간(최대 6개월) 동안 월 약정임금의 80%(최대한도 월 100만 원) 지원, 정규직으로 채용하는 경우 6개월간 최대 월 80만 원을 추가 지원하고 있다.

장애인 취업성공패키지

장애인의 개인별 취업활동계획에 따라 취업역량을 강화하고 심층상담 및 훈련, 취업알선 등의 단계별 통합 취업지원 프로그램을 집중 제공하여 성공적인 취업과 고용안정을 지원함이 목적이다.

지원대상은 취업을 희망하는 만 18세 이상 장애인이며, 지원요건 모두 충족 시 참여수당 15만 원(1단계 필수), 구직역량강화 단계를 수료하면 별도의 참여수당을 받고 최종적으로 취업성공 후에 근속유지 개월 수에 따라 30만~80만 원을 추가로 받게 된다.

8 장애인 고용 관련 이슈

1) 장애인 근로자성 인정 관련

문제제기

일반적으로는 노동시장 내에서 근로하고 있는 자들에 대해서는 통상 「근로기준법」과 「최저임금법」의 적용을 받는다. 장애인도 마찬가지다. 자유로운 계약 의사에 따라 근로의사와 채용의사를 교환하고 근로계약서를 토대로 근로자로 인정받기 때문이다. 문제는 보호고용제도에 의해 운영되고 있는 장애인직업재활시설에서 일자리를 갖고 있는 장애인이 근로자인지에 대한 것이다. 만약 근로자로 인정되면 「근로기준법」, 「최저임금법」 등 노동관계 법률의 적용을 받게 된다. 그러나 근로자성을 인정하지 못하면 최저임금을 지급하지 않아도 된다든가 등 노동법에서 규정하고 있는 내용들을 적용하지 않더라도 법에 저촉되지 않는다.

그렇다면 왜 근로자성을 적용할지 말지를 고민하는가? 모든 장애인을 근로자로 인정하게 되면 장애인직업재활시설 이용장애인에게도 근로자로서의 법적 지위와 그에 부합하는 이익을 향유할 수 있도록 해야 한다. 그러나 직업재활시설에서 일을 하고 있는 장애인의 생산성이 최저임금 지급수준과 맞먹는지에 대한 의문이 있기 때문이다. 적어도 생산성만 따져서는 그렇다는 의미다. 만약 생산성이 최저임금 지급수준에 미치지 못하면, 장애인직업재활시설에 인건비 등에 대해 국가 및 지방자치단체가 지원하고 있음에도 불구하고 최저임금을 지급하기는 어려울 경우 직업재활시설 운영자는 최저임금 적용제외를 신청해야 한다.

최근 판례

근로자성을 판단함에 있어 고려되는 원칙적 요소에는 지휘명령적 요소, 임금성 요소 그리고 기타요소가 있다. 지휘명령적 요소는 근로자가 담당하는 업무가 사용자에 의해 결정되고 취업규칙, 복무규정, 인사규정의 적용을 받으며 사용자에 의해 근무장소가 결정되고 구속되는가 등과 관련된 것을 말한다. 임금성 요소는 보수가 근로 자체의 대상적 성격을 갖는지, 기본급이나 고정급이 정해져 있는지 등을 기본 내용으로 하고, 기타요소는 「세법」이나 사회보장제도에 관한 법령 등에 의해 근로자로서의 지위를 인정받는지 등을 그 내용으로 한다.

직업재활시설 중에서 보호작업장에서 일하는 장애인이 근로자인지의 여부와 관련해서는 당초 근로사업장에서 근로하는 장애인에 비해 보다 중증의 장애가 있는 자로서 최저임금에 대한 보장 없이 일자리를 제공받는다는 점, 장애인복지관이나 주간보호시설 등 지역사회재활시설 인프라가 충분히 갖춰지지 않은 상태에서 보호작업장에서 일한다는 자체가 '보호적 돌봄(protective care)'의 성격을 가지고 있어서 이들의 근로자성에 대해서는 인정하기 어렵다는 견해가 그간에 지배적이었다(강동욱 · 석말숙, 2006).

하지만 2011년 서울행정법원에서 판결을 내린 것은 그간의 지배적인 의견과 달랐다. 장애인보호작업장을 운영하는 법인에서 일부 장애인에 대해 최저임금 적용제외 인가신청을 하는 과정에서 서울지방고용노동청 서울남부지청장이 불인가처분을 함에 따라 위의 법인이 불인가처분취소소송을 제기한 것이다.

이에 대하여 법원은 장애인직업재활시설에서 직업훈련을 받는 것뿐만 아니라 실질적으로 근로를 제공하고 그에 따라 임금을 지급받는다면 근로자성을 인정해야 한다고 판시하였다. 즉, 사용종속관계에서의 임금성 요소를 판단함에 있어 장애인직업재활시설 근로장애인도 근로에 대한 대가를 받는 것이므로 보호고용되어 있고 중증장애인이라 하더라도 근로자성은 인정해야 한다는 입장인 것이다. 또 사용종속관계에서의 지휘명령적 요소, 근로제공관계의 지속성 등 기타요소에 대해서도 근로계약, 임금지급, 사회보장제도 적용과 관련해서도 직업재활시설 근로장애인이 형식적인 근로관계에 있다기보다는 실질적인 근로관계에 있다고 판단하였다.

위의 판결은 보호작업장의 중증근로장애인의 근로자성을 인정했다는 점에서 종래 사회서비스의 일환으로 일거리를 소일하는 보호적 차원의 프로그램 이용대상자로 간주되던 관행을 뒤집고 근로자성을 인정했다는 점에서 그 의의가 매우 크다고 볼 수 있다. 근로관계에서의 사용종속성에 대해서도 종합적으로 고려하면서 노동관계법의 보호 필요성을 명시함으로써 실질적인 사용종속성을 기준으로 판단하도록 한 입장을 일반노동시장뿐만 아니라 직업재활시설에 대해서도 그 근로장애인에게 그대로 적용했다는 점에서 새로운 전기를 마련하는 판례라고 평가될 수 있다고 본다(서정희, 2012).

2) 장애인에 대한 최저임금 적용제외

최저임금제 적용

최저임금제도는 근로자에 대하여 임금의 최저수준을 보장하여 근로자의 생활안정과 노동력의 질적 향상을 기함으로써 국민경제의 건전한 발전에 이바지하게 함을 목적으로 한 제도로서 1987년부터 시행되었다. 근로자의 생산성이 아무리 낮더라도 지켜야 할 최저수준을 정해놓음으로써 근로자가 임노동을 제공하면서 노동재생산을 위한 최저한도 그 이상의 임금을 받도록 이를 법이 보장하는 성격인 것이다.

최저임금 적용제외 제도는 고용노동부장관의 인가를 받아 근로자의 정신 또는 신체의 장애로 인해 업무를 수행하는 데 직접적으로 현저한 지장을 주는 것이 명백한 경우 사용자의 「최저임금법」 적용을 제외하는 제도이다. 관련 법 시행규칙에서는 정신 또는 신체 장애인으로서 담당하는 업무를 수행함에 있어 그 정신 또는 신체의 장애로 인하여 동일 또는 유사한 직종의 최저임금을 받는 다른 근로자 중 가장 낮은 근로능력자의 평균 작업능력에도 미치지 못하는 자로 인가 기간은 1년을 초과할 수 없다고 규정하고 있다.

이러한 최저임금 적용제외제도는 장애인 고용을 증진시킬 수 있는 유인효과가 있다는 점에서 긍정적이다. 즉, 노동생산성이 낮은 중증장애인에게 최저임금을 지급하는 것이 사업주에게 상당한 부담으로 작용한다면 가급적 중증장애인 고용을 꺼릴 것이고 그 결과 전반적인 장애인 고용률은 매우 낮아지는 상황이 초래될 수 있다는 것이다.

그러나 다른 한편으로는 최저임금 적용제외 인가를 받은 경우 인가 장애인 근로자에 대한 임금규정이 없어 장애인 근로자의 임금수준이 자신의 노동생산성에 비해 매우 낮게 책정되어도 이를 검증할 방법이 없고 갈수록 직업재활시설에서의 최저임금 적용제외 인가신청이 늘어나고 있다는 점이다.

〈표 8-14〉 **사업장 유형별 최저임금 적용제외 인가 신청인원 현황** (단위 : 명, %)

연 도	합 계	일반기업체		직업재활시설	
		신청인원	비 율	신청인원	비 율
2014	5,967	332	5.6	5,635	94.4
2013	4.484	339	7.6	4,145	92.4
2010	2,110	381	10.1	1,729	81.9
2007	1,176	475	40.4	701	59.6

출처 : 이수용 · 김민정(2018).

장애인에 대한 최저임금 지급 현황을 살펴보면 근로장애인 10,688명 중 최저임금 이상의 임금을 받는 장애인은 3,056명으로 28.6%이다. 근로사업장에서는 최저임금 이상 받는 근로장애인이 1,598명으로 62.7%인 반면, 보호작업장에서는 8,138명 중에서 1,458명으로 17.9%에 그치고 있는 실정이다.

〈표 8-15〉 **2016년 직업재활시설 근로장애인 최저임금 관련 현황**

구 분		근로장애인 수(명)	월평균임금(천 원)	평균시급(원)	월평균근로시간
전체	전체	10,688(100%)	541	3,935	138
	최저임금 이상	3,056(28.6%)	986	7,157	137
근로사업장	전체	2,550(100%)	1,011	5,916	167
	최저임금 이상	1,598(62.7%)	1,165	7,275	161
보호작업장	전체	8,138(100%)	394	3,297	129
	최저임금 이상	1,458(17.9%)	789	7,048	110

출처 : 이수용 · 김민정(2018).

이러한 최저임금 적용제외와 관련하여 그간에 다양한 대안들이 권고 · 제시되었는데, 2013년 11월에는 국가인권위원회가 장애인의 최저임금 보장을 위해 직업적 사정을 토대로 근로능력별 정부책임과 고용주 책임을 차등화하여 보조금 비율을 정한 후 최저임금 미달금액에 대해 고용보조금 지급을 검토하라고 고용노동부에 권고한 바 있다.

UN장애인권리위원회에서도 정부가 보충급여제를 도입하여 「최저임금법」에 의한 최저임금의 적용을 받지 못하는 장애인에게 보상하도록 의견을 제시한 바 있다.

최저임금 적용제외제도와 감액적용제도

고용노동부는 2015년 장애인고용종합대책에서 그간 장애인 최저임금 적용제외와 관련하여 제기된 다양한 의견과 외국의 최저임금 적용사례 등을 종합적으로 검토하여 현실적인 대안인 장애인에 대한 최저임금 감액제도 도입을 검토하겠다고 밝힌 바 있다.

그러나 최저임금 감액제도를 도입하기 위해서는 다양한 제도적 보완이 필요한데 구체적으로는 다음과 같다(남용현, 2014). 우선 장애인 중 최저임금 감액적용을 받기 위해서는 「근로기준법」상 근로자성이 인정되는 근로자가 누구인지 그

범위를 명확하게 할 필요가 있다. 외국의 경우 일반노동시장으로의 전이를 목적으로 하는 직업재활시설에 대해서는 최저임금을 지급하고 있으나 치료적 재활을 목적으로 하는 경우는 최저임금을 지급하지 않고 있다. 다음으로는 장애인 근로자의 작업능력을 평가하기 위한 인프라 구축이 필요하다. 장애인 작업능력 평가를 위한 적합한 평가도구가 개발되어야 하고 작업능력 평가를 위한 전문인력이 확보되어야 한다. 아울러 작업능력 평가의 정확성 향상 및 평가의 신뢰도 제고를 위한 평가방법이 정교하게 개발되어야 한다. 감액적용제도가 도입되면 직업재활시설 근로장애인에 대한 임금보전에의 부담 때문에 고용장애인의 수가 줄어들 우려가 있는데 이와 밀접한 관련이 있는 비용증가분 소요재원 부담주체, 즉 국가 또는 고용주 중 누가 어느 정도 부담할 것인지에 대해서도 논의가 필요하다.

최저임금 적용제외와 생활비용 보장

최저임금을 지급하지 못하여 생계가 어려운 경우 임금을 보전하는 방법도 있겠지만 독일의 사회부조처럼 국가가 부족한 생활비를 보전해 주는 방법도 고려해 볼 수 있다. 그러나 현재로서는 국민기초생활보장제도에서 생계급여를 두고 있지만 가족보호 우선주의와 가족단위 보호주의 원칙에 따라 장애인이 성인이라도 부모의 소득재산 정도에 따라 국가의 보호를 받는 데 제약이 있다.

그러므로 부양의무자제도를 폐지[3]하여 성인으로서 일을 통해 자립을 도모하지만 현저히 낮은 노동생산성으로 최저임금을 보장받지 못하여 자립을 도모할 만큼의 수입을 벌어들이지 못하는 경우에는 국가가 부모의 존재 여부 및 부양능력과 관계없이 필요한 생활비의 부족분을 보전해 주는 것이 필요하다. 이때 자신의 노력에 의해 보다 많은 임금을 받도록 노력하여 이룬 성과인 임금상승분에

3 보건복지부 박능후 장관은 한겨레신문 이창곤 논설위원과의 대담(2019. 4. 16일자 보도)에서 부양의무자 기준 전면폐지를 공식화했다. http://www.hani.co.kr/arti/society/society_general/890283.html

대해서는 근로유인효과를 해치지 않도록 생계급여 공제비율을 낮게 책정할 필요가 있다.

PART 03

장애인 서비스와 전달체계

우리나라에서 보건복지부 중심의 사회복지서비스가 실천현장에서 가시화되기 시작한 것은 1980년대 종합사회복지관이 지역사회복지, 재가복지라는 이름으로 등장한 것에서부터 출발한다고 해도 과언이 아니다. 그만큼 공공부조나 사회보험보다는 그 시작 시기가 매우 늦었다. 하지만 노인복지관, 장애인복지관이 각각 「노인복지법」, 「장애인복지법」의 체계화에 힘입어 기초자치단체에 설치가 확산되면서 사회복지서비스의 양적인 팽창과 함께 질적인 수준 향상을 위한 사회적 관심이 점차 커지기 시작하였다.

사회복지서비스라는 개념이 「사회보장기본법」에서 2013년 사회서비스로 확장되고, 2007년 장애인활동지원서비스, 2008년 노인장기요양보험과 함께 급속도로 팽창한 바우처사업은 우리나라 사회서비스의 이용자 중심 패러다임으로 그 중심축을 옮기는 데 크게 기여하였다.

활동지원서비스는 그 시작은 미약하였지만 이제는 연간 예산이 2조를 넘어서면서 바우처사업의 핵심으로 떠올랐다. 2005년 지방이양사업으로 위축되었던 보건복지부로서는 다시금 국고보조사업을 확대할 수 있는 절호의 기회였고, 기획재정부로서는 사업전개방식의 코페르니쿠스적인 전환이라고 할 수 있는 바우처사업을 통해 새로운 일자리를 창출하고 시장기제에 기초한 사업방식은 그들에게 익숙하여 거부감이 적어 도입에 따른 부처 간 알력도 적었을 뿐만 아니라 오히려 급속도로 성장할 수 있는 기반이 되었다.

한편 보건복지부는 문재인 정부에 들어서 대통령 소관인 국정과제 형식의 장관 관심사항을 정책어젠다로 제시할 수 있는 공간을 마련해 달라는 요청에 화답한 것이 커뮤니티케어였다. 커뮤니티케어는 장애인부터 시작한 영국과 달리 우리나라에서는 의료비 절감이라는 현실적 이슈 때문에 노인부터 시작하면서도 장애인 커뮤니티케어에서는 탈시설화와 직결되어 있어 사회적 관심이 노인 분야에 쏠려 있음에도 불구하고 그 비중은 적지 않아 보인다.

장애인복지전달체계는 전체 사회복지전달체계의 큰 흐름에서 벗어나지 못하는 한계를 지니면서도 장애인 분야만의 독특한 성격 때문에 가질 수밖에 없는 독자성을 어떻게 큰 흐름과 연결하여 구현할 것인가가 관건이다. 하지만 어떻든 간에 정책이 개발되어 오면서 점차 누더기 정책으로 되어감에 따라 전달체계는 새롭게 정리할 필요가 있으며, 장애인 중심의 정책공급자 간의 유기적 연계 이슈 또한 시급히 해소해야 할 해묵은 과제라고 볼 수 있다.

Chapter 09

장애인거주시설과 탈시설화[1]

- 영국 경험이 주는 함의 중심으로 -

"왜 시설에 계시는 분들은 식판 들고 떠 주는 밥과 반찬을 먹어야 하나요? 우리는 집에서 그렇게 매일 먹나요? 그렇지 않잖아요. 그런데 '왜 시설에 계시는 분들에게만 그런 삶을 강요하는 거지?'라고 물어보면 뭐라고 답할 수 있을까요?"

일하던 과천정부청사에 업무차 방문한 故 임성만 원장(당시 장봉혜림원)이 시설정책 담당사무관이었던 나에게 물었던 질문들이다. 그게 무슨 의도로 묻는 것인지 몰라 머뭇거릴 때 한 걸음 더 치고 나왔다.

"장애인에게 선택권이 주어지나요? 우리들은 매일 선택하면서 살잖아요. 그런데 장애인은요? 선택할 수 없고 일방적으로 주어지는 것은 복지서비스의 핵심이 아니에요."

그렇지 않아도 얼떨떨한데 이제는 K.O. 펀치를 맞은 것처럼 그냥 나가떨어졌다.

그때가 1997년이었다.

1997년에 그분은 선택권 이야기를 나에게 들려주었다. 그런 문제의식이 있었다.

부끄럽게도 그 말을 알아듣는 데 한참 시간이 걸렸다.

비록 외딴 섬에 있는 시설이었지만 실천원리는 적어도 몇십 년 앞섰던 것 같다.

그나저나 이제 화두는 '장애인 분들이 지역사회 내에서의 의미 있고 주체적인 삶을 어떻게 살아가게 할 것인지'이다. 세월이 지나면 아마 2019년은 탈시설화 역사에서 큰 의미 있는 해가 될 것으로 보인다.

---

1 이 글의 대부분은 김진우(2018). 영국 장애인 탈시설화의 함의 : 지역사회 내 거주 및 주체성 증진을 중심으로. 한국사회복지학, 70(3), 7-27에서 발췌하였다.

1 들어가면서

최근 장애인복지 분야에서는 자립생활의 이념, 장애에 대한 사회적모델에 기반한 장애운동의 활발한 전개와 이에 조응하는 정책들이 개발 · 도입됨에 따라 장애인의 삶의 조건과 질적 수준이 향상될 수 있는 제도적 기반이 꾸준히 마련 · 확대되어 왔다. 장애인연금, 장애인활동지원 등 급부행정뿐만 아니라 장애인차별 및 장애인에 대한 유기 · 학대 등에 법적 제재가 명문화된 것이 이에 해당한다. 특히 장애종별 중에 발달장애인에 대한 권리보장과 복지지원에 대한 법이 별도로 제정됨에 따라 「장애인복지법」이 충분히 포괄하지 못했던 발달장애적 특성을 반영할 수 있는 토대가 마련되었다.

하지만 그러한 발전에도 불구하고 우리 사회의 눈길이 잘 가지 않는 사각지대가 존재하는데 그중의 하나가 장애인거주시설이다. 2011년 「장애인복지법」의 개정으로 신규시설은 입소정원이 30인 미만이 되도록 하였으나 오래전부터 존재해 왔던 기존의 시설들은 「사회복지사업법」에 따라 300인 미만의 범위 내에서 대규모로 운영되는 시설들이 여전히 존재하고 있다.

지속적인 경제성장과 그에 따른 부의 분배, 거주조건의 향상에도 불구하고 다수의 장애인들은 보편적인 거주형태에서 벗어나 집단거주방식의 굴레에서 벗어나고 있지 못한 실정이다.

그간에 이러한 거주시설에서의 거주공간 혁신, 탈시설화에 대한 논의는 끊임없이 있어 왔다. 또 이러한 연구 흐름과 함께 문재인 정부에 들어서는 100대 국정과제에 탈시설화가 포함되었고(국정기획자문위원회, 2017) 최근 보건복지부에서는 커뮤니티케어정책 추진의지를 발표(보건복지부, 2018a)함에 따라 탈시설화의 추진은 매우 근거리의 가시권 내로 좁혀지게 되었다. 그렇다면 탈시설화를 어떤 과정을 통해 어떤 내용으로 추진할 것인가? 이는 우리로서는 가보지 않은 미지의 세계이기 때문에 더욱 외국의 역사적 경험을 통해 우리의 방향을, 미래를 모색해 보지 않을 수 없는데, 여기에서는 영국의 경험에 비추어 우리 현실을 되돌아보고 탈시설화의 방향을 제시해 보고자 한다.

2 영국 장애인의 탈시설화

1) 탈시설화 추진배경

영국에서는 사회에 방치되어 있던 발달장애인들이 자신과 타인에 대한 가해, 가족과 지역사회 내에서의 비참한 삶을 살아가는 모습에 대한 사회적 보호가 필요하다는 인식에 따라 이에 대한 대책을 마련한 것은 1800년대 후반에서 1900년대 초반이었다. 1896년에 설립된 '전국 정신박약자 돌봄연합회'가 출범하였고(HMSO, 1907 : 13), Mental Deficiency Act가 1913년 입안되어 항구적인 격리보호의 근거가 마련된 것이다.[2]

이러한 시설보호가 탈시설화의 흐름으로 전환하게 된 계기는 1959년 정신보건법(The Mental Health Act)의 제정이라고 볼 수 있다. 동법에서 정신질환자를 정신적인 핸디캡(mental handicap)을 가진 자들로부터 분리하면서(Partington, 2005 : 243) 예전에 정신적 장애를 한 묶음으로 간주하던 관행에서 탈피하여 발달장애를 별도로 고려할 수 있는 정책적 기반이 조성되어 정신장애와 달리 발달장애인의 지역사회 내 거주 가능성을 정책적으로 염두에 두기 시작하였다.

한편 시설에서 생활하게 되는 것이 장애 때문이 아니라 오히려 사회가 그러한 방식과 내용을 만들어 내고 장애를 고착화시킨다는 것을 사회적 담론으로 이해할 수 있도록 촉발한 것은 Goffman의 연구에서이다(Goffman, 1961). 또 병원에서 장기간 생활한 정신적인 장애가 있는 자들의 삶에 대한 시설의 파괴적 효과를 드러낸 연구(Barton, 1959; Goffman, 1961)가 제시되었지만 실제 삶의 현장에서는 크

2 이 법에서 Mental Deficiency는 네 가지로 세분화하고 있는데 idiots, imbeciles, feeble-minded person, 그리고 moral defective로 구분하였다. 처음 세 가지는 지적장애의 다른 정도를 표현하는 것이고 오늘날의 분류로 따진다면 중증, 중도(moderate), 그리고 경증이라고 볼 수 있다. 그런데 moral defective는 앞의 세 가지와 결이 좀 다르다. 이들은 악하거나 범죄적 성향이 강하여 처벌의 효력이 별로 없어 항구적인 격리보호조치가 필요하다고 간주된다. 그런데 이들이 앞선 세 가지의 발달장애의 옛 명칭들과 한 분류체계 내에 포함됨으로써 발달장애인 또한 사회로부터 분리되어 시설에 격리될 수 있는 논거로 활용되었다.

게 달라진 것이 없다가 이후에 실제로 병원의 억압적인 모습이 세상 밖으로 알려지고 사회적 공분을 불러일으키면서 관련 정책들의 변화를 이끌어 내게 되었다. 이러한 사회적 흐름은 결국 1962년 잉글랜드와 웨일즈 병원계획(Hospital Plan)에서 1975년까지 정신병동[3]의 절반을 폐쇄하기로 하는 결정으로 이어졌다.

이후 정부가 본격적으로 탈시설을 정책어젠다로 내세운 것은 Better Services (Department of Health, 1971)에서였다. 이는 서비스를 제공함에 있어 장애인을 다른 사람과 같이 인간으로서의 가치를 존중해야 한다는 의미에서 북아메리카와 스칸디나비아에서의 '정상화(Normalization)', 이후 미국에서의 '사회적 역할 가치(Social Role Valorization : SRV)'와 동시대적으로 그 맥락을 같이한다고 볼 수 있다(Hamlin & Oakes, 2008 : 47).

이러한 흐름은 1970년대 중반까지 오일쇼크와 경기침체의 영향으로 경제긴축이 이루어지면서 재가보호 확대 및 법정급여에서 커뮤니티의 역할과 책임을 강조하는 정책상의 변화와 맞물려 전개되었다(Parker & Clarke, 1995). 이는 단지 자원의 효율적 활용문제라기보다는 가족, 비영리부문 등 비공식 네트워크로의 이데올로기 중심축의 이동을 예고하는 것(Griffiths, 1988)이라고 볼 수 있는데, 탈시설 그 자체와 탈시설 이후의 제도적 정비 필요성에 초점을 두고 대안을 모색하게 되었다.

이어서 1981년 7월 16일 『Care in the Community』 Green Paper에서 재정과 돌봄의 책임을 NHS를 담당하는 보건당국에서 지방정부와 민간조직으로 이관하는 방법을 제안하면서 장애인이 거주하는 기존 대규모 정신병원의 공간적 비효율성과 낙후된 건물을 보수하는 데 따른 막대한 비용부담을 그 이유로 들었다. 아울러 장기적인 의료 및 사회서비스가 필요한 사람의 대부분은 지역사회 기반 돌봄모델을 통해 수용되어야 한다는 점을 강조하였다. 한편 지방정부에서는 지역

3 정신병동이라 하더라도 모두 정신질환자만 입원했던 것은 아니다. 1959년 Mental Health Act 제정을 통해 정신질환과 발달장애를 구분할 만큼 혼돈스러웠던 것이다. 발달장애인에 대한 탈시설화 또한 대형병원에서의 인권침해가 문제되기도 했지만 발달장애가 정신질환과 다르다면 왜 발달장애인이 병원에 있어야 하는가? 라는 질문을 던지기 시작하면서 촉발된 점이 크다(Brend, 2008 : 23-24).

주민으로서의 장애인에 대한 거주 및 돌봄서비스를 제공하는 데 필요한 재원을 중앙정부로부터 받기 위해 병원폐쇄에 따른 탈시설화와 후속조치 프로그램의 도입을 강력하게 지지하게 되었다(Bradley et al., 1994; Oliver & Barnes, 1998). 이어서 1983년에는 정부가 『Care in the Community Initiative』를 발표하면서 장기입원병원에의 거주자에 대한 거주공간 이동을 실제로 지원할 수 있는 방안을 마련 · 제시하게 되었다.

결국 영국에서 탈시설화가 촉발된 것은 대규모 정신병원에서 생활하는 장애인들의 집단 거주에 따른 인권침해 및 침해 가능성이 지속되어서는 안 된다는 사회적 관심, 보수당 정부의 신자유주의 정책기조에 따른 공공부문의 축소와 민간주도 서비스 공급으로의 정책 무게중심 이동, 그리고 이에 따른 기존 대규모 정신병동 운영의 비효율성과 예산의 낭비적 요소에 대한 반성 등으로 요약될 수 있다.

2) 탈시설화 추진과정

(1) 지역사회 내 거주

영국의 탈시설화 추진에서 지역사회 내 거주와 관련해서는 기존의 국영 대형병원을 폐쇄하는 것과 거주서비스 이용자들을 위한 새로운 거주공간을 마련하는 것으로 대별될 수 있다. 먼저 대형병원 폐쇄와 관련하여 제일 먼저 발달장애인을 위한 병원이 폐쇄된 것은 사우스워크(Southwark)에 위치했던 다렌스파크병원(Darenth Park Hospital)이었다. 1973년 지역보건위원회(Regional Health Board)가 폐쇄를 결정하였으나 지역사회 내 거주공간이 마련된 1986년부터 이주작업이 본격적으로 시작되었다(Brend, 2008 : 28).

이후 정부는 국가보건서비스(National Health Service : NHS) 산하에 있었던 많은 병원들을 영국 각 지역에서 폐쇄하기 시작하였는데, 폐쇄된 병원은 다렌스파크병원과 같이 동일 부지에 일반병원을 신축하거나, 잉글랜드의 중서부지역에 위치한 워드슬레이병원(Wordsley Hospital)과 같이 병원 건물을 일반거주지로 용도변경하고 주변을 매각하여 민간 주택업자에게 매각하는 경우도 있다. 한편 폐쇄한 것은 그간에 제공하던 기능을 중단한 것이므로 건물은 그대로 두되, 내부 리모델링을 통해 사무실로 이용하기도 한다.[4] 하지만 폐쇄를 결정하더라도 실제 지역사회 내 거주공간으로 이동하는 데 시간이 걸리고 일부는 퇴소를 거부하는 경우도 있어 이용자들이 사망하거나 스스로 퇴원을 결정할 때까지 기다리게 되면서 폐쇄결정과 실제적인 폐쇄작업 사이에 시간적 간극이 적지 않은 경우도 발생하게 되었다.

이러한 대형병원을 폐쇄하는 작업은 오차드힐병원(Orchard Hill Hospital)을 마지막으로 2008년에 마무리되었다는 주장(Brend, 2008 : 55)도 있으나 이후에도 여전히 많은 다수의 발달장애인이 병원에 머물고 있으며 언론에서는 계속 대형병원에서의 인권침해 사례와 그에 따른 병원폐쇄를 다루고 있었다(The Guardian, 2015; The Telegraph, 2015)는 점에서 탈시설화는 여전히 현재진행형으로 보는 것이 타당하다.

한편 새로운 거주공간으로의 이동은 대처 정부에 이어 집권한 보수당 정부의 신자유주의 사상에 입각하여 민간자본에 의한 거주시설이 단기간 내에 많은 수가 신축됨에 따라 공공부문에서 민간부문으로 거주 및 돌봄서비스 제공의 중심축이 이동하게 되었다. 즉, 공공부문의 공급중단을 민간부문이 공급을 확대하도록 정부가 유도하면서 문제를 풀어나간 것이다. 수급의 균형을 맞추기 위해서 실제 거주공간을 이동하게 되기까지 시간이 오래 걸리기도 했지만 그나마 거주공간의 이동이 순조로웠던 것은 정부가 사회복지급여를 통해 민간운영 거주시설로의 입주를 지원했기 때문이다(Means & Smith, 1998). 정부는 민간거주시설에

4 Barnsley Hospital은 소재지역을 관할하는 지역보건기관연합체(Clinic Commissioning Groups : CCG)의 사무실로 활용되고 있다. CCG는 Primary Care Trust(PCT)의 후신으로서 해당지역 내에 있는 보건소(General Practice : GP), 각종 전문클리닉 그리고 병원 등 개별기관에서 수행하기 어려운 지역건강 이슈들을 다루고 보건의료기관들 간의 원활한 소통을 담당하고 있다. 이렇게 폐쇄하더라도 그 건물 자체를 허물지 않는 이유 중 하나는 건물이 보존해야 하는 일종의 문화재로 지정(designated)되어 있기 때문으로, 외관은 법적으로 손대지 못하고 내부 기능만 리모델링하여 공간을 계속 활용하고 있다.

입주하기를 희망하는 자들에 대한 자산조사 기준을 마련하고 이를 적용하였으나 입주자격을 걸러내는 엄격한 잣대로 활용하지는 않았다. 더군다나 정부가 민간거주시설의 이용 필요성에 대해 검증하는 욕구사정이 이루어지지 않았다. 뿐만 아니라 형평성을 기하기 위해 탈시설화에 따라 거주공간을 이동하는 장애인뿐만 아니라 지역사회 내에 거주하고 있었던 장애인들에게도 동일한 기준을 적용하면서 민간거주시설 이용에의 수요가 커지게 되었다.

이러한 이유로 중앙정부에서 지급하는 사회보장급여의 소요예산이 1979년에는 10백만 파운드였으나 1986년에는 4억 5천 9백만 파운드, 급기야 1991년에는 18억 7천 2백만 파운드까지 치솟게 되었다. 이에 따라 느슨한 자산조사, 욕구평가체계의 부재 그리고 급격한 비용증가는 중앙정부로 하여금 전반적인 시스템의 변화 필요성에 대해 고민하게 만들었고 다른 한편으로는 대형병원에 거주하던 것을 가정이 아니라 민간에서 설치·운영하는 거주시설로의 수평적 이동에 불과한 것이라는 지적이 제기되었다(Means & Smith, 1998).

(2) 서비스 이용에의 주체성

탈시설화와 그 맥을 같이하는 초기의 지역사회 내 돌봄(Care in the Community) 정책는 이후 거주공간의 이동만으로는 커뮤니티케어를 완성하기 어렵다는 반성에 따라 그 중심축을 지역사회에 의한 돌봄(Care by the Community)으로 옮기게 되는데 그 초석이 된 것이 1981년의 『Growing Older』 보고서였다. 이어서 그리피스(Griffiths) 보고서에서는 커뮤니티케어정책의 일차적인 책임을 지방정부에 부과하고 지방정부는 개별사회서비스의 제공자가 아니라 계획, 조정, 구매자가 되어야 하며 시설보호서비스 이용필요 여부는 지방정부에 의해 사정(assessment)되어야 함을 강조하였다. 1990년에는 탈시설화를 넘어 커뮤니티케어정책 전반의 획기적 전환을 가져오는 『NHS 및 커뮤니티케어법(National Health Service and Community Care Act)』이 제정되기에 이르렀다.

동법에서는 종전에 민간거주시설 이용희망자에 대한 이용자격이 너무 느슨

하여 방만한 예산사용의 문제점을 시정하고 서비스 이용에의 체계성을 담보하기 위해 종합적인 욕구평가체계를 갖추어 지방정부의 사회서비스국(Social Service Department)에서 총괄책임을 지도록 하였다. 그러나 종전과 달리 지방정부는 과거 사회서비스의 공급서비스 제공자로서의 역할에 주력했다면, 이제는 민간에서 제공되는 서비스가 활성화되도록 서비스 구매자와 조정자의 역할을 수행하게 되었다. 즉, 서비스의 직접제공은 지양하고 민간에서 필요한 서비스가 제공되도록 기획하고, 조정하며 민간서비스를 구매하는 역할을 강조하게 된 것이다. 이에 따라 거주돌봄(Residential Care)에 대한 중앙정부의 사회복지급여를 당사자에게 직접 지원하던 것을 중단하고 이에 대한 정부예산을 지방정부에 교부하되, 지방정부가 책임지고 엄격한 욕구사정을 통해 재정지출을 통제하도록 한 것이다.

그러나 지방정부가 욕구사정 결과에 따라 서비스의 양과 이용방법을 공급자 중심으로 결정하는 것에 대해 장애인 당사자들이 문제를 제기하고 나섬에 따라 1996년 직접지불법(Community Care 〈Direct Payment〉 Act)이 제정되어 지방정부가 서비스를 설계해 주는 것이 아니라 현금으로 당사자에게 지급하면 당사자가 자신의 주도하에 자기 삶에 맞는 서비스 구매계획을 실현할 수 있도록 지원하는 역할을 수행하는 것으로 변화되었다. 이후 이 제도는 서비스 유연화(personalisation) 또는 자기주도지원(self-directed support)의 가치를 실현하기 위해 정부가 2003~2005년 동안 시범사업을 통해 개인예산제도(Personal Budget)로 발전시켜 2014년 Care Act를 통해 법제화되기에 이르렀다.

이에 따라 장애인은 자신의 선호에 따라 거주 및 돌봄서비스 이용 형태를 선택할 수 있게 된 것이다. 즉, 사회적 돌봄(social care)이 필요한 경우에는 지방정부(Local Authority)에서, 건강 돌봄(continuing health care)[5]이 필요한 경우에는 건강당국(Health Authority)에서 해당 돌봄 필요 여부와 정도를 평가받아 지원규모가 결정되면 이를 어떤 방식으로 실현시킬 것인지는 당사자가 설계하고 지방정부와 협의하여 사용계획을 수립하게 되는 것이다. 예를 들어, 장애인 당사자가 가족과 함

5 Continuing Health Care에 대한 설명자료인 https://youtu.be/DdTqGTPSRb8의 내용을 정리한 것이다.

께 거주하면서 개인예산제도 방식을 통해 지방정부나 건강당국과 합의한 내용과 범위에 따라 서비스를 구매할 수 있다. 만약에 가족과 함께 거주하지 않고 민간거주시설을 이용하는 경우도 가능하며, 이때는 돌봄필요 정도와 건강돌봄 필요인정 여부에 따라 케어홈이나 너싱홈에서 생활할 수 있게 된다.

3) 탈시설화과정에 대한 비판적 고찰

영국정부는 탈시설화정책을 커뮤니티케어정책의 큰 우산 아래 추진하면서 대규모 병원에서의 장애인들의 삶을 지역사회 내 거주공간으로 이동시켰으며 자신의 형편과 처지에 따라 가정 또는 거주 · 돌봄서비스가 복합적으로 제공되는 민간거주시설에서 생활할 수 있게 되었다. 뿐만 아니라 거주 · 돌봄서비스를 이용함에 있어서도 단순히 서비스 제공의 대상에 머무는 것이 아니라 자신이 행복하게 지역사회에서 생활하는 데 필요한 서비스를 자신이 기획하고 이를 실현시켜 나갈 수 있도록 하고 있다.

하지만 탈시설화정책을 지난 40여 년간 영국정부가 추진해 오면서 과연 정부의 당초 의도가 제대로 실현되었는지를 비판적으로 고찰할 필요가 있다. 정책은 의도한 목표대로 반드시 실현된다기보다는 많은 내재적 및 외생적 변수들에 의해 영향을 받기 때문이다. 이에 여기에서는 탈시설화의 추진과정에서 제시되었던 대규모 병원의 폐쇄, 민간의 활성화, 인권침해적 요소 제거, 비용절감 등에 대해 살펴보고자 한다.

(1) 대규모 병원폐쇄의 현실

영국에서 탈시설화가 추진됨에 따라 1960년에 잉글랜드와 웨일즈의 국가운영병원에서 거주하고 있던 발달장애인 65,000명은 그 숫자가 급속도로 감소되어 57,200명의 발달장애인이 지역사회 내에서 발달장애 지역사회간호사에 의해 관리되었다(Hamlin & Oakes, 2008). 그러나 병원이 폐쇄되었음에도 불구하고 1999년 집에서 법적인 서비스를 받는 사람은 전체 공적인 도움을 받는 발달장애인의

0.08%에 불과한 반면, 법적인 도움을 받는 발달장애인의 2/3는 집합적 거주공간(congregated settings)에서 생활하고 있었다(Department of Health, 1999). 또 주거급여 수급자격이 있는 발달장애인의 96%는 직원이 있는 케어홈(Care Home)이나 너싱홈(Nursing Home)에서 거주한다는 것을 2004년 커뮤니티케어 통계가 말해주고 있다(Department of Health, 2004).[6] 한편 탈시설화를 위한 노력에도 불구하고 많은 다수의 발달장애인이 병원에 장기간 입원해 있는 것을 보여주는 연구가 최근 제시된 바 있어 과연 영국에서 탈시설화가 완성되었는지에 대해 의문을 갖게 한다. 〈표 9-1〉을 보면 잉글랜드는 2015년 3,000명, 웨일즈는 130명, 북아일랜드는 144명의 발달장애인이 여전히 입원해 있는 것을 알 수 있다.

〈표 9-1〉 **영국 지역구분별 발달장애인 입원 수 추이** (단위 : 명)

구 분	조사대상	2011	2012	2013	2014	2015
잉글랜드	NHS 적용 + 비적용 포괄	-	-	3,250	3,230	3,000
스코틀랜드	NHS 적용 + 비적용 포괄	-	272	-	230	-
웨일즈	NHS 적용부문만 해당	118	133	130	120	130
북아일랜드	Health and Social Care만 해당 (NHS 비적용부문 입원서비스 제외)	315	296	263	176	144

출처 : Hatton(2016), p. 222를 일부 재구성.

한편 〈표 9-2〉에서는 절대적인 수가 아니라 인구 10만 명당 입원해 있는 발달장애인의 비율을 보여주고 있는데 이를 통해 잉글랜드의 경우 총 인구 5,478만 명의 약 5.48%가 입원해 있다는 것을 알 수 있다.

6 이뿐만 아니라 병원을 떠난 이들에게 모두 케어홈이나 너싱홈을 주지 못하고, 그러면서도 적절한 정보와 거주공간을 제공해 주지 못하여 고립되고 제한된 범위 내의 생활공간에 갇힌 이들이 많은데, 이를 재시설화(reinstitutionalisation)라고 부르고 있으며, 이러한 추세는 영국뿐만이 아니라 유럽(Priebe, Badesconyi & Fioritti, 2005)에서도 나타난다고 한다.

〈표 9-2〉 **영국 지역구분별 인구 10만 명당 발달장애인 입원 비율** (단위 : 명, %)

구 분	연 도	총입원수	총인구수	인구 10만 명당 입원 수	입원자 중 아동비율	입원기간 중앙값
잉글랜드	2015	3,000	54,786,300	5.48	5.5(18세 미만)	19개월
스코틀랜드	2014	230	5,347,600	4.88	n/a	33개월
웨일즈	2015	183	3,099,086	5.90	7.6(19세 미만)	n/a
북아일랜드	2015	144	1,840,498	7.82	7.6(18세 미만)	3~5년

출처 : Hatton(2016), p. 222를 일부 재구성.

여기서 중요한 것은 입원기간 중앙값이라는 것이 총입원기간의 중앙값이 아니라는 점이다. 즉, 일정 기간 서비스를 받던 중 퇴원했다가 다시 입원한 경우에는 과거 입원경력이 산입되지 않기 때문에 실제 총입원기간은 표에서 제시된 숫자보다 훨씬 더 크다(Hatton, 2016 : 223). 영국 내 지역별로 각기 조금씩 다른 전략과 시기에 탈시설화를 추진하였고 이론상으로는 탈시설화를 완료하였다고 이야기하지만 실제로는 많은 수의 발달장애인이 도전적 행동, 정신질환 그리고 범죄행위 등을 치료하기 위해 병원에 장기간 입원하고 있다는 사실이 밝혀진 것이다(Hatton, 2016 : 221). 그러므로 병원이라는 세팅에서 벗어나려면 필요한 경우 사회적 돌봄과 여기에 필요한 보건의료서비스가 함께 제공되어야 하며, 정신질환이 있거나 성격장애와 같은 심각하고 매우 복잡한 증상을 가진 발달장애인은 입원 필요성이 매우 높아 입원을 대체할 수 있는 시설서비스의 내용과 제공방식이 담보되어야 함을 시사해 주고 있다.

(2) 민간의 활성화

대처 정부에 이은 보수당 정부에서는 작은 정부를 지향하면서 과거 공공부문이 공급했을 때의 비효율성을 극복하고 민간부문이 갖는 효율성과 반응성을 고려하여 초기 관대한 사회보장급여를 통해 거주공간의 이동을 모색한 바 있다. 그러나 이러한 노력은 결국 앞서 언급한 대로 과거 정부운영 대규모 병원에서 민간운영 소규모 거주공간으로의 이동에 불과하다는 지적은 영국의 탈시설화정책 추진의 결과로서는 다소 뼈아픈 부분이라고 할 수 있다. 즉, 탈시설을 통한 가정 내 거주가 최종목표로 설정되지 못함에 따라 규모의 차이만을 가져온 민간운영시설의 대체보완물에 불과하다는 지적은 앞으로 지속가능한 가정 내 돌봄의 방식을 모색해야 할 숙제를 남기게 된 것이다.

뿐만 아니라 자신이 거주했던 지역사회 내에 민간거주시설이 없어 부득이 연고도 없는 지역으로 이동해야 하는 경우 이는 커뮤니티케어정책의 취지를 살리지 못한다. 또 지역사회 내에서 거주한다 하더라도 적절한 전문서비스를 받지 못한다면 오히려 당사자가 삶을 운영하는 데 필요한 서비스가 축소되는 결과를 가져오게 되어 어떤 의미에서는 시설에서 생활하는 것과 다를 바가 없는 상태에 놓이게 된다고 볼 수 있다. 이는 재시설화(reinstitutionalization)로 이해될 수 있는데(Killaspy, 2007), 이러한 재시설화의 경향은 유럽 내에서의 다른 국가에서도 발생하고 있다고 한다(Priebe, Badesconyi & Fioritti, 2005). 그만큼 탈시설화가 당사자의 삶의 질을 향상시키는 데 그 목적과 가치가 있음에도 불구하고 실제 탈시설화의 진행결과는 그러한 의도와 목적과 거리가 생길 수 있을 가능성이 얼마든지 있음을 보여주고 있다.

더군다나 소규모화로 인한 경영애로를 타개하기 위해 조금씩 그 몸집을 키워서 규모의 경제를 확보하여 보다 효율성을 강조하는 경향도 나타나고 있다. 실제 영국에서는 케어홈이나 너싱홈의 수용규모가 30~40인에 가까운 경우도 많이 있다.[7] 한 건물이라도 주 출입구를 달리하여 가정과 같은 분위기를 최대한 유지하려는 노력은 하지만 외관적인 규모 면에서는 대규모 시설의 모습과 유사하다. 이는 이윤을 추구하는 민간의 입장에서는 정부의 행정적 규제 측면은 최대한 맞추면서도 이윤을 극대화할 수 있는 융통적 범위를 찾아나가고 그 결과 부분적일

7 Care Quality Commission 홈페이지(https://www.cqc.org.uk/search/services/care-homes?f%5B0%5D=im_field_care_homes%3A3618)에서 케어홈이나 너싱홈의 소재를 검색할 수 있는데, 수용인원(capacity)을 보면 30인, 40인으로 기재되어 있는 경우도 어렵지 않게 찾을 수 있으며, 많은 경우 노인, 발달장애인 등 다양한 인구특성집단들이 함께 거주한다는 것을 알 수 있다.

지라도 이 또한 시설화의 모습으로 회귀하는 것으로 이해될 수 있기 때문에 다시금 사회서비스 수급에의 공적 책임의 성격과 역할에 대한 논의가 재점검될 필요가 있다.

(3) 인권침해적 요소 제거 여부

대규모 거주공간이 지배하는 삶에 대한 부정적인 영향력은 민간운영시설로의 거주공간 이전, 가정 내 거주에 기반하여 개인예산제도를 활용한 자기주도적 삶을 통해 인권침해적 요소는 상당 부분 제거되었다고 볼 수 있다. 아울러 탈시설화를 통해 장애인에게 일상에서의 선택, 다양한 활동에서의 참여, 받는 서비스에의 만족 수준의 향상을 가져왔고(Kim, Larson & Lakin, 2001) 보다 장기적인 관점에서 이루어진 연구(Hamlin & Oakes, 2008)에서도 그들 대다수는 – 설사 복합적인 문제를 가지고 있었다 하더라도 – 사회적 네트워크가 증가하였고 자립생활기술이 향상되었으며, 삶의 질도 높아져 더 이상 재입원이 필요하지 않게 되었음을 보여주고 있다.

그러나 충분히 준비되지 않은 탈시설화가 많은 다수의 장애인들로 하여금 적절한 치료를 받지 못하게 하거나 홈리스가 되게 하고, 때로는 범죄자로 감옥에 갇히는 상황까지 치닫게 하였다(Fachoury & Priebe, 2007 : 314), 뿐만 아니라 케어홈이나 너싱홈에서 성인발달장애인을 감금한 사례 등이 발생하였고(The Guardian, 2017a), 과도한 돌봄부담 때문에 안전규정을 강화하면서 오히려 거주장애인의 자유를 박탈하게 되는 결과를 가져왔다는 점도 최근 보도를 통해 세상에 알려지게 되었다(The Guardian, 2017b). 즉, 충분한 준비 없이 추진하는 탈시설화는 당사자의 삶을 더욱 피폐하게 만들 뿐만 아니라 소규모 거주공간이라 하더라도 인권침해적 요소가 완전히 소멸되기보다는 충분한 지원을 통해 적정한 돌봄서비스가 제공될 수 있는 환경으로 만들어야 하는 과제가 여전히 남게 된다는 것을 시사해준다.

한편 탈시설화 이후에 장애인이 지역사회 내에서 실질적으로 향상된 삶의 질을 향유하면서 지역사회 내에 용해되고 있는지에 대해서도 의문을 제기한다. Gates(2018)는 영국정부가 1970년대, 1980년대 그리고 1990년대 동안 탈시설을 위한 노력에 따라 병원에서 지냈던 발달장애인들의 거주공간이 새롭게 바뀌고 아울러 지역사회에서의 삶에 대한 만족이나 긍정적인 측면도 있지만 그렇지 않을 가능성에 대해 자신의 경험에 빗대어 다음과 같이 비판하면서 실질적인 사회적 포섭(social inclusion)을 위한 정부의 노력은 또 다른 차원에서 검토되어야 함을 시사하고 있다.

> 내가 지역에 있는 박물관에 갔을 때의 일이다. 어느 금요일, 젊은 발달장애 여성이 두 명의 '돌봄제공자(Carers)'와 함께 있었는데, 그들이 벤치에서 핸드폰을 하면서 이야기하는 동안에 그 발달장애 여성은 정처 없이 서성거리고만 있었다. "우리는 한 공간에 같이 있었으니 이게 사회적 포섭(Social Inclusion)이라고 말할 수 있을까? 그것으로 충분한가?" 병원, 집합적인 생활구조에서 벗어나서 이제 지역사회 거주공간으로 – 그것조차도 쉬워보이진 않지만 – 옮겼다고 해서 지역사회 내에서 동등한 시민으로서 저절로 포섭되지는 않는다. 단순히 어떤 곳에 있다는 것 자체가 포섭은 아니다(Gates, 2018 : 1).

(4) 비용절감 이슈

탈시설화 추진에 소요되는 비용이 과거 대규모 병원운영에 따른 소요비용보다 비용효율적인지에 대해서는 비교의 준거틀의 차이, 비교에 포함될 수 있는 비용종류의 범위 문제 등으로 인해 단순하게 일률적으로 말하기는 쉽지 않다. 하지만 대규모 병원운영에 따른 관료제적 속성을 유지하는 데 소요되는 비용과 병원의 속성상 24시간 돌봄 및 건강 서비스를 제공해야 하는 경우 많은 돌봄 및 보건의료 인력이 소요될 수밖에 없다. 이를 감안한다면 탈시설화에 따라 의료비용을 절감하고 상시 돌봄의 필요가 상대적으로 적은 경우에는 지역사회 내 다양한 돌봄을 활용하여 정부예산이 절감되는 효과를 거둘 수 있을 것으로 기대할 수 있다.

하지만 입원환자의 경우 복합적 상태에 대한 다각적인 접근이 필요하고 인력이 추가로 필요하게 되므로 비용이 더 소요될 수밖에 없다. 실제로 각종 돌봄서비스가 함께 제공되는 주택에 거주하는 중증 정신질환자와 단순 병원입원자 간의 비용을 비교하였더니 적절한 커뮤니티 기반 정신보건케어가 제공될 때는 더 저렴하지 않다는 연구(Macpherson, Shepherd & Edwards, 2004), 두 지역을 비교하여 중증이 거주하는 지역이, 장애수준이 더 심각한 경우에 더 비용이 많이 들어간다는 연구(McCrone, Johnson & Thornicroft, 2001) 등이 그러한 주장을 뒷받침한다. 그러므로 비용절감 이슈는 커뮤니티케어서비스와 시설서비스 간을 단순 비교하여 비용절감 여부에 대해 언급하기보다는 전체적인 돌봄시스템을 어떻게 구성하느냐의 차원에서 이 문제를 바라볼 필요(Killaspy, 2007 : 255)가 있다.

3 한국 탈시설화 추진에의 함의

영국의 탈시설화 경험이 우리에게 시사하는 함의를 살펴보기 위해서는 우리 사회 내 탈시설화를 둘러싼 논의의 진행 정도와 추진기반에 대해 먼저 이해할 필요가 있다. 우리나라에서 탈시설화가 직접적으로 논의된 것은 최근의 일이며 탈시설화를 직접적으로 겨냥한 것은 아니지만 탈시설화 추진에 간접적으로 영향을 줄 수 있는 정책의 도입 · 발전은 그 이전부터 끊임없이 이루어져 왔다. 먼저 대규모 장애인거주시설 내 장애인들의 지역사회 내 거주로의 이전을 주장하는 것은 우리 사회의 발전속도에 발맞추어 시대적 여건에 따른 인권의식의 성장에 힘입은 바가 크다. 그런 면에서 시설 내에서 발생한 각종 인권침해적 사건들이 세상에 알려질 때는 탈시설화에 대한 장애계의 요구가 더 거세지기도 하였다. 1996~2002년 에바다 농아원, 2005년 청암재단 인권유린, 2005~2006년 성람재단 인권유린, 2008년 석암재단 재정 비리, 2014년 인강재단 인권유린, 2015년 인천 해바라기 장애인거주시설 사망 사건 등과 함께 1980년대 형제복지원에 대한 현재 시점에서의 재조명 노력 등은 장애인이 시설에 머물러서는 사람이 사는 듯한 세상에서 살아갈 수 없다는 반성과 탈시설화를 위한 구체적인 대안 마련이 필요하다는 자각으로 이어졌다(임성택, 2012 : 17; 박숙경, 2016 : 218–219). 장애운동진영에서는 '2009년 마로니에 8인 투쟁', '3인의 장애청년에 의한 사회복지서비스 신청 운동' 등 지역사회서비스에 대한 당사자의 요구가 거세게 이루어지면서 양천구청 판결을 이끌어 내었고 결국에는 서울시로 하여금 탈시설전환지원센터를 설치하도록 하고 탈시설지원계획을 수립하게 만드는 데까지 이르렀다(박숙경, 2016 : 219).

한편 서비스 이용에의 주체성을 확보하려는 노력으로 2008년 장애인활동지원제도 도입 및 확충, 장애등급제 폐지에 따른 종합욕구판정체계의 도입 주장, 서비스를 선택과 통제 아래 주체적인 이용권리 부여방안을 담고 있는 개인예산제에 대한 사회적 논의가 시작(김용득 · 이동석, 2015; 윤재영, 2017; 한국장애인재단, 2017)된 점 등은 탈시설화 추진과정에서 필요한 주요 논제라는 점에서 매우 긍정적[8]이다.

다음에서는 이러한 사회적 · 정책적 기반하에서 볼 때 영국에서의 탈시설화 경험이 우리 사회에 시사하는 바와 관련하여 욕구평가체계 마련, 이용자 주도 서비스 이용방식, 비용절감과 인권보장 이슈와의 관계, 거주공간의 다양성 확보 등으로 대별하여 살펴보고자 한다.

1) 욕구평가체계 마련 및 제공 서비스와의 연계

영국에서는 병원폐쇄에 따른 거주돌봄 이용자들을 흡수하기 위해 민간에서 설치한 거주시설을 이용하는 데 있어 정부가 사회복지급여를 관대하게 투입함으로써 급격히 증가한 비용문제를 초래하게 되었고 결국 1990년 커뮤니티케어법

8 물론 이견도 존재한다. 김도현(2015)은 개별서비스에서 장애인의 주체성을 확보하기 위한 급여량이 적정하지 않은 상태에서 총량적인 돌봄서비스의 묶음형태는 또 다른 통제기제의 일환으로 이해될 수 있기 때문에 개인예산제의 도입 여부를 논할 때는 각 장애의 특성과 정도에 따라 급여량이 장애인의 자립을 도모하기에 충분한지에 대한 논의가 선행되어야 함을 강조한다.

을 제정해서 지방정부를 중심으로 한 욕구평가체계를 마련하여 재원에의 접근성을 통제하면서 합리적인 자원의 합리적인 배분을 도모한 바 있다.

그러나 우리나라에서는 각종 사회서비스에 연결되는 종합적인 욕구평가체계를 아직 갖추고 있지 못하다. 대신 자원에의 접근을 욕구기반이 아니라 엄격한 소득재산기준으로 제한하고 있다. 즉, 장애인거주시설을 이용하기 위해서는 「국민기초생활보장법」에 따른 기초수급권자여야 한다. 물론 정원의 30% 범위 내에서 실비입소를 두고 있지만 이 또한 접근이 제한적이다. 그러므로 탈시설화를 추진하여 지역사회 내의 자원에 대한 접근성을 담보하려면 비단 시설장애인뿐만 아니라 형평성 이슈 때문에 재가장애인에 대한 욕구평가도 실시해야 하므로 전반적인 평가체계를 갖출 필요가 있으며, 그러한 평가결과에 따라 서비스와 어떻게 연결할 것인지에 대한 전반적인 시스템이 설계 · 구축될 필요가 있다.

뿐만 아니라 현재로서는 일상생활 및 사회참여를 위한 사회적돌봄(social care)과 보건의료서비스를 전제하는 건강돌봄(health care)의 구분이 없다는 점도 비판적으로 눈여겨볼 필요가 있다. 이 양자에 대한 접근이 분리되어야 하는지는 별도로 깊은 논의가 필요하다. 그러나 적어도 우리나라 장애인서비스 분야에 있어서는 건강돌봄적 요소를 고려하지 않고 있어 이에 대한 보완이 시급하다. 현재 활동지원서비스에서는 방문요양과 방문간호 등 사회적돌봄과 건강 돌봄이 포괄되어 있지만 장애인거주시설을 이용함에 있어서는 이 양자의 구분 없이 중증인 경우에는 중증장애인요양시설을 이용하도록 하고 있지만 욕구평가에 기반하고 있지 않아 향후 탈시설화 추진 시 장애인 간의 서비스 양과 유형, 제공방식이 어떻게 달라야 하는지에 대한 형평성을 맞추기 어렵게 된다. 그러므로 평가 요소에서 이 양자를 반드시 포괄할 필요가 있고 평가결과에 따른 서비스 제공기관이 적절히 마련되어 있어야 평가의 의미가 제대로 실현될 수 있다.

2) 이용자 주도 서비스 이용방식 도입 검토

욕구평가체계의 마련은 이후에 평가결과에 따라 주어지는 돌봄서비스를 어떤 방식으로 제공할 것인지와 관련하여 서비스 이용에의 선택과 통제, 유연화(personalisation)의 개념과 연결된다. 즉, 영국에서는 지역사회 내 가정이나 가정과 유사한 거주공간으로 이동시키면서 서비스 이용에의 주체성을 확보하기 위하여 직접지불제도를 거쳐 개인예산제도를 2014년 Care Act를 통해 법제화하고 있다.

종래 장애인거주시설에서 객체화되고 대상화된 상태에서 수동적으로 서비스를 이용하던 방식에 대한 비판은 종합욕구평가체계 마련 여부와 상관없이 서비스 공급에의 헤게모니를 정부나 공급자가 갖고 일방적으로 결정하는 방식에서 벗어나지 못한다면 피동적인 장애인 당사자의 삶은 크게 달라질 게 없게 된다. 그러므로 우리나라에서는 탈시설화를 추진함에 있어서 지역사회 내 거주공간을 다양하게 확보하면서 아울러 서비스에의 접근방식 또한 당사자 중심성을 확보할 수 있도록 중장기간에 걸쳐 단계적으로 준비하는 것이 필요하다고 본다.

3) 비용절감 대비 인권보장 이슈의 중요성 검토

탈시설의 주요 동인으로 시설에서의 비인간적인 처우와 인권침해에 대한 사회적 반성이 우선적으로 고려되지만 정부로서는 탈시설화를 통해 지역사회서비스를 제공함으로써 비용이 절감되기를 기대하게 된다. 그런데 적어도 비용절감을 이야기하자면 지금의 시설보호가 고비용이라는 점, 그리고 탈시설화 이후에는 비용이 예전보다 적게 소요되어야 한다는 것이 전제되어야 하는데 그것이 타당한지에 대해서 짚어보고자 한다.

전자와 관련하여, 장애인거주시설 투입인력이 현재도 2교대제에 불과하고 최근 근로기준법에서의 근로휴게시간 특례업종으로 사회복지서비스업이 제외[9]된 점을 감안할 때 적은 인력으로 제한된 초과근무수당만 받으면서 연장근로에 의존해 왔지 인력이 과다투입되었다고 보기는 어렵다. 인건비 외에는 관리운영비

9 노동자로 하여금 무제한 연장근로를 가능케 하는 근로기준법 근로시간 특례업종에 사회복지서비스도 포함되어 있었는데, 이에 대한 폐지가 여야합의하에 2017년 7월 31일 국회 환경노동위원회 법안심사 소위에서 통과되었고 2018년 2월 28일 국회 본회의를 통과하였다.

인데 냉난방, 그리고 각종 공과금을 지급하는 데 급급하다. 한편 운영비 지원예산의 갈래에는 아예 '사업비' 항목이 없다. 관리운영비 속에 녹아 있는 사업항목 예산은 명목상 적어놓은 것에 불과하여 실제적인 프로그램 운영예산은 대부분 공동모금회나 민간복지재단에 의존하고 있는 실정이다.

후자와 관련해서는 지금보다 더 열악한 수준의 돌봄지원 수준이 타당한가이다. 그룹홈을 탈시설화로 가는 징검다리로 생각하건(유동철 외, 2017) 아니건 간에 흔히 거주시설예산과 그룹홈예산을 비교한다. 그러나 영국에서의 4인 기준 케어홈의 형편을 살펴보면 잉글랜드의 남동부지역의 4인 이용 케어홈에서의 1인 1주(週)당 비용은 2,098파운드이며 8인 이용 케어홈은 1,832파운드 정도이다. 이는 1년 기준으로 보면 각각 117,488파운드, 102,592파운드에 달한다. 한화 기준으로 약 1억 5천에서 1억 7천만 원 정도이다(Curtis & Burns, 2017 : 69). 4인이면 6억 원이 훌쩍 넘는다.

케어홈에 근무하는 인력은 발달장애인 4인 기준 7.5명의 풀타임 상응 직원 규모가 주당 257시간 돌봄서비스를 제공하며 부가적으로 야간 당직근무인력 1명과 취침인력 1명이 있고 전체를 총괄하는 매니저가 별도로 존재한다. 그렇게 근무해야 적절한 돌봄서비스와 개별적 욕구에 맞는 프로그램을 기획 · 운영할 수 있다고 보는 것이다.

만약 인력기준이 줄어들게 되면 그만큼 장애인에게 적합한 서비스를 제공하지 못할 뿐만 아니라 장애인이 위험(danger, risk)에 처할 확률은 보다 높아질 수밖에 없다. 하지만 우리나라에서의 4명 거주 그룹홈을 보면 지역마다 편차가 있지만 대부분 1명의 직원과 1명의 대체인력이 부가되고 연간 예산이 1억을 넘지 못하는 수준에 있다. 그러므로 우리나라에서 탈시설 이후 거주서비스 제공단가만큼 또는 연구결과(강희설 · 김용득, 2008)에 따라 단가를 더 낮출 수 있다고 하여 지역사회서비스를 제공한다면 이는 필연적으로 가족과 지역사회에 부족분만큼 비용을 전가하게 되는 결과를 초래하고 지속가능한 돌봄체계가 무너지게 되므로 오히려 장애 정도나 생활여건의 개별적 상황을 고려하여 자립의 원칙 아래 최대한 자신의 자율성이 보장되며 자기결정의 원리가 적용되고, 훈련된 돌봄제공자가 지원(support)하는 체계를 갖추면서 위험요소의 제거를 통해 인권침해적 요소가 최소화되는 방향으로 정책을 구축할 필요가 있다.

〈표 9-3〉 **2020~2021년도 케어홈에 대한 비용단가** (단위 : 명)

비용 요소	2020~2021 비용	설명자료
A. 인건비	1인당 연간 £ 53,931	지원인, 서비스코디네이터, 팀리더, 야간당직자 및 대기자 등 케어인력에 대한 실제적인 임금. 치료사에 대한 임금도 포함되어 있음(도전적행동전문가 및 의사소통전문가 등)
B. 사회보험료	1인당 연간 £ 7,683	사용자부담 사회보험료
C. 직접 오버헤드		
- 행정 및 슈퍼비전	1인당 연간 £ 11,565	케어인력에 대한 지원 및 관리 인력(행정직원, 요리사, 매니저) 인건비. 이는 위 케어인력 인건비의 19%에 해당
- 관리운영비	1인당 연간 £ 12.434	훈련비(2%), 비품 및 서비스(5%), 관리(4%), 공공요금(3%), 출장비(0.1%), 집세(5%), 기타(2%). 위 케어인력 인건비의 21%에 해당
D. 간접 오버헤드	1인당 연간 £ 15,103	금융, 인적자원개발 등에 소요. 케어인력 인건비의 33%에 해당
E. 생활비	1인당 연간 £ 4,208	식재료비, 생필품, 의복 및 의료비용으로서 케어인력 인건비의 8%에 해당
F. 낮 케어(Day Care)	1인당 연간 £ 28,128	주당 37.5시간의 별도 데이케어서비스와 이용자 2명당 1명의 활동지원인력
근무시간	일 24시간 연 365일	
이용자 수	65	
2020~2021년 단위비용		
이용자 1인당 연간 평균 비용(데이케어 미포함) £ 104,924, 평균 주당 비용 £ 2,011 이용자 1인당 연간 평균 비용(데이케어 포함) £ 133,051, 평균 주당 비용 £ 2,550		

한편 탈시설화의 당위성에 매몰되어 준비되지 않은 채 단기간 내에 이를 추진하려다 보면 정작 새로운 삶을 시작해야 하는 장애인 당사자에게 가혹한 사회

환경만 제공하게 되어 더 악화된 삶의 조건에 처해 있을 수 있는 가능성을 감안하여 정부와 장애계, 그리고 전문가가 전체적인 로드맵을 장애의 특성과 정도에 맞게 세밀하게 설계해야 할 것으로 본다.

4) 거주공간의 다양성 확보

영국 일부에서는 2008년을 기점으로 사실상의 탈시설화를 완성했다고 보기도 한다(Hamlin & Oakes, 2008 : 1). 그럼에도 불구하고 여전히 장기간 입원해 있는 발달장애인이나 정신장애인이 없는 것은 아니다. 2016년에 발달장애인만 약 3,500명이 병원에 입원해 있으며 많은 다수의 발달장애인들이 케어홈이나 너싱홈에서 별도로 생활하고 있다. 그런데 우리나라의 그룹홈은 장애인거주시설로 분류되어 있어 시설의 한 형태로 간주할 수 있어서 탈시설화를 위한 중간단계로는 설정할 수 있으나 탈시설의 종국적인 대안이 될 수 없다고 한다(김명연, 2011 : 152; 박숙경, 2017 : 36; 유동철, 2017 : 16). 아무리 중증이라고 하더라도 가급적 가정에서 거주하면서 보건의료인력이 집으로 와서 서비스를 제공하는 것이 탈시설화의 결과라고 이야기한다. 그런 관점에서 본다면 영국 또한 탈시설화를 완성했다고 하기 어렵다. 8인까지도 케어홈이나 너싱홈의 규모를 허용하고 있고 영국에서는 이를 '중간단계 탈시설화'라고 규정하고 있지도 않다.

한편 장애의 특성과 정도, 복합 여부에 따라 필요한 서비스가 다르며 야간 동안에 생존에의 위협요소의 발생 가능성은 각각 다를 수 있다. 그러므로 장애인의 거주공간에 직원배치 필요 여부나 직원의 상주 여부도 달라질 수밖에 없다. 직원이 아무런 비판적 성찰 없이 거주돌봄서비스 이용장애인을 통제하고 서비스의 일방적 공급자로 등장하는 것을 배제해야 하는 것이지, 가정 내에서 또는 3인 이내의 거주공간만을 탈시설화의 결과물로 간주하는 것은 다양한 현실 여건을 감안하지 않는 것이라 볼 수 있다. 물론 보건의료서비스가 상시 필요한 사람들도 가정 내 거주가 불가능한 것은 아니다. 이를 지원하기 위해서는 앞서 언급한 바와 같이 욕구평가에 따라 산정된 서비스 이용량을 현금으로 환산하여 이를 거주공간을 당사자의 가정으로 하고 이를 자기주도하에 활용하면 된다. 문제는 비용의 절대적 상한금액일 것이며 어느 정도까지 허용할 것인가에 대한 우리 사회의 합의가 필요한 부분이다. 아울러 제한된 거주공간이 아니라 장애인가족거주공간, 영국의 캠프힐(Camphill)과 같은 장애인공동체와 같은 형태도 다양한 사회적 실험을 통해서 토착화된 유형으로 개발될 필요가 있다고 본다.

4 장애인 탈시설화를 위한 과제[10]

그동안 많은 노력을 통해 장애인거주시설의 물적 인프라의 변화, 지원수준 제고, 지역사회와의 통합수준 향상 등의 발전된 모습을 정부와 거주시설이 이끌어 왔다. 하지만 여전히 많은 대다수의 거주시설에서 이용자들이 자신의 거주권을 향유하는 데 열악한 환경에 놓여 있다. 지역에 따라서는 한 방에 4명씩 기거해야 하는 경우도 있으며 오래되고 집단거주에 적합한 형태로 건축되어 있어 통제적 방식에 기초해 있는 경우도 있다. 일반 국민들은 그렇게 살지 않지만 거주시설에 사는 장애인이라고 해서 국민으로서 당연히 누려야 할 거주권을 누리지 못한다면 경제강국이면서 세계적 수준의 문화강국의 위상을 떨치고 있는 대한민국의 국격에 맞지 않는 일이다. 그렇다면 어떻게 해야 할까?

1) 장애인거주시설의 현황

장애인거주시설은 장애인복지법 시행규칙 [별표4]에 따라 장애유형별 거주시설, 중증장애인거주시설, 장애영유아거주시설, 장애인 단기보호시설, 장애인 공동생활가정이 있다. 장애인거주시설은 2021년 기준 전체 1,535개 있으며 그중에

10 이 글은 2022년에 연구한 시설장애인 지역사회 자립지원 로드맵 실행방안 마련 연구의 내용 중 일부를 발췌 · 수정보완하고 추가로 필요한 부분을 보완한 것이다.

공동생활가정이 753개소(49.0%)로 전체 거주시설의 절반 가까이 운영되고 있고, 지적장애인거주시설 310개소(20.2%), 중증장애인거주시설 249개소(16.2%), 단기거주시설 164개소(10.7%), 지체장애인거주시설 28개소(1.8%), 시각장애인거주시설 15개소(0.9%), 장애영유아거주시설 9개소(0.7%), 청각언어장애인거주시설 7개소(0.5%)가 설치 · 운영되고 있다. 시설에 거주하고 있는 장애인은 현원 기준 28,565명인데, 지적장애인의 거주시설에서 거주하고 있는 장애인이 11,205명(39.2%), 중증장애인거주시설 10,568명(36.9%) 순으로 가장 많이 거주하고 있었으며, 공동생활가정 2,823명(9.8%), 단기거주시설 1,792명(6.3%), 지체장애인거주시설 1,055명(3.7%), 시각장애인거주시설 569명(1.9%), 장애영유아거주시설 357명(1.4%), 청각언어장애인거주시설 196명(0.8%) 순이다.

〈표 9-4〉 2021년도 유형별 장애인거주시설의 시설수 및 인원 현황 (단위 : 개소, 명, %)

구 분		시설수	인원수
장애유형별	지체장애인거주시설	28 (1.8)	1,055 (3.7)
	시각장애인거주시설	15 (0.9)	569 (1.9)
	청각언어장애인거주시설	7 (0.5)	196 (0.8)
	지적장애인거주시설	310 (20.2)	11,205 (39.2)
중증장애인거주시설		249 (16.2)	10,568 (36.9)
장애영유아거주시설		9 (0.7)	357 (1.4)
단기거주시설		164 (10.7)	1,792 (6.3)
공동생활가정		753 (49.0)	2,823 (9.8)
총 계		1,535 (100.0)	28,565 (100.0)

연도별 장애인거주시설의 변화 추이를 살펴보면, 2012년 장애인복지법 개정 이후에도 장애유형별거주시설은 지속적으로 증가추세를 보여 2012년 1,348개소에서 2019년 1,557개소로 증가하다가 2020년부터 1,539개소로 줄어드는 것으로 나타났다.

〈표 9-5〉 **연도별 장애인거주시설 변화 추이**

(단위 : 시설수, 명)

구분	합 계			장애유형별 거주시설											
				지체장애			시각장애			청각장애			지적장애		
	시설수	정원	현원	시설수	정원	현원	시설수	정원	현원	시설수	정원	현원	시설수	정원	현원
2009	397	26,912	23,243	38	2,697	2,230	14	1,096	760	11	792	519	172	10,733	9,539
2010	452	28,571	24,395	40	2,640	2,055	14	1,092	744	10	732	462	196	11,463	10,178
2011	490	29,419	25,345	69	2,597	2,102	15	1,122	787	9	552	361	226	12,161	10,788
2012	1,348	35,545	30,640	40	2,563	2,057	16	1,151	786	8	519	335	278	13,366	11,743
2013	1,397	35,813	31,152	69	2,468	1,978	16	1,151	770	8	482	320	293	13,422	12,001
2014	1,457	35,860	31,406	44	2,627	2,208	15	991	632	7	373	270	309	13,562	12,136
2015	1,484	35,746	31,222	69	1,933	1,668	16	970	628	7	373	255	321	13,971	12,369
2016	1,505	35,232	30,980	40	2,178	1,766	17	1,010	711	7	373	228	317	13,450	12,112
2017	1,517	34,855	30,693	39	2,047	1,690	17	1,011	700	7	363	232	313	13,394	12,008
2018	1,527	34,345	30,152	33	1,754	1,418	16	907	662	7	363	223	320	13,319	11,865
2019	1,557	33,954	29,662	33	1,600	1,304	15	866	615	7	373	216	313	12,858	11,485
2020	1,539	33,071	29,086	28	1,367	1,121	16	798	579	7	373	205	317	12,713	11,349

구분	중증장애인거주시설			장애영유아 거주시설			장애인단기보호시설			장애인공동생활가정		
	시설수	정원	현원	시설수	정원	현원	시설수	정원	현원	시설수	정원	현원
2009	153	11,042	9,728	9	552	467	-	-	-	-	-	-
2010	182	12,052	10,364	10	592	491	-	-	-	-	-	-
2011	191	12,404	10,798	10	586	509	-	-	-	-	-	-
2012	201	12,536	11,006	10	592	510	128	1,683	1,438	667	3,140	2,760
2013	216	12,904	11,412	9	528	473	131	1,724	1,432	685	3,134	2,766
2014	223	12,802	11,344	9	539	466	137	1,766	1,495	713	3,200	2,855
2015	233	12,762	11,314	10	622	541	141	1,783	1,548	171	3,276	2,862
2016	233	12,514	11,192	9	522	452	146	1,902	1,616	736	3,283	2,903
2017	233	12,256	10,996	9	522	429	147	1,948	1,699	752	3,314	2,939
2018	239	12,221	10,995	9	522	398	150	1,975	1,671	753	3,284	2,920
2019	251	12,335	10,978	9	522	382	159	2,064	1,733	770	3,336	2,949
2020	251	12,069	10,866	9	514	361	157	2,002	1,733	754	3,235	2,872

* 단기보호시설과 공동생활가정은 기존에 지역사회재활시설로 분류되었으나, 2012년을 기점으로 장애인거주시설로 분류되어 포함됨.

출처 : 한국장애인개발원. 2021 장애통계연보.

2) 장애인거주시설의 기능

장애인거주시설은 장애인복지법 제58조에 "거주공간을 활용하여 일반가정에서 생활하기 어려운 장애인에게 일정 기간 동안 거주 · 요양 · 지원 등의 서비스를 제공하는 동시에 지역사회생활을 지원하는 시설"로 정의하고 있다.

이러한 정의는 2012년 3월 31일 시행된 장애인복지법 개정과 함께 나타난 것으로 당시 장애인거주시설을 둘러싼 네 가지 변화는 다음과 같다.

첫째, 장애인거주시설의 개념 변화로서 장애인생활시설이라는 명칭이 거주시설로 전환되면서 거주서비스 제공 장소로서의 기능이 강조되었다. 구체적인 기능 측면에서 개정법 이전의 장애인거주시설은 상담 · 치료 · 훈련의 공간으로 규정되었다. 그러나 개정법 제58조 제1항에서 장애인거주시설은 거주 · 요양 · 지원의 공간으로서 지역사회생활을 지원하는 시설로 명시하고 있다.

둘째, 개정 이전에 장애인거주시설은 장기간 요양하는 시설이었으나, 개정 후에는 '일정 기간'이라는 시간을 명시함으로써 거주공간의 개념에서 이동하는 공간으로 시간성을 명시하고 있음을 알 수 있다.

셋째, 제59조 제2항에는 거주시설의 정원이 30명을 초과할 수 없다고 규정함으로써, 향후 장애인거주시설이 소규모화를 지향함으로 밝히고 있다는 점이다.

마지막으로 사회복귀 준비를 위한 서비스는 지역사회생활을 지원하는 것으로 보다 넓은 범위로 확장되었다.

장애인복지법에서의 이러한 개념 변화는 시설의 종류를 세부적으로 설명하는 시행규칙의 개정으로 연결되었다. 시행규칙의 개정에서는 다음과 같은 변화가 나타났다.

첫째, 개정 이전에는 장애유형별생활시설, 중증장애인요양시설, 장애영유아생활시설의 3종류가 거주시설의 유형으로 구분되었다. 그러나 2012년 4월 10일 개정 후에는 장애인단기거주시설과 장애인공동생활가정이 포함되어, 총 5종류의 유형이 장애인거주시설의 종류에 포함되었다.

둘째, 개정 이전에는 거주시설의 기능은 의료 · 교육 · 직업 · 심리 · 사회 등 재활서비스와 주거서비스를 제공하는 시설로서 규정되었으나, 개정 후에는 주거지원 · 일상생활지원 · 지역사회생활지원, 요양서비스 등을 제공하는 기관으로 그 역할 및 기능에 대한 변화가 나타났다.

이에 현재 장애인복지법시행규칙에서 제시하고 있는 장애인거주시설의 다섯 가지 유형에 대한 기능은 다음과 같다.

〈표 9-6〉 **장애인거주시설의 유형별 기능**

시설종류	시설의 기능
장애유형별 거주시설	장애유형이 같거나 유사한 장애를 가진 사람들을 이용하게 하여 그들의 장애유형에 적합한 주거지원·일상생활지원·지역사회생활지원 등의 서비스를 제공하는 시설
중증장애인 거주시설	장애의 정도가 심하여 항상 도움이 필요한 장애인에게 주거지원·일상생활지원·지역사회생활지원·요양서비스를 제공하는 시설
장애영유아 거주시설	6세 미만의 장애영유아를 보호하고 재활에 필요한 주거지원·일상생활지원·지역사회생활지원·요양서비스를 제공하는 시설
장애인 단기거주시설	보호자의 일시적 부재 등으로 도움이 필요한 장애인에게 단기간 주거서비스, 일상생활지원서비스, 지역사회생활서비스를 제공하는 시설
장애인 공동생활가정	장애인들이 스스로 사회에 적응하기 위하여 전문인력의 지도를 받으며 공동으로 생활하는 지역사회 내의 소규모 주거시설

3) 장애인거주시설 설치·운영을 둘러싼 문제점

시설유형 구분의 부적절

현재 장애인거주시설의 유형은 장애유형별거주시설, 중증장애인요양시설, 장애영유아거주시설 등 크게 세 가지로 구분하되, 장애유형별거주시설은 다시 시각, 청각 · 언어, 지체 · 뇌병변, 지적장애거주시설 등 네 가지로 소분류되고 있다. 그러나 이러한 장애인거주시설의 유형구분은 기준점이 모호하다. 장애유형을 중심으로 장애 정도를 반영한 것도 아니고, 연령대로 구분한 것도 아닌 매우 모호한 구분이라 할 수 있다. 즉, 장애영유아의 경우 장애유형과 장애 정도에 상관없이 8세 미만의 장애영유아는 모두 함께 거주하게 되고, 중증장애인요양시설도 장애유형에 따라 구분되어 있는 것이 아닌 장애 정도가 심한 장애인이면 어떤 장애유형이든 상관없이 거주할 수 있는 형태이다.

이에 장애인거주시설은 관련법에 의해 시설유형이 구분되어 있다고는 하지만, 장애 정도와 장애유형, 연령대를 고려하지 않은 유형구분으로 인해 거주시설의 기능 및 역할이 모호해지는 결과를 초래하고 있다.

거주인원 규모의 부적절

현재 장애인거주시설은 장애인복지법에 시설규모를 30인 이하로 해야 한다는 규정만 제시되어 있을 뿐, 장애인복지법 시행규칙에 있어서도 한 방 또는 하나의 유닛(Unit) 단위에서의 거주인원을 제시하고 있지 않다. 이러한 기준 미설정은 거주시설의 집단화를 초래하고 개인의 자기결정권 및 인권침해의 원인이 되고 있다. 따라서 시설의 정원은 일정 규모 이하로 하면서, 한 방 또는 한 유닛 단위의 거주인원을 설정할 필요가 있다.

서비스종합조사점수 이외의 고려사항 미반영

현재 '서비스종합조사'에 의해 기능제한점수(X1)가 240점(아동은 190점) 이상일 경우에는 중증요양시설에, 120점(아동 110점) 이상은 유형별 거주시설에 입소할 수 있도록 하고 있다. 그러나 240점 이상의 경우에도 의료서비스가 필요한 경우와 그렇지 않은 경우, 120점 이상에 있어서도 사회적 보호가 필요한 경우와 간헐적 지원이 필요한 경우, 또한 120점 이하이지만 연고자 부재 및 다른 요인으로 제한적 지원이 필요한 경우 등 다양한 변수를 고려함에도 이를 반영하지 않고 점수로만 입소기준을 설정하고 있어 입소가 제한되고 있는 상황이다. 서비스종합조사의 기능제한점수를 제대로 반영하기 위해서는 앞서 언급한 다른 요인들이 반영되어야 하며, 그에 따른 장애 정도별 기준도 함께 고려되어야 거주시설의 유형도 명확히 구분될 것이다.

4) 주거전환(탈시설화)에의 사회적 요구 및 관련 정부정책 방향

우리나라에서 24시간 돌봄서비스를 제공해 왔던 아동시설, 노인시설, 장애인시설에 대해 정부가 그 종사자에 대한 인건비를 지급한 것은 1980년대부터이다. 그전에는 사회복지시설에 대한 외국원조와 후원금을 사용하여 인건비를 간접적으로 지급하거나 무급노동으로 봉사로 대체해 오고 있었다. 이후 시설장이 아닌 직원에 대한 인건비가 일부 책정되었고 세월이 흐르면서 점차 국가가 이들에 대한 인건비를 전면 편성하기에 이르렀다. 하지만 그때도 사업비 명목은 없었고 지금도 편성되어 있지 않은 상태로 시설운영비는 인건비와 관리운영비만 책정되어 있다.

이 중에서 장애인주거시설에 국한하여 논의를 진행해 보면 거주공간 면과 지원인력, 사업예산 측면에서 모두 열악한 지원수준에서 장애인의 의식주 해결에의 마지막 보루의 역할을 장애인거주시설이 수행해 오고 있었다. 뿐만 아니라 1990년대까지 시설운영비에 자부담이 있어 시설을 운영하는 법인에서는 어떻게 해서라도 자신들의 재산 일부를 시설운영비로 부담해야 했으며 유동자산이 많지 않은 법인의 경우 일부 일탈적 방법으로 자부담의 비용을 충당한 것은 공공연한 비밀이었다.

2000년대 들어 돌봄인력의 2교대제가 시행되었으며 2012년부터는 30인 이상 시설을 더 이상 신축하지 못하게 하여 시설의 소규모화의 첫 발을 내딛게 되었다. 사회복지사업법상의 시설수용 최대규모 300인이라는 상한선과는 별개도 장애인복지 분야에서는 그러한 대규모 시설운영이 갖는 부정적 효과를 최소화하려는 움직임, 나가아가서는 탈시설을 시작할 수 있는 첫 단추로 자리매김될 수 있다.

30인 이상 시설신축 금지와 함께 종래 장애인생활시설이 장애인거주시설로 바뀌면서 그때까지 지역사회재활시설의 종류로 분류되었던 장애인단기보호시설과 공동생활가정이 모두 장애인거주시설로 편입되면서 세 가지 종별의 장애인거주시설로 체계화된 것도 주목할 필요가 있다. 다양한 논의의 시발 중의 하나가 이러한 장애인거주시설로의 전환에서 출발한다. 즉, 4인이 거주하는 공동생활가정도 현재의 장애인거주시설이므로 앞으로의 탈시설 이후 장애인이 거주할 공간은 4인 미만이어야 한다는 주장이 나오게 된 배경이 여기에서부터 시작된 것이기 때문이다.

물론 정부지원이 턱없이 부족한 공동생활가정의 운영여건상 충분한 지원이 되지 않았던 점을 반성하고 새롭게 갖추어질 장애인 거주공간은, 그 공간에 거주할 장애인에 대해서는 어떠한 서비스가 제공되어야 하는지에 대한 논의에 초점이 두어져야 했는데 형식논리에 치우쳐 "4인 거주공간은 또 다른 형태의 시설"이라는 주장이 등장하게 되었다(유동철 외, 2017).

한편, 일부 장애인단체에서 탈시설은 자신들의 임의적인 주장이 아니라 UN장애인권리협약에서 이야기하고 있으므로 이에 기초하여 주장하는 것이라고 한다. 하지만 UN장애인권리협약에서는 탈시설(Deinstitutionalisation)이라는 용어를 사용한 적이 없다. 협약 제19조 자립생활과 사회통합에서 "(a) 장애인들은 다른 사람들과 동등한 조건으로 거주지 선택의 자유, 어디서 누구와 살 것인가에 대한 선택의 자유를 가지며 특정한 거주형태에서 사는 것을 강요받지 않는다, (b) 장애인의 생활 및 지역사회 통합을 지원하고 지역사회로부터 소외 또는 격리를 예방하기 위하여 개별지원을 포함하여 장애인은 각종 가정 내 지원서비스, 주거지원서비스 그리고 지역사회의 지원 서비스에 대한 접근성이 있어야 한다"라고 규정하고 있다. 탈시설이 아니라 거주지 선택의 자유, 함께 살 사람에 대한 선택의 자유가 핵심인 것이다. UN장애인권리협약 일반논평 제5호에서는 "백 명 이상이 거주하는 대규모 시설도, 5~8명이 사는 작은 그룹홈도, 심지어는 혼자 사는 집도 시설 또는 시설화의 요소를 분명히 가지고 있다면 자립적 주거 형태로 볼 수 없다"고 하여 탈시설은 핵심은 규모의 문제가 아니라 속성의 이슈와 연결되어 있다는 점을 분명하게 하고 있다. 이에 대해서는 충분히 공감하고 동의한다. 이후 2022년에는 UN장애인권리위원회에서 가이드라인(Draft Guideline on Deinstitutionalization, including in emergencies)을 제시할 때 탈시설이라는 용어를 쓰고는 있지만 여기서 제시한 내용에 따르면 각국의 Nursing Home도 모두 시설로 간주되며 그 거주공간에 있는 장애인들은 모두 "탈시설"해야 한다고 볼 수 있어 얼마나 유럽 및 영미 국가들이 이에 동의할지는 의문이다.

오히려 영국에서는 케어홈(Care Home)과 너싱홈(Nursing Home)의 경우는 최대거주인원이 6명인데 지금 우리 사회에 유행처럼 등장한 용어인 지원주택(Supported Housing)의 경우에는 인원제한을 두지 않고 있다. 더군다나 케어홈이나 너싱홈이라도 한 건물에 주출입구만 달리하여 40인이 거주하는 공간도 있으며 15명씩 사는 지원주택은 쉽게 찾을 수 있다. 지금 일부 연구 및 장애인단체의 주장에 따라 3인 초과 거주공간을 모두 "시설"로 간주한다면 영국의 거의 모든 거주공간은 시설에 속한다고 볼 수 있다. 일부 발달장애인이 병원에 머물러 있기는 하지만(Hatton, 2016 : 221) 이 가이드라인에 따르면 탈시설을 거의 추진하지 않은 국가로 분류된다는 의미다. 한편, 12가지 종류의 거주공간 유형을 가지고 있는 호주에서도 10명을 초과 수용하여 요양서비스를 제공하는 시설은 찾는 데는 그리 어렵지 않다. 그만큼 의료인력을 통한 집중돌봄이 중요하기 때문에 선택한, 합리적 조정과정의 산물이라고 볼 수 있다.

그 외 탈시설 논의에서 주요하게 다루어야 할 핵심사항 중의 하나가 추진기한이다. 지금 국회에 계류되어 있는 탈시설 관련 법률안 중 일부는 "10년 내에 기존 장애인거주시설을 전환하거나 폐쇄해야 하는 것"으로 규정하고 있다. 그러나 이 대목에서 우리는 과거 역사로부터 받을 수 있는 교훈을 되새길 필요가 있다. 2012년 당시 장애등급제 폐지도 3년 내에 완료해야 한다고 일부에서 주장했지만 결과적으로 10년이 걸렸다. 집을 짓는 걸로 비유하자면 신축을 하지 않고 계속 증축을 하면서 시간을 시간대로 걸리지만 제대로된 건축이 이루어지지 않은 결과를 초래한 것과 같다. 정책은 우격다짐으로 한다고 해서 체계화되지 않는다. 어떻게 추진해야 할지 그 방안을 모색하는 데 일정 정도 시간이 걸리고 또 이를 집행할 수 있게 만드는 데 시간이 추가로 소요된다. 정책간의 조율이 고안하는 대로 되지 않고 실제 집행해 보면서 조정작업이 필요하게 되기 때문이다. 장애인

거주전환도 마찬가지다. 어떻게 추진할 것인지에 대한 세부계획도 없는 상태에서, 그리고 그러한 세부계획을 어떻게 마련할지에 대한 논의조차 없는 상태에서 10년 내에 탈시설을 마무리한다는 것은 또 다른 우격다짐이나 다름없다. 충분한 논의 없이 주장이 정책으로 변신해 온 무모한 지난 역사는 더 이상 되풀이되어서는 곤란하다.

한편, 정부는 2021년 장애인 탈시설 로드맵을 발표했다. 새로운 역사의 페이지를 써 내려가기 위한 고심의 결과로 이해된다. 물론 첫 술에 배부를 리 없지만 첫 술 치고는 채워나가야 하는 공백도 적지 않다. 나아가 신규시설 입소금지라는 무리수까지 두어가며 내용을 규정해야 했을까라는 아쉬움도 남는다. 시설신규입소금지 또한 명분에 사로잡힌 정책적 실패에 불과하다. 신규수요를 막으려면 대안이 있어야 한다. 무엇이 대안이었는가? 없었다. 그 결과 아동양육시설에서 장애아동이 늘어났고, 노숙인시설의 대부분을 장애인으로 채우는 결과가 초래되었다. 풍선효과에 불과한 것이다. 아울러 만약 신규수요가 장애아동인 경우 어떻게 할 것인가? 위탁가정이 대안일 수 있으나 장애아동에 대한 충분한 전문성이 없으면 오히려 긁어 부스럼을 만드는 격이 되고 만다. 심지어 자립생활운동을 하는 기관에서 시설신규 입소문의를 부탁받아 시설 측에 입소방안을 요청하는 사례가 있었던 것을 생각해 보면 신규입소금지 조치가 얼마나 명분에 쫓겨 진행된 것인지를 알게 된다. 결국에는 2022년 하반기 서울특별시에서는 시설에의 신규 입소를 허용하는 공문을 시달한 바 있다. 대안 없는 주장이 허구였음을 인정하게 된 셈이다.

이러한 탈시설을 둘러싼 주요 논의를 정리해 보면 다음 세 가지와 같다.

첫째, 탈시설이라는 용어이다. 탈시설이라는 용어는 UN장애인권리협약에 기재된 사항이 아니며 여러 하위문건에서 제시된 내용에서 사용되었을 뿐이다. 더 근본적으로는 지금까지도 장애인거주시설 종사자는 정부가 시달한 지침에 따라 업무를 수행하고 있음에도 시설은 탈출해야 하는 곳이며, 인권침해의 온상이며, 폐쇄해야 하는 대상이라고 간주하게 각인시키는 용어가 "탈시설"인 것이다. 정부가 하라는 대로 열심히 일했더니 자기 이익을 위해 장애인을 가두고 밥벌이를 하는, 그래서 탈출시켜야 하고 폐쇄해야 하는 곳으로 규정한다면 고(故) 임성만 전(前) 장애인복지시설협회장의 성찰과 노력도, 보다 나은 거주여건을 만들기 위해 선도적으로 움직였던 많은 분들도 모두 한 집단부류로 치부해 버리게 된다. '탈시설'이라는 용어가 얼마나 큰 자괴감을 주는지 이를 이해하고 공감하고 있는지 의문이다. 이러한 논의에 대한 진지한 고민 없이 탈시설이라는 용어 사용이 주는 부작용을 이야기하면 마치 탈시설을 반대하는 수구집단으로 프레임을 만드는 행태도 지양해야 한다. 탈시설 용어를 쓰건 안 쓰건 간에 장애인에게 우리 국격에 맞는 거주공간을 마련해 주기 위해 우리 모두가 노력해야 한다는 것에는 이견이 없다. 하지만 그 대안이 무엇이고 정말 시설장애인을 자녀로 둔 부모들이 안심하고 새로운 거주공간으로의 이전을 가슴 벅차게 환영할 수 있는 방안을 우리 모두가 머리를 맞대고 고민해야 하는 것이다. 공간의 이동에 대해서만 협소하게 논의하는 것이 아니라 새롭게 마련된 거주공간에서 갖추어야 할 설비와 장치, 인지적 접근성(Cognitive Accessibility)을 담보하는 인테리어까지 포괄적으로 고민하고 논의해야 한다. 그러한 논의에 우리의 역량과 의지를 모아야지, 겨우 거주공간의 크기만 가지고 대립적 양상을 띠는 것은 옳지 않다.

둘째, 여러 개의 방을 구비한 한 채의 장애인주택에서 거주할 수 있는 최대한의 인원에 대한 것이다. 형식논리에 얽매여 4인 초과 금지라는 명분은 더 이상 검토의 대상이 되어서는 곤란하다. 오히려 불가피한 사유나 본인의 의사가 아닌 경우에는 모두 1인 1실의 자신만의 공간을 가질 수 있도록 하는 데 초점이 두어져야 한다. 아울러 요양서비스를 제공해야 하는 경우 의료인력의 효율적 운용을 위해 어느 정도의 규모의 경제가 불가피하다. 그 외에도 도전적 행동이 심한 장애인에 대해 어떤 형태의 장애인주택을 제공해야 하는지에 대한 방안 마련이 시급하다. 즉, 도전적 행동이 심할 경우 토지주택공사에서 제공하는 아파트에서의 생활이 어떤 결과를 초래할지 많은 시뮬레이션이 필요하다는 것이다. 그렇다고 새로운 패러다임에 따라 지역사회 내 장애인 거주공간을 고민하는 현 단계에서

30인 정도의 시설 또한 대안으로 고민하기에는 힘들다. 아울러 중증돌봄체계와는 성격을 달리하는 지원주택의 경우에는 영국과 같이 인원수를 제한해야 하는지 논의가 필요한 부분이다. 하지만 우리가 우리 스스로 우리의 역사를 쓴다고 할 때 굳이 영국을 따라할 것도 아니며 우리 자체의 기준을 우리 모두의 지혜로 고안하고 적용해야 할 것으로 본다.

셋째, 추진기한이다. 발의된 탈시설지원법에서는 10년 내에 기존 장애인거주시설을 전환 또는 폐쇄해야 하는 것으로 규정하고 있지만 현실적으로 그러한 정책추진이 현실성이 있는지 꼼꼼히 따져봐야 한다. 물론 일견 이해가 가지 않는 것은 아니다. 그렇게 하지 않으면 정부가 적극적으로 추진하지 않을 것이기 때문에 최대한 변화를 추동해 내는 것이 필요하다고 판단할 수도 있다. 하지만 중앙정부의 정책방향 수립, 지방자치단체의 이해, 실무적인 변화 움직임이 일어나기 위해서는 일정 기간의 소요를 전제로 한다.

오히려 지금까지 장애인거주시설이 얼마나 열악한 상황에서 시설을 운영해 왔는지를 깨닫게 되는 계기가 되어야 한다. 예를 들어, 중증장애인이 활동지원서비스는 1억여 원 정도를 받더라도 장애인요양시설에서의 최중증장애인은 최대 4,400만 원의 단가로 서비스를 받고 있다. 정부가 적절한 예산을 편성하고 이를 관철시켜야 함에도 번번이 실패해 왔다. 나아가 설사 그렇게 편성하지 못했다 하더라도 중증장애인에게 열악한 거주여건을 제공하고 적절한 거주서비스를 마련해 주지 못한, 이에 대한 소요예산을 충분히 편성하지 못한 국회가 먼저 반성해야 한다.

시설의 구조가, 적절한 인력배치가 되지 않아 통제적 방식으로 운영하지 않을 수 없는 여건하에서 일어나는 여러 불미스러운 일들이 전적으로 시설의 잘못이라고 누가 말할 수 있을지 의문이다. 1990년대 1명의 직원이 20명의 어르신을 케어할 때 개개인의 욕구에 맞춤형으로 서비스를 제공할 수 있을까? 불가능했다. 그 대안으로 거실에 모아놓고 TV를 켜고 시청하게 해서 한 방향으로 시선을 쏠리게 했던 그 역사에 대해 그때 근무한 직원의 인권감수성 부족으로 치부할 수 있을까? 그렇지 않다. 그것이 우리나라의 돌봄서비스의 수준이었던 것이다. 마찬가지로 지금까지 발달장애인 돌봄 때문에 스스로 운명을 달리한 가정에 대해 애통해하며 책임져야 할 기관은 다름아닌 정부와 국회다. 기획재정부는 각 부처 예산에 상한선인 캡을 씌워 부처 자체 내 조정을 요구했고, 국회도 언 발에 오줌 누기식의 일부 사회문제화 될 법한 이슈에 대해서는 대응하는 수준에 머물렀다고 볼 수 있다. 물론 직업윤리에 어긋난 시설직원의 일탈행동도 끊임없이 발생했다는 점을 부인할 수 없다. 하지만 그것과 구조적으로 인권침해가 일어날 수밖에 없는 환경을 온존한 채 결과적 행위에 대해서만 책임을 묻는 것은 다른 것이다. 그런 의미에서 탈시설을 빠른 시일 내에 하겠다는 국회의 의지에 대해서는 높이 평가할 만하다. 하지만 최대한 서두르되 일의 순서를 가려 추진계획을 체계적으로 수립한 다음 실제 소요기간을 가늠해 보는 것이 우선되어야 한다.

정리해 보면, 탈시설화의 당위성과 명분에 매몰되어 준비되지 않은 채 단기간 내에 이를 추진하려다 보면 정작 새로운 삶을 시작해야 하는 장애인 당사자에게 가혹한 사회환경만 제공하게 되어 더 악화된 삶의 조건에 처해 있을 수 있는 가능성을 감안하여 정부와 장애계, 그리고 전문가가 전체적인 로드맵을 장애의 특성과 정도에 맞게 세밀하게 설계하는 것이 우선되어야 한다(김진우, 2018)는 점을 잊지 않아야 한다.

5) 주거전환(탈시설화) 추진방안 모색

거주시설 이용자가 자신이 원하는 거주공간으로의 이전을 어떻게 지원하면 될까? 그러한 지원이 체계적으로 이루어지기 위해서는 무엇을 고민하여 정책화해야 할까? 여기에서는 먼저 정부 지원 아래 지역사회에서 정부가 지원하여 장애인이 살아갈 거주공간으로 제공된 집을 장애인주택이라고 부르기로 하자. 그렇다면 장애인주택에서 제공되어야 할 주거서비스의 내용이 무엇인지, 이용자의 장애 정도와 특성에 따른 이용자의 각각 다른 주거욕구를 어떻게 파악하여 적합한 장애인주택으로 전환시킬 것인지, 마지막으로 어떤 종류의 장애인주택이 필요한지 등에 대한 대안적 내용이 마련되어야 한다.

장애인주거서비스의 내용

여러 선행연구를 살피고 실제 운영사례를 참고하여 주거서비스의 내용을 제시하면 다음과 같다. 첫째, 입주 서비스를 제공해야 한다. 이러한 서비스는 다시 입주 전(全) 지원, 입주지원으로 구분할 수 있다. 입주 전 지원에는 주택 계약, 임대차계약 등의 거주공간에 대한 지원이 먼저 이루어져야 한다. 다음으로, 입주지원은 입주준비를 하는 것으로, 입주에 필요한 가구 구입, 입주 시 필요한 물품 구입, 입주청소, 전기 · 가스 · 인터넷 연결, 전입신고와 주거급여 등 공적서비스 신청 등이 제공되어야 한다. 이와 함께 주택 입주 전 장애인 개인에게 적합한 편의시설이 제대로 갖추어졌는지 확인하는 작업과 편의시설이 설치되지 않았다면 이러한 시설의 설치를 요청하거나, 설치를 지원하는 등의 서비스가 제공되어야 할 것이다.

둘째, 주거유지서비스를 제공해야 한다. 여기에는 먼저 장애인이 거주하는 주택을 관리하는 서비스, 즉 시설관리 서비스가 있다. 해당 주택 입주 후 주택의 유지와 내 · 외부 시설 및 비품 등의 보수와 관리 등이 여기에 해당된다. 그리고 다음으로 주거유지 지원 서비스가 있는데, 매월 임대료 및 공과금 납부 등이 여기에 해당된다고 할 수 있다.

셋째, 주택에서 생활하는 데 필요한 거주지원 서비스를 제공해야 한다. 여기에는 개인위생 및 몸단장 등 신체활동지원과 생활필수품 지원, 청소 · 빨래 등의 가사활동지원, 식사 지원 및 영양관리 등의 영양지원, 수입 및 지출 관리, 은행 업무 지원 등의 금전(재정)활동지원, 만성질환에 따른 약물복용과 진료지원, 그리고 운동지원 등의 건강지원, 안전한 환경구성과 거주인 안전 및 학대예방 등의 개인안전지원 등이 포함된다.

넷째, 장애인이 살아가는 지역사회연계(네트워크) 서비스가 제공되어야 한다. 여기에는 먼저 지역사회, 즉 지역 주민, 지역사회 기관 및 시설, 관련 서비스와의 연계서비스가 해당된다. 구체적으로는 종교활동, 여가활동 등의 지역사회활동 지원, 주간활동, 평생교육 등 지역복지서비스 이용 지원, 이웃과의 만남, 친구관계 지원, 자조모임 지원 등의 지역주민 관계형성 지원, 그리고 구청 · 동주민센터, 사회복지시설 등과의 지역사회 네트워크 연계 지원 등이 포함된다.

다섯째, 자립지원 서비스를 제공해야 한다. 이는 장애인이 지역사회의 일환으로 일상의 평범한 삶을 영위하는 데 필요한 자립지원 등을 의미한다. 구체적으로는 취업알선상담, 공공일자리 등 일자리 지원 및 연계 구직활동 지원과 직장생활을 하면서 경험한 다양한 어려움들에 대해서 지원하는 직장생활 지원 등이 여기에 해당한다. 한편 자립지원에는 원(原)가족과의 연계활동 및 가족지원이 필요하다. 이에 명절, 경조사 등에서 가족과 함께 하는 활동과 장애인당사자의 미래계획 등을 설계하고 이를 가족과 공유하고, 부모 · 형제 등의 역량강화 등을 지원하는 가족연계 및 가정생활지원 등의 서비스도 함께 제공되어야 한다.

여섯째, 이용자 역량강화를 위한 법률지원 및 의사결정 지원 등의 옹호서비스를 제공해야 한다. 구체적으로 사회복지서비스 이용 외 각종 법 · 제도 이용을 위한 법률지원과 성년후견제도 및 신탁 연계, 권익옹호기관 이용, 공공후견인 지원 등의 의사결정 지원 서비스 등이 있다.

일곱째, 이상의 여섯 가지 서비스를 제공하는 것은 입주자의 상황에 맞게 개별적으로 제공되어야 한다. 이에 거주지원서비스를 포함하는 개인별 서비스 지원계획이 먼저 수립되어야 하며, 이러한 개인별 지원계획에 따른 각종 지원 서비스가 제공되어야 할 것이다. 여기에는 앞서 살펴본 주택입주부터 생활하는 데 필요한 거주지원서비스, 지역사회연계, 자립지원 및 옹호 서비스 등을 모두 포함하는 계획이 수립되어야 하는데, 사정 및 개인별 계획수립 및 실행, 평가 등이 여기에 해당한다.

한편 장애인의 상황에 따라 부가적인 욕구지원 서비스가 추가로 필요하다. 여기에는 먼저, 집중건강지원이 있다. 즉, 와상장애인 등 최중증장애인을 대상으로 하는 집중 치료 및 요양 등의 집중건강지원이 여기에 해당한다고 할 수 있다.

또 일부 도전적 행동이 심한 장애인의 경우에는 이에 대한 대응지원, 즉 도전적 행동 지원이 별도로 제공되어야 한다.

이와 같이 7대 공통서비스와 2개 부가서비스 등 총 9개 지원 서비스가 장애인 주거서비스의 세부내용이라고 할 수 있다. 이상의 내용을 정리하면 다음의 〈표 9-7〉과 같다.

〈표 9-7〉 **장애인주거서비스 세부내용**

영역	대분류	세부분류	서비스 내용	서비스 세부내용
공통영역	입주	입주서비스	입주 전(全) 지원	거주공간준비 : 주택계약, 임대차 계약
			입주지원	- 가구 구입, 입주 시 필요 물품 구입 - 입주청소, 전기·가스·인터넷 연결 - 행정지원 : 전입신고, 주거급여 등 공적서비스 신청 - 기타 거주지 초기정착 지원
	주거 유지	시설관리 서비스	주택관리	- 주택 유지 및 내·외부 시설 보수 관리
		주거유지 지원	주거유지지원	- 공과금 및 임대료 납입 등
	거주 지원	일상생활 지원	신체활동지원	- 개인위생 및 몸단장
			가사활동지원	- 생활필수품 준비, 청소·빨래 등 가사활동
			영양지원	- 식사, 영양관리
		생활지원	금전(재정) 활동 지원	- 수입 및 지출 관리, 은행업무 지원 등
			일반건강지원	- 만성질환에 따른 약물복용, 병원동행 등 진료지원, 응급 의료지원 - 운동 지원
		개인 안전지원	안전	- 안전한 환경 구성 - 거주인 안전 및 학대예방

	지역사회 연계(네트워크)	지역주민 연계	지역사회활동	- 종교활동, 여가활동 등
			지역주민 관계 형성지원	- 이웃과의 만남, 입주인사, 친구관계 지원, 자조모임 지원 등
		지역사회 기관연계	지역복지 서비스 이용	- 주간활동, 평생교육 등 지역복지서비스 이용 지원
			지역사회 네트워크 연계 지원	- 구청/동주민센터 연계 - 장애인복지관/사회복지관 등 사회복지시설 - 사회서비스 기관 연계
	자립지원	자립지원	고용 지원	- 구직활동지원 : 취업알선상담, 일자리 지원 및 연계 등 - 직장생활지원
		가족연계 및 지원	가족연계 및 가정생활지원	- 명절, 경조사 등에서 가족과 함께 하는 활동 지원 - 장애인 당사자의 미래계획 설계 및 가족과 공유 - 부모·형제 등 가족의 역량 강화 지원
	옹호	이용자 역량 강화	법적 지원	- 사회복지서비스 이용 외 각종 법·제도 이용 법률지원
			의사결정 지원	- 성년후견제도 및 신탁 연계, 권익옹호기관 이용, 공공후견인 지원 등
	개인별서비스지원			- 사정, 개인별 계획 수립, 실행, 평가
선택 영역	집중건강지원			- 집중 치료 및 요양 지원 : 와상장애인 등 대상
	도전적행동지원			- 도전적행동지원

이용자 구분체계

정부는 지난 2019년 장애등급제의 단계적 폐지 방침을 발표하면서 2019년 7월부터 장애인이 거주시설 입소를 희망하는 경우 포괄적 돌봄 및 지원 사정도구라고 할 수 있는 '서비스 지원 종합조사'를 토대로 입소 여부를 결정하도록 하였다.

'서비스 지원 종합조사'는 자립생활 지원, 이용자 중심, 서비스 통합이라는 장애인을 대상으로 한 사회서비스 원칙을 구현하는 핵심적인 장치로서 주요 선진국에서 이미 도입하여 시행하고 있던 포괄적 장애인 돌봄 및 지원 사정도구가 우리나라에도 도입되기에 이른 것이라고 할 수 있다.

이는 불필요한 시설입소를 억제하고 자립생활이 가능한 시설장애인을 지역사회로 복귀하도록 하는 정부의 탈시설 기조와 장애인의 다면적 욕구사정에 기반한 합리적 자원할당이라는 사회정책의 원칙에 공히 부합한다는 점에서 바람직한 정책 변화라고 할 수 있다.

하지만 서비스 지원 종합조사를 활용한 거주시설 이용적격성 심사는 장애인의 기능상태(손상)에 초점을 둔 의료적 모델에 기반하지 않고 기능상태와 함께 의료처치 욕구, 그리고 가족 및 지역사회 보호 체계까지 아우르는 다면적 사정을 토대로 한다고 하였지만, 기능제한점수를 중심으로 시설입소 여부가 판정되고 있는 실정이다.

즉, 기능제한점수 120점, 240점을 기준으로 유형별 거주시설과 요양시설을 입소할 수 있다고 하지만, 해당 점수를 기준으로 하되 간호(의료)서비스 욕구, 기능손상, 가족과 지역사회의 돌봄 및 지원 가능 여부 등 다면적 요소에 대한 종합적 사정을 토대로 주거서비스 이용기준이 마련되어야 한다.

이때 각 평가요소는 상호 간에 긴밀하게 연결되어 개별 서비스 유형이 결정되는 구조를 가져야 하는데, 우선적으로 기능제한점수를 기준으로 간호(의료)서비스와 기능손상 정도를 판단하여야 하며, 이어서 가족과 지역사회의 돌봄 및 지원 여부를 판단하여야 한다. 간호(의료)서비스 욕구와 기능손상 정도에 의해서 결정되는 서비스는 가족과 지역사회의 돌봄 및 지원 가능 여부에 따라 주거서비스와 지역사회 돌봄 및 지원서비스로 나뉘는데, 예를 들어 간호(의료)서비스 욕구가 높은 수준이면서 동시에 기능손상 정도가 매우 높은 수준일 때 가족과 지역사회의 돌봄 및 지원이 불가능한 경우에는 요양주택·돌봄주택 입주 자격이 부여되며, 가족과 지역사회의 돌봄 및 지원이 가능한 경우에는 활동지원서비스(방문간호 중심), 보건소의 방문간호서비스 또는 지역사회중심재활서비스 등을 이용할 수 있는 자격이 주어지게 되는 것이다.

또한 기능제한점수가 기준 점수에 미달하더라도 간호(의료)서비스와 기능손상, 가족과 지역사회의 돌봄 및 지원 여부를 판단하여 장애인에게 적합한 주거서비스가 지원되어야 한다.

이를 정리해 보면 다음과 같다.

〈표 9-8〉 **다면적 욕구사정에 따른 장애인 돌봄 및 지원체계 모형**

간호(의료) 서비스 욕구	기능손상(도전적행동 특성 포함) 정도	가족과 지역사회의 돌봄 및 지원 가능 여부	
		지원 불가능 ⇒ 주거서비스	지원 가능 ⇒ 지역사회 돌봄 및 지원서비스
매우 높은 수준	수준에 관계없음	전문요양병원, 호스피스케어 등	
높은 수준	매우 높은 수준	장애전문치료시설*	활동지원서비스 보건소 방문간호 지역사회중심재활서비스
중간 수준	높은 수준	주거서비스(요양·돌봄주택)	활동지원서비스
낮거나 없음	중간 수준	주거서비스(돌봄·지원주택)	활동지원서비스 주간활동서비스 기타 사회서비스
낮거나 없음	낮은 수준	주거서비스(지원·자립주택)	직업재활서비스 주간활동서비스 기타 사회서비스

* 현재 설치되어 있지 않지만 매우 필요로 하는 유형임.

이용자 욕구를 반영한 장애인주택의 종류

현재 장애인복지법에 명시된 장애인거주시설의 기능 및 역할은 주거지원, 일상생활지원, 지역사회생활지원, 요양서비스로 구분되어 있고, 중증장애인요양시설과 장애영유아거주시설에 요양서비스 기능이 추가된 것을 제외하면 장애유형별거주시설, 장애인단기거주시설, 장애인공동생활가정의 기능 및 역할이 동일하여 시설별 기능 및 역할에 차이가 없는 문제가 있다.

즉, 현재 장애인복지법에서 명시한 장애인거주시설의 기능은 시설별 기능 및 역할을 구분하지 못하고 있음에 따라, 모든 시설들이 비슷한 서비스를 지원하게 되고 중증장애인요양시설이나 장애영유아거주시설에서도 자립을 지향하고 스스로 금전관리를 해야 한다는 등의 장애 정도에 맞지 않는 기준으로 획일화된 서비스를 제시하고 있는 문제가 있다.

따라서 장애인거주시설의 유형이 개편되고 이것이 작동하려면, 장애인주택의 종류에 따른 기능과 역할의 차이를 분명히 할 필요가 있다.

장애인복지법상 장애인거주시설의 기능은 주거지원 · 요양 · 일상생활지원 · 지역사회생활 서비스를 제공하는 시설로 정의되어 있음에 따라 기존의 기능을 장애정도로 구분한 네 가지 유형으로 구분하고, 장애 정도가 약한 장애인이 지역사회 중심으로 생활할 수 있도록 지원생활서비스와 자립주거서비스를 신규 기능으로 추가하고자 한다.

지원생활서비스는 지역사회 중심의 생활서비스를 말하는 것이고, 자립주거서비스는 시설에서 자립한 단독가구 및 결혼세대 등에게 순회지원서비스를 제공하는 것을 의미한다.

또한 이러한 기능을 중심으로 유형 1~4의 용어는 해당 주요 기능을 내포하는 의미에서 요양주택, 돌봄주택, 지원주택, 자립주택 등으로 명칭을 설정하고자 한다.

이 경우 '요양주택'과 '돌봄주택'은 장애정도가 심한 장애인이 주로 이용하게 되는 만큼 기존 중증장애인요양시설에서 수행한 주거지원서비스와 요양의료서비스를 주된 서비스로 하고, 일상생활지원서비스와 지역사회생활지원서비스를 보조서비스로 설정하여 운영되도록 하여야 한다.

'지원주택'은 기존의 장애유형별거주시설이나 공동생활가정을 이용하는 약간의 기능제한과 사회적 보호가 필요한 장애인을 대상으로 하여 지역사회중심생활에 거주서비스의 초점을 맞추어 일정 부분의 지원을 받으며 생활할 수 있는 지원생활서비스가 강조되어야 하며, 이를 통해 시설의 폐쇄성과 사회적 배제 현상이 감소될 수 있도록 해야 할 것이다.

'자립주택'은 약간의 기능제한과 간헐적 지원이 필요한 장애인을 대상으로 하여 스스로 자립적 생활이 가능하도록 지원하는 자립주거서비스가 필요하다. 이는 장애인거주시설이 자립을 지향해 탈시설장애인이 증가하게 되면 탈시설 단독가구 지원을 위해서도 필요하며, 결혼을 통해 지역사회에 살고 있는 발달장애인 가구에 대해서도 자립주거서비스가 순회형태로 지원될 필요가 있다.

장애 정도에 따른 주거유형과 그에 따른 주요 기능과 역할은 다음 표와 같다.

〈표 9-9〉 **장애인주택의 종류**

유형 구분	이용장애인	기능과 역할
요양주택	- 종합조사 기능제한(X1) 점수 240점 이상, 아동 190점 이상 - 의료지원 필요장애인 - 50세 이상 고령(발달)장애인	- 기능 제한과 함께 일상생활 유지에 중대한 어려움이 있어 전문적이거나 의료적 서비스를 주된 서비스로 수행 - 전문직원 24시간 상주
돌봄주택	- 종합조사 기능제한(X1) 점수 120~250점(110~200점) 사이 - 도전적행동 장애인 - 중복장애인(집중돌봄이 필요한 장애인)	- 기능 제한과 함께 일상생활 유지가 어려워 사회적 보호와 강도 높은 일상생활지원서비스로 수행 - 전문직원 24시간 상주
지원주택	- 종합조사 기능제한(X1) 점수 120~200점(110~160점) 이상 - 도전적행동 및 사회생활에 큰 어려움이 없는 장애인	- 약간의 기능 제한과 일상생활 유지에 부분적 도움이 필요하고 지역사회 환경에서 지원생활서비스로 수행 - 직원 교대 상주
자립주택+ Home Care	- 종합조사 기능제한(X1) 점수 120(110점) 이하 - 독립적인 생활이 가능하도록 간헐적 지원이 필요한 장애인	- 약간의 기능 제한과 간헐적 지원을 통해 자립적인 생활이 가능하도록 자립주거서비스로 수행 - 순회직원 배치

6) 더 나아가야 할 길

최근 발달장애인법에 최중증 발달장애인 개념이 도입되면서 그동안 부모의 눈물로 점철되었던 현안에 대한 우리 사회의 낮은 관심과 대응수준에 큰 전환을 가져올 수 있는 계기가 마련되었다. 거주공간도 그중의 하나이다. 이제 최중증 발달장애인들이 어디에서 누구와 살지를 결정하고 평범한 일상의 삶을 영위할 수 있는 사회적 토대를 만드는 데 전문가의 역량이 집중될 것으로 보인다. 이를 구현하기 위해서는 여러 가지 정책적 반성과 새로운 대안 모색에 힘을 기울일 필요가 있다.

첫째는 발달장애 전문가 양성체계가 구축되어야 한다. 현재 장애인복지 실천 분야에는 사회복지학과 졸업생이 재학 중 장애인복지론 1과목을 배우고 현장에 투입되는 실정이다. 물론 사회복지실천론, 지역사회복지론 등을 이수하여 학부 4년 동안 장애 분야를 전공한 사람에 비해 폭넓은 시야를 보유할 수 있는 역량을 키워나가려고 노력하고 있다. 하지만 발달장애에 대한 전문가가 되기에는 턱없이 부족하다. 그러므로 발달장애인전문가 양성체계를 구축해야 한다. 현재 한국장애인복지학회에서는 그동안 민간자격증으로 실천현장에 투입될, 투입된 인력에 대한 전문성 향상을 위해 교육 커리큘럼 마련 및 교육 진행 중에 있다. 정부가 현장에 투입되는 인력 중 발달장애를 다루는 분야에 근무하기 위한 전제조건으로 일정한 교육 이수를 명하는 시스템 구축이 필요해 보인다. 앞으로 지역사회 거주전환(탈시설), 최중증 발달장애인 개념 도입 등에 따라 이들 업무에 종사하기 위해서는 필히 지식과 문제해결능력을 갖추어야 할 것은 말할 것도 없다. 나아가 도전적행동이 심한 발달장애인의 경우에는 다학제적인 접근을 통해 실천현장에서 대응할 수 있는 현장전문가를 다층적으로 양성해 낼 필요가 있다.

둘째, 개인예산제 도입에 따른 사전 정책 정비가 필요하다. 앞서도 언급한 바와 같이 현재로서 활동지원서비스와 거주시설서비스는 상호 연계되어 있지 않다. 전자는 장애 정도와 특성 그리고 자신이 처한 환경에 따라 서비스 양이 달라지는 시스템이고, 후자는 그동안 지역사회에서 거주하기 힘든 장애인에 대해 토털서비스를 제공하는 개념으로 운영되고 있다. 하지만 개인예산제가 도입되면 이 양자의 구분과 장벽은 허물어질 것으로 예상되기 때문에 정책적 연계를 도모할 필요가 있다. 또 연계를 위해 정책 간 형평성이 담보되고 있는지도 세밀하게 살펴야 한다. 장애인거주시설의 문제는 규모에 무게중심이 있다기보다는 시설서비스 이용에의 주도권을 장애인 당사자가 가지는 것에 있기 때문에 장애인의 선택권을 넓히는 정책적 토대를 제대로 구축·조성하는 것에 핵심적 가치를 두어야 한다.

Chapter 10

장애인활동지원서비스

고민이었다. 활동지원서비스를 포함시켜야 할지 말아야 할지…

2006년 4월 19일 故 노무현 대통령께서는 장애인의 날을 맞아 느즈막한 오후 청와대 관내에서 각종 장애인단체장 분들과 함께 "달려라 기봉이" 영화를 보셨다. 그 다음 날 출근을 해 보니 이지원 홈페이지에 대통령께서 지시사항을 내리신 것을 알리는 불이 깜빡이고 있었다. 열어보니 '특단의 장애인대책을 마련하여 보고할 것'이라고 되어 있었다.

한 일주일 걸렸을까? 대통령비서실에서 상관으로 모셨던 비서관, 수석과 함께 전체 추진방향과 과제를 정리하느라 연일 늦은 밤을 새기 일쑤였다. 이제 곧 관계부처 회의 일정에 들어가야 하는데 내 마음속에 여전히 풀리지 않는 의문이 있었다. 활동지원서비스 출범을 이번에 넣어야 할지 말아야 할지.

망설였던 이유는 넣자니 누구에게 얼마만큼의 서비스를 제공해야 하는지에 대한 행정체계가 없다는 점이다. 시행하면 혼란이 일어날 것이 불을 보듯 뻔했다. 하지 않자니 핵심 중의 알맹이가 빠진 느낌이었다. 비서관을 설득하여 장애운동을 이끄는 활동가 리더 중의 한 사람을 만나 이야기를 들어보자고 했다. 정부서울청사 앞 일식집에서 메밀국수를 먹으며 들은 그의 한 마디가 나의 결심을 굳히게 했다.

"돈(생계급여)이 있으면 뭐합니까. 집이 있으면 뭐합니까. 내 손으로 콩나물국 하나 못 떠먹는데, 그게 사람이 사는 겁니까…"

돈이 있고 집이 있어도 그것만으로는 안 되는, 비어 있는 한 구석. 고민 끝에 행정체계는 갖추어 나가는 걸로 하고 장애인활동지원서비스를 포함시키기로 결정하고 밀어붙였다. 그 내용은 2006년 6월 대통령에게 보고되었고 그 해 10월에 국무총리의 형식을 빌려 「2006년 장애인지원대책」의 이름으로 발표되었다.

1 들어가면서

장애인이 지역사회에서 자신의 존엄성을 지키면서 살아가기 위해서는 다양한 자원이 필요하다. 생계를 꾸려나갈 돈이 있어야 하고 편안하게 몸을 뉠 수 있는 거주공간도 필요하다. 뿐만 아니라 건강을 유지하기 위해 큰 어려움 없이 보건의료서비스도 받을 수 있어야 한다. 자신이 가고 싶은 목적지에 갈 수 있도록 교통도 편안해야 하고 물리적 인프라도 접근 가능해야 한다. 필요한 정보도 장애특성과 정도에 맞게 변형되어서 제공되어야 시대에 뒤떨어지지 않고 소통도 가능하게 되어 일상생활에 지장이 없게 된다.

하지만 그것만으로 충분할까? 사실 따지고 보면 그 외에도 많은 부가적 지원들이 요구된다. 보조기기도 필요하고 4차 산업혁명 시대에 좀 더 자신이 삶의 주체가 될 수 있도록 지원하는 여러 가지 정보통신기술도 미래지향적으로 개발되어 제공될 필요가 있다. 하지만 위에서 이야기한 기본적인 요소에 부가되어야 할 것이 활동지원서비스이다.

자립생활운동은 두 가지 큰 기둥에 의존하는데 그 두 기둥이 동료상담과 장애인활동지원서비스이다. 그만큼 가족과 지인에게 부담을 주는, 의존적인 삶에서 탈피하는 데 필요한 핵심이 장애인활동지원서비스라고 할 수 있다. 다음에서는 이러한 장애인활동지원서비스의 기본적인 정책적 얼개가 어떻게 이루어져 있고 앞으로 어떤 방향과 내용으로 동 정책이 개선되어야 하는지를 살펴보고자 한다.

2 장애인활동지원서비스 얼개

목적 및 지원대상

장애인활동지원서비스는 일상생활 · 사회생활이 어려운 장애인에게 활동지원

서비스를 제공하여 자립생활을 지원하고 가족의 돌봄부담을 경감하기 위해 지원되는 사회서비스의 일종이다. 활동지원서비스를 지원받을 수 있는 대상은 만 6세 이상 65세 미만 등록장애인 중 서비스 지원 종합조사 결과 활동지원등급 판정을 받은 자로 한정된다. 이때 활동지원등급이라 함은 기능상태, 사회활동 가구환경 등 서비스 필요도를 평가한 서비스 지원 종합조사 결과에 따라 산출된 종합점수를 1~15구간으로 구분한 것을 말한다.

서비스의 내용

수급자격을 갖게 되면 활동보조, 방문목욕, 방문간호 등의 서비스를 받을 수 있다. 활동보조는 활동보조인이 수급자 가정 등을 방문하여 신체활동, 가사활동 및 이동보조 등을 지원하는 활동지원급여를 말하여 자세한 내용은 다음 표와 같다.

〈표 10-1〉 **활동지원서비스의 급여내용**

구 분		세부 내용
신체활동 지원	개인위생 관리	목욕 도움(목욕 준비, 몸씻기 보조 등), 구강 관리(양치질 도움, 틀니 손질 등), 세면 도움(세면 준비, 세면 보조 등), 배설 도움(배뇨 도움, 화장실 이동 보조 등), 옷 갈아입히기(의복 준비, 속옷 갈아입히기 등)
	신체기능 유지 증진	체위 변경(체위 변경 도움, 일어나 앉기 도움 등), 신체기능의 증진(관절구축 예방활동, 기구사용운동 보조 등)
	식사 도움	식사 차리기, 식사 보조, 구토물 정리 등
	실내이동 도움	실내에서 휠체어로 옮겨 타기, 집안 내 걷기 도움 등
가사활동 지원	청소 및 주변 정돈	수급자가 주로 거주하는 장소(방, 거실) 및 화장실 청소, 쓰레기 분리수거, 내부 정리, 이부자리 정돈, 화장대·책장 정리, 옷장·서랍장 등 정리 등
	세탁	수급자의 옷, 양말, 수건, 침구류, 걸레 등의 세탁 및 삶기 등
	취사	식재료 준비, 밥 짓기, 국·반찬 하기, 식탁 청소, 설거지, 행주 삶기, 음식물 쓰레기 분리수거 등
	등하교 및 출퇴근 지원	출퇴근 및 등하교 보조(부축, 동행 포함), 직장이나 학교 등에서 식사 및 화장실 이용 보조 등 신체활동 지원
	외출 시 동행	산책, 물품구매, 종교활동, 복지시설 이용, 은행, 관공서, 병원 등 방문 및 귀가 시 부축 또는 동행, 외출 시의 신체활동 지원
그 밖의 제공서비스		수급자 자녀의 양육 보조(만 6세 이하 등 예외적인 경우에 한함), 생활상의 문제 상담 및 의사소통 도움 등 위에 열거되지 않은 서비스 내용 기록

방문목욕은 활동지원인력인 요양보호사가 목욕설비를 갖춘 장비를 이용하여 수급자의 가정 등을 방문하여 목욕을 제공하는 활동지원급여이다. 이동목욕용 차량을 이용하여 차량 내에서 목욕을 제공하거나 욕조, 펌프, 호스릴 등 장비 일체와 차량 내 온수를 사용하여 가정 내에서 목욕을 제공한 경우에만 인정하나 예외적으로 차량의 접근성 및 거주지의 형태 등으로 차량 내 온수를 이용할 수 없고 수급자가 동의하는 경우에는 인정한다. 한편, 방문간호는 활동지원인력인 간호사 등이 의사, 한의사 또는 치과의사의 지시서(이하 "방문간호지시서")에 따라 수급자의 가정 등을 방문하여 간호, 진료의 보조, 요양에 관한 상담 또는 구강위생 등을 제공하는 활동지원급여를 말한다.

급여의 종류

활동지원급여는 크게 세 가지로 대별된다.

첫째, 활동지원급여이다. 이는 서비스 지원 종합조사에 따라 산출된 종합점수에 따라 1~15구간으로 구분하게 되는데, 가장 지원의 정도가 작은 15구간은 약 60시간(936,000원) 정도가 지원되고 가장 지원수준이 높은 1구간에서는 약 480시간(7,475,000원)이 지원된다.

〈표 10-2〉 **활동지원등급별 월 한도액**

구 간	종합점수	월 한도액
1구간	465점 이상	7,475,000원
2구간	435점 이상 ~ 465점 미만	7,007,000원
3구간	405점 이상 ~ 435점 미만	6,541,000원
4구간	375점 이상 ~ 405점 미만	6,074,000원
5구간	345점 이상 ~ 375점 미만	5,607,000원
6구간	315점 이상 ~ 345점 미만	5,140,000원
7구간	285점 이상 ~ 315점 미만	4,671,000원
8구간	255점 이상 ~ 285점 미만	4,205,000원

9구간	225점 이상 ~ 255점 미만	3,738,000원
10구간	195점 이상 ~ 225점 미만	3,271,000원
11구간	165점 이상 ~ 195점 미만	2,804,000원
12구간	135점 이상 ~ 165점 미만	2,336,000원
13구간	105점 이상 ~ 135점 미만	1,870,000원
14구간	75점 이상 ~ 105점 미만	1,403,000원
15구간	42점 이상 ~ 75점 미만	936,000원

둘째, 특별지원급여이다. 출산, 자립준비, 보호자 일시부재 등 사유 발생 시 특별지원급여가 지급되는데 사유에 따라 20시간(313,000원)에서 80시간(1,247,000원) 정도가 추가된다.

〈표 10-3〉 **활동지원 특별지원급여**

구 분	추가급여
출산(유·사산 포함)	1,247,000원
자립준비	313,000원
보호자 일시부재	313,000원

셋째, 중증장애인 가산급여이다. 활동지원사 연계에 어려움을 겪는 최중증 수급자에게 서비스를 제공하는 활동지원사에게 가산급여(수당)를 지급(시간당 3,000원)하여 정작 필요한 장애인에게 적절한 시기에 적절한 서비스가 제공될 수 있도록 설계한 것으로 이해될 수 있다.

2022년에는 가산급여 단가를 2,000원으로 4,000명에게 지급하는 것으로 편성하였으나 2023년에는 이를 6,000명에 대하여 3,000원으로 인상한 바 있다.

〈표 10-4〉 **장애인활동지원서비스 가산급여(수당) 단가 및 편성인원 변화 추이**

구 분	2018	2019	2020	2021	2022	2023
단가	680원	1,000원	1,000원	1,500원	2,000원	3,000원
편성 인원	1,800명	2,000명	2,000명	3,000명	4,000명	6,000명

급여 단가

장애인활동지원서비스의 지원종류는 앞서 설명한 대로 활동보조(신체 · 가사활동 · 이동지원 등), 방문간호, 방문목욕 등 세 가지로 구성된다. 이러한 서비스는 활동지원기관을 통해 활동지원사가 배치되어 제공되는데 활동지원기관은 지방자치단체의 장이 기관의 지역적 분포, 수급자 수, 적정 공급규모 등을 고려하여 서비스 종류별로 지정하게 된다. 활동보조의 경우 50시간 교육을 이수한 활동지원사에 의해 제공되며, 방문간호는 간호사 등이, 방문목욕은 요양보호사가 제공하고 있다.

이들에 의해 제공되는 활동지원급여의 시간당 단가는 활동보조의 경우 2023년에는 시간당 15,570원으로 책정하였다. 이러한 활동지원서비스의 정부예산은 2022년 17,405억 원에서 2023년에는 19,919억 원으로서 이전 대비 24.4%에 해당하는 2,514억 원이 증액된 규모이다.

65세 미만 노인성질환 장애인 대상 활동지원 신청 확대

최근 정부는 65세 미만의 장애인 중 치매 · 뇌혈관성질환 등 노인성질환이 있는 사람에 대해 일률적으로 활동지원 신청자격을 제외하는 것은 평등원칙에 위배한다는 헌법불합치결정(2020년 12월)에 따라 활동지원법을 개정하여 65세 미만 노인성질환자의 활동급여 신청을 허용할 수 있는 법적 근거를 마련한 바 있다. 이에 따라 65세 미만 장애인 중 노인성질환으로 장기요양 수급자격 인정되는 자에 대해서는 우선 장기요양급여를 받고, 노인성질환 중이더라도 사회생활을 위한 지원이 필요한 경우 부가적으로 장애인활동지원 서비스를 보전급여방식으로 제공하도록 하고 있다. 즉, 서비스지원 종합조사 점수와 장기요양 등급별 점수를 비교하여 급여량 차이가 60시간(활동지원 최저구간) 이상인 경우 장기요양에 더해 활동지원급여를 추가로 지원하게 된다. 이렇게 됨으로써 2023년부터 노인성 질환으로 노인장기요양보험법에 따른 장기요양서비스만을 이용하고 있던 65세 미만 장애인(약 2,720명)을 신규로 지원하는 등 대상자가 2022년 8월 수급자 기준 13.5만 명에서 14.6만 명으로 1.1만 명 확대될 것으로 전망된다.

3 장애인활동지원서비스 이용 현황

활동지원서비스 이용 현황 개관

2023년 1월 말 기준 활동지원서비스 이용자는 110,568명으로 남자가 68,066명으로 여자에 비해 약간 더 많은 것으로 나타나고 있다. 활동지원사는 109,839명이 등록되어 있고 이들의 93.5%인 102,665명이 활동하고 있다. 활동지원기관을 급여유형별로 보면 대부분 활동보조를 담당하고 있고 방문간호가 25개소, 방문목욕이 149개소로 나타났다.

〈표 10-5〉 **등급별 수급자 현황** (기준 : 2023. 1. 31., 단위 : 개소, 명)

이용자			활동지원사[2]		활동지원기관 (급여유형별)				
계	남	여	등록인원	활동인원	계[1]		활동보조	방문간호	방문목욕
110,568	68,066	42,502	109,839	102,665	1,098	(1,039)	924	25	149

1) 괄호 안 숫자는 두 종류 이상의 급여를 제공하는 기관을 중복으로 산정하지 않은 순계(純計) 기관수
– 전자바우처시스템 기준이며 국민연금공단의 활동지원기관 현황과 차이가 있을 수 있음

2) 활동지원사 등록인원 : 차세대 전자바우처시스템에 등록된 전체 활동지원사
활동지원사 활동인원 : 당월에 서비스 제공 실적이 있는 활동지원사

이 세 가지의 현황을 시도별로 살펴보면 서울의 경우 수급자는 25,707명(2023년 5월 기준), 이용자는 20,096명이며, 실제 활동하고 있는 활동지원사는 19,615명이며 활동지원기관은 157개소로 나타났다.

〈표 10-6〉 **장애인활동지원서비스 이용자, 활동지원기관, 활동지원사 시도별 현황**

(기준 : 월말, 단위 : 명)

구분	2023. 5월	2023. 1월	2023. 1월	2023. 1월		2023. 1월
	수급자	수급자	이용자	활동지원사 등록인원[1)]	활동지원사 활동인원[2)]	활동지원기관
계	145,068	140,810	110,568	109,839	102,665	1,039
서울	25,707	25,169	20,096	113,806	19,615	157
부산	9,755	9,515	8,016	21,652	7,807	72
대구	6,709	6,510	4,228	8,184	4,831	40
인천	7,905	7,675	4,972	4,374	5,839	49
광주	5,750	5,594	4,896	3,576	4,860	33
대전	5,291	5,208	3,409	5,247	4,173	21
울산	2,207	2,110	1,446	5,081	1,531	12
세종	797	754	958	1,499	572	8
경기	33,442	32,255	25,584	1,634	22,200	201
강원	3,893	3,813	2,518	27,374	2,271	43
충북	4,458	4,384	3,374	2,369	3,127	36
충남	6,712	6,482	5,693	3,222	4,261	57
전북	6,163	5,989	4,542	4,909	3,981	61
전남	6,732	6,402	5,251	7,810	4,510	73
경북	7,115	6,889	6,098	5,455	4,380	73
경남	10,363	10,075	7,875	5,994	7,369	93
제주	2,069	1,986	1,612	4,303	1,338	10

활동지원등급 · 구간 및 장애 정도별 수급자 현황

2023년 5월 말 기준 활동지원서비스를 이용하는 장애인은 145,068명으로서 장애의 정도가 심한 장애인은 139,504명, 장애의 정도가 심하지 않은 장애인은 5,564명으로 나타났다. 종합점수의 구간별로 살펴보면 지원의 필요도가 가장 높은 1구간은 24명, 중간인 8구간에서는 장애의 정도가 심한 장애인 1,505명, 심하지 않은 장애인 2명으로 나타났다. 지원의 필요도가 가장 낮은 15구간에서는 전체 12,437명이 활동지원서비스를 지원받고 있다. 한편, 7구간부터 이용자 수가 다소 늘어나다가 12구간에서부터는 11구간에 비해 2배 이상의 이용규모를 보이고 있다.

〈표 10-7〉 **장애인활동지원 등급·구간 및 장애정도별 수급자 현황** (기준 : 2023. 5. 31., 단위 : 명, %)

구 분		계	중증	경증	구 분		계	중증	경증
전체							145,068	139,504 (96.2)	5,564 (3.8)
종합점수	소계	128,173	122,651	5,522	종합점수	11구간	7,037	6,990	47
	1구간	24	24			12구간	18,906	18,599	307
	2구간	180	180			13구간	38,613	37,544	1,069
	3구간	843	842	1		14구간	37,926	35,228	2,698
	4구간	608	600	8		15구간	12,437	11,143	1,294
	5구간	133	133		인정점수	소계	2,441	2,438	3
	6구간	547	541	6		1등급	321	321	
	7구간	1,565	1,547	18		2등급	560	559	1
	8구간	1,507	1,505	2		3등급	747	746	1
	9구간	3,638	3,593	45		4등급	813	812	1
	10구간	4,209	4,182	27	산정특례[1]		14,454	14,415	39[2]

1) 인정조사수급자가 종합조사로 급여가 감소한 경우 급여시간 감소 없이 종전 인정조사급여 지급(이하 동일)

2) 종전 인정조사 시 장애 정도 중증이었으나 중도에 장애 정도 경증으로 변경

활동지원사 현황

활동지원사는 2023년 1월 말 기준 109,839명이 등록되어 있으며 여자가 96,103명으로 전체의 약 85%를 차지하고 있다. 연령대별로는 50대가 37.4%, 60대가 36.9%로 대다수를 차지하고 있으며 70대 이상도 5.6%를 차지하고 있는 것이 눈에 띈다. 이러한 등록인원 중에 실제로 활동하고 있는 분들은 102,665명으로 등록인원의 약 93.5%로서 대다수의 등록인원이 실제로 실천현장에서 서비스를 제공하고 있다고 볼 수 있다. 다음 표에서 보는 바와 같이 연령대별로 활동하고 있는 인원의 비율은 등록인원과 크게 차이가 나지 않는 것으로 나타나고 있다.

〈표 10-8〉 **활동지원사 등록 및 활동 현황** (기준 : 2023. 1. 31., 단위 : 명, %)

구분		전체	10대 이하	20대	30대	40대	50대	60대	70대 이상
등록인원	계	109,839	10 (0.0)	1,442 (1.3)	3,784 (3.4)	16,877 (15.4)	41,038 (37.4)	40,569 (36.9)	6,119 (5.6)
	남	13,736	6	659	1,135	1,738	3,097	5,479	1,622
	여	96,103	4	783	2,649	15,139	37,941	35,090	4,497
활동인원	계	102,665	7 (0.0)	1,283 (1.2)	3,396 (3.3)	15,610 (15.2)	38,545 (37.5)	38,131 (37.1)	5,693 (5.5)
	남	12,628	5	582	1,037	1,571	2,841	5,073	1,519
	여	90,037	2	701	2,359	14,039	35,704	33,058	4,174

활동지원기관 현황

활동지원기관은 2023년 5월 말 기준 전체 961개소가 운영되고 있는 것으로 나타났다. 기타를 제외하고 나면 IL센터가 142개소로 제일 많고 그 다음으로 장애인복지관, 기타사회복지시설, 장애인단체 순으로 나타났다. 서울의 경우 수적인 규모 면에서는 마찬가지로 기타를 제외하고 나면 IL센터가 55개소, 장애인복지관, 기타사회복지시설, 지역자활센터, 장애인단체 순으로 나타났다. 아울러 서울과 경기는 타 시도와는 달리 IL센터가 종별 운영 수에 있어 제일 많은 것으로 나타나는 특징을 보이고 있다.

〈표 10-9〉 **활동지원기관 유형별 현황** (기준 : 2023. 5. 31., 단위 : 개소)

구분	전체[1)]	장애인 단체	장애인 복지관	IL센터	지역 자활센터	장기요양 기관	사회 복지관	기타사회 복지시설	기타
전체	961	93	109	142	58	24	25	94	416
서울	173	6	17	55	9	3	5	15	63
부산	78	11	5	13	3	-	1	15	30
대구	41	4	4	2	2	-	2	10	17
인천	47	3	4	6	2	4	-	2	26
광주	33	4	1	8	-	2	1	1	16
대전	26	5	3	2	1	-	-	2	13
울산	17	-	-	2	-	2	-	3	10
세종	5	-	-	-	-	-	-	-	5
경기	161	9	24	29	4	1	5	13	76
강원	39	3	10	2	6	2	2	-	14
충북	33	4	8	4	-	1	1	-	15
충남	50	9	6	6	4	1	-	4	20
전북	43	10	6	1	6	-	2	4	14
전남	65	4	6	4	5	4	2	5	35
경북	57	6	10	1	9	2	2	11	16
경남	84	13	5	7	6	2	2	7	42
제주	9	2	-	-	1	-	-	2	4

1) 국민연금공단 업무시스템 내 자료 기준

4 장애인활동지원서비스정책 발전방향

장애인활동지원서비스정책의 발전방향은 크게 두 가지 범주로 제시될 수 있다. 첫째는 현재의 장애인활동지원서비스체계에 대한 근본적인 개선책을 모색하는 것이고, 둘째는 기존 틀에서 운영될 때 현재 보이고 있는 여러 가지 문제점들을 개선하는 대안을 모색하는 것이다.

1) 장애인활동지원서비스의 근본적 개혁

장애영유아보육서비스와의 중첩 해소

정책은 그때그때 당시의 개별적 합리성이 계속 담보된다고 하더라도 세월이 지나고 나서 보면 그 전체의 총합적인 합리성이 반드시 보장되지 않는다. 중복과 중첩은 어쩌면 제도의 발전과정에서 나타나는 불가피한 측면이라고 볼 수 있다. 그러나 그대로 두는 것은 바람직하지 않다. 물론 이를 개편하는 것은 새롭게 제도를 설계하는 것보다 더 힘들 수 있다. 그간에 얽힌 이해관계도 있고 이를 통해 다양한 사회역학들이 작용하기 때문이다. 하지만 이는 정치적으로 해소해야 할 문제이지, 피한다고 문제가 저절로 해결되는 것이 아니다.

이러한 제도의 중복과 중첩의 예로 장애영유아보육서비스와 활동지원서비스를 들 수 있다. 이 양자는 비슷한 시기에 제도가 신설되었다. 장애아가족 양육지원서비스는 「장애아동복지지원법」에 따라 아동기에 있는 장애자녀를 둔 경우 해당하고, 장애인활동지원서비스는 「장애인활동 지원에 관한 법률」에 따라 6세 이상 65세 미만 장애인에게 지급한다. 실제 운용에 있어서는 장애인활동지원서비스가 6세 이상인 경우에 해당하므로 6~18세 사이가 중복되지만 실제에 있어서는 중복수급이 되지 않아 결국 6세를 기점으로 장애아가족 양육지원서비스와 장애인활동지원서비스 수급 패턴으로 수렴된다.

그러나 이 양자의 구분이 본질적인가를 질문해 보면 그 대답에 있어서 긍정적이지 않다. 물론 6세 미만의 장애자녀를 둔 경우에 대한 서비스와 학령기 및 그 이후에 대한 서비스가 달라질 수 있다. 그러나 그것은 서비스 제공자의 자질에 대한 문제로 귀착되지, 제도 구분의 본질적 기준이 존재하기 때문은 아니다.

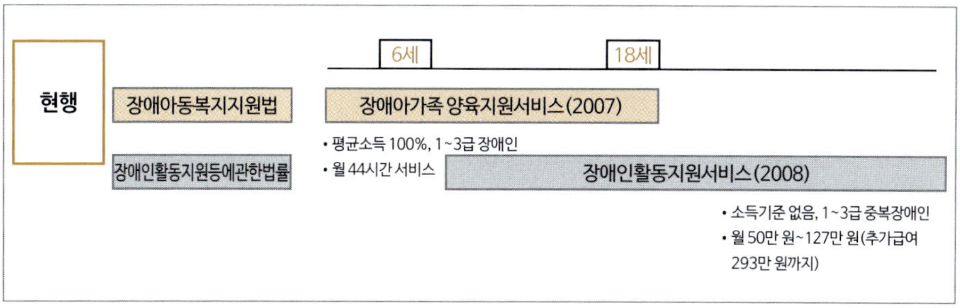

| 그림 10-1 | **장애아가족 양육지원서비스와 활동지원서비스 간의 중첩적 구조**

그렇다면 장애아가족 양육지원서비스를 포함하여 활동지원서비스를 현재와 같이 이원화하지 않고 재편한다면 어떤 방식을 고민해 볼 수 있을까? 우선적으로는 장애아동에 대한 서비스와 장애성인에 대한 서비스로 대별될 필요가 있다고 생각해 볼 수 있다. 왜냐하면 장애아동의 경우에는 서비스 내용에 대하여 활동지원인–당사자–부모 간의 3자간 의사결정이 필요한 반면, 장애성인의 경우에는 부모는 부차적 소통채널로 남고 가급적 당사자의 의사를 존중하는 방식으로 운용될 필요가 있기 때문이다.

장애인활동지원서비스가 발달장애인에게 적합한가?

뿐만 아니라 활동지원서비스가 발달장애인에게 적합한 제도인지도 재고할 필요가 있다. 애초 활동 지원(Personal Assistance)은 신체장애인에 대한 것이고, 그에 맞게 욕구평가체계의 지표도 설계되어 있다. 하지만 발달장애의 경우에는 그 궤를 다소 달리한다. 그들은 옷 입기와 신변 처리가 힘들어서가 아니라 발달지원을 위해 느린 학습, 지속적인 학습이 이루어지고 사회생활에 필요한 다양한 지원이 필요한 것이다. 또 자해 및 타해 가능성 등 도전적 행동이 있는 발달장애의 경우에는 매우 전문적인 접근이 필요하다는 점에서 단순히 활동에의 조력업무와는 그 차원이 다르다. 그렇기 때문에 발달장애인에게는 활동지원서비스보다는 발달지원서비스를 성인이 되어서도 평생교육의 차원에서 접근하면서 그들의 자립지원을 도모할 필요가 있다. 이런 관점에서 현재의 주간활동서비스 또한 기존의 활동지원서비스가 발달장애인에게는 맞지 않는 부분 때문에 생겨난 고육지책이라고 볼 수 있다. 그러므로 본류로서의 활동지원서비스를 그대로 놔두고 별도의 서비스를 부가적으로 만들어서 전체 체계를 흩트리는 것보다는 전체를 종합적으로 재설계하는 것이 미래지향적이라고 하겠다.

2) 장애인활동지원서비스 개선과제

장애인활동지원서비스 수가의 현실화

장애인활동지원제도의 활동지원서비스 단가는 제도 시행 첫해인 2011년 시간당 8,000원에서 2017년 시간당 9,240원으로 15.5% 인상되었다(연 약 2.21%). 이러한 활동지원서비스 단가는 2017년 기준으로 유사한 서비스를 제공하는 노인장기요양의 서비스 단가 10,875원(방문요양 4시간 기준 43,500원), 노인돌봄서비스 단가 9,800원, 가사간병 방문지원서비스 단가와 비교할 때 낮은 수준에 머물러 있다.

최저임금 대비 활동지원서비스 단가의 인상률이 낮아 「근로기준법」에 의한 최저임금 지급이 어려워 장애인활동지원제공기관을 대상으로 고용노동부 진정을 비롯한 법적 분쟁이 점진적으로 늘어나고 있어 활동지원사에 대한 처우개선이 요구된다.

이렇게 매년 반복적으로 되풀이되고 있는 장애인활동지원 수가문제와 활동지원인력의 처우 및 보수수준이 개선되지 않고 있는 문제점을 개선하기 위해 아예 「장애인활동 지원에 관한 법률」에서 보건복지부장관이 매년 활동지원인력의 보수수준을 정하여 고시하도록 하고, 이때 보수를 최저임금액에 맞추도록 관련 규정을 명문화하는 방법[1]도 강구될 필요가 있다.

장애인활동급여비용 허위 · 부당 청구 방지

활동보조인이 수급자의 바우처 카드를 소지하고 서비스 제공 없이 결제하는 허위청구는 물론 실제 서비스 제공시간보다 과다하게 청구하는 사례, 활동보조인과 수급자가 담합하여 이루어지는 급여비용의 허위 · 부당 청구 등의 사례로 인해 허위 · 부당 청구하는 사례에 대한 제재부가금을 부과하고 활동지원기관에 의한 자체 모니터링을 통한 시정절차를 마련하는 등의 대책이 면밀하게 강구될 필요가 있다.

1 2017년 남인순 의원 대표발의를 통해 다음과 같은 법개정안이 제안된 바가 있다.

현 행	개정안
〈신설〉	제27조의2(활동지원인력의 보수기준 등) ① 보건복지부장관은 매년 활동지원인력의 보수기준을 정하여 고시하여야 한다. 이 경우 활동지원인력의 보수는 「최저임금법」 제10조 제1항에 따라 고시되는 최저임금액의 100분의 150에 상당하는 금액 이하의 범위에서 정한다. ② 활동지원기관의 장은 제1항에 따라 고시된 보수기준에 따라 활동지원인력의 보수를 지급하여야 한다.

Chapter 11

장애인복지 전달체계

"개별적 합리성이 누적된다고 총체적 합리성이 반드시 담보되는 것은 아니다."

우리나라 사회복지정책들이 누더기처럼 덕지덕지 덧대어져 있는 모습을 한마디로 표현한 말이다.

그때그때는 만들고자 하는 정책들이 그렇게 신설되어야 할 나름의 이유를 꼬리표에 달고 태어난다. 정말 스토리도 그럴싸하다.

하지만 세월이 지나고 나면 한바탕 혁명이 필요하다고 생각이 들 만큼 중복과 중첩이 생겨난다.

하지만 그 어느 누구도 이에 대해 손대려 하지 않는다.

그나마 공무원조직, 흔히 공공 전달체계는 공무원의 손으로 바꿀 수 있다고 하지만 민간 전달체계는 저마다 속사정이 있고 맥락이 있어 그 어느 정권에서도 정면승부를 하려 하지 않는다.

그래서 기껏 한다는 것이 '뭔가를 신설하는' 것이다. 그래서 우리는 센터 공화국이다.

물론 이해한다. 복지의 불모지에서 복지선진국으로 가려면 새로운 탄생은 불가피하다.

하지만 "처음부터 설계하라고 한다면 이 모양 이 꼴로 설계할 거냐?"고 물어보면 어느 누구도 쉽게 답하지 못한다.

그러면서도 새로운 정권이 들어설 때마다 묻는다. 체감 복지 수준이 높지 않은 이유가 뭐냐고…

복지선진국이 부러울 때가 있다.

GDP 대비 사회보장지출 수준이 높아서만이 아니다.

그간의 세월 동안 지금의 복지정책을 펼쳐나가기 위해 이리 바꿔보고 저리 바꿔보면서 갖가지 시행착오를 다 겪고 난 결과물이 지금 현재의 모습이라는 점이다.

우리는 그게 다 비용이다.

실제 사각지대 해소 및 급여수준 향상을 위해 재원을 써야 하는데 시행착오를 겪기 위해 많은 돈을 써야 저 복지선진국의 수준에 도달할 수 있겠구나… 라는 생각에 가슴이 답답해져 온다.

1 전달체계란 무엇인가?

'전달체계'라는 용어의 어색함

Gilbert와 Specht는 사회복지정책을 분석하는 기준으로 할당(Allocation), 급여(Provision), 재원(Finance) 그리고 전달체계(Delivery System)라는 네 가지 구성요소를 제시하였다. 할당은 그 정책의 고객이 누구인지에 해당하며, 급여는 그 고객에게 무엇을 제공하는지, 재원은 그 정책고객에게 그만큼의 급여를 제공하는 데 따른 비용이 얼마만큼이며 어떻게 조달할 것인가를 바라보는 창(windows) 역할을 하게 된다. 한편 전달체계는 그러한 급여를 그 정책고객에게 누가 어떤 경로를 통해 제공할 것인가에 대한 것이다. 즉, 욕구가 있는 정책고객과 급여로 지급되는 재원을 중간에서 연결하는 역할을 수행하는 것이 전달체계이다. 즉, Gilbert와 Specht는 사회복지정책을 이해한다는 것은 해당 정책과 관련하여 누구에게, 무엇을, 어떤 재원으로, 어떻게 제공하는가에 대한 이해와 직결된다고 보았다.

예를 들어, 국민기초생활보장정책에서 할당은 정책고객을 부양의무자 기준에 적합하고 소득인정액이 일정 수준 이하인 가구로 한정하는 것을, 급여는 생계급여 · 주거급여 · 의료급여 등 7가지 급여를 현금 또는 현물로 제공하는 것을 말하며, 재원은 국고 및 지방비로 충당한다는 것이며, 전달체계는 보건복지부–시 · 도–시 · 군 · 구(행정복지센터)로 흘러가는 일반지방조직체계를 활용한다는 것이다.

비교를 통해 보다 나은 이해를 도모하기 위해 다른 예를 들어보자. 국민건강보험정책에서의 할당은 정책고객이 의료급여수급자를 제외한 모든 국민이며, 급여는 진찰 · 검사, 약제(藥劑) · 치료재료의 지급, 처치 · 수술 및 그 밖의 치료, 예방 · 재활, 입원, 간호, 이송(移送) 등에 대한 비용을 지급하는 것이고, 재원은 국민들이 납부한 건강보험료와 본인부담금이며, 전달체계는 보건복지부–국민건강보험공단–요양기관(「국민건강보험법」 제42조에 따른 요양기관)이 된다. 물론 정책 성격 때문에 의료검찰 역할을 하는 건강보험심사평가원이 의료시장질서의 교란을 제어하기 위해 등장한다.

비슷한 성격의 정책은 전달체계가 같을까?

정책고객과 급여는 달라도 그 성격이 유사하면 전달체계는 비슷할까? 그렇게 생각할 수도 있다. 노인에 대한 기초연금과 장애인에 대한 장애인연금은 무기여연금으로서 비슷한 성격을 지닌다. 전자는 65세 노인들 중에 소득인정액이 일정 수준 이하이면 기초연금을 지급하고, 후자는 소득인정액이 일정 수준 이하인 중증장애인에게 장애인연금을 지급하지만 기초급여와 장애로 인한 추가비용 보전 성격의 부가급여를 합한 금액을 제공한다. 하지만 전자와 후자 모두 재원에서는 국고와 지방비로 충당하며 전달체계도 보건복지부–시 · 도–시 · 군 · 구(주민자치센터)라는 점에서 같다.

하지만 반드시 그렇게 유사한 것은 아니다. 전달체계는 역사적 맥락에 따라 그 형성된 시기와 성격이 다르기 때문에 반드시 같아질 수는 없다. 예를 들어, 노인장기요양보험제도와 장애인활동지원제도는 유사하면서도 다른 측면이 있다. 원래는 이 양자를 하나의 '국민장기요양제도'로 묶어서 출발할 가능성이 없지 않았지만 결국은 두 가지 정책으로 나누어지게 되었다. 전자는 노인 및 노인성질환을 가진 사람에게 장기요양급여를 제공하고 이에 대한 재원은 국민들이 납부한 장기요양보험료와 이용 시 발생하는 본인부담금으로 장기요양서비스를 이용하는 것이다. 후자는 일정 수준 이상의 타인도움이 필요한 중증장애인에게 국고와 지방비 그리고 이용에 따른 본인부담금이 있으며 활동지원서비스를 활동지원기관으로부터 바우처방식으로 구매하게 된다. 중증장애인에 대한 요양적 성격이 없는 것은 아니지만 그래도 장애인의 자립생활적 이념을 배제할 수 없어 '장기요양'이라는 낱말이 장애인활동지원정책에서는 적용되지 않고 이용방식이나 전달체계도 모두 상이한 체계를 갖추게 되었다.

한편 외국과의 비교에서도 극명하게 나타난다. 우리나라에서는 앞서 설명한 건강보험제도는 사회보험방식에 따라 급여이용에 따른 본인부담금이 있어 일종의 통제적 역할을 수행하는 데 반해, 국가의료체계(National Health Service)로 운영되는 영국에서는 모든 재원을 일반조세로 충당하는 무상의료체계를 갖추고 있다. 즉, 인간사에서 질병과 사고라는 중요한 순간에 정부가 개입해서 국민이 겪는 의료문제에 대응한다. 그러한 의료서비스를 전달하는 방식은 그 국가가 지향하는 가치와 사회적 합의에 따라 달라진다. 그러므로 전달체계는 단순한 효율성만의 문제는 아니며 그 사회가 어떤 방식으로 욕구와 자원을 연결할 것인지, 그 과정에서 반드시 견지해야 한다고 믿는 사회적 가치가 무엇인지에 따라서 달라지는 것이다.

2 국민인 장애인의 기본권과 정부조직편제

기본권에 대응하는 기능별 편제의 정부조직

전달체계가 장애인의 욕구와 이를 해소하는 데 필요한 재원 간의 가교 역할을 하는 것이라면 이 양측을 좀 더 살펴볼 필요가 있다. 일반적으로 국민으로서 향유해야 할 기본권은 「헌법」이 보장하고 있다. 장애인 또한 일반 국민과 마찬가지로 우리나라 국민으로서 가지는 보편적 권리, 즉 「헌법」에서 보장되는 자유권적 기본권, 사회권적 기본권, 참정권, 수익권적 기본권을 모두 향유하는 주체에 해당한다. 나아가 이에 덧붙여 신체적 · 정신적 손상으로 인해 파생되는 추가적 욕구에 사회가 대응해야 하므로 보다 많은 사회적 개입을 필요로 한다는 것에 이의를 제기하는 사람은 많지 않을 것이다.

사회복지는 사회권적 기본권과 가장 밀접하게 연결되어 있다. 국민으로서 인간다운 삶을 영위하는 데 필요한 재화를 적절하게 보유하지 못하거나 보유한다 하더라도 이를 활용하여 적절한 서비스를 받아야 하는 경우 사회복지 기능이 작동한다.

이러한 기본권은 「헌법」에 규정되어 있다 해서 자동적으로 개별구체적인 상황에까지 모두 효력을 발휘하는 것은 아니다. 특히 사회권적 기본권은 구체적인 법률의 제정을 통해 구체화된다. 법률은 「헌법」에 따라 입법부인 국회가 법률안 제정권을 가지고 있지만 법률안 제출권은 국회뿐만 아니라 행정부에게도 부여되어 있다. '행정국가'의 기능이 보다 강조되는 현대에 있어서는 행정부에 의한 입법이 보다 전문성을 담보할 수 있는 수단이 된다.

보건복지부가 많은 정책을 담당했던 과거 시절

우리나라 중앙부처는 정부 태동 때부터 기본적으로 기능별로 편제되어 있다. 즉, 국가 차원에서의 보건복지 기능은 보건복지부가, 고용노동 기능은 고용노동부가, 교육 기능은 교육부가 담당하는 식이다. 예외적으로 사람을 중심으로 일하는 부처도 있다. 여성가족부와 국가보훈부가 여기에 해당한다. 그 외에는 대부분 기능중심이다 보니 예전에는 중앙부처 중에서는 보건복지 기능을 담당하던 보건복지부가 장애인복지의 대부분을 담당해 왔다. 1980년대까지는 장애인 고용정책도 보건복지부가 담당했으며, 장애인체육과 이동편의증진도 1990년대 중반까지 보건복지부 소관이었다. 그러다 보니 어떤 사안이 생길 때마다 그 이슈가 어떤 기능에 속하는지와는 별개로 넓은 의미에서의 복지기능에 속한다고 보고 보건복지부에 일을 맡겼던 것이다. 마치 대상별 편제인 것처럼 활용되었다.

최근 다양해진 장애인 정책 소관 부처들

하지만 최근 인권에 대한 의식이 고양됨에 따라 기본권 보장에 필요한 부처들이 어느 특정 분야에 치우쳐 있지 않고 다양하게 관련되어 있음을 알게 되었고, 실제로 기능편제에 따라 여러 관련부처들이 장애인 관련법률과 정책을 담당하게 되었다. 장애인을 수사하고 조사하는 과정에서의 '장애'를 이해해야 하는 경찰청, 수감생활을 해야 하는 장애인을 다루는 법무부, 일선 주민자치센터의 공무원이 발달장애인을 대할 때 어떻게 해야 하는지에 대한 교육은 행정안전부, 장애인 고용은 고용노동부, 장애인 교육은 교육부, 장애인의 문화여가생활은 문화체육관광부, 교통편의증진은 국토교통부, 장애인 자동차세 등 세금 감면 관련은 기획재정부 등 거의 모든 부처가 관련되어 있다고 해도 과언이 아니다. 뿐만 아니라 장애인이 투표할 때 투표소에 대한 접근성뿐만 아니라 장애에 맞는 적절한 정보제공의 차원에서 마련되어야 하는 공보물들은 중앙선거관리위원회가, 여성장애인 업무의 일부분은 여성가족부가 성 인지적 관점과 여성장애라고 하는 이중적 차별에 대해 보다 정책적 관심과 대안 마련을 책임지고 있는 등 과거에 비해 소관부처가 매우 다양해졌다.

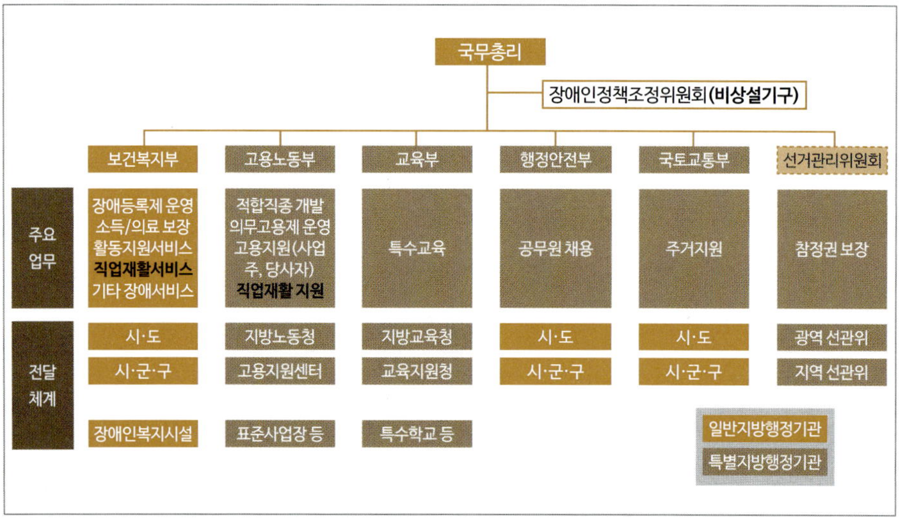

| 그림 11-1 | **중앙정부 장애인 정책 전달체계**

다부처 소관의 장점과 한계

여러 부처가 장애인업무를 다루게 되면서 개선된 점은 여러 부처에서 점차 장애인을, 장애인 정책을 이해하게 되었다는 점이다. 과거에는 장애인업무라고 하면 복잡하고 이해하기 어려우며 하더라도 생색이 나지 않는 업무라는 인식 때문에 기피하게 되고, 피하다 보니 관련 내용을 알 수 있는 기회를 잃게 되고, 그러다 보면 재차 피하게 되는 악순환을 반복하면서 발전을 이루지 못했던 것이 사실이다. 그러나 각 부처에서 담당 소관 기능과 관련된 장애인 업무에 대해 관련 법률을 만들고 담당조직을 만들면서 장애인과의 접촉이 늘어나고 예산이 증가하며 해를 거듭할수록 장애인 이해에 기반한 장애인 업무의 전문성 수준을 점차 높여나갈 수 있다는 점에서 긍정적이라고 볼 수 있다.

반면 소관부처가 다기화되면서 중요하게 떠오르는 것은 부처 간의 연계문제이다. 장애인이 가지고 있는 욕구는 총체적인데 담당부처는 욕구의 내용별로 다르기 때문에 어떤 문제에 봉착할 때 이를 해결하는 통로가 다기화되어 있으면 이용자, 당사자 중심으로 서비스 공급부처들 간에 정책적 연계가 필요한 것은 당연한 이치다. 그러나 그것이 말처럼 쉽지 않다. 보건복지부라는 한 부처 내에서도 보건과 복지 간의 연계 및 파트너십이 제대로 이루어진다고 보기 어렵다는 점에서 이를 미루어 짐작할 수 있다. 장애는 전 연령대에서 발생하며 장애종별에 따라 그 욕구가 매우 다르기 때문에 이러한 종횡으로 펼쳐져 있는 정책대응 사항에 대해 이용자 중심으로 정책을 어떻게 설계하는가에 따라 장애인의 정부 정책에 대한 만족도가 결정되며, 정책 간 간극 없는 촘촘한 정책설계가 그 어느 때보다도 더 중요하게 부각되고 있다.

3 장애인 정책 전달체계 현황

장애인 소득보장 및 장애인복지서비스

장애인 소득보장 및 장애인복지서비스는 보건복지부가 담당하고 있다. 보건복지부는 1980년 「심신장애자복지법」이 제정되었을 때의 명칭은 보건사회부로 사회과(社會課)에서 담당했으며, 이후 「장애인복지법」으로 전면 개정되면서 사회과의 한 계(係)에 지나지 않았던 장애업무가 재활과(再活課)의 설치로 독립된 과(課)로 도약의 발판을 마련하게 되었다. 이후 계속 지속되어 오던 재활과는 장애인복지과로 명칭이 개편되었다가 1997년 국(局) 단위의 장애인복지심의관이라는 직위가 신설되면서 조직이 1국 2과(장애인제도과, 재활지원과) 체제로 제법 그 면모를 갖추게 되었다. 당시 장애인제도과에서는 「장애인복지법」을 다루면서 장애인소득보장정책, 장애인등록제도, 장애인생활시설 지원, 장애인통계 관리 등의 업무를 담당한 반면, 재활지원과는 장애인지역사회재활시설 지원, 장애인편의시설 지원, 장애인단체 지원 등의 업무를 담당하였다. 2023년도 기준으로 장애인정책국 아래 장애인정책과, 장애인권익지원과, 장애인자립기반과, 장애인서비스과, 장애인건강과 등 1국 5과 체제로 편제되어 있다.

일반지방행정기관으로 연결되는 전달체계

보건복지부는 마련된 정책을 집행하는 손발로서 일반지방행정기관에 속하는 시 · 도, 시 · 군 · 구를 통해 일을 추진한다. 즉, 보건복지부는 지방자치단체와 별개의 조직이지만 업무통솔권을 통해 지방자치단체에게 정책집행의 책임을 묻는다. 달리 말하면, 보건복지부는 자체적인 특별지방행정기관[1]을 두고 있지 않다. 즉, 해당 중앙부처와 한 몸이면서 시 · 도 및 시 · 군 · 구를 거치지 않고 부처 소속의 직원과 근무공간을 둠으로써 중앙부처와 지방기관 간의 일체성에 따른 업무처리를 하지 못하는 것이다. 시 · 도 및 시 · 군 · 구에 대한 인사 및 예산권은 행정안전부가, 업무에 대한 명령권은 보건복지부가 행사함으로써 이원화된 업무수행구조를 가지고 있다. 행정의 위계체계에 따른 업무처리는 이루어지겠지

1 특별지방행정기관이란 지방조직이면서도 그 소속은 중앙부처 소관이며 그 기관장도 중앙부처의 장관에게 임명권이 있다. 예를 들어, 국세청의 경우 서울지방국세청을, 고용노동부도 대전지방고용노동청을 두고 있으며 이들은 모두 지방에서 근무한다 하더라도 중앙부처와 순환근무를 하게 되며 장관의 명령을 받아 움직인다. 하지만 시 · 도, 시 · 군 · 구는 일반지방행정기관으로서 보건복지부장관은 경기도청, 서울시청에 대하여 인사권이 없으며, 다만 업무지휘권만 가지게 되는 것이다.

만 일사불란한 업무집행을 기대하기에는 한계가 있을 수밖에 없다. 그 결과 보건복지부가 가지는 고민은 어떻게 하면 자신은 정책개발과 통제에 전력하고 마련된 정책이 시 · 도, 시 · 군 · 구 및 민간 사회복지 전달체계에까지 잘 전달되게 할 것인가이다. 예산 또한 일반회계를 통해 집행된다. 별도의 기금이 있다든가, 사회보험을 통해 별도로 집행되는 예산은 없다.

장애인 교육

장애인 교육은 교육부 교육복지돌봄지원관 아래 특수교육정책과에서 담당하고 있다. 종래에는 유아특수교육담당관실에 포함되기도 하고 팀으로 위치하기도 하였으나 장애인교육정책의 중요성이 날로 더해짐으로써 늘어나는 사회적 요구에 따라 독자적인 과로 위치하고 있다. 교육부는 보건복지부와 달리 자체적인–물론 별도의 지방행정기관으로 위치하지만–청(廳)을 두고 있다. 지방교육청이 시 · 도 그리고 시 · 군 · 구 수준에서 중앙정부의 정책에 덧붙여 지역실정에 맞는 지역교육행정을 담당하고 있다.

역사적으로 살펴보면, 김대중 정부는 특수교육이 필요한 장애아동에 대한 실태를 조사한 데이터조차 없는 상태에서 장애인 교육권에 대해 열악한 현실과 점진주의적인 개선안을 물려받았다. 제1차 장애인복지발전 5개년계획이 수립된 1997년 당시 5~17세의 특수교육대상자 약 22만 5천 명 중 약 4만 8천 명만이 특수학교 및 특수학급에서나마 교육을 받을 수 있었다. 그 나머지인 17만 6천 명은 일반학급 또는 가정, 복지시설에서 제대로 된 통합교육을 받은 것이 아니라 특수학교와 특수학급에 제공되던 특수교육의 기회조차 갖지 못한 것이다. 통합교육의 토대와 시스템이 갖춰지지 못한 상태에서 장애아동이 일반학급에 방치된 것이다. 뿐만 아니라 상급학교 진학률은 턱없이 낮아 중고등학교로 올라갈수록 특수교육의 배려라는 우산 아래 있지 못하고 사회의 무관심 속에서 배제적 공간에 남겨져야 했다.

노무현 정부는 김대중 정부에서의 노력에도 불구하고 여전히 차별적이고 격리적인 장애인 교육의 척박한 현실을 그대로 물려받았다. 특수학교 및 특수학급은 점진적으로 확충되었으나 일반학급에서의 특수교육은 오히려 상대적으로 열악한 환경에 노출되어 있었고 말뿐인 장애인 평생교육은 고등학교에서의 특수교육에 머물러 있었다. 이에 노무현 정부는 행정기관에서의 장애인 교육의 지원체계를 마련하고 통합교육의 기틀을 마련하는 것이 급선무였다. 2001년부터 시범사업을 실시하였던 특수교육지원센터를 전국 지방교육청으로 확산하는 한편, 특수교육보조원을 배치하여 특수교육 대상학생의 학습권을 보장하고 교육의 질을 제고시키는 작업에 착수하였다. 뿐만 아니라 특수교육 대상학생의 고등교육 및 성인교육을 강화하기 위하여 대학에서의 편의시설을 확충하고 대학장애인지원센터를 확충하는 한편 한국재활복지대학에 대한 운영지원을 확대해 나갔다.

이명박 정부에서는 「장애인 등에 대한 특수교육법」 개정 이후 그에 맞는 정책 틀을 구축하는 데 집중하였다. 장애영아 무상교육지원, 유치원 및 고등학교 과정 의무교육지원, 장애인 고등교육 지원 강화를 필두로 하여 통합교육 지원을 확대하고 장애이해교육이 내실 있게 진행될 수 있는 기초를 쌓는 데 역점을 두었다.

박근혜 정부에서는 이명박 정부 때의 제도 틀 마련에 힘입어 장애학생 개개인의 장애 유형과 정도를 고려하여 맞춤형 교육지원을 하기 위해 교과서를 보완하고 장애유형별 교수전문성을 강화하는 방향으로 정책적 여력을 쏟아부었다. 아울러 특수학교, 특수학급을 신·증설해서 과밀 특수학급과 원거리 통학 해소를 위해 노력하였다. 또한 장애학생들이 안전하고 행복한 학교생활을 영위할 수 있도록 전국 190여 개 상설 모니터링단을 구성하고 인권보호와 장애인식을 개선하기 위해 노력하였다.

장애인 직업재활 및 고용

1990년 「장애인고용촉진등에관한법률」이 제정되기 이전의 장애인 직업재활서비스는 당시 보건사회부가 담당하였다. 보건사회부는 1970년대까지 70여 개의

장애인복지시설을 중심으로 산발적인 직업재활을 입소장애인에 대한 보호적 차원의 복지를 위하여 관장하여 오다가 1981년 세계장애인의 해를 기해 「심신장애자복지법」이 제정되면서 일반고용이 어려운 중증장애인 고용을 위한 장애인고용 전달체계가 보건사회부 산하에 | 그림 11-2 |와 같이 위치하였다.

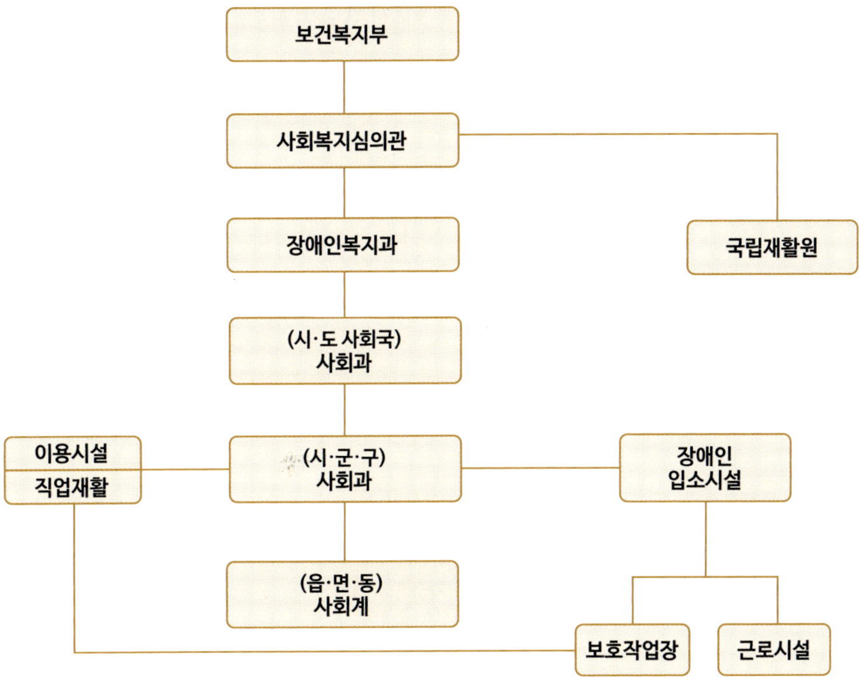

| 그림 11-2 | **장애인고용촉진법 제정 전 전달체계**

당시 보건사회부가 '심신장애인 취업알선계획'을 수립, 한국장애인재활협회로 하여금 취업알선의 첨병 역할을 담당하도록 하였고 장애인입소시설과 복지관 등에 연차적으로 직업재활기능을 강화하였다.

1990년은 「장애인고용촉진등에관한법률」이 제정됨으로써 우리나라 장애인고용정책이 획기적으로 발전할 수 있는 기틀을 마련한 원년이라고 할 수 있다. 300인 이상 근로자를 고용하는 사업주에 대해 근로자의 2% 이상을 장애인으로 고용해야 하는 할당제 의무고용정책을 수립하여 미이행 시에는 부담금을 징수하는 한편, 의무고용인원 초과 시에는 지원금을 지급하며 300인 미만 고용사업주가 장애인을 고용할 때에는 장려금을 지급하도록 하였다.

장애인고용촉진정책을 추진하기 위한 고용노동부[2] 전달체계는 |그림 11-3|과 같이 1990년 9월 고용노동부 산하에 한국장애인고용촉진공단이 설립되고 1993년부터 연차계획을 세워 지방사무소가 설치되면서 그 체계가 갖추어지기 시작했다.

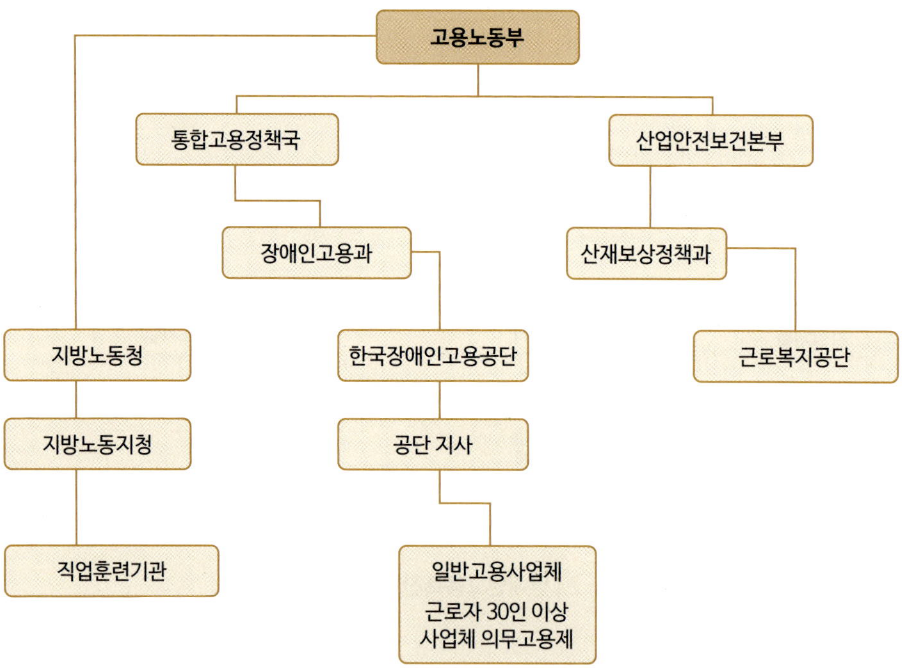

|그림 11-3| **장애인고용촉진법 제정 후 고용노동부 전달체계**

현재 장애인 직업재활 및 고용은 고용노동부와 보건복지부가 나누어서 맡고 있다. 「장애인 고용촉진 및 직업재활법」 제68조에서 제74조에 따른 장애인 고용

2 당시에는 '노동부'였으나 이해의 편의를 위해 현 부처 명칭인 '고용노동부'로 일괄 사용한다.

촉진 및 직업재활 기금의 대부분을 고용노동부가, 일부를 보건복지부가 사용하면서 이원화되었다. 물론 엄격하게 이야기하면 「장애인 고용촉진 및 직업재활법」이 「장애인고용촉진등에관한법률」이었을 때에는 기금은 전적으로 당시 고용노동부에서 사용하였으나 직업재활에 관해서는 보건복지부가 책임지고 있었다. 이에 대한 역사적 전개는 다음과 같다.

장애인의 노동 및 직업재활권은 사회참여에의 통로와 생계를 유지하는 수단을 실질적으로 확보할 수 있는 전제조건이라는 점에서 그 중요성이 매우 높다. 그만큼 장애인 당사자에게는 장애인에 대한 노동 및 직업재활정책은 관심의 핵에 자리 잡고 있다. 그러나 정책설계는 공급자인 행정기관의 시각에 맞춰져 있었다는 것이 문제의 핵심이자 뇌관이었다. 1990년 「장애인고용촉진등에관한법률」의 제정 이후 정부는 줄기차게 장애인 의무고용제의 실질적인 안착을 위해 정책적 비중을 두어 왔으나 중앙정부 및 지방자치단체는 의무고용률을 달성하지 못했을 뿐만 아니라 의무고용대상 기업체에 대해서도 고용부담금을 통해 장애인을 고용하지 않을 명분을 간접적으로 제공해 왔다. 물론 기업으로서는 고용부담금을 통해 사회적 책임을 졌다는 항변도 가능하겠지만 상시 근로자 300인 이상 기업체를 대상으로 했기 때문에 부담금 납부가 기업운영에 치명적이라기보다는 독점이윤의 일부 사회 환원에 불과하다고 볼 수 있다.

한편 중증장애인의 직업재활에 대해서는 여전히 보건복지부가 책임을 지고 있었는데 대부분이 장애인생활시설에 부설되어 있거나 장애인단체가 운영하는 직업재활시설이어서 재가장애인의 직업재활 및 직업교육에의 욕구와는 거리가 멀었다. 이런 점에서 볼 때 장애인 고용 및 직업재활권에 대해 책임지고 있는 양 부처 모두 장애인 고용 활성화를 위한 책임성 있는 자세를 보였다고 보기는 어렵다.

이러한 문제의식은 한국장애인고용공단의 중앙부처 소관문제와 결부되어 수면 위로 떠올랐고, 이는 부처 간 업무추진과정에서보다 정치권에서 더 민감하게 다루었다. 즉, 장애인 고용업무, 특히 중증장애인의 고용 및 직업재활의 문제를 고용노동부에서 다룰 수 있는가에 대한 회의적 시각에서 출발하여 정부지원을 통해 사회참여가 절실한 중증장애인의 고용 및 직업재활 이슈와 정책을 보건복지부에서 다루도록 해야 한다는 것이다. 그 결과, 1998년 「장애인직업재활법안」이 국회 상임위를 통과하면서 고용 및 직업재활정책의 전달체계를 둘러싼 첨예한 논쟁이 시작되었다. 이러한 논쟁은 제1차 장애인복지발전 5개년계획에도 없었던 것이며, 그간의 장애인 고용확대에 성과를 내지 못한 고용노동부정책에 대한 비판이 확산되면서 중증장애인 중심 고용 및 직업재활정책의 필요성이 장애인 고용 및 전달체계에 대한 문제로 확산된 것이다. 결론은 「장애인 고용촉진 및 직업재활법」을 제정하여 공단 등 전달체계는 그대로 고용노동부에 두되, 중증장애인의 직업재활에 대한 정책적 비중을 높여나가고 장애인 고용촉진 및 직업재활 기금의 2/9를 보건복지부에서 사용하도록 하는 것이었다.

그러나 보다 중요한 것은 이러한 결과물보다는 그러한 논의가 정치권에서 불거져 나올 만큼 장애인 고용확대를 위한 정책적 패러다임의 전환이 시대적 과제이었음에도 불구하고 이에 대해 정부가 민감하게 반응하지 못했다는 점이다. 그러한 산고를 거쳐 자리 잡은 것은 중증장애인의 고용 및 직업재활을 어떻게 활성화시킬 것인지에 대한 사회적 관심과 정책적 비중이 커진 것이 김대중 정부 기간에서의 주요 성과라고 볼 수 있다(오길승, 2003).

보건복지부 소관의 직업재활정책 또한 생산적 복지 패러다임 아래 '일을 통한 복지'의 개념을 장애인 분야에 적용한 것이라고 보기는 어렵다. 물론 일부 장애인에 대해 최저임금 이상의 근로 대가를 지급하는 장애인직업재활시설도 있었지만 복지관 등 지역사회에서 재활 프로그램을 이용할 기회를 갖지 못한 장애인이 하루를 '소일'할 수 있는 기회를 제공하는 정도의 의미를 부여하는 것도 많았다. 즉, 당시의 장애인 직업재활이라는 것은 지역사회재활시설의 부족을 대신하는 역할을 감당할 뿐만 아니라 성인이 되기 전 10여 년 동안 교육에서 차별과 배제를 당해 온 장애인 당사자가 갖춘 인적자본의 결손을 끌어안을 수 있는 기회의 제공 차원에 머물러 있었던 것이다(Kim, 2005). 노동시장에서 이탈한 자로서

비장애인과 유사한 생활임금을 지급하고 다시금 노동시장으로 되돌려 보내기 위한 정책적 수단을 체계적으로 강구한 적이 없기 때문에 장애인에 대한 적극적 고용정책을 펼친 것이라고 보기에는 한계가 많았다. 덧붙여 장애인 교육과 직업교육의 분절, 직업교육과 직업훈련의 분절, 직업훈련과 고용기회 간의 분절이 높은 장애인 실업률로 이어진 것으로 이해할 수 있다.

4 장애인 정책 전달체계의 문제점

장애인 정책 간 조정기능 부재

장애인복지 전달체계에 대한 논의는 거시적인 사회복지 전달체계에 대한 논의의 역사와 함께한다고 할 수 있으나 장애인 정책 관련 전달체계의 문제가 깊이 있게 검토된 것은 1989년도에 마련된 장애자복지종합대책의 내용으로 거슬러 올라간다.

동 대책에서는 정부가 공급하는 장애인 정책과 관련 있는 전달체계에 대하여 장애자복지대책위원회에서 장애인복지 관련부처 간에 업무의 협조와 조정이 원활히 이루어질 수 있게 하고 장애인복지 대책의 수정 · 보완과 이에 관한 건의가 적절하게 이루어지도록 하기 위하여 중앙과 지방에 장애자복지심의위원회를 설치해야 하며, 사회복지전문요원의 사회복지 직렬화와 사회복지사무소 설치를 통한 사회복지서비스 전달체계의 개선을 지적하였다(장애인복지대책위원회, 1989).

이후 UN 아태경제사회이사회(ESCAP)에서는 UN장애인10년에 이어 1992년에 아태장애인10년(1993~2002)을 선포하고 동 10년 동안 장애인복지 관련 분야에 대한 이행 사항을 제시하였는바, 그중에서 개별적 장애인복지정책 간의 연계성을 강화하고 정책 간의 조정기능을 원활히 수행하기 위하여 국가조정위원회 설치를 권고하였다. 그러나 국가조정위원회가 실제적인 기능과 역할을 수행하기 위해서는 그 하부 단위에 실무위원회를 상설해야 한다고 지적하면서 1995년 태국 방콕에서 개최된 아태장애인10년 1차 평가회의에서는 늦어도 1996년까지 국가조정위원회를 설치하는 것으로 결의하였다.

정부는 그간의 장애자복지종합대책의 내용과 UN ESCAP에서의 이러한 결의를 적극 수용하여 1996년 8월에 국무총리를 위원장으로 하는 장애인복지대책위원회를 설치하고 해당부처 실국장을 위원으로 하는 실무위원회를 구성하였다. 이러한 장애인복지대책위원회에 의해 장애인복지발전의 커다란 한 획을 그은 사업은 장애인복지발전 5개년계획을 수립한 것이다. 개별 부처 차원에서 장애인복지 관련 정책을 추진해 오다가 5개년계획을 통해 장애인복지와 관련된 종합대책이 수립된 것이다.

그러나 실무위원회가 상설되지 않고 장애인복지대책위원회의 상정안건을 사전에 검토하고 실무적 조정역할을 수행하는 데 그치고 지속적으로 정책 간의 연계성을 꾸준히 조정 · 통합해 나가는 실제적 역할을 수행하지 못하고 있다. 국무총리실 내의 국무조정실에서 정책조정 기능을 담당하고 있으나 소수의 인력이 이를 담당하고 있어 장애인 정책 조정의 업무를 전문성 있게 수행하기에는 한계가 있다.

정책 간 연계체계 미형성 : 서비스의 중복과 누락

장애인 소득보장과 복지서비스 정책을 맡고 있는 보건복지부 조직의 양적 팽창은 급격하게 변화하는 정책적 환경을 적극적으로 수용하여 변화 · 발전하는 데 어느 정도 기여해 왔다고 볼 수 있으나 정책고객인 장애인들이 피부에 와 닿는 변화 트렌드를 이끌어 내는 데까지 이르지는 못하였는데 그 이유를 살펴보면 다음과 같다.

첫째, 장애인복지정책 간의 상호연계성이 미흡하기 때문이다. 장애인정책조정위원회가 설치되어 있지만 1년에 1회 정도 회의를 개최하기 때문에 회의를 통해 정책방향을 정립하고 정책 간 연계를 꾀할 만큼 운영이 충분하지 않고 아울러 이를 뒷받침하기 위한 실무위원회가 상설되어 있지 않아 실무적 논의를 통해 쟁점도출을 이끌어 낼 제도적 장치가 마련되어 있지 않은 상태다. 실무적으로는 장애인정책조정위원회의 실무위원회 성격의 업무를 담당하고 있는 보건복지부가 조정적 역할을 담당하는 것이 타당한지도 재고할 필요가 있다. 단순히 장애인 정책의 소관 비중이 높다 하여 동등한 수준에서 각 부처를 총괄 · 조정한다는 것은 부처 간 위계상 현실적으로 불가능하여 단순 취합 기능을 수행하는 수준으로 전락해 버리는 경우가 대부분이다. 그 결과 정책 수요자 중심의 정책설계가 심도 있게 검토되지 못함으로써 장애인들은 공급자 중심의 정책 전달체계 내에서 파편화된 정책내용들에 개별적으로 대응해야 하므로 그들의 만족도를 제고시키기가 쉽지 않은 실정이다.

둘째, 장애인이 가지고 있는 다양한 욕구들이 제대로 평가되지 못하고 있다는 점이다. 의학적 손상 정도와 사회적 혜택의 수급자격은 다른 차원의 문제이나 최근까지 의학적 손상에 기초한 장애등급이 각종 제도의 수급자격과 직결되었다. 물론 장애등급제 폐지에 따라 새로운 종합욕구평가체계가 마련되었지만 장애인 등록 후 장애로 인해 발생하는 욕구들에 대해 어떻게 행정체계가 연계하여 대응할 것인지에 대한 시스템과 체계적인 사례관리가 정립되어 있지 않다. 그 결과 장애인은 자신이 활용 가능한 사회적 자원의 종류와 소재에 대한 정보가 없거나 이를 수집하는 데 많은 비용이 들고, 다른 한편으로 행정기관에서는 장애인이 무엇을 원하는지 그 욕구에 대한 정보가 부재한 실정이다. 욕구와 자원 간에 불일치가 발생하고 따라서 서비스의 중복과 사각지대가 공존하고 있다. 이는 지방자치단체에서 장애인복지를 담당하는 인력 자체가 턱없이 부족하여 사례관리를 해 나갈 수 있는 인적 인프라가 취약한 결과라고 볼 수 있다. 또 지방자치단체에서 발견되고 예견될 수 있는 문제점들이 중앙정부에 전달되어 정책을 개선할 수 있는 순환과정이 매우 중요한데, 중앙정부에 전달할 수 있는 정보 자체가 없거나 매우 미약한 수준이므로 서비스 실천현장과 정책 간의 괴리는 쉽사리 메워지지 않고 있다.

5 장애인복지 전달체계 개선방안

장애인정책조정위원회 위상 강화

장애인복지정책이 아동복지정책, 노인복지정책과 다른 특징 중의 하나는 그 정책 대상의 스펙트럼이 다양하게 펼쳐져 있다는 것이다. 즉, 각 개별법령에서 규정하고 있는 장애의 개념이 다를 뿐만 아니라 장애의 종류도 다양하여 해당 장애에 따른 욕구에 대응하는 정책의 종류도 다양해질 수밖에 없다. 또 장애인이 특정 연령층에 국한되는 것이 아니라 영아부터 노인에 이르기까지 생애주기별로 걸쳐 있어 이들에 대한 종합적인 대책을 마련하고 정책 간의 연계성과 일관성을 유지하는 것은 쉬운 일이 아니다. 더군다나 개별정책의 발전에 초점을 두고 있는 우리 장애인복지 현실에 비추어 볼 때 예산의 확보 정도에 따라 관련 정책의 발전 속도가 다르며 생애주기별로 종합적인 대책을 마련하는 것은 엄두도 못 내고 있는 실정이다.

현재로서는 정책조정 기능을 담당하고 있는 장애인정책조정위원회는 1년에 1~2회 정도 모이는 회의체에 불과하고 사무국이 없어 실질적인 정책조정이 일어나기 힘들다. 최근 보건복지부는 리더십을 발휘하여 고용노동부와 교육부와 함께 실무협의체를 구축했으나 법적 기구가 아니어서 부처 간 선의에 기대는 수준에 머물러 있다. 이를 해소하기 위해서는 사무국에 의한 실무적인 뒷받침이 이루어지는 국가장애인위원회가 설립되어야 한다. 문재인 정부에서는 100대 국정과제를 설정함에 있어 '장애인권리보장법' 제정을 명시한 바 있고 동법의 핵심적 내용이 국가장애인위원회 설치이기 때문에 가급적 빠른 시일 내에 어느 정도 정책구현이 가시화되기를 기대한다.

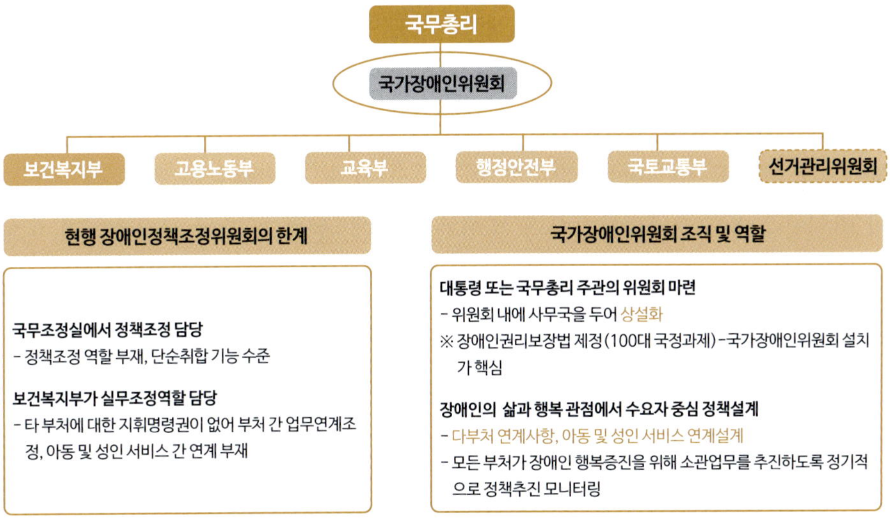

| 그림 11-4 | **국가장애인위원회 설치를 통한 정책연계 수준 제고**

한편 이러한 방안은 장애인 분야에 국한해서 생각해 본다면 당연히 추진되어야 할 과제라고 간주할 수 있고 아태장애인10년의 권고안을 이행하는 중요한 정책어젠다라고 볼 수 있다. 하지만 다른 인구 특성을 고려하면 이러한 방향이 사회복지 전반을 종합적으로 조망해 보는 관점에서도 바람직한 것인지에 대해 보다 깊은 성찰이 필요하다. 다음 그림과 같이 국무총리를 위원장으로 하고 정책조정을 담당하는 여러 위원회가 사무국이 없어 실질적인 정책조정이 활발하게 일어나지 않고 있는 점은 장애인정책조정위원회만의 문제가 아니다.

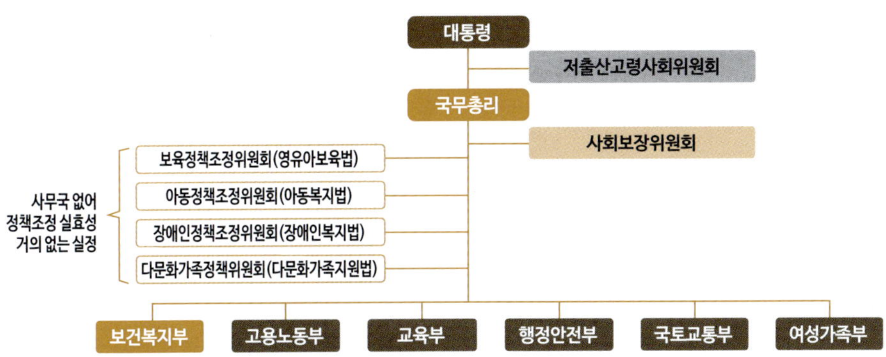

| 그림 11-5 | **국무총리를 위원장으로 하는 정책조정 관련 위원회의 문제점**

이에 대한 대안을 제시한다면, 사회보장위원회의 기능과 역할을 확충하고 이러한 정책조정 기능을 담당하는 위원회를 사회보장위원회로 통합하고 여기에서 각 인구 특성별로 정책조정 기능이 충분히 일어날 수 있도록 하는 근본적인 방향에서의 개혁을 추진하는 것이다. 여기에서 하나 고려해야 할 것은 각 위원회의 위원장을 누구로 할 것인가의 문제가 남는데, 현행과 같이 국무총리가 해도 되지만 실질적인 연계조정의 실효성을 감안한다면 누가 위원장을 하는가가 중요하기보다는 실제로 위원장에게 조정권한을 부여하고 실무적으로 충분히 검토하여 결론낸 것에 대한 합의와 동의에 따른 후속조치의 실행이 중요하다. 왜냐하면 위원회 운영과정에서 해묵은 갈등과 협조 미비로 국민들로부터 외면받고 있는 사안에 대해 어떤 부처에서 조정안건을 내더라도 위원회에서 결론을 도출하지 않고 넘어간다면 이후에는 실효성에 의문을 품고 조정안건조차 제출하지 않는 부처가 늘어가고, 그렇게 되면 위원회 운영은 유명무실하게 되기 때문이다. 그러므로 그러한 조정권한을 가진 위원장을 중심으로 정책 간 불필요한 분절을 예방하고 발생 시 가급적 짧은 기간 내에 이용자 중심의 전달체계 구축을 위한 연계통합적 성격을 부활시키는 기능과 역할을 담당할 수 있어야 한다.

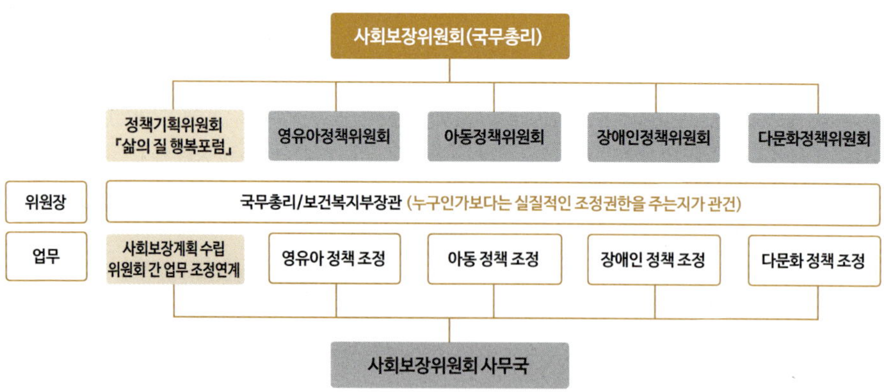

각 개별법률에서 규정하고 있는 정책조정위원회를 사회보장위원회 내에 설치하도록 하여 실질적인 정책 연계협력 실효성 담보
사무국 내 정책조정 담당 조직에서는 주요 부처의 업무를 대표할 수 있는 능력 있는 직원 파견받아 업무협조에 유기적 연계 도모
☞ 부처 이기주의로 파견직원이 갖는 한계에 주목한다면 국정조정역할 담당 직원으로 충원
정책기획위원회 산하에 『삶의 질 행복 포럼』을 두어 현장전문가의 고견 청취

| 그림 11-6 | **사회보장위원회 기능 확대를 통한 정책조정 기능 활성화**

장애인복지서비스 전달체계

중앙정부 차원에서의 장애인복지서비스 전달체계 개선의 초점은 조직적 측면보다는 우선적으로 확대된 기능 및 역할이 강조될 필요가 있다. 기능이 확대되고 업무가 증가하면 이에 따른 조직확대가 필요하다. 최근 활동지원서비스를 포함한 자립생활 패러다임과 장애인 차별금지의 흐름 속에서 「장애인복지법」 개정과 「장애인차별금지 및 권리구제에 관한 법률」의 제정이 그러하다. 그러나 한편으로는 장애인복지서비스를 담당하는 보건복지부가 중앙정부 위치에서 정책설계 기능을 제대로 감당할 수 있는 위상을 제대로 갖추고 있는지를 반성해 볼 필요가 있다.

보건복지부는 장애인복지서비스정책을 총괄하면서 정책의 방향과 비전을 제시하고 있는지, 지방자치단체와의 역할분담이 제대로 되어 있는지, 일선 장애인복지서비스기관들이 어떤 방향에서 업무를 수행해야 하는지에 대한 명확한 방향성을 제시해야 한다. 그럼에도 불구하고, 현재까지는 사업수행의 실무적이고 행정적인 지침을 제외하고는 어떠한 방향성을 제시하고 있지 않다. 기존에 사각지대를 최소화하기 위한 정책 확대가 의미가 없는 것은 아니다. 하지만 지역사회보호정책을 어느 수준에서, 어떤 단계를 거쳐 추진할 것인지를 분명하게 제시해야 한다. 최근의 자립생활에 관한 것도 그렇고, 장애인차별금지에 관한 것도 그러하다. 지금의 정책적 수단으로는 새로운 패러다임이 요구하는 수준을 달성하기 어렵다는 것까지는 인식을 공유하고 있지만 정책의 방향과 이념에 대해서는 여전히 침묵하고 있다. 아울러 보건복지부가 요구하는 장애인복지서비스의 질적 수준을 제시할 필요가 있고 그러한 수준을 만족시키지 못하는 지방자치단체와 서비스기관에 대한 과감한 평가가 이루어져야 한다. 정책수립 후 집행에 관해서는 지방자치단체에 모두 위임하는 현재의 중앙정부–지방자치단체 간 역할모형은 전면 재수정될 필요가 있다.

그렇게 해야만 서비스기관은 현재 수행하고 있는 업무의 정체성을 이해하고 정책적 비전에 따라 어떠한 방향에서 기관의 기능과 역할을 재정립할 것인지에 대한 고민을 구체화할 수 있다. 덧붙인다면 현재의 일반교부세로는 장애인복지 서비스기관의 다양한 변화와 발전을 사전단계에서 수용하지 못하는 결과, 억압적 기제로 그 역할이 왜곡될 가능성이 크다. 그 대안으로서 지방재정분권과 함께 최근 논의되고 있는 포괄보조금제는 지방자치단체의 역할자율성을 높여줄 뿐만 아니라 중앙정부의 정책수립, 서비스의 최소표준 제시, 평가에 따른 과감한 상벌이라는 전체 논의 틀과 그 맥락을 같이할 수 있다고 보인다.

다음은 지방자치단체 수준에서의 변화에 관한 것이다. 최근 사회복지 기능이 강화되고 이러한 흐름에 대한 지방자치단체 및 지역주민의 인식이 변함에 따라 인력도 지속적으로 충원되고 업무로 인한 소진을 줄이기 위한 다양한 대책들이 강구되고 있다. 하지만 인력증원 못지 않게 업무량 또한 급속도로 증가하면서 충분한 상담과 공감에 기초하여 업무를 추진하기가 쉽지 않게 되었다. 그러므로 업무 증가에 따른 인력배치 · 충원이 이루어지면서 지역중심의 복지운영이 가능하도록 어떻게 민관협력을 해나갈 것인지에 대한 보다 구체적이고 실무지향적인 고민이 이루어지고 지역에 따른 다양한 모델들이 발굴되고 확산될 수 있는 분위기와 기회를 만들어야 할 것이다.

특히 2018년에는 보건복지부가 커뮤니티케어정책을 추진하고 있는 만큼 아동, 노인, 장애인 등 돌봄서비스가 필요한 다양한 계층의 주민들을 어떻게 지역사회 내에서 가족들과 행복하게 살 수 있도록 해 나갈 것인지에 대한 고민은 욕구평가체계, 서비스이용체계, 서비스품질체계, 지역사회기반 거주공간의 다양화 등 사회적 공간 재설계체계 등을 통해 구체화될 수 있는바, 이제부터 명실공히 지역사회가 주인이 되어 지역주민들에 대한 서비스 공급체계의 방식과 내용을 채워나가는 것이 매우 중요해지고 있다.

장애인 교육지원체계

장애인 교육정책의 핵심은 장애학생들을 분리하지 않고 장애로 인해 생기는 학습에의 장애물들을 최대한 제거해 나가는 노력에 있다. 통합교육의 핵심적 메시지가 교육현장에서 구체적인 가시물로 나타나도록 해야 하며 현실에 안주한 채 정책대안을 찾는 오류는 최소화해야 한다. 즉, 우리나라에 존재하고 있는 특수학교는 많은 수가 장애인거주시설 내 거주 장애인에 대한 교육서비스를 제공하는 데 그 존재의 의의를 찾고 있다. 설상가상으로 특수학교가 적어 접근성이 떨어지기 때문에 특수학교를 더 증설해야 하고 장애아동 부모 또한 그것을 원한다는 식의 논리는 매우 현실과 동떨어진 환원적 오류에 해당한다. 즉, 특수학교가 하나의 정책집행 대안으로 역할하고 있고 통합교육의 현실이 열악하여 제대로 교육을 받을 수 없기 때문에 차선책으로 특수학교를 고집하는 부모의 왜곡된 선호도를 마치 정책방향의 거대한 줄기를 형성하는 현실적 근거자료로 제시해서는 곤란하다. 만약 특수학교 자체가 없다면 부모들은 무엇을 선택할 것인가? 당연히 특수학급 또는 일반학급 중에서 고를 수밖에 없다. 그렇기 때문에 교육부는 통합교육의 미래를 보여주어야 하고 통합교육의 내실화를 통해 부모의 불가피해 보이는 선호도를 바로잡을 의무가 있다. 그렇지 않고 일반학급, 특수학급에서 장애학생에 대한 각종 차별이 시정되지 않은 채 어디에도 하소연할 데가 없으면 당연히 특수학교로 숨어들 수밖에 없다. 하지만 그것은 바람직하지 않다. 복합중증발달장애인, 자해 및 타해 위험이 높은 발달장애인 등 학습공간을 공유할 때 불거질 문제가 더 큰 경우에만 예외적으로 허용하고 일반학급, 특수학급에 대한 지원 미흡으로 인해 겪는 불이익과 차별은 과감하게 철폐하여 많은 수요를 일반학급과 특수학급에서 흡수하도록 하는 것이 바람직하다.

아울러 특수교육예산의 절대적 수준을 확보하여 급증하는 장애인 교육지원 정책에의 요구수준을 반영해야 할 필요가 있으며 지방교육청에서 다수의 논리에 따라 특수교육예산을 일반교육예산으로 둔갑시켜 집행되는 사례가 발생하지 않도록 특수교육예산 편성 대비 집행내역을 공개하고 교육부는 이에 대한 평가를 엄격하게 적용해야 할 것이다.

또한 장애인 교육의 중요성이 보다 강조되는 시점에서, 편성된 예산이 전문성 있게 집행되고 현장교육기관에서 장애인 교육이 제대로 시행될 수 있도록 그 수준을 높여나가는 데 지원부서로서 역할할 수 있는 인적 · 물적 인프라를 갖추어야 할 것이다. 우선 교육수혜자의 교육욕구에 적절히 대응하기 위해 장애인 교육교사 양성 표준교과과정을 마련하고 일반학급에 배치되어 있는 장애인 교육대상 학생에 대해 장애인교육지원 순회교사를 배치하는 한편 편의시설이 설치되어 있지 않은 특수학급 설치교의 이동 편의성이 제고될 수 있어야 할 것이다. 또한 특수교육지원센터에 전담인력을 확대배치하여 장애학생에 대한 실질적인 지원서비스가 강화되어야 할 것이다. 앞서 문제점을 지적한 학교과정별 특수학급 설치 불균형의 문제를 해소하기 위하여 기초자치단체별로 유치원 및 중고등학교 특수학급 미설치 지역에 집중적으로 특수학급을 증설해야 할 것이다. 이렇게 함으로써 통합교육체계에 포함되었을 때 받는 상대적 불이익을 최소화하여, 통합교육의 방향이 틀렸기 때문이 아니라 통합교육 여건의 미비로 상실될 교육기회의 우려 때문에 특수학교를 선호하는 부모들의 왜곡된 선택을 바로잡고 내실화된 통합교육을 실천할 수 있는 기반을 계속 확대해 나가야 할 것이다.

장애인 고용지원체계

2001년부터 시행된 「장애인 고용촉진 및 직업재활법」에서는 장애인직업재활정책의 관할부처 이원화의 기능적 일원화를 통해 그동안 제기된 문제점과 한계를 극복하려는 의지를 담고 있다. 즉, 장애인 직업재활과정에서의 직업훈련 전 단계, 즉 직업상담, 직업적성검사, 직업능력평가, 직종개발, 직업적응훈련 등과 직업훈련 사후관리 및 지원고용 실시에 관하여 보건복지부장관과 고용노동부장관이 함께 업무를 수행하도록 하고 있다.

세부적으로는 직업능력개발훈련 및 취업알선, 자영업 장애인 지원 및 사업주에 대한 지원은 고용노동부장관이 수행하고, 보건복지부장관은 소관 사업계획 및 예산안 수립 시 직업재활업무 전반에 대한 계획을 수립할 수 있으며 보건복지부 소관의 직업재활실시기관에 대한 직업훈련 및 취업알선 업무를 수행할 수 있도록 하였다. 이러한 양 부처 소관업무의 조정을 위하여 장애인 고용촉진 기본계획을 수립함에 있어 고용노동부장관이 보건복지부장관과 협의하도록 하여 직업재활정책의 기능적 일원화를 꾀하고 있다.

그러나 이러한 기능적 일원화를 추구함에 있어 사전에 염두에 두어야 할 것이 있다.

첫째는 양 부처의 정책철학의 공유점을 발견하는 것이다. 기본적으로 고용노동부는 노동시장을 중심으로 노동시장 진입 전 단계, 노동시장 활성화 단계, 노동시장 퇴출 후 단계에서의 다양한 정책들을 수립하고 있다. 자연히 고용노동부는 장애인고용시장에서도 노동수요와 노동공급을 기조로 하는 시장형성의 경제적 효과를 염두에 둘 수밖에 없다. 물론 장애인고용시장이 갖는 특수성을 인정하지 않는 것은 아니나 장애인고용과의 부처내 위상과 중요도가 높지 않고 「장애인 고용촉진 및 직업재활법」이 부내 상위법률의 거시적 제약 아래 놓이게 된다는 것은 양 부처의 협력관계에 방해요소로 작용할 수 있다는 점을 염두에 두어야 할 것이다.

아울러 보건복지부에서도 발달장애인의 노동시장 진입이 얼마나 어려운 것인가를 이해하는 결과가 보호고용을 고착시키는 방향으로 흐르게 해서는 안 된다는 것이다. 또 현재 직업재활시설이 근로능력에 따라 세분화되어 있는 것이 바람직한지, 재활 패러다임을 극복하자는 사회적 공감대가 두터운 지금에서도 '재활'시설이라는 용어를 사용해야 하는지 등에 대해서도 재고해야 한다고 본다. 아울러 장애인생활시설 내에 있는 직업재활시설이 단독 시설로서 그 의미가 있는 것인지, 시설장애인에게 소득창출이 어떤 의미와 한계를 가지는지 등도 세밀히 살펴볼 필요가 있다. 또한 장애인복지단체에서 운영하는 보호작업시설도 마찬가지다. 단체 이름으로 등록된 일반공장의 형태, 일반인이 출자한 자본 · 인력에 장애인 노동력이 단순부가적 가치만을 창출하는 형태, 보호작업장이 아니라 장애인복지공장과 유사한 형태 등 법적 취지의 한계를 일탈하여 운영되는 현실을 과감히 정리할 필요가 있다. 정부지원의 부족으로 인해 기형적 형태를 양산한다면 지원체계를 「장애인 고용촉진 및 직업재활법」의 제정 취지를 살려서 지원

수준을 높이든지 아니면 근본적인 개혁이 필요한 부분에 대해서는 과감히 정리할 필요가 있다고 본다. 결국 이를 통해 보건복지부가 기금사용을 통해 장애인 직업재활실시기관의 운영 활성화를 도모해 내지 못한다면 고용노동부가 받았던 정책적 실패라는 뼈아픈 질책을 피하지 못할 것이라는 것을 염두에 두어야 할 것이다.

둘째는 장애인직업재활사업이 갖는 위상에 대한 정확한 자리매김이다. 즉, 장애인복지에 있어서의 재활은 장애인복지의 어느 부분을 지칭하는 것이 아니라 의료 · 교육 · 직업 · 사회심리 등 전문영역의 기능통합에 의해 장애인 개인의 전인적 능력개발을 지향하는 한편, 사회환경 개선에 의한 공존사회 실현을 지향함으로써 궁극적으로 사회통합을 달성하고자 하는 총체적 개념이다.

장애인직업재활 전달체계의 세부적인 연계고리를 고안해 나감에 있어 직업재활이 총체적 재활의 구성부분이며 장애인의 직업을 통한 자활자립의 수단적 개념을 지니지만 타 재활사업에 대하여 목표적 개념을 가지는 것이라는 것을 항상 염두에 두고 정책적 연계성을 고려하여 정책 정합성을 더욱 제고시켜 나가야 한다. 아울러 이러한 연계로 직업재활정책이 장애인 소득보장정책과 연결되고 재가서비스의 기초가 되어야만 양 부처의 기능적 분할의 한계를 극복한 기능적 일원화라고 할 수 있을 것이다. 또한 장애인 직업재활 전달체계의 원칙을 고려할 때 서비스기관 접근성이 보다 용이하고 장애인직업재활서비스의 전문성이 발휘될 수 있는 구조 간의 정합성이 고려되어야 할 것이며 장애인의 복합적인 욕구에 대해 직업재활서비스를 포함한 다양한 서비스 간의 협조 · 조정이 원활히 이루어져야 할 것이다.

6 글을 맺으며

장애인복지 전달체계는 최근 국가경제난 속에서도 장애인복지에 대한 정책적 비중이 높아지고 아울러 예산규모도 타 부문에 비해 상대적으로 빠른 속도로 증가하게 되면서 사업의 효과성 제고 및 예산집행의 효율성을 담보하기 위한 논의의 맥락 속에서 검토되고 있다. 더군다나 앞으로 각 중앙부처에서의 장애인 관련업무의 비중은 갈수록 높아질 것으로 예상된다. 그만큼 거시적 조망이 전제된 전달체계의 재구축은 매우 시급하다. 이에 덧붙여 조직적 측면에서의 전달체계 개선방안 마련뿐만 아니라 정책의 방향과 비전이 제시되고 지방자치단체와 각급 현장기관들이 어떠한 역할을 수행해야 하는지를 명확하게 보여주는 것 또한 효율적인 전달체계 구축의 내실을 기하는 중요한 요소다. 장애인 정책을 둘러싼 지역사회보호와 자립생활의 패러다임이 정책 전반에 어떻게 녹아들어야 하고 이를 어떻게 수용할 것인지에 대한 청사진이 나올 때 비로소 각 전달체계가 담당해야 하는 역할이 제대로 자리매김될 것이다. 결국 정책의 방향정립, 중앙정부 간 정책연계조정, 중앙과 지방자치단체 간의 명확한 역할분담 및 협력적 파트너십, 지방자치단체에 의한 사례관리, 지역사회 내 시 · 군 · 구와 지역교육청 그리고 장애인고용공단 간의 연계협조 등이 제대로 이루어질 수 있는 여건을 만드는 것이 전달체계 개편방향의 핵심이라고 할 것이다.

PART 04

장애인 인권

박사를 한다는 것을 희화화해서 호사가들이 덧보태는 말들이 있다.

박사를 의미하는 Ph.D의 뜻은 원래 'Philosophy of Doctor'이다. 해당 분야에 대한 나름대로의 철학적 관점을 구축했다는 의미를 가진다. 그러나 이를 'Permanently Head Damage'라거나 'Permanently Home Damage'라고도 부른다.

그만큼 그 기간 동안 처리해야 하는 정보의 양이 어마어마하고 때로는 가정을 소홀히 하여 이혼하는 경우도 더러 있다고 하니 박사를 한 분들은 이러한 우스개 이야기에도 입가에 옅은 미소를 띠며 고개를 끄덕이기도 한다.

또 박사란 '너도 알고 나도 아는 뻔한 이야기를 어려운 연구방법을 써서 그 뻔한 결론을 도출하는 것'이라고도 한다. 사회과학이 Hunches(이럴 수 있겠지? 라는 학문적 의심 또는 짐작)에서 출발하고 '실제 그런가?'를 입증하는 것이므로 그럴 만도 하다는 생각이 든다. 또 왜(why)라는 질문에 대한 답을 추구하는 것이 학위논문인 만큼 어떻게(how)라는 질문은 가치개입적 내용과 연결되므로 지극히 배제해야 한다고 배운다. 그런데 정작 우리들은 지금의 척박한 현실을 바꾸기 위해서 어떻게 해야 하는지에 머리를 싸맬 수밖에 없으니 박사학위의 사회적 영향력이 반드시 큰 것은 아닌 것 같다. 마찬가지로 필자의 논문이 「노동시장 내에서의 지적장애에 대한 차별」에 대한 것이었는데 그 결론은 누구나 다 짐작할 수 있듯이 '그들에게 차별이 있다'는 것이었다…

하지만 소득이 없는 건 아니다. 방대한 논문을 읽고 읽으면서 차별에 대한 개념과 종류들에 대해 이해하고 발달장애인들이 일상생활에서 차별과 인권침해를 겪을 때 이들 옆에서 이들의 권익을 지켜주는 옹호자의 역할을 누군가가 해야 한다는 것도 알게 되었고 발달장애의 특성을 고려하지 않는 정책들은 발달장애인들에게 부정적인 의미에서의 차별적인 영향을 미치게 되며 때로는 무용지물의 정책이 되고 만다는 것을 깨달을 수 있는 소중한 시간이었다.

우리나라에서는 2008년 「장애인차별금지 및 권리구제에 관한 법률」이 시행되었고 「장애인복지법」에 권익옹호에 관한 조항이 신설되었으며 2014년 「발달장애인 권리보장 및 지원에 관한 법률」이 신설되면서 이들에게 보다 강조되어야 할 정책적 기조가 무엇인지에 대해 상세하게 규정할 수 있는 기회가 마련되었는데 여기에서는 이에 대해 보다 자세히 살펴보고자 한다.

별도의 부(部)를 신설하기 어려워 마지막에 덧붙여놓은 제14장 한국 장애인복지의 발전과제에서는 법체계적 측면, 정책대상적 측면, 정책의 질적 수준 측면으로 나누어 가까운 미래에 우리가 보완해야 할 과제들에 대해 살펴보았다. 이는 간단한 예시에 불과하며 그 외에도 다양한 과제가 산적해 있는데 이에 대해서는 한국장애인복지학회나 한국장애학회의 춘 · 추계학술대회에서의 발표글들을 보면 보다 상세하게 접하고 이해할 수 있다.

Chapter 12

장애인 차별금지

자꾸만 눈물이 났다.

단지 11월의 쌀쌀한 차가운 북해 바람 때문만은 아니였다.

캠퍼스를 걷고 또 걷는 동안 실오라기 단서 하나 잡지 못하고 보내버린 한나절이 나 자신을 너무나도 비참하게 만들었다.

온종일 차별(discrimination)이 무엇인지에 대한 논문 몇 개밖에 못 읽었으면서도 한 줌밖에 안 되는 그 지식마저 내 머릿속에 남아 있는 것이 하나도 없었다. 아니 이해를 할 수가 없었다.

평등, 차별 분야의 논문은 주로 법학에서 많이 다루고 있었는데 법학 논문들은 왜 한결같이 본문 내용은 대여섯 줄이면서 각주 설명은 열댓 줄이 넘는지. 각주의 글씨는 좀 작은가.

버밍엄(Birmingham)에서의 그해 겨울은 유난히도 추웠다.

'같은 것은 같게, 다른 것은 다르게', '간접차별' 등의 개념이 눈에 들어오기 시작하면서 눈물은 환희와 호기심의 눈으로 바뀌었다. 깊이 팠다 싶으면 어김없이 나를 유혹하는 또 다른 철학적 관점이 나타났다.

사실 우리가 장애인차별금지법을 이야기하지만 '차별'을 이해하기란 쉽지 않다.

그러니 故 노무현 대통령 때 사회적차별금지법을 만들자고 했다가 한 발자국도 못 나가고 결국 장애인에게만이라도 차별금지법을 만들겠다고 뛰쳐나온 게 지금에서 보면 참 다행이다. 그렇지 않았더라면 노인, 여성, 비정규직, 외국인 등에 대한 차별개념에서 아직도 허우적대고 있을 것이다. 그래도 그나마 다행인 것은 이제 조금씩 우리나라에서도 전반적인 차별금지법을 만들자, 나아가 '차별금지'라는 부정적 접근보다 '인권보장'이라는 긍정적 모습을 바라보는 인권법 제정 등의 논의가 나타나고 있다는 점이다.

차별에 대한, 인권에 대한 실력이 이제 좀 쌓였다는 증거 아닐까.

1 들어가면서

사람들은 살아가면서 대다수의 사람과 '같지 않다'는 이유로 동정의 눈빛을 드리우며 그들의 관계망 속에 포함시켜 주지 않으려고 보이지 않게 노력하기도 한다. 소수자의 비애다. 물론 이들만 그런 것은 아니다. 숫자 면에서는 소수가 아님에도 늘 열등한 위치에 있어온 집단도 있다. 남성에 대한 여성의 삶이 그러하다. 그렇다면 어쩌면 사람들은 그들이 살아가는 집단, 사회, 국가에서 누구나 선망하고 당연히 그러해야 할 것이라는, 그런 것이 좋고 옳다고 하는 상(image)을 설정해 놓고 그러한 이미지에서 벗어나 있는 사람들에 대해서는 어떠한 방법으로든 사회적 불이익을 부과하여 기선정된 가치에 동조하도록 강요한다.

서구 사회에서는 '백인 비장애 남성'이 가장 완벽한 몸을 가졌다고 생각한다. 그렇지 않은-흑인이나 동양인이거나, 장애가 있거나 여성인-경우에 대해서는 완벽하지 못한, 그래서 사회가 이들에 대해서는 편견과 선입견을 가지거나 열등한 사회적 지위를 부여하더라도 심하게 이의제기를 할 수 없도록 만들었다.

장애가 있다는 것은 빨리 뛰지도, 먹지도, 생각하지도 못할 뿐만 아니라 그런 연유로 그들에게는 직업이 없고, 마땅히 가르쳐야 할 바를 교육하지 않아도 크게 이상한 것이 아니었다. 장애는 거절하고, 거부하고, 같은 범주에 포함시켜 주지 않아도 되는 좋은 핑곗거리였다. 어떤 좋은 것이 있을 때 굳이 나눠주지 않아도 되는 이유가 되기도 했다. 나아가 대놓고 거부하기도 했다. 물론 국가가 손놓고 있진 않았다. 여러 가지 호소도 해보고, 또 실제 도와주기도 한다. 하지만 딱 거기까지. 장애인은 정부에, 이 사회에 늘 손 벌려야 하는 수동적 위치에 있어 왔다.

하지만 애매한 경우도 있을 것이다. 일에 대한 성과가 낮은 경우 실제 일을 잘하지 못하기 때문인 것인지, 장애 때문인지 불분명할 때가 있다. 왕따나 따돌림이 장애 때문인지, 그가 가지고 있는 성격 때문인지, 그러한 성격이 장애에 대한 사회적 반응에 대한 자신의 반응 결과인지 애매하다. 어떤 불이익이 차별의 결과라면 과연 그 차별은 어떤 경우에 사용하는 말일까?

우리나라는 2007년에 「장애인 차별금지 및 권리구제 등에 관한 법률」(이하 "장애인차별금지법"이라고 한다)을 제정하고 이듬해부터 시행해 오고 있는데 법의 주요 골격은 다음 〈표 12-1〉과 같다.

〈표 12-1〉 **장애인차별금지법 주요 내용**

조 항	주요 내용	비 고
제1장 총칙	• 목적, 장애와 장애인, 정의, 차별행위, 차별판단, 차별금지, 자기결정권과 선택권	• 장애·장애인 구별 • 6종류의 차별행위 • 장애 유형 및 정도를 고려한 차별판단
제2장 차별금지	• 고용, 교육, 재화와 용역의 제공 및 이용, 사법·행정절차 및 서비스와 참정권, 모·부성권, 성 등, 가족·가정·복지시설·건강권 등	
제3장 장애여성 및 장애아동 등	• 장애여성 및 장애아동에 대한 차별금지, 정신적 장애를 가진 사람에 대한 차별금지	• 정신적 장애 규정
제4장 장애인차별시정기구 및 권리구제 등	• 진정, 직권조사, 장애인차별시정소위원회, 인권위에 의한 시정권고, 법무부장관에 의한 시정명령	• 시정권고와 시정명령의 이원화
제5장 손해배상, 입증책임 등	• 손해배상, 입증책임의 배분, 법원의 구제조치	• 입증책임 전환이 아닌 배분
제6장 벌칙	• 차별행위, 과태료	• 악의적인 경우 3년 이하 징역 또는 3천만 원 이하 벌금

여기에서는 차별이라는 것이 무엇이고, 차별의 종류에는 어떤 것들이 있는지, 차별에 대해 어떻게 법적으로 대응할 수 있는지, 그렇게 대응해 오고 있는 현황은 어떠한지 그리고 마지막으로 장애인차별에 대하여 개선해야 할 사회적 과제로 어떤 것들이 있는지를 살펴보고자 한다.

2 차별의 개념

차별 정의의 어려움

차별의 개념을 한 마디로 정의하기란 쉽지 않다. 「장애인차별금지법」에서도 마찬가지다. 통상 각 법률에서는 제2조 즈음에 해당 법에서 사용하는 주요 용어들이 어떤 의미인지 정의(definition)를 내리고 있지만 「장애인차별금지법」에서는 차별에 대해 적극적으로 정의하고 있지 않다. 다만, 제4조(차별행위)에서 여러 가지 차별행위로 간주될 수 있는 경우를 나열하고 이에 해당하면 차별이라고 하면서 그 범주를 제시하고 있다.

그렇다면 일상생활에서 "내가 차별받았다"라고 하면 어떤 경우일까? '내가 응당 기대했던 수준의 대가를 받아야 하는데 그렇지 않았다', '나를 의도적으로 분리, 배제시켰다' 등의 일이 벌어졌을 때이다. 통상적인 기대에 따른 대우를 받지 못한 경우이다.

같은 것은 같게, 다른 것은 다르게

아리스토텔레스는 평등, 정의를 이야기하면서 '같은 것은 같게, 다른 것은 다르게'라는 원칙을 제시하였다. 이로부터 우리는 차별을 생각해 볼 수 있다. A라는 학생이 90점, B라는 학생도 90점인데 A학생은 안경을 낀다는 이유로 교수가 동질감을 느껴 더 높은 학점을, 안경을 쓰지 않는 B학생에게는 낮은 학점을 부여했다면 B학생은 어떻게 느낄까? 안경 착용 여부에 대한 교수의 개인적인 편견 때문에 자신이 차별받았다고 느끼지 않을까? 점수가 같다면 같은 학점을 받아야 하는데, 즉 같은 것은 같게 취급되어야 하는데 그렇게 취급받지 않은 것에 대해서 분노하게 될 것이다.

하지만 위 이야기는 얼핏 봐도 B학생에 대한 차별이라는 것을 쉽게 인지할 수 있다. 하지만 '다른 것을 다르게'라는 말을 적용하는 것은 쉽지 않다.

첫째, '다른 것은 다르게'라는 것을 '같은 것은 같게'라는 말의 연장선에서 보면 그 앞과 뒤는 연결되어 있다. 다 같이 90점을 맞았으면 다 같은 학점을 부여하고, A학생은 90점, B학생이 80점이라면 서로 그 점수가 다르므로 학점도 다르게 부여되는 것이 맞다.

둘째, '다른 것은 다르게'에서 '다르다'라는 것이 결과가 아니라 사전적(事前的) 조건이라면 이야기는 달라진다. 즉, 결과로서의 90점, 80점의 상이성이 아니라 시험을 치르는 조건으로서의 상이성이라면? 그 예를 들면, C학생은 비장애인이고, D학생은 점자를 잘 읽을 수 있는 시각장애인이라면 D학생에게는 C학생에게와는 달리 점자문제지를 제공해야 자신의 실력을 제대로 발휘할 수 있다. C학생과 D학생이 다름에도 불구하고 같은 활자로 찍힌 문제지를 제시하면 결과적으로 D학생에게는 불리한 결과를 가져오게 된다. 그렇기 때문에 '다른 것을 다르게' 취급하지 않았다는 것이 차별로 연결될 수 있는 것이다.

다른 것을 어디까지 고려해야 하는가?

만약에 D학생이 시각장애인인데 점자를 잘 모른다면? 흔히 시각장애인인데 왜 점자를 잘 몰라? 라고 반문할 수도 있겠다. 하지만 성인기 이후에 시각을 상실한 지 1년이 채 되지 않으면 그 기간 내에 점자에 익숙해지기가 어렵다. 실제로 시각을 잃은 지 그리 오래되지 않은 한 교사 지망생이 교사임용고시를 앞두고 자신은 시각장애인으로서 점자를 잘 읽지 못하니 음성파일로 문제를 읽어주기를 지방교육청에 요청한 적이 있었다. 그런데 그 교육청은 거절했고, 이 학생은 국가인권위원회에 진정을 내기에 이르렀다. 차별판정이 내려지기 전에 교육청이 해당 문제에 대한 음성파일을 제공하기로 결정함에 따라 그것이 차별인지가 공식적인 판단을 통해 가려지지는 않았으나 아무튼 음성파일을 제공받은 그 수험생은 최종적으로 시험에 합격하여 현재 교사로서 재직 중이라고 한다. 그렇다면 다름을 인정하고 다르다는 이유에 따라 부가적인 조치를 취해야 한다면 어느 정도까지 해야 하는 것인가?

다르다는 것을 수용하는 범위

다르다는 것을 어디까지 수용해야 하는지에 대한 논의는 두 가지와 연결되어 있다. 첫째는 다른 것을 다르게 대우했을 때 그 사회의 기득권층이 누려왔던 이익이 훼손될 것인지, 그 훼손되는 정도가 수인 가능한 것인지이다. 즉, 여성에 대한 남성의 차별에 대해 이를 시정하려고 할 때 시정 결과 남성이 지배적으로 누려왔던 이익을 어느 정도는 포기해야 하고, 또 포기하는 범위가 그 시대를 살아가는 남자들이 받아들이기 어렵다면 어떠한 형태의 논리와 대응체계를 고안해서라도 차별이 시정되지 않도록 노력하게 될 것이다. 장애인 고용이 이제까지의 차별로 인해 사회적 장벽에 가로막혀 있었는데 이를 시정한다는 것은–고용총량이 고정되어 있다면–장애인의 고용은 활성화되고 그 대신 비장애인의 취업 일자리는 줄어드는 것을 의미한다. 물론 사회적 장벽으로, 차별로 인해 비장애인이 결과적으로 부당하게 그 이익을 반사적으로 누려왔던 것이 시정된 것에 불과한 것이지만 실제 그 이득에 취해 있다 보면 그러한 달콤함이 원래부터 자신들의 몫이었다 생각하고 이를 빼앗기게 되면 저항하게 되는 것이다.

둘째는 그렇게 다르게 대우하는 데 소요되는 비용에 있다. 이후에 차별의 종류에서 보다 상세하게 설명하겠지만 장애로 인해 생겨난 추가적 욕구에 대응하는 것이 사회적으로 많은 비용을 발생하게 하는 경우 이를 수용할 것인지가 이슈가 된다. 한 사람의 성장, 발달, 생명이 이 우주만큼 소중한 것이라 해도 결국 제한된 예산으로 소요비용을 충당하다 보면 우선순위가 등장하게 되고 과연 이 사안이 다른 것보다 더 시급한 것인지를 판단할 수밖에 없는데 이것이 쉽지 않다는 것이다. 어떤 장애인을 채용하기 위해 생산시스템의 일부를 변경해야 하는데 이에 소요되는 비용이 해당 기업의 경영에 상당한 손실로 이어지는 경우가 그러하다. 또 이를 정부예산으로 보전해 주어야 한다면, 그 금액이 상당한 수준이라면 해당 지원의 불가피성 여부, 지속가능 여부, 타 정책과의 관계에서의 상대적 우선순위 등에 대한 사회적 논란이 벌어지게 된다.

결국 차별을 시정하는 것도, 사회적으로 대응하는 것도 모두 비장애인의 동의를 전제하는 셈이다. 그렇기 때문에 그 시대에서 사회적으로 장애를 어떻게 이해하는가가 중요한 관건이 된다. 장애에 대한 사회적 수용도가 높을수록 해당 분야에 대한 지원의 수준이 높아지게 된다.

3 차별 종류의 다차원성

법적 차별 vs 사회적 차별, 직접차별 vs 간접차별

차별에 대한 개념은 연구나 논의의 목적에 따라 매우 다양한 방법으로 분류될 수 있는데 첫 번째로, 차별하는 주체에 따라 법적 차별과 사회적 차별로 나뉠 수 있다(Schmidt, 1978). Schmidt는 법적 차별은 국가행정기관이나 입법부, 사법부에 의해서 법 · 제도, 집행명령 또는 법원결정 등으로 이루어지는 것을, 반면 사회적 차별은 개인, 민간기관 또는 단체에 의해 이루어지는 것을 의미한다고 한다. 이러한 구분은 양자가 명확하지 않다는 데 그 한계가 있지만, 장애인이 정책 입안가, 법령, 정책 및 예산구조에 의해 차별받고 있는 현실을 감안한다면 이에 대한 문제제기를 할 수 있는 근거를 제공한다는 측면에서 매우 긍정적이다.

한편 차별자의 의도에 따라 직접차별과 간접차별로 나누기도 한다(Waddington & Hendriks, 2002). 직접차별은 일반적으로 차별자 측의 의도를 내포하고 있는 반면, 그러한 의도가 간접차별을 구성하는 데에는 필수적이지 않다. 장애인에 대한 직접차별은, 그러한 처우의 차이에 객관적으로 정당화될 수 있는 사유가 없음에도 불구하고, 그들의 손상 때문에 비슷한 처지에 있는 사람에 비해 보다 덜 우호적으로 대우받을 때 일어난다. 간접차별은, 적용기준에 대한 객관적 정당화가 주어지지 않음에도 불구하고, 명백하게 중립적 기준인데 결과적으로는 장애인에게 불리함을 가져오는 경우를 말한다(Barnard, Deakin & Kilpatrick, 2002).

우리나라 「장애인차별금지법」에서의 차별종류

우리나라 「장애인차별금지법」에서는 제4조(차별행위)에서 〈표 12-2〉와 같이 차별의 종류를 6가지로 대별해 제시하고 있다.

〈표 12-2〉 **장애인 차별 개념 및 종류**

종 류	주요 내용
1. 직접차별	장애인을 장애를 사유로 정당한 사유 없이 제한·배제·분리·거부 등에 의하여 불리하게 대하는 경우
2. 간접차별	장애인에 대하여 형식상으로는 제한·배제·분리·거부 등에 의하여 불리하게 대하지 아니하지만 정당한 사유 없이 장애를 고려하지 아니하는 기준을 적용함으로써 장애인에게 불리한 결과를 초래하는 경우
3. 정당한 편의제공 거부	정당한 사유 없이 장애인에 대하여 정당한 편의제공을 거부하는 경우
4. 광고를 통한 차별	정당한 사유 없이 장애인에 대한 제한·배제·분리·거부 등 불리한 대우를 표시·조장하는 광고를 직접 행하거나 그러한 광고를 허용·조장하는 경우, 이 경우 광고는 통상적으로 불리한 대우를 조장하는 광고효과가 있는 것으로 인정되는 행위를 포함한다.
5. 장애인 대리·동행자에 대한 차별	장애인을 돕기 위한 목적에서 장애인을 대리·동행하는 자에 대하여 1~4의 행위를 하는 경우. 이 경우 장애인관련자의 장애인에 대한 행위 또한 이 법에서 금지하는 차별행위 여부의 판단대상이 된다.
6. 보조견 또는 장애인보조기구에 대한 차별	보조견 또는 장애인보조기구 등의 정당한 사용을 방해하거나 보조견 및 장애인보조기구 등을 대상으로 하는 차별행위

직접차별

먼저 직접차별은 장애인에게 장애를 이유로 대놓고 불리하게 이야기하는 것을 말한다. '나는 네가 장애인이어서 고용하기 싫어', '나는 네가 장애가 있어서 우리 모임에 가입하는 거 싫어'라고 하여 불이익을 부과하는 것을 말한다.

왜 그렇게 차별을 할까?

효용론에 따르면 그 사람을 고용해서 내가 얻는 효용보다 잃는 효용이 더 많기 때문이라고 한다. 장애인이 비장애인보다 10% 더 일을 잘해서 나에게 20만 원의 이득을 더 가져다준다 하더라도 내가 장애인을 채용해서 가져야 하는 일종의 의무감, 잘 대해주지 않으면 사회적으로 비난받을 것이라는 생각 등으로 인해 내가 받는 스트레스가 20만 원어치보다 크다면 장애인 고용에 따른 나의 전체적인 효용은 낮아지게 되므로 일 더 잘한다는 20만 원어치의 감동이 나에게 어필하지 않게 되는 것이다. 얼핏 보면 이해가 되지만 달리 생각하면 장기적으로 완전경쟁시장에서 그렇게 생산성이 뛰어난 직원을 쓰지 않고 덜 뛰어난 비장애인을 계속 쓰면 내가 경쟁에서 밀리고 결과적으로는 도산할 수밖에 없는데도 계속 자신의 장애에 대한 비선호를 고집할 수 있는가?라는 질문에 직면하게 된다.

이러한 점을 고려하여 등장한 독점지대이론에서는 일반적으로 시장은 완전경쟁시장이 아니고 독과점시장이어서 어떤 고용주가 독점을 통해 초과이윤을 벌어들이고 있으므로 능력 있는 장애인을 선호하지 않음으로 인해 잃게 되는 것은 독점이윤으로 충분히 충당 가능하기 때문에 계속 고용하지 않으려 한다는 논거로 직접차별을 설명한다.

간접차별

어떤 기준이 장애인에게 한정하여 적용하는 불리한 내용이라는 것이 아니라 장애인이든 비장애인이든 보편적으로 적용되는 것이지만 그 기준이 집행되었을 때에 장애인에게 불리한 결과를 초래하게 되는 경우를 우리는 간접차별이라고 한다. 어떤 기업에 인사규정이 있는데 승진의 요건으로 제시한 것이 장애인을 겨냥(?)한 것은 아니지만 실제 집행되는 것을 보면 결과적으로 장애인에게 불리하게 작용하고 그로 인해 장애인은 쉽사리 승진하지 못하는 결과를 초래하고 있을 때 이를 간접차별이라고 할 수 있다.

정당한 편의제공

앞서 장애에 대한 사회적모델에서 설명한 바와 같이 자신이 가지고 있는 신체적 · 정신적 손상으로 인해 갖게 되는 추가적인 욕구가 있는데 이러한 추가적 욕구에 적절하게 대응하는 것이 정당한 편의제공이라고 할 수 있다. 앞서 점자를 모르는 시각장애인이 자신이 시각장애라는 이유로 정당한 편의로서 음성파일을 제공해 달라고 할 때 이 음성파일을 정당한 편의라고 할 수 있는 것이다. 또 다른 예로 자신이 휠체어 이용 장애인이라면 자신이 일하는 작업대의 높이가 맞지 않아 자신의 노동생산성을 최대한 발휘하지 못한다고 생각할 때 작업대의 높낮이를 바꾸어 달라는 요구가 정당한 편의제공에의 요구라고 볼 수 있는 것이다.

기타 차별

그 외에 차별로 법에서는 광고를 통한 차별, 장애인 대리 · 동행자에 대한 차별, 보조견 또는 장애인보조기구에 대한 차별을 들고 있는데, 이는 차별의 개념을 적극적으로 정의하거나 하위개념으로서의 차별종류를 제시했다기보다는 차별이 벌어지는 분야나 차별금지대상의 범위에 관한 것으로 이해된다. 먼저 광고를 통한 차별은 차별이 발생하는 사회적 국면의 중요성을 감안하여 이를 특정하여 차별금지를 부각한 것으로 이해된다. 장애인 대리 · 동행자에 대한 차별, 보조견 또는 장애인보조기구에 대한 차별은 차별금지대상이 장애인에 국한되지 아니하고 대리 · 동행자, 보조견 또는 장애인보조기구에까지 넓어질 수 있음을 명시한 것으로 이해될 수 있다.

차별종류를 둘러싼 쟁점 : 간접차별과 정당한 편의제공 간의 관계

간접차별과 정당한 편의제공 거부가 상호배타적인 것인지와 관련하여 이 두 가지를 한 법률에 규정하는 것이 바람직한가에 모호한 측면이 있다.

즉, 일반적으로 제공되는 각종 규정, 규칙, 시설물이 당해 장애인을 비우호적으로 대하려는 의도를 가지고 있지 않고 아울러 획일적으로 적용되는 중립적인 것이라 하더라도 결과적으로 장애인에게 불리한 결과를 초래할 경우에는 간접차별의 사례에 포섭될 수 있다.

한편 그 사례에 대해 당해 장애인이 자신의 신체적 · 정신적 손상에서 기인하여 직장생활에 상당한 제약을 가져오고 있기 때문에 이에 대한 시정조치를 요구하고 정당한 편의를 제공해 달라는 요구에 대해 정당한 사유 없이 사업주가 이의 시정요구에 응하지 않을 때에는 「장애인차별금지법」 제4조 제1항 제3호에 의해 인권위의 시정권고, 법무부장관의 시정명령 또는 법적 배상 문제에까지 이르게 된다.

이때 장애인은 사업주에게 정당한 편의제공을 요구하지 않고 제2호의 간접차별조항을 근거로 결과적으로 자신에게 불이익이 초래되었으므로 일련의 권리구제조치에 호소할 수도 있다고 볼 수 있다. 그렇다면 간접차별조항이 보다 포괄적이고 장애인의 권익향상을 위해 보편적 결과를 도출할 수 있는 장점이 있는데 굳이 정당한 편의제공 의무를 별도로 규정한 논리적 맥락에 대해 「장애인차별금지법」 제정과정에 관한 기존 연구나 문헌들을 살펴보아도 뚜렷한 이유를 발견하기가 어렵다.

한편 간접차별과 관련하여 유럽국가에서는 매우 다양한 시각과 법제도를 가지고 있다. 간접차별을 증명하는 데 수반되는 어려움과 관련하여, 영국정부는 '간접차별은 장애가 여러 형태로 발생되기 때문에 장애인이 관여되어 있는 경우에 효과적으로 이를 제거하기가 매우 어렵기 때문에'(DSS, 1994 : para 4.11) '합리적 조정(reasonable adjustments)'[1]이 장애인 차별금지에 있어 평등한 기회를 창출하는 데 더 긴요하게 활용될 수 있을 것이라고 보고 있다.

Waddington과 Hendriks(2002) 또한 합리적 조정이 차별금지의 제3의 형태가 될 수 있는 가능성 자체를 배제하지는 않는다. 합리적 조정은 불이익이 특정 집단의 모든 또는 대다수의 구성원에 의해 경험되는 것이 아니고 개인적 차원에서 경

1 우리나라에서는 정당한 편의제공(providing legitimate convenience)이라는 표현을 쓰지만, 영국 등 다른 나라에서는 합리적 조정(reasonable adjustments)이라는 단어를 쓰기도 한다.

험되는 것이라는 점에서 간접차별의 금지와 다르다고 한다.

그러나 평등에 대한 보다 넓은 시각을 견지한다면, 그러한 접근은 모든 사람에 대한 평등한 기회를 보장할 수 없는 위험에 빠지게 될 수 있다. Day와 Brodsky(1996 : 433)가 논의한 것처럼, 장애인 자신이 개별적 조정이 이루어지도록 주장하고 또 의무가 상대방에게 있음을 증명해야 하는 것은 장애를 둘러싼 지배적인 권력과 담론의 불균형을 시정하는 데는 역부족이라는 점에서 비판받기에 충분하다. 이런 맥락에서 1992년 호주의 장애인차별금지법이나 1999년 스웨덴의 장애인차별금지법에서는 '합리적 조정' 대신에 '간접차별'의 개념을 도입하여 보다 장애인 차별에 대한 권리구제의 폭을 보다 넓게 보장하고 있는 것이다.

여하튼 간접차별과 정당한 편의제공(또는 합리적 조정) 거부 양자를 동시에 한 법률에 담는 경우는 없다는 점에서 우리의 법률적 편제가 그 나름대로의 이유를 가지고 있는 것인지, 어떤 실익이 있는지, 아니면 외국의 좋은 개념들을 무차별적으로 수입한 결과 오히려 혼란만 초래한 것인지 등에 대한 보다 세밀한 연구가 필요하다.

우리 현실에서의 직접차별 개념 적용의 어려움

현행 「장애인차별금지법」의 법구조와 우리나라 현실을 감안해 볼 때 간접차별 개념이 본연의 역할을 제대로 할 수 있을까? 그러기에는 많은 현실적 제약이 있고 사후적 보완 노력이 필요하다.

첫째, 중립적이나 결과적으로 장애인에게 차별을 가져온다는 것을 비장애인이 사전에 관련 내용을 숙지할 만큼 우리 사회가 차별개념에 대해 생활 깊숙이 성찰하고 있지 못하다는 점을 들 수 있다. 「장애인차별금지법」 제정의 의의가 차별적 관행을 시정하고 장애인 인권 확보에의 주춧돌을 놓는 것이지만, 현실에서 차별자에 대한 처벌은 법 정신을 수호하는 데 불가피하다. 이에 따라 장애운동적 차원에서라도 소송을 통해 권리구제절차를 사회적 수면 위로 자꾸 떠오르게

하는 것도 매우 의미 있는 작업이다.[2]

그러나 간접차별에 대한 교육이 일천하여 사회적 이해가 부족한 상태에서 종전에는 그냥 존재했던 각종 규정들이 이제는 장애인들에게 결과적으로 불이익을 초래한다는 이유만으로 각종 권리구제절차에서 피고의 입장에 서는 것은 그리 달가운 일은 아니다. 그렇게 소송 등을 통해 권리구제절차를 진행할 경우 비장애인은 비악의적임에도 불구하고 결과적으로 시정권고 · 시정명령을 받게 된다는 점이다. 이런 점에서 선진국에서는 포함하기를 꺼리는 간접차별조항을 우리나라 「장애인차별금지법」에 포섭한 것은 「장애인차별금지법」 발전역사를 몇십 년 앞당겨 놓은 것이라고 할 수 있다. 그러나 다른 한편으로는 실효성 있는 법률 집행이 되게 하기 위해서 '장애의 종별 및 특성, 정도'를 어떻게 고려해서 차별판단을 할 것인지에 대한 깊이 있는 연구와 숙고가 전제되어야 하고 그러한 과정을 통해 도출된 실행지침을 우리 사회에 보급하고 교육하는 것이 권리구제절차 진행에 따른 차별관행 금지에의 학습효과를 거두는 장애 운동적 노력과 함께 병행되거나 우선되어야 한다.

둘째, 정당한 편의제공 관련조항과는 달리 간접차별은 개념정의에서만 볼 수 있고 차별영역에서 개별조항들의 내용들과 직접적으로 관련이 없어 법 집행에 상당한 어려움이 따를 수 있다는 점이다. 그것은 정당한 편의제공을 통해서 권리구제 수단이 직접적으로 발동되게 되어 있어 현실적으로는 간접차별이 먼저 작동되기 어렵고 사문화된 조항, 형식적 조항에 그칠 가능성이 높다. 그렇게 되

2 장애인을 포용하지 못하는 것은 단순히 예의가 없거나 자비롭지 못한 정책이라서가 아니라 평등한 대우라는 규범을 위반하는 것인데(Burke, 2004 : 164), 장애인으로 하여금 평등한 대우에 대해 그들이 갖는 헌법적 권리를 깨닫도록 하는 역량 강화 전략을 가지고 일반대중을 교육시키는 대중 캠페인을 통해서 장애인이 가지는 평등한 권리에 대한 대중의 태도적 변화를 도모할 수 있다. 광범위한 사회정치적 변화를 통해서만 장애인이 직면한 차별이 제거될 수 있는데 법적인 소송이 이를 성취하는 데 중요한 역할을 담당할 수 있다. 즉, 종전에는 배제되었던 집단이나 개인에 대한 사회적 통합을 증진시키기 위한 메커니즘으로서의 권리창출의 중요성은 절대 평가절하될 수 없는데, 권리가 집행되지 않을 때에는 공허한 약속이나 상징적 제스처에 지나지 않으므로, 이익집단에 의한 소송은 법이 집행될 수 있도록 하는 중요한 수단이 된다는 것이다(Vanhala, 2006).

면 법 내용적으로는 보편적 권리구제를 지향하는 선진입법임을 자랑할 수 있을지언정 실제 내용에서는 구체화된 권리구제수단으로 이어지기가 어렵다.

결국 간접차별 개념이 제대로 작동하기 위해서는 간접차별 개념을 실제 사회현상에 적용할 수 있도록 구체적인 집행기준이나 세부내용을 담보해야 할 필요가 있으며 또 그렇게 하여 실행하게 된다면 의도치 않은 피해자가 양산되지 않도록 사전교육 등 시행에의 충분한 준비가 필요하다는 것을 알 수 있다.

4 차별에의 법적 대응

1) 대응절차

- (진정) 「장애인차별금지법」에서 금지하는 차별행위로 인하여 피해를 입은 사람 또는 그 사실을 알고 있는 사람이나 단체는 국가인권위원회에 그 내용을 진정할 수 있다.
  - 국가인권위원회는 진정을 접수하게 되면 진정내용에 대해 조사할 수 있다. 하지만 진정사건만 조사할 수 있는 것이 아니라 진정이 없는 경우에도 이 법에서 금지하는 차별행위가 있다고 믿을 만한 상당한 근거가 있고 그 내용이 중대하다고 인정할 때에는 이를 직권으로 조사할 수 있다.
- (국가인권위원회의 결정) 조사에 착수하는 국가인권위원회는 차별행위에 대한 조사와 구제 업무를 전담하는 장애인차별시정소위원회를 두는데, 여기에서 실제적인 차별 여부에 대한 판단을 하게 된다.
- (결정의 종류)
  ① (기각) 접수된 진정내용이 사실이 아님이 명백하거나 사실이라고 인정할 만한 객관적인 증거가 없는 경우, 조사 결과 인권침해나 차별행위에 해당하지 아니하는 경우, 이미 피해 회복이 이루어지는 등 별도의 구제조치가 필요하지 아니하다고 인정되는 경우에는 그 진정을 기각한다.

② (시정권고) 진정내용이 차별의 구성요건을 충족하는 경우 피진정인, 그 소속기관 · 단체 또는 감독기관의 장에게 인권침해나 차별행위의 중지, 원상회복, 손해배상, 동일하거나 유사한 인권침해 또는 차별행위의 재발을 방지하기 위하여 필요한 조치, 법령 · 제도 · 정책 · 관행의 시정 또는 개선, 그 밖에 필요한 구제조치 등을 권고한다.

○ (결정에 대한 피진정인의 대응)

① (수용) 권고내용을 피진정인이 받아들여 필요한 조치를 행하는 경우

② (불수용) 국가인권위원회의 권고내용을 불복하여 이행하지 아니한 경우 법무부 장애인차별시정명령위원회에서 심사하여 '피해 정도가 심각하고 공익에 미치는 영향이 중대하다고 인정되는 경우' 피해자 신청 또는 직권으로 시정명령을 하게 된다.

○ (시정명령에 대해서도 피진정인이 불복하는 경우) 확정된 시정명령을 정당한 사유 없이 이행하지 않는 경우 3천만 원 이하의 과태료를 부과한다.

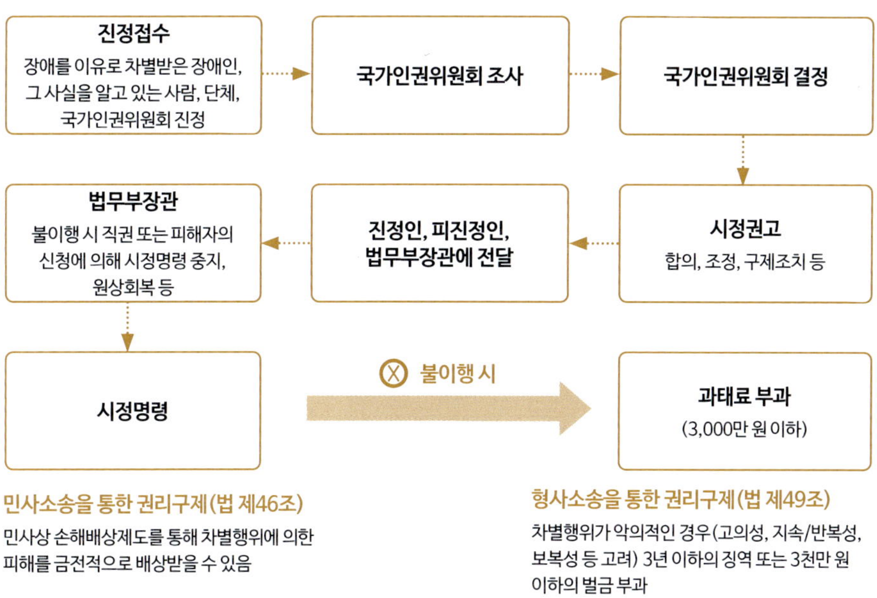

| 그림 12-1 | **장애인 차별에의 대응과정**

2) 차별에의 대응 현황

장애인차별 진정 접수 현황

2008년 「장애인차별금지법」이 시행된 이후 2008년 585건에서 2019년 1,216건으로 약 2배가 증가한 것을 알 수 있다.

〈표 12-3〉 **장애 차별행위 진정 접수 현황** (단위 : 건)

구분	합 계	2008	2009	2010	2011	2012	2013	2014	2015	2016	2017	2018	2019	2020	2021
접수 건수	**15,927**	585	725	1,695	886	1,340	1,313	1,138	1,148	1,511	1,435	1,139	1,216	1,051	745

출처 : 국가인권위원회(2021), p. 120.

이를 장애유형별로 분류해 보면 2021년 기준 지체장애가 누적으로 5,068건으로 제일 많고 그 다음으로 시각장애, 발달장애, 청각장애의 순으로 나타났다. 2020년 한 해 동안에는 지체장애가 417건으로 제일 많고 그 다음으로 시각장애, 청각장애, 발달장애 등의 순으로 나타나 매년 장애종별로 달라지지만 최근에 들어서는 시각장애의 진정 건수가 많아지고 있음을 알 수 있다.

〈표 12-4〉 **장애유형별 진정 접수 현황** (단위 : 건)

구 분	합계	지체	시각	뇌병변	청각	발달	언어	정신	기타
합 계	15,927	5,068	4,187	1,067	1,551	1,736	114	597	1,607
2021	745	194	234	29	66	65	4	28	125
2020	1,051	417	352	48	95	50	6	24	59
2019	1,216	315	296	60	77	97	5	47	319
2018	1,139	313	430	94	80	128	14	20	60
2017	1,435	424	580	98	98	103	12	54	66
2016	1,511	628	329	102	93	247	7	61	44

2015	1,148	333	440	93	101	102	5	31	43
2014	1,138	403	290	91	112	104	13	55	70
2013	1,313	382	299	70	251	115	7	50	139
2012	1,340	494	192	85	140	231	13	47	138
2011	886	297	142	57	72	214	8	48	48
2010	1,695	508	427	136	275	181	8	73	87
2009	725	288	91	69	46	70	11	44	106
2008	585	72	85	35	45	29	1	15	303

출처 : 국가인권위원회(2021), p. 120.

진정내용의 영역별 현황을 살펴보면 재화 · 용역이 9,913건으로 제일 많고 괴롭힘 등이 1,756건으로 그 뒤를 이었으며, 다음은 교육, 고용 순으로 나타났다.

〈표 12-5〉 **영역별 장애차별 진정 접수 현황** (단위 : 건)

구 분	합 계	고용	교육	재화 · 용역	사법행정	참정권	괴롭힘 등	기타
합계	15,927	992	1,429	9,913	452	181	1,756	1,204
2021	745	71	91	496	-	-	87	-
2020	1,051	78	86	805	-	-	82	-
2019	1,216	80	72	735	28	1	201	99
2018	1,139	55	61	788	20	14	113	88
2017	1,435	79	92	1,002	26	3	94	139
2016	1,511	55	536	644	46	16	89	125
2015	1,148	67	55	734	38	-	123	131
2014	1,138	94	67	678	42	19	121	117
2013	1,313	75	45	708	30	41	305	109
2012	1,340	82	97	807	36	57	113	148
2011	886	64	62	488	77	3	105	87
2010	1,695	82	55	1,269	26	13	176	74

2009	725	69	49	412	39	3	105	48
2008	585	41	61	347	44	11	42	39

출처 : 국가인권위원회(2021), p. 121.

장애차별 진정 처리결과

장애차별 사건에서 인용된 것이 1,226건, 미인용된 것이 14,335건으로 각하, 기각, 이송 등의 이유로 미인용된 사건이 더 많았다. 인용된 진정 건을 세부적으로 살펴보면 시정권고가 746건으로 제일 많았으며 그 다음으로는 합의종결로서 수사의뢰, 고발이나 징계권고는 매우 소수인 것으로 나타났다.

〈표 12-6〉 **장애차별 진정 처리결과**

(단위 : 건)

구분	합계	인용								미인용					조사중지
		소계	수사의뢰	조정	권고	고발	징계권고	긴급구제	합의종결	소계	각하	이송	기각	조사중지	
합계	15,571	1,226	7	5	746	11	10	10	437	14,335	8,611	55	5,657	12	10
2021	830	67	1	-	49	-	-	-	17	762	461	4	297		1
2020	1,344	203	-	-	175	-	2	8	18	1,138	763	-	375		3
2019	900	82	2	-	65	-	-	1	14	818	564	1	253		-
2018	1,325	39	2	-	23	-	2	1	11	1,286	780	1	505		-
2017	1,093	92	-	-	68	1	2	-	21	999	634	4	361		2
2016	1,640	51	-	3	19	-	-	-	29	1,589	1,198	7	384		-
2015	1,085	36	-	-	14	-	3	-	19	1,049	663	6	380		-
2014	1,096	79	-	1	15	2	-	-	61	1,014	560	5	449		3
2013	1,563	108	-	-	27	1	1	-	79	1,455	755	1	699		-
2012	1,508	137	1	-	115	-	-	-	21	1,370	615	1	754		1
2011	952	156	1	-	119	4	-	-	32	796	381	4	410	1	
2010	1,101	85	-	1	25	3	-	-	56	1,016	663	15	332	6	
2009	721	57	-	-	10	-	-	-	47	664	353	6	301	4	
2008	413	34	-	-	22	-	-	-	12	379	221	-	157	1	

출처 : 국가인권위원회(2021), p. 227.

5 장애인차별금지정책의 개선방향

1) 입증책임 배분구조의 전환

장애인이 「장애인차별금지법」에 의거하여 자신이 차별로 인해 피해를 받았다고 주장하는 자 또는 그 사실을 알고 있는 사람이나 단체는 국가인권위원회에 그 내용을 진정할 수 있다. 이때 진정사례를 접수받은 위원회는 그 내용을 조사할 수 있는데 이는 직권으로도 가능하다. 조사결과에 따라 위원회는 시정권고를 할 수 있고 권고한 경우에는 법무부장관에게 그 내용을 통보하여야 한다. 법무부장관은 권고를 받은 자가 정당한 사유 없이 권고를 이행하지 아니하고 피해자 다수인 차별행위, 반복적 차별행위, 피해자에게 불이익을 주기 위한 고의적 불이행 등의 경우이면서 그 피해의 정도가 심각하고 공익에 미치는 영향이 중대하다고 인정되는 경우 차별행위의 중지, 피해의 원상회복, 차별행위 재발방지 등의 시정명령 조치를 내릴 수 있다. 아울러 「장애인차별금지법」의 규정을 위반하여 타인에게 손해를 가한 자는, 고의 또는 과실이 없음을 증명한 경우가 아닌 한, 그로 인하여 피해를 입은 사람에 대하여 손해배상책임을 진다. 손해액을 계산함에 있어 피해자가 재산상 손해를 입증할 수 없는 경우에는 위반행위로 인해 얻은 재산상 이익을 피해자의 재산상 손해로 추정하게 되는데, 일정 경우 법원이 손해액을 추정할 수도 있다.

문제는 차별행위가 있었다는 사실을 누가 입증해야 하는가이다. 즉, 입증책임에 대해 통상 소송의 원고가 지는 것이 일반론적이나, 소수자로서 사회적 억압의 피해자인 장애인이 상대적으로 열악한 경제력과 정보력을 가지고 차별행위가 있었다는 사실을 입증하기가 쉽지 않다는 데 그 문제가 있다. 그렇기 때문에 차별금지법을 제정한 대다수의 국가에서는 입증책임을 원고가 지는 것이 아니라 피고가 차별행위가 없었음을 입증하도록 하여 입증책임 전환제도를 채택하고 있다. 예를 들면, 스웨덴의 장애인차별금지법 제24a조에서는 "차별받았거나 보복행위를 당할 수 있는 처지에 놓여 왔다고 생각하는 사람이 그렇게 생각할 만한 구실을 제공한 정황을 보여주고자 한다면, 그러한 차별이나 보복이 일어나지 않았다고 입증해야 할 책임은 고용주에게 있다"고 규정하고 있다. 우리나라의 「남녀고용평등과 일 · 가정 양립 지원에 관한 법률」에서도 입증책임 전환제도를 도입하고 있다. 즉, 고용에서 남녀의 평등한 기회와 대우를 보장하고 모성 보호와 여성 고용을 촉진하여 남녀고용평등을 실현함과 아울러 근로자의 일과 가정의 양립을 지원함으로써 모든 국민의 삶의 질 향상에 이바지하기 위한 목적의 이 법과 관련한 분쟁해결에서 입증책임은 사업주가 부담하도록 규정하고 있다 (법 제30조).

그러나 「장애인차별금지법」에서는 그렇지 못하다. 「장애인차별금지법」과 관련된 분쟁해결에 있어 차별행위가 있었다는 사실은 차별행위를 당하였다고 주장하는 자가 입증해야 하므로 장애인에게 입증책임이 있다. 아울러 그 상대방에게도 입증책임을 부과하고 있는데, 제47조 제2항에서는 차별행위가 장애를 이유로 한 차별이 아니라거나 정당한 사유가 있었다는 점을 차별행위를 당하였다고 주장하는 자의 상대방이 입증해야 한다고 규정하고 있어, 종국적으로는 입증책임을 장애인과 그 상대방에게 배분해 놓은 셈이다.[3] 이는 발달장애인의 의사소통능력에 대한 사회적 무지를 고려한다면 현재로서는 지적장애인 자신이 차별행위가 있었음을 주장하는 것은 매우 어렵다. 그러므로 차별이 있음을 입증함에 있어 그 책임을 장애인 당사자에게 부과하기보다는 차별이 없음을 피진정인이 입증하도록 하는 책임전환구조가 필요하다고 본다.

2) 차별시정명령제도의 내실화

장애인의 진정 내용에 대하여 내린 국가인권위원회의 권고내용에 대해 피진

3 이렇게 된 것은 입증책임의 전환을 규정한 장추련의 주장이나 민노당 발의법안의 내용에 부담을 느낀 정부부처의 주장이 민관공동기획단의 논의를 거치면서 여당안이 만들어질 때 입증책임의 배분으로 돌아선 것으로 보인다(김광이 · 박종운, 2007 : 192).

정인이 정당한 사유 없이 권고를 이행하지 않을 경우 해당 사건은 법무부 산하의 장애인차별시정명령위원회에 이송되게 된다. 동 위원회에서는 이송 사건에 대하여 권고의 내용과 권고를 불이행한 피진정인의 진술내용을 토대로 시정명령을 발할 것인지를 결정하게 된다.

이러한 시정명령제도는 국가인권위원회의 권고가 사법적 강제력이 없어 이를 보완하기 위해 도입된 제도인데 법무부가 시정명령을 발동한 것은 두 차례에 지나지 않아 시정명령을 발하는 요건을 지나치게 엄격하게 해석해 본래의 취지를 살리지 못하고 있다고 볼 수 있다.

이러한 점에서 시정명령제도가 제대로 작동하기 위해서는 법무부와 국가인권위원회의 협력이 필수적인데, 현행 법에서는 법무부가 국가인권위원회에 자료를 요청할 권한이 명시되어 있지 않고, 법무부도 시정명령 시 국가인권위원회에 이를 통보할 의무가 없어 협업에 어려움을 겪고 있는 실정이다. 그러므로 앞으로는 법 개정을 통해 법무부가 국가인권위원회에 자료제공을 요청할 근거를 마련하고 시정명령을 할 경우 국가인권위원회에 통보하는 규정을 추가해 상호 간 유기적인 업무협조와 모니터링이 강화되도록 해야 할 것이다.

Chapter 13

장애인 권익옹호

졸업을 앞둔 학생들이 나에게 질문 겸 건의한 적이 있다.

학교에서 배우는 사회복지 과목들이 사회적 기업에, 노인 또는 아동보호전문기관에 취업하는 데 충분한가라는 내용이었다.

사회는 발 빠르게 변하는데 학교에서 그러한 사회의 수요를 잘 알려주지 못했나 하는 반성을 하게 되었다. 그중의 하나가 이러한 인권 분야다.

과거에는 급부행정 확대에 치중했고 또 그렇게 하는 것이 필요했지만 이제는 학대·유기·방임 등 인권침해에 대한 대응이 사회복지 영역에서 매우 중요한 위치로까지 격상되었다.

조세 분야, 의료 분야에 경찰 역할을 별도로 담당하듯이, 사회복지 분야에서의 인권침해 또한 일정 정도 경찰 역할을 수행하는 전문적 업무영역이 크게 늘어났다.

예측건대 앞으로는 사회복지 분야는 크게 두 축으로 성장할 것으로 보인다. 급부행정과 인권행정이다. 그런 의미에서 장애인 권익옹호 부문은 무한한 성장 가능성을 가진다. 하지만 지금으로서는 광역자치단체에 설치되어 있는 조그마한 조직에 불과하여, 가정에서, 서비스제공기관에서 벌어지는 각종 인권침해에 적극적으로 대응하기에는 한계가 있다.

또 발달장애인지원센터와의 업무중복도 신경 쓰인다. 기획재정부에서는 발달장애인 인권침해는 발달장애인지원센터에서 할 것을 감안하여 장애인권익옹호기관의 인력확충에 소극적이다. 양자의 업무중복은 국회의 헛발질에서 출발한 것이긴 하지만 앞에서 이야기한 대로 전달체계 개편은 미룬다고 저절로 해결되는 것이 아니다. 해가 지날수록 이해관계는 더 깊어져 변화에 저항하게 되고 그대로 있어야 할 이유 수만 가지를 더 찾게 된다.

1 들어가면서

우리나라에서 사회복지란 물질적 · 정신적 결핍에 대하여 국가가 정책을 만들어 필요한 복지급여를 제공하는 것을 중심으로 발전해 왔다. 욕구와 결핍에 대한 대응, 즉 급부행정이 복지의 역사를 채워왔다고 해도 과언이 아니다. 「생활보호법」을 통한 공공부조가 첫 발을 내디뎠고 산업재해보상보험을 필두로 하여 사회보험이 하나씩 채워져 나갔다. 사회복지서비스, 사회서비스는 1980년대 종합사회복지관이 설치되면서 지역사회복지, 재가복지라는 개념도 소개되기 시작하였다. 이제는 「사회보장기본법」에서 규정하고 있는 사회보장으로서 공공부조, 사회보험 그리고 사회서비스의 정책이 체계적으로 발전하여 어느 정도의 기틀이 갖추어져 왔다.

그런데 이러한 급부행정과 전혀 다른 맥락의 정책들이 최근 중요하게 등장하기 시작했다. 학대 · 유기 · 방임에 대한 대응이다. 앞서 설명한 급부행정은 정부 예산에 기반한 인력과 재정으로 부족한 부분을 채우는 '더하기 행정'이라면, 학대 · 유기 · 방임에의 대응은 하지 말라고 하는 규제사항을 어겼을 때 정부가 강력하게 이를 시정해 나가는 규제행정, '빼기 행정'이라고 볼 수 있다. 즉, 보다 넓은 의미에서의 인권을 보장하기 위하여 유기 · 학대 · 방임 등 인권침해에 대한 강력한 대응체계를 구축하여 자유권적 기본권이 훼손되지 않도록 적극적으로 조치할 수 있는 행정 인프라 구축 필요성이 급증하게 된 것이다. 이와 관련하여 국가인권위원회에서 일부 대응하고 있으나 보다 생활밀착적으로 인권침해에 대응할 수 있는 시스템 마련이 시급하고, 일반가정에서뿐만 아니라 최근 지속적으로 늘어나고 있는 돌봄영역을 포함한 사회서비스 분야에서의 인권유린에 대해 강력하게 대응할 필요성이 날로 커지고 있다.

그러면 이러한 분야가 왜 사회복지부문에서 중요하게 다루어지고 있는가? 일반적으로는 자신의 권리와 이익은 자신이 지킨다. 하지만 아동, 노인, 장애인 등 일부 사람들은 자신을 스스로 지키기가 쉽지 않다. 자신의 권리와 이익이 계속 침탈당하는 상황에서 부족한 것을 채워주는 급부행정은 그 의미가 제한적일 수밖에 없다. 그러므로 권익옹호는 급부행정이 빛이 나게 하기 위한 전제조건에 해당한다.

이러한 분야와 관련해서는 「아동복지법」에서의 아동보호전문기관, 「노인복지법」에서의 노인보호전문기관, 「장애인복지법」에서의 장애인권익옹호기관과 「발달장애인법」에서의 발달장애인지원센터가 침해당한 그들의 권리와 이익을 회복시켜 주는 역할을 수행하고 있다. 또 차별과 관련해서는 「장애인차별금지법」을 통해 국가인권위원회가 장애인차별에 대해서는 별도로 이를 다루고 있다.

여기서 눈여겨볼 만한 것은 아동보호, 노인보호라는 말 대신에 장애인 분야에서는 권익옹호라는 용어를 쓴다는 것이다. 권익옹호가 무슨 말일까? 그 행위를 하지 말라는 의미에서는 유사한데 장애인차별금지와 학대 · 유기 · 방임에의 대응이 어떻게 다른가? 다음에서는 장애인에 대한 권익옹호의 의미와 이를 실현하기 위한 전제조건들, 그리고 장애인권익옹호기관의 역할과 장애인 권익옹호 활성화를 위한 향후 과제에 대해 살펴보고자 한다.

2 장애인 권익옹호의 의미와 종류(김용득 외, 2016 : 254-255)

권익옹호의 의미

권익(權益)이란 권리와 이익을 말하며, 옹호(擁護)는 '두둔하다', '편들다', '변호하다'는 뜻을 지닌다. 그러므로 권익옹호는 권리와 이익을 두둔하고 변호하는 것을 말한다. 그렇다면 누구를 왜 옹호해야 하는가?

아동이나 노인과 마찬가지로 장애인도 장애로 인해 자신이 누려야 할 권리와 이익을 스스로 지키는 데 어려움을 겪는 경우가 많다. 이럴 때 그냥 놔두면 그 장애인은 억울하게도 자신이 누려야 할 권리와 이익을 빼앗긴 채 살아가게 된다. 심지어는 빼앗긴 것도 모르는 채 살아가기도 한다. 그만큼 자기 스스로 자신이 가진 것을, 누릴 수 있는 것을 모르는 채, 상실한 채 살아간다면 억울할 뿐만 아니라 때로는 기본적인 삶의 조건을 잃어버린 채 인간다운 삶을 향유하지 못하게 된다.

그렇다면 이들을 그런 상태에 있도록 방치해서는 안 된다. 없는 것은 채우고, 가진 것을 빼앗겼을 때에는 다시 돌려주어야 한다. 회복시켜야 하고 나아가 빼앗기지 않도록 해야 한다. 스스로 지킬 수 있는 힘을 기르도록 해야 한다. 그것이 권익옹호인 것이다.

권익옹호의 이념기반

누군가의 권익을 옹호한다는 것은 그러한 권익이 침해당했을 때 이를 대신해서 목소리를 높여주고 이들의 대응역량을 강화시키며 종국적으로는 그러한 침해 권익을 회복시키는 데 초점을 둔다. 그렇다면 장애인 당사자는 권익옹호가에 의해 옹호되는 대상으로 전락하고 마는가? 억압적이고 차별적인 사회의 모습에 대항하는 것은 권익옹호가이고 이들의 노력 결과에 따른 반사적 이익을 얻는 것이 장애인 당사자인가? 그러한 권익옹호의 과정에서 반드시 지켜야 할 이념적 지향은 무엇인가? 즉, 일정 정도 전문가의 역할이 필요하다는 것을 부인할 수는 없지만 그래도 그 전문가가 끝까지 견지해야 할 과정적 가치는 무엇인지, 일방적인 보호, 대변이 아니라 상호 협력관계가 되기 위한 노력은 어떻게 경주되어야 하는지가 고민될 수밖에 없다. 이런 점에서 권익옹호의 이념적 기반으로 제시되는 것으로 다음 세 가지를 들 수 있다.

첫째, 장애인의 존엄성과 다양성을 존중해야 한다는 것이다. 자신에게 부여된 권익이 침해당했을 때 때로는 기본적인 삶의 조건이 무너지게 되면 자신의 존엄성을 지키기 어렵게 되므로 그런 상태를 그냥 방치할 수는 없다. 또 덜 지켜지고 더 지켜져야 할 권익, 즉 권익의 크기나 우선순위가 그 사회가 가지고 있는 편견과 선입견, 시대정신 때문에 마음대로 재단되어서는 안 된다.

둘째, 장애인이 스스로 목소리를 낼 수 있어야 한다는 것이다. 전문가의 개입은 자신이 자신의 권익을 지키기 위한 노력이 전제되어야만 가능하다. 당장의 어려움에 매몰되기보다는 스스로 권익을 지킬 수 있는 역량을 강화시키는 것이 중요하다.

셋째, 자기결정권을 존중해야 한다는 것이다. 우리 모두는 자신의 선택에 의해 삶을 이어나간다. 그 선택이 자신의 삶을 구성하며 선택은 전후로 맥락적이다. 또 선택의 결과에 대해 책임져야 하지만 그 선택 하나하나를 두고 평가하지 않는다. 때로는 주식을 잃는 결정을 했더라도 영원히 주식을 하지 말아야 한다는 과도한 결론에 성급하게 도달하도록 방치하지는 않는다. 하지만 특히 발달장애인의 경우 자신의 행위가 미래에 미칠 영향력을 충분히 고려하지 못하기 때문에 자기결정을 막고 보호자가 대신해서 결정하고, 가장 적합하다고 생각하는 것을 제공하고 싶은 유혹에 빠진다. 하지만 타인에 대해 해를 끼치지 않는 범위 내에서 주변의 필요한 도움을 받아 최대한 자신이 결정을 내릴 수 있도록 해야 삶의 주체로 거듭날 수 있다.

권익옹호의 종류

권익옹호는 설정하는 기준에 따라 다양하게 분류될 수 있다. 권익옹호를 행하는 주체를 중심으로 한다면 전문가 옹호, 시민 옹호, 자기옹호, 가족옹호, 동료옹호 등으로 구분할 수 있다. 또 권익옹호 활동에 대한 금전적 보상 여부를 기준으로 한다면 자기옹호, 전문가 옹호, 아마추어 옹호 등으로 구분될 수 있다. 마지막으로 권익옹호의 지속시간을 기준으로 하면 자기옹호와 시민옹호는 장기간 지속되는 옹호에 해당하고, 유료의 독립적인 옹호, 직원에 의한 옹호, 어떤 이슈를 해결하기 위한 위기 또는 사례 옹호 등은 단기간의 옹호에 해당한다.

한편 옹호의 행위 주체에 따라 옹호의 유형을 '자신 스스로의 권익옹호'와 '외부로부터의 권익옹호'로 구분하고, 각각에 해당하는 옹호 유형들의 특성을 기술하면, 다음 〈표 13-1〉과 같다. 자신 스스로의 권익옹호에는 자기옹호와 집단옹호가 해당되며, 외부로부터의 권익옹호에는 시민옹호, 동료옹호, 독립적인 전문가 옹호(단기옹호), 법률옹호, 비지시적 옹호, 전자옹호 등이 포함된다. 옹호 방법 및 기술이 발전함에 따라 점점 더 다양한 옹호의 유형이 나타나고 있으므로 이 외에도 다른 유형이 있을 수 있다.

〈표 13-1〉 **권익옹호의 유형**

구 분	옹호 유형	주요 특징
스스로 옹호 (do-it-yourself advocacy)	자기옹호 (self-advocacy)	개인 또는 정서적으로 친밀한 집단
	집단옹호 (collective advocacy)	비슷한 상황에 있는 조직화된 장애인 집단
외부로부터의 옹호 (outsider advocacy)	시민옹호 (citizen advocacy)	장애인과 옹호인 간의 장기적인 관계
	동료옹호 (peer advocacy)	비슷한 경험을 가지고 있는 사람들과의 관계
	전문가 옹호 (professional advocacy)	훈련받고 급여를 받는 옹호인(단기옹호)
	법률옹호 (legal advocacy)	옹호인과 이용자 사이의 계약 관계
	비지시적 옹호 (non-directed advocacy)	의사소통에 중대한 어려움이 있는 경우의 옹호
	전자옹호 (e-advocacy)	인터넷 등을 사용하여 다른 유형의 옹호를 보완

출처 : Boylan & Dalrymple(2009).

3 장애인 권익옹호 실천 기반(김용득 외, 2016 : 254–255)

자기결정

장애인의 자기결정은 일반적으로 본인의 삶을 구성하는 내용을 자기가 선택하고 결정하는 것을 말한다. 마치 우리가 넓게는 평생을, 좁게는 하루의 일상생활을 매 순간 선택하면서 살아가는 것과 같다. 버스를 탈지, 지하철을 탈지 결정하고 어느 골목길로 갈지도 그날그날 기분에 따라 바꾸기도 한다. 그런데 장애인 분야에서 자기결정이 중요한 이슈로 떠오른 것은 그만큼 그동안 장애인들이 자신의 의사대로 결정한 바를 실현시키지 못했다는 것을 반증하는 셈이다. 특히 발달장애인의 경우 자신의 행동이 미치는 영향력을 잘 이해하지 못한다고 하면서 무엇을 어떻게 해야 하는지를 보호자가 대신 알려주고 지시한 대로 따르기를 요구한다.

그렇게 되면 장애인은 그림자와 같은 삶을 살아가게 된다. 그만큼 결정할 수 있는 힘이 약해지게 된다. 그 결과 권익을 스스로 옹호하지 못하고 무방비 상태에 노출되거나 전문가에 전적으로 의지할 수밖에 없는 결과를 초래하고 만다. 그러므로 권익옹호를 위해서는, 특히 자기옹호가 활발하게 일어나기 위해서는 자기결정이 매우 중요하다.

의사소통

의사소통은 화자와 청자 간에 전달하고 싶은 특정한 메시지를 주고받는 것을 말한다. 우리는 우리가 전하고자 하는 바를 제대로 전달하기 위해 말을 또렷하게 하고 때로는 몸짓과 표정을 섞어서 표현하기도 한다. 하지만 발달장애인의 경우 정확하게 언어적 메시지를 전달하기 어려워 의사소통에 어려움을 겪는 경우가 많다. 특히 발달장애인 한 명 한 명이 사용하는 소통의 방식이 달라 어느 정도 획일화된 의사소통 규범이 끼어들 여지를 주지 않는다는 데 그 어려움이 있다. 이를 극복하기 위해서는 최대한 조음활동을 활발하게 하여 말을 최대한 정확하게 이야기하도록 하게 하는 한편, 비언어적 표현방법을 최대한 동원해서 자신이 하고자 하는 바를 몸짓과 표정, 말투를 통해 전달할 수 있도록 해야 한다. 하지만 쉽지 않다. 학습을 통해 발전할 수 있지만 많은 경우 그 발전은 사회적 통념으로 볼 때 매우 제한적이다. 이때 그들이 부족한 부분에 고착되기보다는 부족한 부분을 어떻게 이 사회가 보완해 줄 것인지를 고민하는 것이 바람직하다. 그중에서 사전적으로 보완되어야 할 부분이 정보제공이다. 자신이 각각의 상황에 대한 정보가 없다면 언어적 소통이든 비언어적 소통이든 매우 제한적일 수밖에 없다. 또 경험도 중요하다. 정보와 경험은 소통을 원활하게 하는 양대 산맥과도 같다. 마지막으로 그와 함께 보완대체의사소통(AAC : Augmentative and Alternative Communication)이 대안이 될 수 있다.

이러한 의사소통이 권익옹호를 실천할 수 있는 기반이 되는 이유는 무엇인가? 발달장애인에게 자기 스스로 옹호할 수 있는 역량을 강화하기 위해서는 그들이 사용하는 소통의 방식을 이해하고 그에 맞는 정보와 경험의 기회를 제공해야 하기 때문이다. 그렇지 않으면 결국 자신의 역량부족으로 – 사실은 사회가 그들이 사용하고 이해하는 소통의 방식을 이해하고 그에 맞는 소통방식으로 대응하지 않는 데 그 이유가 있지만 – 권익옹호가 제대로 이루어지지 않을 수 있다는 점이다. 또 전문가옹호에서도 옹호의 과정에서 최대한 당사자의 입장을 존중하고 당사자의 의사를 반영하여야 함에도 그들의 손상에서 출발한 추가적 욕구에 제대로 대응하지 않아 생기는 배제적 결과는 장애에 대한 사회적모델의 입장에서도 받아들이기 힘든 부분이므로 이에 대한 적절한 사회적 대응이 필요하고 이후 권익옹호 실천의 기반이 되는 것이다.

도전적 행동

발달장애인은 한국 사회에서 다른 장애인에 비하여 사회 구성원으로 인정받고 같은 시민으로서의 권리를 누리는 데 상당한 제약을 경험한다. 대개의 경우 발달장애인에 대한 그릇된 오해와 편견에 의한 경우가 다수인데, 발달장애인에 대한 제대로 된 이해가 부족한 현실에서 발달장애인에 대한 선입견이나 편견, 또는 때로 나타나는 갑작스러운 돌발행동이나 비장애인의 관점에서 이해할 수 없는 문제행동으로 보이는 특징들로 인해 더욱 사회성원으로 살아가기 어렵다.

사회복지 현장에서는 발달장애인을 위한 권익옹호를 수행함에 있어서 때로는 어려움에 직면할 수 있는 도전적 행동의 이슈에 대하여 공부하고 잘 대응하거나 예방할 수 있는 방안을 마련할 필요가 있다. 도전적 행동에 대한 가치나 적절한 대처 방안에 대하여 교육받지 못한 상황에서 저마다 다른 양상으로 나타나는 발달장애인의 도전적 행동에 직면하면 이를 제지하기 위한 과도한 신체적 개입이나 약물치료로 이어지거나, 장애인과 사회복지종사자 모두에게 신체적 상해를 입히거나 학대로 이어져서 법적인 문제로까지 번질 위험도 있다. 특히 발달장애인에 대한 강한 제지나 대응은 장애인의 자기결정권이나 존엄한 삶의 가치에 위배될 수도 있어, 가능한 한 윤리적이며 장애인의 존엄과 자기결정권을 존중하는 방식으로 이루어져야 할 것이다. 도전적 행동 자체가 발현되지 않도록 사전에 예방하는 것이 최선의 방책일 수 있으며, 도전적 행동에 대한 대응 방안에 대하여 숙지하는 것은 장애인 권익옹호를 위한 중요한 자원이라 하겠다.

4 장애인권익옹호기관

1) 장애인권익옹호기관의 역할

법적 근거

2015년 6월 「장애인복지법」이 개정됨에 따라 제59조의11(장애인권익옹호기관의 설치 등)에서 장애인권익옹호기관 설치근거를 마련하였고 장애인학대를 예방하고 피해장애인에 대한 지원 및 사후관리를 담당하는 전문기관을 중앙 및 17개 시 · 도에 설치 · 운영하고 있다. 중앙장애인권익옹호기관은 지역 간의 연계체계를 구축하고 장애인 학대를 예방하기 위하여, 지역장애인권익옹호기관은 학대받은 장애인을 신속하게 발견 · 보호 · 치료하고 장애인 학대를 예방하기 위한 노력을 하고 있다.

수행역할

중앙장애인권익옹호기관은 지역장애인권익옹호기관에 대한 지원, 장애인학대 예방 관련 연구 및 실태조사, 장애인 학대 예방 관련 프로그램의 개발 · 보급, 장애인 학대 예방 관련 교육 및 홍보, 장애인 학대 예방 관련 전문인력의 양성 및 능력개발, 관계 기관 · 법인 · 단체 · 시설 간 협력체계의 구축 및 교류, 장애인 학대 신고접수 및 기타 업무를 담당한다. 즉, 중앙장애인권익옹호기관은 실제 피해사례에 대한 구제업무를 담당하기보다는 장애인 권익옹호 관련 정책, 법 · 제도 개선사항을 발굴하고 장애인 권익옹호 관련 사회적 인식개선에 초점을 두면서 지역장애인권익옹호기관을 지원하는 역할을 수행한다.

한편 지역장애인권익옹호기관은 실제 장애인 학대 피해 사실을 규명하고 장애인 등 관계자의 인권이 보장될 수 있도록 하는 데 필요한 조치를 실제적으로 행하는 데 초점이 맞추어져 있다. 이에 따라 지역장애인권익옹호기관은 장애인 학대의 신고접수, 현장조사 및 응급보호, 피해장애인과 그 가족, 장애인 학대행위자에 대한 상담 및 사후관리, 장애인 학대 예방 관련 교육 및 홍보, 장애인학대사례판정위원회 설치 · 운영 등의 업무를 담당한다.

2) 장애인권익옹호기관의 조직 및 업무수행체계

장애인권익옹호기관의 조직

중앙장애인권익옹호기관은 2019년 기준 관장 1명과 팀장 1명, 그 이하에 대리 3명과 주임 1명을 두고 있는 정도여서 조직체계도를 제시하고 있지는 않다. 중간역할을 하는 팀장이 중앙장애인권익옹호기관 사업 진행 관리, 장애인 학대 예방 관련 연구 및 프로그램 개발, 정책 개발, 법률 제 · 개정안 마련, 각종 규정 및 지침, 서식 개발 등의 업무를 추진하는 데 핵심역할을 수행한다.

지역장애인권익옹호기관의 조직은 그 지역별로 편차가 크다. 부산장애인권익옹호기관은 직원이 4명에 불과하지만, 경기도의 경우 경기 및 경기 북부로 나누어져 있음에도 불구하고 경기에만 12명이 배치되어 있다.

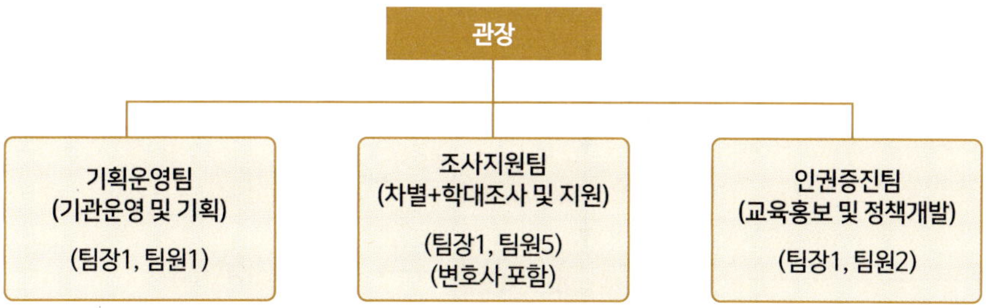

| 그림 13-1 | **지역장애인권익옹호기관 조직도 사례**

장애인권익옹호기관 업무수행체계

먼저 상담, 신고, 인지, 연계 · 이관 등을 통해 지역장애인권익옹호기관에 사건이 접수되면 먼저 학대의심 여부를 판단하여 의심된다면 현장조사를 통해 사건의 경위와 배경을 파악하게 된다. 이때 당장 필요한 응급조치가 이루어져야 한다면 필요한 조치를 즉시 행하게 된다. 현장조사에서 수집된 각종 정보와 증거들을 기반으로 어떤 조치를 취해야 할 것인지에 대해 기관에서 판단하되, 사건이 복잡할 경우 학대사례판정위원회에 회부하여 위원회의 결정에 따라 향후 조치를 하게 된다.

피해장애인과 보호자 · 가족을 위하여 상담 · 교육을 진행하고 사업 및 의료지원, 기타 복지지원 및 서비스연계를 통해 필요하다고 판단되는 각종 지원이 적기에 이루어질 수 있도록 지원하는 역할을 수행하게 된다. 학대사건에의 대응으로 필요한 지원이 모두 이루어졌다면 사례를 종결하고 이후 모니터링체계로 들어가게 된다.

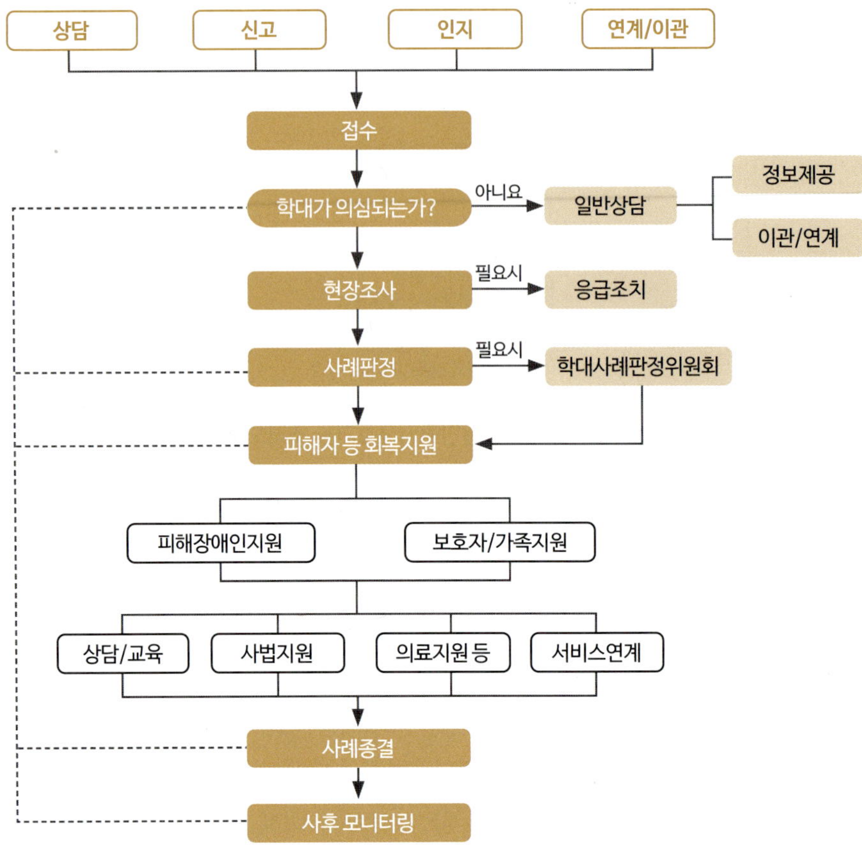

| 그림 13-2 | **장애인권익옹호기관 업무처리절차**

3) 발달장애인지원센터와의 관계

발달장애인지원센터 업무와의 중복

장애인복지 전반의 발전이 반드시 발달장애인의 행복증진에 도움이 되는 것이 아니라는 점을, 장애인복지의 핵심에 발달장애에 대한 별도의 고려가 필요하다는 점을 인식한 우리 사회는 「발달장애인법」을 제정하게 되었다. 이 법에서의 전달체계 핵심 중의 하나는 개인별 지원계획 수립과 학대 · 유기 · 방임에 대한 권리구제업무를 수행하는 것을 주요 골자로 하는 발달장애인지원센터 신규 설치라고 볼 수 있다. 하지만 1년 뒤에 「장애인복지법」이 개정되고 이에 근거하여 장애인권익옹호기관이 각 시 · 도별로 설치되면서 발달장애인에 대한 권리구제와 관련하여 이 둘 간의 업무는 거의 중복되는 결과를 초래하게 된 것도 이에 해당한다고 볼 수 있다.

발달장애인지원센터와의 업무 통합 필요성

장애인권익옹호업무와 관련해서는 발달장애인에 대한 특별한 고려라는 상징성을 제외하고 합리성 관점에서 살펴본다면 장애인권익옹호기관의 업무와 발달장애인지원센터의 권리구제업무는 통합될 필요가 있다. 즉, 발달장애인지원센터에서의 권리구제업무는 장애인권익옹호기관으로 이관하여 통합하고 발달장애인지원센터의 업무는 확대개편하여 시 · 군 · 구에 두는 것이다. 우리 사회의 발달장애에 대한 편견과 차별에 대한 인식변화와 광역자치단체 수준에서의 업무는 시 · 도 발달장애인지원센터에서 수행하고, 시 · 군 · 구 발달장애인지원센터는 공공후견제도, 나아가서는 의사결정지원제도와 연결된 각종 제도와 지원책을 종합적으로 수행할 전달체계로서 역할하는 것도 고려해 볼 수 있을 것이다. 그러므로 구제업무 이관에 따른 역할 및 기구 축소를 우려할 것이 아니라 오히려 지금 사각지대로서 제대로 수행하지 못하는 부분, 예를 들어 신탁제도 등에 대해서 업무를 선점하는 것도 방법이라고 본다.

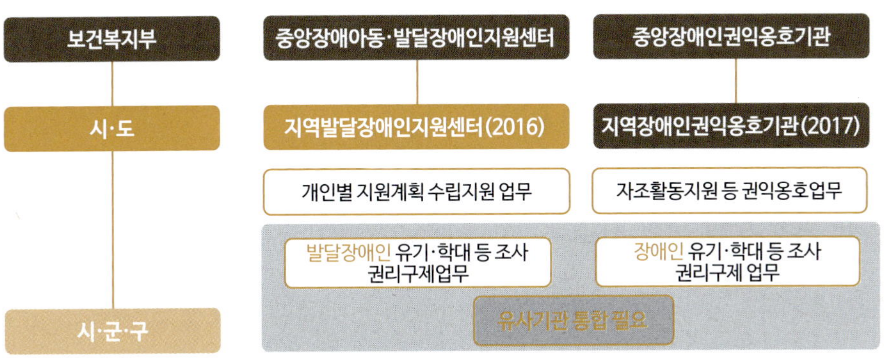

| 그림 13-3 | **장애인 권익옹호 기능담당 유사기관 통합 필요성**

5 아동 · 노인 · 장애인 권익옹호 업무 통합 제언 : 규모의 경제에 기반한 접근성 제고

문제제기

하지만 여기서 시야를 넓혀 고려해야 할 점은 아동보호전문기관과 노인보호전문기관과의 관계이다. 발달장애인지원센터나 장애인권익옹호기관이 설치되기 전에는 장애아동에 대해서는 아동보호전문기관에서 전문적인 지원이 이루어졌다. 하지만 이 양 기관이 설치된 이후에는 장애아동 사례가 어느 기관 소관인지가 불분명해졌다. 물론 먼저 인테이크한 기관에서 총괄하면서 타 기관의 도움을 받을 수 있겠지만, 해당 사례가 '아동'에 초점을 두어야 하는 것인지, '장애'에 초점을 맞추어야 하는 것인지에 따라 달라지는데, 현장실무자 입장에서는 이를 판단하기가 쉽지 않으며 타 기관이 해당 기관에 대한 이해와 원활한 협조가 이루어질 때 그러한 전문적 판단이 발휘될 수 있는데 절대적인 기관 수가 많지 않아 업무가 항상 과부하가 걸려 있는 상태에서는 합리적 판단에 따라 사안이 처리되지 않을 가능성은 늘 존재한다.

더 나아가 아동보호전문기관, 노인보호전문기관, 장애인권익옹호기관이 각자 대상별 특징이 있지만 대부분의 업무가 학대 · 유기 · 방임 사건에 대하여 권리를 구제하고 적절한 서비스가 제공될 수 있도록 연계하는 업무를 수행하게 되는데, 이 과정에서 규모의 경제를 가지고 일정 정도 사법경찰로서의 역할도 수행하면서 경찰인력과 원활한 협조가 이루어져야 하는 업무영역으로서 상호 간 통합 가능성을 면밀히 검토해 볼 필요가 있다.

세 가지 유형 현황 비교

설치연혁을 보면 아동보호전문기관이 2001년에 제일 먼저 생겼으며 중앙단위에서의 개별기관들을 통합한 아동권리보장원이 2019년 하반기에 설치 · 운영되고 있다. 설치단위는 아동보호전문기관은 시 · 군 · 구와 시 · 도에 모두 설치될 수 있는 것으로 하고 있고 나머지 두 유형은 광역자치단체인 시 · 도에만 설치되는 것으로 규정하고 있다. 설치기관 수는 아동보호전문기관이 제일 많으며 가장 신생기관인 장애인권익옹호기관이 광역자치단체에 18개소(경기에는 2개소)가 설치되어 있다.

〈표 13-2〉 **아동보호전문기관, 노인보호전문기관, 장애인권익옹호기관 현황 비교**

구 분	아동보호전문기관	노인보호전문기관	장애인권익옹호기관
설치년도	2001년	2004년	2017년
중앙단위	아동권리보장원	중앙노인보호전문기관	중앙장애인권익옹호기관
지휘감독	시·도 또는 시·군·구	시·도	시·도
지리적 범위	해당 또는 다수 시·군·구	다수 시·군·구	시·도
기관 수	중앙1/ 지역63('17) 64('19)	중앙1/지역31('17) 33('19)	중앙1/지역18('19)
직원(명)	중앙25/지역763('17) (지역 1개소당 12)	중앙9/지역279('17) (지역 1개소당 9)	중앙5/지역70('19) (지역 1개소당 4)
2018년도 예산	193억 200만 원	75억 9,700만 원	19억 1,600만 원

〈표 13-3〉 **아동보호전문기관, 노인보호전문기관, 장애인권익옹호기관 설치기관 수** (단위 : 개소)

구분	계	서울	부산	대구	인천	광주	대전	울산	세종	경기	강원	충북	충남	전북	전남	경북	경남	제주
계	120	13	9	9	5	4	3	4	2	20	8	6	6	6	6	8	6	5
아동	64	9	4	3	3	2	1	2	1	14	4	3	3	3	3	4	3	2
노인	38	3	4	5	1	1	1	1	0	4	3	2	2	2	2	3	2	2
장애인	18	1	1	1	1	1	1	1	1	2	1	1	1	1	1	1	1	1

업무의 유사성

「아동복지법」 제3조 제7호에 "아동학대란 보호자를 포함한 성인이 아동의 건강 또는 복지를 해치거나 정상적 발달을 저해할 수 있는 신체적 · 정신적 · 성적 폭력이나, 가혹행위를 하는 것과 아동의 보호자가 아동을 유기하거나 방임하는 것을 말한다"로 규정하고 있고, 「노인복지법」 제1조의2 제4호에 "노인학대라 함은 노인에 대하여 신체적, 정신적, 성적 폭력 및 경제적 착취 또는 가혹행위를 하거나 방임을 하는 것을 말한다"고 규정하고 있는 한편, 「장애인복지법」 제2조 제3항에 "장애인학대란 장애인에 대하여 신체적 · 정신적 · 정서적 · 언어적 · 성적 폭력이나 가혹행위, 경제적 착취, 유기 또는 방임을 하는 것을 말한다"로 규정하고 있는데, 이들의 수행업무는 다소 범위의 차이는 있을지라도 거의 대동소이하며 이들 간의 업무 상호연관성이 매우 높다는 것을 알 수 있다.

〈표 13-4〉 **대상별 학대 유형 비교**

구 분	아 동	노 인	장애인
학대 유형	신체적, 정서적, 성적, 유기, 방임	신체적, 정서적, 성적, 경제적, 방임, 자기방임, 유기	신체적, 정서적, 언어적, 성적, 경제적, 유기, 방임

※ 아동의 경우, 다른 영역과 비교하여 경제적 학대 영역은 포함하지 않음

통합 제안의 논리 : 인구 특성별 인프라 설치의 한계

보건복지부 조직이 인구 특성별로 편제되어 있을 뿐만 아니라 지방자치단체도 배타적인 인구 특성별 조직구조로 되어 있음으로 인해 야기되는 문제점들이 있음에도 이를 해소하려는 노력은 매우 미약하다. 그나마 최근에 사회서비스원 시범사업이 추진되면서 장애인활동지원서비스, 노인장기요양보험에서의 재가서비스 그리고 지방자치단체 시행 각종 노인돌봄서비스를 통합하여 재가서비스센터를 만들어 인구 특성별 구분체계를 통합하여 돌봄서비스라는 기능 중심으로 조직을 편제하려는 움직임이 가시화되고 있어 인구 특성별 패러다임을 필요

에 따라 기능중심 패러다임으로 전환할 수 있는 시작점이 마련되었다고 볼 수 있다.

학대 · 유기 · 방임 등 인권침해에의 대응업무 또한 아동, 노인, 장애인이 분절적으로 나뉘어 있어 전체적인 시너지효과를 거두지 못하고 있는 것도 그러한 맥락에서 생각해 볼 수 있다. 뿐만 아니라 노인보호전문기관과 장애인권익옹호기관 설치 및 운영지원은 시 · 도 업무이어서 관내 전체 시 · 군 · 구에 별도로 각각 설치하기에는 규모의 경제를 실현하기 어려워 일부 시 · 군 · 구에만 설치되고 미설치지역을 포괄하여 운영하고 있어, 적은 인력으로 넓은 지역을 포괄하게 됨으로써 만성적인 일손부족에 시달리고 적극적인 대응체계를 마련하는 데 걸림돌로 작용하고 있다.

실제 업무수행 현실을 살펴보면 대상별 학대 신고접수는 매년 증가하고 있는 추세이지만 대응 기관 수, 수행인력 등의 부족으로 신속한 대응이 이루어지지 못하고 지원에 있어서도 상당한 어려움을 가지고 있다. 또한 학대피해 대상별 개인 특성[장애, 연령(미성년, 성년)], 가해자 특성에 따른 법적 대응방식 등에서의 기관별 차이로 대상별 기관 간 업무협력이 원활하지 못하여 사각지대에 대한 대응이 미흡한 실정이다. 실제 그 예로 장애아동의 경우 아동보호전문기관에서 처리해야 하는지, 장애인권익옹호기관에서 처리해야 하는지 불분명해 서로 상대방 기관에서 처리하기를 희망하는 경우가 많고 이러한 사례는 장애 어르신에 대해서도 마찬가지로 발생하고 있다.

따라서 학대 피해자에 대한 신속한 대응과 권리구제를 위해서는 학대대응기관의 확대설치와 인력 증원이 필수적일 뿐만 아니라 학대 · 유기 · 방임에 따른 인권침해에 대한 종합적인 대응체계 구축이 필요하며, 일부 지역에서는 인프라 부족으로 1개 기관이 다수 시 · 군 · 구를 담당해야 해서 이용 접근성이 떨어지고 배치인원에 맞춘 업무량만 겨우 소화하고 있는 현실을 개선할 필요가 있다.

개선방향

노인, 아동, 장애인뿐만 아니라 사회취약계층을 유기 · 학대 · 방임 등의 인권 유린사태에 대해 경찰행정적 관점이 아니라 사회복지적 관점에서 위해 상황에서 보호하고 이로부터 벗어날 수 있는 적절한 구제조치를 취하는 전문적 개입을 체계화하는 방향을 모색해야 한다. 즉, 현행 세 가지 종류를 통합하여 시 · 군 · 구별로 통합기관을 1개소씩 설치하여 접근성을 제고하는 한편, 이번 기회에 만성적인 인력부족 문제 해소의 계기로 활용하여 일자리 창출에 기여하는 방향으로 정책을 설계할 필요가 있다.

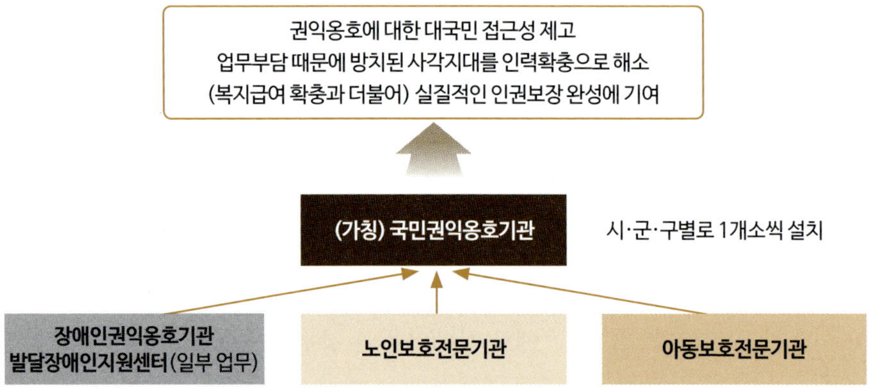

| 그림 13-4 | **국민권익옹호기관 설치의 방향과 의의**

다만, 최근 포용국가 아동정책을 2019년 5월에 보건복지부가 발표하여 중앙아동보호전문기관 등을 포괄한 아동권리보장원의 설립, 아동학대 현장조사에 대한 공공사례관리 강화 정책방향을 제시한 바 있는데, 아동 분야에서는 학대 사건 발생 시 초기현장조사는 공무원이 수행하는 방향을 제시한 바 있어 여전히 민간에서 수행하는 노인보호전문기관이나 장애인권익옹호기관에서의 현장조사 사업 수행주체와는 다른 점이 있어 새로운 통합조직의 인력 및 수행체계에 대한 보다 정밀한 설계가 필요할 것으로 본다.

Chapter 14

장애인 정책에서의 발달장애인

어릴 적 골목길에 '꼭지'라는 내 또래의 여자아이가 있었다.

늘 왼손엔 과자봉지가 들려 있었고 사람들에게 친근하게 다가왔다. 하지만 기억나는 몇 안 되는 장면은 과자를 한 움큼 쥐어 입속으로 넣는 것 그리고 울고 있는 모습이었다.

지금 생각해 보면 꼭지는 발달장애 아동이었지만 집 안에 숨기지 않고 거리를 다니며 동네 사람들 속에서 자라게 하신 그 부모님의 마음과 의지가 대단해 보인다.

그러나 울고 있는 모습이 늘 마음에 걸린다. 그때도 지금도.

그 아이가 울음이 참 많다고 그때는 생각했지만 주위에서 선의든 악의든 놀리는 것 때문에 힘들어서 우는 울음이라는 것을 나중에 알았다. 나 또한 그녀는 나와 많이 다르구나 하는 생각에 가까이 하기 힘들었고…

지금도 마찬가지다.

여전히 발달장애에 대한 시선은 곱지 않고 과거의 나처럼 그들이 달라 보여서 피하고, 피하니 그들을 알 길이 요원하게 된다. 모르면 또 피하고 무엇을 어떻게 해야 하는지를 알 기회를 놓치게 된다.

장애인복지를 한다면서, 장애인복지법이 날로 발전하고 있다고 생각하면서 정작 몰랐다.

그들에게 필요한 정책적 이념과 가치가 무엇이고, 그들이 갖는 특성에 맞게 어떤 정책내용들이 어떻게 각색되어야 하는지.

「발달장애인 권리보장 및 지원에 관한 법률」이 만들어지고 한국장애인복지학회에서도 최근 몇 해에 걸쳐 발달장애인 이슈를 집중적으로 다루었다. 가야 할 길이 많이 남아 있지만 상대적으로 타 시각, 청각 등 타 장애가 갖는 삶의 이야기에 너무 무관심한 게 아닌지 지레 마음이 뜨끔해서 애써 균형감각을 가지려고 애썼던 시간들이 떠오른다.

이렇게 한 걸음 한 걸음 나아가면서도 매번 느낀다.

참 실력이 없구나…

또 고개가 떨구어진다.

1 들어가면서

장애인복지는 장애인과 비장애인이라는 양자적 관점에서 장애가 있는 사람이 어떤 어려운 처지에 놓여 있는지를 파악하고 이에 대해 정부가 어떻게 도전해야 하는지를 고민하는 영역이다. 하지만 흔히 하는 말로 장애인이라고 다 같은 장애인일까? 그렇지 않다. 시각장애와 청각장애가 다르고, 내부장애와 지체장애가 다르다. 정신적 장애는 신체적 장애와 전혀 다른 욕구에 기반해 있다. 그러므로 각 장애 종류별로 독자적인 욕구와 영역이 존재한다.

그중에서 발달장애를 특별히 고려해야 하는 이유가 무엇일까? 발달장애인은 전체 장애인 수의 10% 정도에 지나지 않는다. 하지만 이들은 교육, 직업재활 및 고용, 정보접근성 등 장애인복지 분야에서 이들이 가지고 있는 발달장애적 특성에 대한 이해를 전제해야만 비로소 그 정책적 개입의 효과를 담보할 수 있기 때문이다.

그러면 장애인 정책이 발전하는 과정에서 늘 발달장애의 특성을 고려해 왔을까? 그렇지 않다. 오히려 오랜 세월 동안 발달장애는 배제의 역사를 겪어왔다. 이는 서양뿐만 아니라 우리나라도 마찬가지여서 2014년에서야 이를 깨달아 「발달장애인 권리보장 및 지원에 관한 법률」을 제정하였다.

다음에서는 발달장애가 갖는 보편성과 특수성, 발달장애가 배제되었던 역사, 우리나라 장애인 정책에서 발달장애를 어떻게 고려하고 있는지를 살펴보고자 한다.

2 발달장애의 보편성과 특수성

발달장애는 다른 장애와 마찬가지로 장애(disability)라는 보편성과 발달장애라는 특수성을 모두 내포하고 있다.

보편적 성격

발달장애의 보편성은 발달장애인도 장애인의 범주 안에 포함되어 장애 대비 비장애의 구도에서 장애라고 하는 보편적 성격이 발달장애에도 적용된다는 것을 의미한다. M. Oliver에 의한 장애에 대한 사회적모델(Social Model of Disability)에서도 장애의 보편적 성격에 초점을 맞춘다. 즉, 신체적 · 정신적 손상 때문에 생기는 추가적 욕구의 구체적인 내용을 강조하기보다는 그러한 욕구에 대해 충분하게 대응하지 못하는 사회적 실패, 사회적 장벽을 강조한다. 그렇다고 M. Oliver가 개별욕구의 특수성을 몰라서가 아니라 그렇게 개별적인 사정을 고려하다 보면 장애종별 내부에서 분열과 갈등이 일어나고 장애 대비 비장애의 대결적 구도를 흐리게 하여 장애계 전체의 총합적인 단결적 힘을 대외적으로 행사하기 어렵기 때문에 이를 경계하여 장애의 보편적 성격에 무게중심을 둔다(Oliver, 1996a).

그런 관점에서 보면, 모든 장애인들은 부정적인 사회적 인식에서 자유롭지 못하다. 지체장애인들을 병신과 절름발이로, 청각장애인을 귀머거리와 벙어리로, 시각장애인을 봉사와 장님으로 부를 때 발달장애인들은 바보와 천치로 불리는 등 사회적 배제 및 억압의 대상이었으며 이는 동서고금의 보편적 역사였다(Barnes & Mercer, 2006).

특수적 성격

발달장애의 특수성을 강조하는 입장에서는 발달장애가 장애의 구체적인 한 하위범주임에도 불구하고 발달장애가 갖는 독특한 개별적 특성을 강조한다. 그렇게 개별적 특성을 강조하는 이유는 장애라는 큰 범주의 울타리가 발달장애를 보호해 주기도 하지만 그러한 울타리가 발달장애의 특성을 이해하는 데 걸림돌이 될 수 있기 때문이다.

물론 장애를 강조하면서 발달장애적 특성을 애써 무시한 것은 아니다. 단지 발달장애적 특성을 몰랐거나 발달장애를 장애 영역으로 인정하고 받아주는 데 더 오랜 시간이 걸렸던 것이다. 그만큼 발달장애는 장애도 아니었고, 장애로 인정되고 나서도 다수인 지체장애인이나 시 · 청각장애인의 이익에 발달장애인의 이익이 가리워졌던 것이다. 그것이 다음에서 보다 자세하게 살펴보고자 하는 배제의 역사에서 나타난다.

3 발달장애인 배제의 역사

발달장애에 대한 무지와 무관심

영국 장애운동을 이끈 UPIAS(Union of Physically Impaired Against Segregation)가 1976년 내세운 'Fundamental Principle of Disability'에서는 손상(impairment)과 장애(disability)를 구분하면서 손상의 범주 속에 발달장애를 포함시키지 않았고 그와의 관계 속에서 설명하는 장애에 대한 설명에서도 지체장애만 언급하고 있다. 그만큼 그 당시에는 장애담론에서 발달장애는 논외의 개념이었으며 이는 발달장애에 대한 무지와 무관심을 대변해 준다고 볼 수 있다.

> *impairment* as lacking part of or all of a limb, or having a defective limb, organ or mechanism of the body; and
>
> *disability* as the disadvantage or restriction of activity caused by a contemporary social organization which takes no or little account of people who have physical impairments and thus excludes them from participation in the mainstream of social activities. Physical disability is therefore a particular form of social oppression" (UPIAS, 1976:3-4, my italics).

이후 1982년 세계장애인연맹(DPI)이 손상과 장애를 구분하면서 비로소 손상의 개념에 'Mental'이라는 단어가 추가되었다.

> Impairment: **'The functional limitation within the individual caused by physical, mental or sensory impairment'.**
> Disability: **'the loss or limitation of opportunities to take part in the normal life of the community on an equal level with others due to physical and social barriers' (DPI, 1982).**

발달장애에 대한 서구 억압의 역사

서구사회 전반적으로 사회위생론적 관점에서 지역사회와 분리된 대규모 수용시설과 정신병원 위주의 거주 및 의료정책을 펼쳐왔으며 1920년대 스웨덴, 1950년대 미국에서 발달장애인에 대한 대규모 정관시술과 불임시술이 자행되었다.

앞에서 언급한 장애에 대한 사회적모델에서도 발달장애의 특수성을 고려하지 않았을 뿐만 아니라 태동배경을 미국으로 하고 있는 자립생활모델에서도 그 발전 초기에는 발달장애를 고려하지 않았으며 지체장애인 위주의 사업을 자립생활센터에서 수행해 온 것이다.

우리나라에서의 무관심과 억압의 역사

우리나라에서도 1970년대 대규모 정관시술과 불임시술을 발달장애인에게 실시하였으며 「장애인복지법」이 있었지만 발달장애적 특성을 고려한 내용들은 거의 담기지 못해 늘 상대적으로 불리한 위치에 놓이게 되었다. 일본을 거쳐 수입된 자립생활센터도 지체 및 시 · 청각장애인 위주의 동료상담과 활동지원서비스의 중요성을 강조한 반면, 발달장애인에 대한 고려가 부족하여 결과적으로는 지적장애인자립지원센터가 별도로 설치되게 만들었다. 의무고용제 또한 도입초기에는 발달장애에 대한 고려가 없어 노동생산성의 손실이 가장 적은 산재장애인부터 채용되기 시작하고 능력의 서열화에 따라 손상의 정도가 가장 미약한 경증장애인 위주로 고용된 반면, 발달장애인의 경우 제도 시행 10년 이내에는 한 명도 고용된 바가 없었다(Kim, 2005). 또 앞서 살펴본 바와 같이 우리 사회는 발달장애인에게 자신의 의사와 선호를 제대로 물어보지 않는 사회적 환경에 놓여있는데도 불구하고 「장애인차별금지법」에서는 끊임없이 '당사자의 의사에 반하지 않는 한'이라는 문구를 쓰고 있어 결과적으로는 차별 여부를 판단할 때 발달장애인에게는 실효성 있는 구제를 기대하기가 어렵다. 제도는 있지만 발달장애인에게는 실효성 있게 구현되지 않는 것이다.

최근의 긍정적 변화

그나마 최근에 들어서는 발달장애인에 대한 법 · 제도 영역에서의 상대적 불이익을 극복하기 위한 노력이 부가적으로 필요하다는 인식하에 여러 국가에서는 발달장애인을 위한 법률을 별도로 제정하기 시작하였다.

미국에서는 1975년 발달장애지원및권리증진법(The Developmental Disabilities Assistance and Bill of Rights Acts)을, 스웨덴에서는 1986년 발달장애인을 위한 특별서비스법(Act on Special Services for Developmentally Disabled Persons)을, 일본은 2004년 발달장해자지원법을 그리고 우리나라에서는 「발달장애인법」을 별도로 제정하여 발달장애를 고려한 정책의 지향이념을 제시하고 특별히 역점을 두어야 할 정책 분야에 대해 발달장애적 관점을 부각시키고 이를 제대로 수용할 수 있도록 연결고리를 제시하고 있다.

4 우리나라 장애인 정책에서의 발달장애인

1) 발달장애인 권리보장 및 지원에 관한 법률

정책 지향기반

「발달장애인법」은 2014년에 제정되었다. 「장애인복지법」 등이 있음에도 불구하고 「발달장애인법」이 별도로 제정된 것은 그만큼 기존의 법률들이 발달장애정책이 지향해야 하는 기반적 가치와 정책영역을 제대로 담아내지 못하여 결과적으로 발달장애인들에 대한 장애인정책의 기반이 취약하였음을 반증하는 셈이다. 그렇다면 이 법에서 담고 있는 정책지향은 무엇일까?

첫째, 자기결정권이다. 발달장애인은 자신의 주거지의 결정, 의료행위에 대한 동의나 거부, 타인과의 교류, 복지서비스의 이용 여부와 서비스 종류의 선택 등을 스스로 결정하도록 하고 있으며, 누구든지 발달장애인에게 의사결정이 필요한 사항과 관련하여 충분한 정보와 의사결정에 필요한 도움을 제공하지 아니하고 그의 의사결정능력을 판단하지 않도록 하고 있다. 다만, 자기결정을 함에 있어서 스스로 의사를 결정할 능력이 충분하지 아니하다고 판단할 만한 상당한 이유가 있는 경우에는 보호자가 발달장애인의 의사결정을 지원할 수 있도록 하고 있다. 이 경우 보호자는 발달장애인 당사자에게 최선의 이익이 되도록 하여야 한다고 규정하고 있다.

둘째, 성년후견제이다. 과거 금치산제와 한정치산제가 가지고 있던 한계를 극복하고 현대 사회에 맞게 정책 수단을 새롭게 갖춘 성년후견제에서는 발달장애인이 일상생활에서 의사를 결정할 능력이 충분하지 아니하거나 매우 부족하여 의사결정의 대리 또는 지원이 필요하다고 볼 만한 상당한 이유가 있는 경우, 발달장애인의 권리를 적절하게 대변하여 줄 가족이 없는 경우, 별도의 조치가 없으면 권리침해의 위험이 상당한 경우에 후견인을 둘 수 있도록 하여 안정적인 법률생활을 할 수 있도록 하고 있다.

셋째, 의사소통 지원이다. 국가와 지방자치단체는 발달장애인의 권리와 의무에 중대한 영향을 미치는 법령과 각종 복지지원 등 중요한 정책정보를 발달장애인이 이해하기 쉬운 형태로 작성하여 배포하여야 한다. 교육부장관은 발달장애인이 자신의 의사를 원활하게 표현할 수 있도록 학습에 필요한 의사소통도구를 개발하고 의사소통지원 전문인력을 양성하여 발달장애인에게 도움이 될 수 있도록 초·중등학교와 평생교육기관 등을 통해 필요한 교육을 실시하여야 한다. 한편 행정안전부장관은 국가와 지방자치단체의 민원담당 직원이 발달장애인과 효과적으로 의사소통할 수 있도록 의사소통 지침을 개발하고 필요한 교육을 실시하도록 하고 있다.

발달장애인 특화정책

발달장애인을 위한 특화정책으로 먼저 개인별 지원계획 수립을 들 수 있다.

발달장애인이 자신이 거주하는 지역사회 내에서 자신의 욕구에 기반하여 정부로부터 어떤 복지급여와 서비스를 받을 수 있는지, 또 민간기관으로부터 내 욕구에 상응하는 서비스를 어디서 어떻게 받을 수 있는지에 대한 계획을 세우고 실제 정부기관이나 민간기관에서 제대로 된 급여와 서비스를 받을 수 있도록 사례관리해 나가게 된다.

둘째로 사법절차상 권리보장이다. 형사 · 사법 절차상에 관계되는 공무원에 대한 발달장애 이해 및 올바른 인식 확산을 위한 교육을 실시하는 것뿐만 아니라 실제 교육 및 형사 · 사법 절차상 발달장애인이 재판의 당사자가 된 경우 그의 보호자, 중앙발달장애인지원센터 및 지역발달장애인지원센터의 직원이나 그 밖에 발달장애인과 신뢰관계에 있는 사람은 법원의 허가를 받아 법원의 심리과정에서 발달장애인을 위한 보조인이 될 수 있도록 하고 있다. 아울러 법원은 발달장애인을 증인으로 신문하는 경우 발달장애인 본인, 검사, 보호자, 발달장애인지원센터의 장의 신청이 있는 때에는 재판에 중대한 지장을 줄 우려가 있는 등 부득이한 경우가 아니면 발달장애인과 신뢰관계에 있는 사람을 동석하게 하여야 한다고 규정하고 있다.

셋째로 발달장애인에 대한 전담조사제이다. 검찰총장은 발달장애인 전담검사를 지정하여 이들로 하여금 발달장애인을 조사 또는 심문하게 하고 경찰청장은 발달장애인 전담 사법경찰관으로 하여금 발달장애인을 조사 또는 심문하게 하여야 한다. 이들은 발달장애인의 특성에 대한 전문지식과 의사소통방법 및 발달장애인 보호를 위한 수사방법 등에 대해 교육을 받아야 하며 전문성을 갖추어야 한다.

넷째로 발달장애인에 대한 학대 · 유기 · 방임 사건에 대한 대응은 장애인권익옹호에서 언급한 바와 같이 장애인권익옹호기관에서 학대 등 판단 이후에 개입 조치하게 된다.

발달장애인법 비판적 검토

「발달장애인법」은 발달장애인 정책을 견인할 정책지향이념을 제시하고 발달장애인에 특화된 정책을 제시하여 일반보편적 법률이라고 할 수 있는 「장애인복지법」에서 담아내지 못한 부분을 보충했다는 점에서 그 의의를 가진다. 하지만 그러한 긍정적 측면에도 불구하고 그 내용에 있어 많은 아쉬움이 내재되어 있다.

첫째, 성년후견제는 도입 당시부터 논란이 되었지만 이는 의사결정대체제도라는 점에서 한계가 있다. 즉, 발달장애인이 최대한 삶의 주체가 될 수 있도록 하기 위한 사회적 노력과 지원이 어떻게 이루어져야 하는지에 대한 논의 패러다임 없이 성년후견인을 통해 발달장애인의 의사를 대체하는 수단적 성격의 정책은 의사결정지원제도의 틀로 변화되어야 한다. UN장애인권리협약에서도 이러한 점을 지적하면서 의사결정지원제도를 마련하여 현재 제도의 미비점을 보완하도록 권고한 바 있다.

둘째, 의사소통과 정보제공은 발달장애인이 주체적인 삶을 살아가는 데 가장 기초적인 전제조건임에도 불구하고 실제 현장에서는 발달장애인에게 적합한 정보를 제공하고 소통을 증진할 수 있는 노력을 기울이는 데는 인색하다. 예를 들어, 장애인정책이 변경되어 발달장애인에게도 영향을 미치는 경우 이들에 대해서도 쉬운 문서로 제작하여 배포하여야 하나 많은 경우 비장애인을 위한 내용을 그대로 제시하는 경우가 많다. 또 의사소통을 증진시키기 위해서 일선 읍·면·동에서의 장애업무 담당 공무원이 발달장애에 대한 이해를 증진하기 위한 교육을 이수하고 있긴 하지만 소규모에 그치고 있어 여전히 발달장애인과의 소통이 어려워 발달장애인이 읍·면·동사무소를 찾아가면 많은 경우 장애인복지관으로 의뢰하고 있는 실정이다.

셋째, 발달장애인지원센터가 시·도별로 설치되어 있지만 접근성이 떨어져 실효성이 없고 장애인권익옹호기관과의 권리구제업무 통합이슈도 제기되고 있어(김진우, 2019) 향후 수행역할의 방향설정이 매우 중요하다. 뿐만 아니라 발달장애인지원센터는 공공기관에서만 운영하도록 법적으로 제한하고 있어 현재 한국

장애인개발원이 운영법인으로 되어 있다. 하지만 한국장애인개발원이 발달장애인지원센터를 운영해야 할 당위성이나 논리가 있지 않고 오히려 운영주체 면에서 제약이 따라 한계만 가중되고 있다.

2) 장애인차별금지법

「장애인차별금지법」을 제정하였다는 것은 그간에 우리 사회에 장애인에 대한 차별이 만연해 있으며 이것은 하나의 사회문제로 인식되어 정부가 이에 대한 법적 대응을 할 필요가 있었음을 의미한다. 「장애인차별금지법」 제정을 통해 정부가 더 이상 장애인차별에 대해 소극적 태도에 머물지 않고 적극적으로 대응하여 장애인차별이 이루어지지 않도록 해 나가겠다는 의지의 표명이다. 그렇다면 그러한 「장애인차별금지법」이 발달장애인에게도 효과적으로 작동하여야 하는데 그렇지 못한 것이 현실이다. 여기에는 우리 사회가 발달장애인을 의미 있는 대화의 상대자로 간주하거나 이들의 진술이 의미 있는 내용을 갖추도록 적극적으로 지원하지 않으면서 이들의 이야기가 사실과 다를 수 있다는 점에 민감하게 반응하기 때문이다.

다음 〈표 14-1〉은 「장애인차별금지법」에서 장애인에 대한 차별을 금지함에 있어 장애인 당사자 자신의 의사를 표현하는 것을 전제로 한 관련 조항들을 정리한 것이다. 일반원칙으로서 다른 장애인과 마찬가지로 자기결정권과 선택권[1]을 가지며 각 차별영역에서 정당한 편의를 제공해 주도록 요구할 수 있다. 아

1 자기결정권 및 선택권(제7조)을 규정하는 것과 관련하여, 법 제정과정에서 동 내용 자체의 포함 여부에 대해서는 정부나 민간단체 간에 이견은 없었다. 다만, 정부에서는 판단능력이 미숙한 장애아동이나 발달장애인 또는 정신장애인의 경우 이 조항 적용 시 자기결정권을 실행할 수 있는 능력이 있다고 볼 수 없어 문제의 소지가 있다고 주장하였다. 이에 대하여 장추련에서는 모든 발달장애인이나 정신장애인이 자신의 의사표현능력을 상실하고 있다고 보기 어렵고 아울러 장애 정도에 따라 의사소통능력, 자기주장능력이 다를 수 있으며 이의 적절한 행사를 위해 주위의 도움을 어떻게 적절히 배려할 것인지가 보다 중요하다고 주장하였다. 이러한 양 측의 입장이 논의과정에서 대립되었으나 합의안에서는 현행 「장애인차별금지법」 제7조 제1항에서와 같이 '자신의 생활 전반에 관하여 자신의 의사에 따라 스스로 선택하고 결정할 권리를 가진다'라고 규정하게 되었다(김광이 · 박종운, 2007).

울러 소극적으로는 발달장애인 본인의 동의를 얻도록 하고 있고 적극적으로는 장애인 스스로 인식하고 작성할 수 있는 서식의 제작 및 제공을 요구하거나 가족 · 가정 및 복지시설에서 자신이 표명한 의사에 반하여 역할 강요 및 의사결정 과정에서의 배제 등을 할 수 없도록 하고 있다. 그러나 중요한 것은 우리 사회가 발달장애인의 의사를 존중해 주고 인정해 주지 않을 뿐만 아니라 발달장애인이 자기결정권을 행사할 수 있는 법적 절차가 마련되어 있지 않아 '자신의 의사에 따라 스스로 선택하고 결정할 수 없는' 구조에 갇혀 있다는 점이다.

〈표 14-1〉 **자기결정권 행사와 관련된 장애인차별금지법 조항 및 그 내용**

관계	관련 조항	내 용
일반 원칙	第7조 (자기결정권 및 선택권)	① 장애인은 자신의 생활 전반에 관하여 **자신의 의사에 따라** 스스로 선택하고 결정할 권리를 가진다. ② 장애인은 장애인 아닌 사람과 **동등한 선택권을 보장받기 위하여 필요한 서비스와 정보**를 제공받을 권리를 가진다.
	第11조(고용), 第14조(교육), 第21조(정보통신·의사소통), 第33조(장애여성)	동 조(條)들의 정당한 편의제공 관련
소극적	第22조(개인정보보호)	① 장애인의 개인정보는 반드시 **본인의 동의하**에 수집되어야 하고, 당해 개인정보에 대한 무단접근이나 오·남용으로부터 안전하여야 한다. ③ 장애아동이나 **정신장애인 등 본인의 동의를 얻기 어려운 장애인**에 있어서 당해 장애인의 개인정보의 수집·이용·제공 등에 관련된 **동의행위를 대리하는 자는 「민법」의 규정을 준용한다.**

적극적	제13조(차별금지)	③ 교육책임자는 당해 교육기관에 재학 중인 **장애인** 및 그 보호자가 제14조 제1항 각 호의 **편의 제공을 요청할 때** 정당한 사유 없이 이를 거절하여서는 아니 된다.
	제26조(사법·행정절차 및 서비스 제공에 있어서의 차별금지)	⑤ 공공기관 및 그 소속원은 장애인이 사법·행정절차 및 서비스에 참여하기 위하여 **장애인 스스로 인식하고 작성할 수 있는 서식의 제작 및 제공 등 정당한 편의 제공을 요구할 경우** 이를 거부하거나 임의로 집행함으로써 장애인에게 불이익을 주어서는 아니 된다.
	제30조(가족·가정·복지시설 등에서의 차별금지)	① 가족·가정 및 복지시설 등의 구성원은 **장애인의 의사에 반하여** 과중한 역할을 강요하거나 장애를 이유로 정당한 사유 없이 의사결정 과정에서 장애인을 배제하여서는 아니 된다. ② 가족·가정 및 복지시설 등의 구성원은 정당한 사유 없이 **장애인의 의사에 반하여** 장애인의 외모 또는 신체를 공개하여서는 아니 된다.

아울러 발달장애인의 의사능력에 대해 부정적인 집합적 판단을 내리는 그러한 지배적인 사회 분위기 속에서 2007년 「장애인복지법」 개정을 통해 자립생활지원에 대한 조항이 삽입됨으로써 발달장애인의 부족한 의사능력을 '보완'해야 하는지, 자기결정에 기반한 자립을 지원해야 하는지에 대한 우선순위의 충돌 때문에 쉽게 결론을 내리기가 어렵게 되었다. 그만큼 발달장애인의 자기결정을 둘러싼 자립을 어떻게 바라볼 것인가에 대한 사회적 의견수렴 및 정부의 방향이 정립되어 있지 못한 데서 기인한다고 보인다. 정부로서도 장애인에 대한 정책내용을 제시하는 데 그치고 발달장애인이 각종 서비스를 이용하는 절차적 과정에서 생길 수 있는 자기결정과 관련된 제반 문제들을 해결하려는 관심보다는 장애인복지시설장이나 부모가 필요한 의사결정을 대신하도록 하고 부모 사후에 발생할 수 있는 다양한 경우에 대해서도 가족책임으로 남겨두었던 것이다. 그러나 분명한 것은 발달장애인에 대한 억압적 과거를 반성하고 발달장애인이 사회적 지원을 통해 스스로 의사를 결정하고 자립해 나갈 수 있는 능동적 주체라는 사회적 인식의 변화를 먼저 유도하는 것이 중요하다는 점이다. 이후 이에 대한 사회적 합의가 어느 정도 이루어짐에 따라 정부는 2013년 「민법」 개정을 통해 종전의 한정치산제 및 금치산제를 폐지하고 성년후견제도를 도입한 바 있다. 성년후견제

도는 노령 · 질병 · 장애 등으로 정신능력이 부족하여 계약행위 등 일상생활 사무를 처리할 능력이 부족하거나 결여된 성인(만 19세 이상)을 보호하기 위해, 법원이 후견인을 선임하여 재산 관리 및 신상보호 서비스를 제공하도록 하는 것이다. 하지만 이는 발달장애인에 대한 의사결정대체제도라는 점에서 비판을 받고 있으며, 최대한 당사자의 의사결정을 존중하고 이를 지원할 수 있는 의사결정지원제도를 구축해 나가기 위한 방안을 모색 중에 있다.

3) 장애인복지법

「장애인복지법」은 장애인 전체에 해당하는 기본적인 정책적 사항과 장애인서비스 및 일부 소득보장 관련 정책들을 담고 있어 특별하게 특정 장애종별을 배려할 여지는 크게 없다. 하지만 그런 이유로 오히려 발달장애인이 피해를 보게 되는 경우가 있다.

첫째, 발달장애에 대한 감수성에 기반한 기본적 내용의 부재이다. 앞서 언급한 바와 같이 「장애인복지법」은 특정장애종별을 위한 내용이 아니라 전체 장애인에 대한 기본법적인 성격을 가진다. 하지만 그렇다고 하여 개별장애종별의 특성에 기반한 내용들이 부재한 것은 아니다. 예를 들어, 시각장애인을 위한 장애인 보조견의 훈련 · 보급 지원 조항이라든지, 의지 · 보조기 기사자격증 교부 등이 있다. 신체적 장애와 다른 발달장애를 가진 자들이 겪는 어려움이 별도로 고려되어야 함을 반영한 내용이 「장애인복지법」의 큰 흐름으로 관통하고 있어야 하는데 그렇지 못하다. 이런 점을 포괄적으로 접근하기 위해서는 법에서 발달장애에 대한 고려가 각 정책단위에서 배려되어야 함을 제1장 총칙에서 한 조문으로 명시하는 것도 한 방법이다.

둘째, 객관적인 내용이 있지만 발달장애를 위한 기본적 내용이 없다는 이유로 불이익을 받는 사례이다. 먼저 정보에의 접근을 들 수 있다. 정보접근은 「발달장애인법」이 생기면서 문제가 어느 정도 해소되었지만 「장애인복지법」에서 정보접근과 관련하여 청각장애인에 대한 한국수어 또는 폐쇄자막, 시각장애인을 위한 화면해설 등에 대해서만 기술하고 발달장애인을 위한 쉬운 글 그리고 그림 · 사진 등 시각 정보를 활용한 자료 배포에 대해서는 아무런 언급이 없어 정부가 의도하지는 않았지만 결과적으로 발달장애인의 정보접근권이 침해될 가능성이 열려 있게 된다. 제22조(정보에의 접근)에서의 정부노력을 포괄적으로 이해하면 발달장애인의 정보접근권 침해 가능성이 조각되지 않는가라는 반론이 있을 수 있으나 우리나라 행정에서 문자적으로 명시되어 있지 않은 내용에 대해서는 시행하지 않으려고 하는 행정적 관행을 고려한다면 법적 해석에 기대하기는 어렵다. 그 외에도 편의시설도 지체 및 감각 장애인 위주여서 발달장애인을 위한 편의시설이 무엇인지, 인적서비스가 어떻게 편의시설을 대체할 수 있는지 등에 대해 세부정책이 고안될 수 있는 정책방향이라도 제시되어야 하는데 이에 대해 아무런 언급이 없는 한계를 지닌다.

5 발달장애인 정책 발전을 위한 향후 과제

발달장애인 정책은 장애인 정책의 핵심 중의 하나라고 할 수 있다. 건강한 사람에게는 의사가 필요 없듯이 장애인이라 하더라도 모두 정부의 지원이 필요한 것은 아니다. 그 반대로 장애인 중에서도 정부의 집중적인 지원이 필요한 경우에는 장애인 전체를 한 집단으로 간주하는 것이 아니라 장애종별의 특성을 감안한 추가적인 지원과 배려가 필요하다. 그런 의미에서 발달장애인의 장애인 정책의 핵심적 고객이라고 할 수 있다. 그만큼 지체 및 시 · 청각장애인과 다른 특별한 욕구가 있으며 이러한 욕구에 대한 적극적인 대응이 없이는 장애인 정책의 발전에도 불구하고 발달장애인이 처한 어려움을 좀체 경감시키기 어렵게 된다. 「발달장애인법」도 그러한 맥락에서 탄생했다. 하지만 앞으로 발달장애인 정책이 발달장애인의 욕구에 보다 세심하게 적극적으로 대응하기 위해서는 다음과 같은 정책적 변화가 모색되어야 한다.

첫째, 발달장애인 정책 전달체계로서의 발달장애인지원센터 업무를 전면 개편할 필요가 있다. 먼저 권리구제 부분은 장애인권익옹호기관과 통폐합하는 대신, 설치단위를 시·군·구로 하고 발달장애인 정책의 핵심적 내용을 담당할 필요가 있다. 먼저 성년후견제를 대신할 의사결정지원제도에 따른 각종 사업과 발달장애인신탁제도 도입 시 일상생활을 지원할 수 있는 담당기관의 역할, 그리고 지금도 수행하고 있는 개인별 지원계획 수립을 민관협동 사례관리에서의 민간의 중심적 축으로 역할할 필요가 있다. 이렇게 되면 각 시·군·구에 설치되어 있는 장애인복지관의 핵심적 사례관리 기능과의 조율이 필요한데 민관협력부문에서 장애인복지관의 민간 대표적 성격의 연장선에서 발달장애인 부분에 대한 지정기관으로서의 역할을 발달장애인지원센터가 담당할 수도 있을 것으로 본다.

둘째, 성인 발달장애인이 지역사회에서 자립적으로 살아갈 수 있는 기반을 조성해야 한다. 여전히 '재정적 연좌제'라고 볼 수 있는 부양의무제도로 인해 부모에 의지해서 살아갈 수밖에 없는 제도적 환경을 개선하여 발달장애인이 한 성인으로서 당당하게 성인기를 보낼 수 있도록 해야 한다.

셋째, 강력한 법 집행이 필요하다. 발달장애인에 대한 정보제공 및 의사소통 지원이 실제적으로 이루어지기 위해서는 법 또는 정책의 변화가 있을 때마다 적절한 정보를 담은 발달장애인 버전의 설명자료가 제작·배포되어야 하며 만약 적절한 시기에 적절하게 배포되지 않을 경우에는 시민단체에서 정부를 상대로 장애 정도 및 특성을 고려하지 않은 정책집행에 대해 차별로 진정을 제기하고 사회적으로 이슈화할 필요가 있다.

Chapter 15

한국 장애인복지의 발전과제

사람들은 누구나 그렇듯이

자기 가족의 먹거리와 미래를 위해 많은 외부인과 경쟁하며 우위를 점하려 노력한다.

어느 집단도, 조직도, 국가도 마찬가지다.

내집단(內集團) 밖의 사람들에게 손을 내미는 것은 이타심을 발휘할 수 있는 여유가 있거나 그렇게 하는 것이 옳다는 신념 또는 자기 위안을 위한 것이 대부분이다.

15종의 장애인, 그 부모, 이 분야와 직간접 관계를 맺고 있는 전문가와 활동가들.

그들은 오늘도 장애인복지 발전을 위해 부단히 노력하고 있다.

하지만 어찌 보면 이것은 모두 내집단 내에서 서로 위로받는 사람들 간의 노력이 아닐까.

15종의 장애범주에 포함되지 못하고 고통받는 사람들을 위해, 우리를 위해 피 흘리는 만큼 목소리 높여 투쟁한 적이 있었던가.

경계급 장애를 가진 자, 유사 장애를 가진 자들은 여전히 리그 밖 이방인으로 존재한다.

이들을 제외하고 한국 장애인복지의 미래를 이야기할 수 있을까.

상 위에 놓인 반찬 가짓수가 적다고 투덜거릴 때 저 상 의자에 앉을 수 있기만을 기다리는 많은 다수의 사람들을 현실에서 끌어안아야 한다.

장애인등록제는 이제 폐지할 때가 왔다.

현재는 과거를 딛고 존재하고, 미래를 위한 도움판이 되어야 한다.

현재의 풍성한 잔치에 머무르지 않고 미래를 위한 십자가를 다 함께 지고 앞으로 나아가자.

그 날이 속히 올 것을 믿어 의심치 않는다.

1 그간의 과정과 향후 사회변화

거시 사회적 현실 진단

한국전쟁 이후 짧은 기간 동안 이룬 경제적 발전은 우리나라를 GDP 순위 세계 13위에 등극시켰으며 정치적으로도 다양한 현대사적 비극과 우여곡절을 겪으면서 민주화의 길을 걸어오고 있다. 하지만 근로시간은 OECD 38개 국가 중에서 5위이며 삶의 만족도는 OECD 38개국 중에서 36위에 머물러 있다. 연평균 경제성장률은 1990년대에는 6.9%였으나 2011년에서 2016년 동안에는 2.9%에 머물렀으며, 2022년에는 2.6%를 기록했다. 출산율은 급락하고 있으며 기대수명 증가로 인구구조는 고령화의 길로 가속화되고 있다.

노동시장의 양극화와 소득분배지표의 악화, 세대별 · 성별 격차는 계속 확대되고 있어 사회적 갈등 요인이 여전히 내재화되어 있다고 볼 수 있다. 그럼에도 사회복지지출은 넉넉하지 않아 조세와 사회지출의 지니계수 완화효과는 OECD 국가 평균 32.4%에 한참 못 미치는 13.5% 정도에 머물러 있다.

그간의 복지정책 확대에의 노력

우리는 1960년대 「생활보호법」(현재의 국민기초생활보장법), 「공무원연금법」, 「사립학교연금법」, 「산업재해보상보험법」 등 공공부조와 사회보험을 필두로 사회보장정책의 확충에 끊임없이 노력해 왔다. 그 결과 현재 건강 · 연금 · 고용 · 산재 · 장기요양 등 5대 사회보험과 다양한 사회서비스가 갖추어져 있어 핵심 사회보장제도가 마련되어 있다고 해도 과언이 아니다. 아울러 연평균 사회복지지출 증가율(2005~2015)은 OECD 평균 5.3%에 비해 월등히 높은 11.0%로 복지선진국으로 진입하기 위한 국가사회적 노력이 지속적으로 이루어지고 있다고 볼 수 있다. 국민들도 전반적인 사회보장의 수준이 좋아지고 있다고 인식하고 있으며 향후에도 지속적으로 개선될 것으로 기대하고 있는 것으로 나타났다.

하지만 사회복지지출의 가파른 증가에도 불구하고 사회복지지출 수준은 OECD 국가 평균인 19.0%에 한참 못 미치는 10.2%에 불과하고 선 성장 후 복지라는 성장 우선 패러다임으로 인해 사회투자에 소극적이고 사회복지지출의 GDP 대비 비중이 10% 수준에 도달하는 연도는 한국이 2015년, 미국이 1970년, 일본이 1980년, OECD 평균이 1966년인 것을 감안하면 선진국에 비해 약 40~50년 정도 복지지출이 지체된 것으로 볼 수 있다.

이는 사회보장제도는 있지만 넓은 사각지대를 가지고 있거나 급여수준이 낮아 급여설계의 본래적 목적을 달성하는 데 어려움이 있다는 것을 의미한다. 실제로도 기초생활보장제도는 부양의무자 기준 때문에 광범위한 비수급빈곤층이 존재하고 있으며 1인 가구에 걸맞지 않은 국민연금제도와 고용보험의 비정규직, 특수고용인, 자영업자 등 사각지대가 광범위하게 분포되어 있는 것, 건강보험보장률 강화 등 많은 숙제를 안고 있다. 더군다나 이러한 넓은 사각지대와 낮은 급여수준 때문에 사회보장지출을 확대하는 것이 필요하나 대부분의 국민들은 사회보장 확충에는 찬성하지만 이를 위해 추가적으로 조세를 부담하겠다는 것에서는 소극적인 입장에 머물고 있어 복지선진국으로 넘어가는 문턱은 여전히 매우 높다는 것을 알 수 있다.

장애인복지정책 발전에의 노력

장애인복지는 종래 장애인거주시설 중심의 정책에서 지난 10여 년의 기간 동안에는 장애인연금 도입과 활동지원서비스 확충으로 자립생활에 필요한 두 가지 큰 기둥을 확립하는 데 역점을 두어 왔다. 뿐만 아니라 장애인 정책 전반에 걸쳐 발달장애인에 대한 이해가 부족하여 생기는 상대적 박탈감을 해소하기 위해 관련 정책을 입안 · 시행하는 한편, 장애인 차별 및 학대 · 유기 · 방임에의 적극적 대응체계를 갖추는 데도 특별한 관심을 두어 발전시켜 오고 있다. 그 외에도 앞서 각 장에서 설명한 장애인 정책들을 통해 알 수 있듯이 상대적인 속도 차이는 있지만 정책적 발전을 지속해 오고 있다. 이러한 정책의 외연을 넓히는 데는 그만큼 관련예산의 확충이 뒷받침되어야 했는데 이는 다음 〈표 15-1〉을 통해 확인할 수 있다.

2019년 보건복지부 소관 장애인 정책 지출예산(예산+기금)은 2조 7,326억 원으로 2018년도 추경예산 대비 금액으로는 5,113억 원, 증가율로는 23.0% 증가한 안으로 편성되었는데, 이는 2013년 이래 가장 큰 폭으로 증가한 예산안이다. 이는 보건복지부 총지출예산 증가율 14.4%나 사회복지예산 증가율 15.4%보다 훨씬 큰 것임을 알 수 있다. 이로 인해 장애인예산은 보건복지부 총지출예산 대비 2018년 3.5%에서 2019년 3.8%로, 사회복지예산 대비 4.2%에서 2019년 4.5%로 증가한 것으로 나타나 타 분야에 비해 장애인 분야에서의 예산규모가 훨씬 빨리 확대되고 있음을 알 수 있다.

〈표 15-1〉 **사회복지예산 대비 장애인복지예산의 비중** (단위 : 억 원, %)

구 분			2018년 예산	2019년 예산안	증 감	증감률(%)
총지출(A)			632,870	723,758	90,888	14.4
사회복지(B)			526,662	607,895	81,233	15.4
장애인복지	금액(C)		22,213	27,326	5,113	23.0
	비중	C/A (%)	3.5	3.8		
		C/B (%)	4.2	4.5		

출처 : 보건복지부(2018b).

이후 2024년 보건복지부 소관 장애인정책 지출예산을 살펴보면 다음 그림과 같이 5조 13억 원으로 2023년도 본예산 4조 5,433억 원에 비해 약 4,580억 원 증가하여 10.1%의 증가율을 보이고 있다. 이는 보건복지부 전체 예산 증가율 11.2%에 약간 못 미치고 있으나 위 표에서의 2019년 당시 예산안에서 약 2조 7천억 원이었던 것이 2024년도에는 5조 원을 상회하고 있어 최근 들어 빠른 속도로 장애인복지예산이 커지고 있음을 알 수 있다. 이러한 증가 속도와 함께 통계방식의 개편[1] 등을 감안하면 장애인복지예산이 OECD 국가 평균의 30%보다 더 높아질 것으로 전망된다.

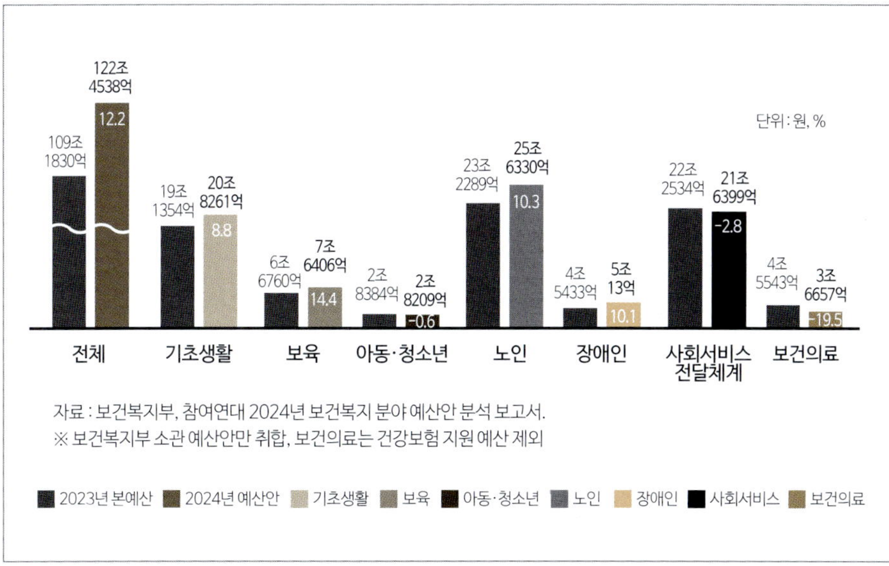

|그림 15-1| 2024년도 정부 보건복지 7개 분야별 예산안

출처 : 참여연대(2023). 2024년 보건복지분야 예산안 분석.

2 장애인복지 발전과제

1) 장애인복지 관련 법 체계화

장애인복지정책의 변화 · 발전은 기존 정책에서 해소하지 못한 사각지대와 급여수준을 보완하기 위해 제도적으로 확충해 나가는 것 외에도 새로운 정책이 추가로 설계되는 것을 포함한다. 이때 추가로 신설되는 정책은 기존 정책과의 관

1 장애인활동지원사업 예산이 장애인복지예산임에도 불구하고 이때까지 일자리사업 예산으로 분류됨에 따라 이에 반영되지 못한 오류를 바로잡으면 장애인복지예산 총액은 가파르게 상승하게 된다.

계 속에서 자리매김되어야 하지만 기존의 정책 내용 및 구도를 종합적으로 고려하는 가운데 정확하게 포지셔닝되기란 쉽지 않다. 기존 정책과의 조화보다는 해당 정책이 신설되어야 할 당위성과 필요성에 매몰되는 경우가 많다. 그래서 정책이 신설되고 나면 항상 기존 정책과의 정합성 문제가 뒤따른다. 개별 정책들은 저마다 합리적인 사연을 분명히 가지고 있는데 어느 기간 동안 그렇게 중첩된 개별적 합리성이 반드시 현재 시점에서의 총체적 합리성을 담보하지 못하는 아이러니가 발생한다. 당시는 옳았으나 지금은 비합리적인 모순을 보이는 것이다.

법체계도 마찬가지다. 제도와 정책을 담아내는 그릇이 법이라면 그 제도와 정책이 정교하게 설계되고 이를 적절한 그릇에 담아내야 하는데 그렇지 못한 경우가 많다. 종래에는 1974년 「특수교육진흥법」, 1989년 「장애인고용촉진등에관한법률」과 함께 1990년 「장애인복지법」이 장애 관련 법률의 핵심적 위치에 있었다. 「장애인복지법」은 물론 명시적이지는 않지만 그 역할에 있어 장애 관련 총괄법, 기본법적인 지위를 가지는 것으로 이해되었는데, 그 내용의 핵심은 장애인복지시설의 설치 · 운영, 장애수당, 장애인정책조정위원회 설치 · 운영, 자립생활지원 등이었다. 장애인복지서비스가 주축이었지만 소득보장에 해당하는 장애수당도 있는 등 개별정책들이 나열되어 있으면서도 다른 한편으로는 정책의 조정을 담당하는 기능과 역할까지도 동법에서 담당해 왔다.

하지만 최근에는 장애인복지서비스와 관련하여 장애인활동지원서비스가 별도 법적 근거를 가지게 되었으며 소득보장의 일환인 장애인연금도 별도 법에 근거하고 있다. 그렇게 되면서 「장애인복지법」이 총괄조정적 기능을 가지는 것으로 자리매김되어야 하는지, 아니면 개별 정책의 법적 근거를 담아내는 백화점식 정책나열의 근거지로서의 역할에 그치는 것인지, 그렇다면 장애인활동지원서비스나 장애인연금과 같은 단위 정책들이 「장애인복지법」 외연에 병렬적으로 위치 지워지는 것이 타당한지 등에 대한 합리적 의문을 품을 수 있다.

이에 대하여 「장애인복지법」을 개편하여 장애인기본법으로 만들지, 장애인권

리보장법으로 만들지 등 장애 관련 법체계의 개편 필요성이 활발하게 논의되기 시작하였다(에이블뉴스, 2016). 이러한 점을 고려하여 정책의 체계화에 초점을 맞추어 장애 관련 법체계의 방향을 제시하면 다음 | 그림 15-2 |와 같다.

| 그림 15-2 | **장애 관련 법률체계 개편**

먼저 장애인권리보장기본법을 제정하여 장애정책의 지향이념과 가치에 대한 부분과 장애정책 간의 연계통합 기초체계에 대한 내용을 포괄하여 하위 장애관련 법률들에 대한 내용상의 상위법적 지위를 가지게 한다. 그렇게 하면 「장애인복지법」의 내용 중 일부는 장애인권리보장기본법으로 이관되고 남게 되는 것은 개별정책에 관한 것인데, 이는 장애인소득보장법, 장애인서비스법, 장애인권익옹호법 등 3법으로 대별하여 체계화할 필요가 있다. 그렇게 되면 「장애인활동 지원에 관한 법률」의 내용은 장애인서비스법으로 통합되어 「장애인복지법」에 있던 장애인복지서비스의 내용과 통합될 것이며 「장애인연금법」은 장애인복지법에서의 장애수당과 장애아동수당 등의 내용과 통합될 수 있다. 한편 「장애인복지법」

상의 장애인권익옹호기관과 발달장애인법에서의 발달장애인지원센터 업무 중 권리구제업무는 통합되어 장애인권익옹호법으로 포섭될 수 있을 것이다. 「장애아동복지지원법」 또한 소관 내용에 따라 장애인서비스법이나 발달장애인법의 내용으로 포섭되고, 하위 3법에서는 장애아동에 대한 장(章)을 별도로 두어 장애아동정책을 구분 시행할 필요가 있다.

2) 장애범주의 확대 및 유연화

장애범주의 확대와 관련하여 정부는 2003년 제3차 장애범주확대를 한국보건사회연구원 연구를 통해 검토한 적이 있고 여기에는 치매, 약물 및 알코올 중독, 기타 발달장애, 각종 암 등이 장애범주에 포함되도록 제언되었다(변용찬 외, 2006). 그 외에도 현재의 장애범주에 포함되지 못하는 각종 희귀질환이 있는 자들이 겪는 고통을 고려한다면 만시지탄의 느낌이 없지 않지만 단기적으로는 장애범주의 확대를 적극적으로 고려할 필요가 있다. 하지만 장애등급제를 장기적으로는 완전히 폐지하면서 장애인 욕구 맞춤형 중심의 정책을 설계하는 방향으로 초점이 맞추어져 있다면 장애등록제 자체의 존치 여부도 깊이 있게 검토되어야 한다. 제2장의 마지막 부분에서 논의한 것처럼 장애등록제를 통해 특정의 장애유형만 정책대상으로 포섭하는 배타적 정책대상설계방식은 전면적으로 재검토될 필요가 있는 것이다.

그런 방향의 검토가 필요한 것은 장애라는 것을 특별한 유형으로 특정할 필요가 있는가의 이슈와 관련되어 있다. 내가 타인의 돌봄이 필요하다는 것은 장애 때문일 수도 있고, 현재로서는 장애로 인정되지 않는 각종 질환 때문일 수도 있으며, 노인성질환에서 기인할 수도 있다. 그렇다면 욕구중심 서비스 설계방식이라면 내가 어떠한 신체적 · 정신적 · 관계적 · 사회적 상태에 있는지에 초점을 두고 서비스의 필요 정도를 욕구에 기반하여 도출하면 된다. 마치 병의원을 이용함에 있어서도 내가 1인 가구인지, 다문화가족인지를 묻지 않고 내가 호소하는 증상에 우선적으로 초점을 맞추는 것처럼 돌봄서비스가 하나의 권리라면 돌봄서비스가 필요로 하게 된 이유에 더 이상 집착할 이유가 없게 될 것이다. 그것이 장애등록제로부터의 해방을 가져올 수 있다.

그렇게 되면 지금까지 장애범주에 들어오지 못해 각종 필요한 급여나 서비스를 못 받아 사각지대에 방치되었던 사례는 더 이상 존재하지 않게 된다. 그렇게 하면 예산의 급증을 우려할 수 있다. 그러나 우리의 장애인복지예산은 2011년 기준으로 GDP 대비 장애인복지지출비율은 0.61%로 OECD 국가 예산의 11%에 불과하다.

〈표 15-2〉 **OECD 국가 GDP 대비 장애인복지지출** (단위 : %)

구분	1990	1995	2000	2005	2006	2007	2008	2009	2010	2011	2012	2013	2014	2015
호주	1.73	2.36	2.56	2.27	2.19	2.17	2.32	2.36	2.39	2.46	2.51	2.57	2.64	-
오스트리아	2.62	2.84	2.72	2.43	2.33	2.21	2.18	2.33	2.34	2.32	2.30	2.27	-	-
벨기에	2.56	2.90	2.06	2.21	2.23	2.21	2.39	2.60	2.63	2.68	2.80	2.90	-	-
캐나다	1.15	1.14	0.94	0.91	0.88	0.87	0.88	0.93	0.88	0.85	0.83	0.79	0.77	0.74
칠레	0.88	0.89	0.91	0.70	0.68	0.70	0.78	0.90	0.81	0.77	0.75	0.72	0.70	-
체코	2.18	2.24	2.43	2.22	2.29	2.19	2.06	2.07	1.99	1.92	1.83	1.83	-	-
덴마크	3.68	4.11	3.81	4.43	4.39	4.58	4.61	5.02	5.03	4.89	4.87	4.73	-	-
에스토니아	-	-	1.54	1.77	1.72	1.77	2.22	2.64	2.29	2.17	2.11	2.15	-	-
핀란드	4.15	4.93	3.69	3.67	3.59	3.44	3.51	3.93	3.90	3.79	3.83	3.83	-	-
프랑스	2.04	2.05	1.68	1.79	1.60	1.57	1.58	1.65	1.66	1.67	1.70	1.71	-	-
독일	1.95	2.26	2.14	1.98	1.89	1.81	1.87	2.02	1.99	1.95	2.00	2.06	-	-
그리스	1.19	0.79	0.85	0.90	0.86	0.86	0.88	0.93	0.94	0.97	0.97	-	-	-
헝가리	-	-	2.62	2.81	2.78	2.72	2.72	2.75	2.40	2.04	2.04	1.93	-	-
아이슬란드	1.27	1.78	2.18	2.60	2.55	2.14	2.32	2.56	2.50	2.77	2.77	2.85	-	-
아일랜드	1.72	1.89	1.26	1.56	1.61	1.73	2.01	2.30	2.35	2.07	2.07	2.05	-	-
이스라엘	-	1.80	2.07	2.39	2.37	2.35	2.44	2.48	2.48	2.46	2.46	2.46	2.53	2.53
이탈리아	1.89	1.49	1.37	1.54	1.55	1.57	1.62	1.77	1.74	1.70	1.70	1.72	-	-
일본	0.57	0.69	0.73	0.71	0.77	0.81	0.88	0.99	0.95	1.02	1.02	1.04	-	-
한국	0.29	0.35	0.36	0.60	0.64	0.64	0.66	0.66	0.57	0.61	0.61	0.61	0.61	-
라트비아	-	0.00	1.54	1.35	1.37	1.25	1.54	2.24	2.08	1.73	1.73	1.80	-	-
룩셈부르크	2.76	2.93	2.97	3.31	3.10	2.79	2.82	2.81	2.71	2.76	2.76	2.69	-	-
멕시코	0.02	0.06	0.07	0.06	0.05	0.06	0.06	0.06	0.06	0.00	0.00	0.00	-	-
네덜란드	5.95	4.70	3.63	3.29	2.70	2.76	2.74	2.88	3.08	3.04	3.04	3.11	-	-
뉴질랜드	2.79	2.61	2.61	2.27	2.87	2.66	2.85	2.76	2.57	2.43	2.43	2.51	2.53	-
노르웨이	4.63	4.56	4.56	4.30	4.13	4.14	3.93	4.56	4.18	3.71	3.71	3.69	-	-
폴란드	3.28	5.54	3.45	2.78	2.60	2.37	2.40	2.39	2.35	2.23	2.23	-	-	-

포르투갈	2.30	2.31	2.24	2.11	2.09	2.05	1.92	2.01	1.93	1.79	1.79	1.90	-	-
슬로바키아	-	1.99	2.21	1.45	1.47	1.44	1.45	1.83	1.83	1.90	1.90	1.89	-	-
슬로베니아	-	-	2.58	2.36	2.25	2.09	2.05	2.15	2.27	2.13	2.13	2.11	-	-
스페인	2.22	2.42	2.33	2.48	2.45	2.46	2.51	2.62	2.61	2.48	2.48	2.54	-	-
스웨덴	5.25	4.74	4.87	5.28	5.02	4.73	4.56	4.63	4.20	4.17	4.17	4.25	-	-
스위스	1.64	2.20	2.37	2.76	2.60	2.50	2.31	2.46	2.34	2.29	2.29	2.26	-	-
터키	0.17	0.19	0.21	0.23	0.20	0.22	0.26	0.31	0.29	0.31	0.31	0.33	-	-
영국	2.00	2.73	2.35	2.19	2.28	1.84	1.91	2.04	2.03	2.02	2.02	1.97	-	-
미국	0.97	1.13	1.04	1.21	1.23	1.21	1.26	1.39	1.41	1.43	1.43	1.42	-	-
OECD-Total	2.26	2.34	2.14	2.15	2.10	2.03	2.07	2.23	2.17	2.10	2.10	2.11	-	-

주 : 1) 공적 지출(public expenditure)만을 합한 수치이며, 근로무능력 관련 급여(Incapacity-related benefits)를 의미함

2) 현금급여(cash benefits)와 현물급여(benefits in kind)를 합한 수치임.

출처 : OECD. Social Expenditure Database(www.oecd.org/els/social/expenditure, 검색일 2018. 12. 27); 한국장애인개발원(2018). 2018 장애통계연보에서 인용.

그만큼 넓은 사각지대가 방치되어 있고 낮은 급여수준에 머물러 있음을 알 수 있다. 그러므로 지금까지 장애등록제로 묶어 놓았던 한계를 철폐하여 매우 제한적이었던 장애인복지예산의 규모를 복지선진국에 맞게 현실화시킬 필요가 있으며 아울러 기존 정책에서의 내실을 기하기 위한 제반 노력 또한 예산에 의해 뒷받침될 필요가 있다.

3) 장애인정책 실천의 질적 수준 제고

장애인정책의 비약적인 발전은 장애인복지예산의 증가로 뒷받침되었다. 하지만 가야 할 길은 여전히 멀다. 정부는 2018년부터 커뮤니티케어 실현을 위한 첫 걸음을 내디뎠고 문재인 정부 국정과제에 탈시설화 추진이 포함되었다. 하지만 올해 2월에 특수학교나 특수학급을 졸업한 발달장애인에게 '이제 20세 성인이 되었으니 자립할 수 있는 기반을 이렇게 제공하고자 한다'라고 하면서 공무원들이 적극적으로 다가가고 있는가? 그렇지 못하다. 여전히 당사자의, 부모의 몫으로 남아 있다. 더군다나 정책의 우선순위도 없다. 소득보장, 서비스, 일자리 등이 동시다발적으로 움직인다. 정책의 위계질서가 없다는 이야기다. 정책은 다기화되었지만 공공부조와 각종 바우처를 제외하고 나면 실제 장애인이 이용할 수

있는 것이 권리로 보장된 것이 아니라 가능성만 보장받는 상태다. 욕구가 있다 하여 장애인복지관의 프로그램 이용이 보장되는 것이 아니며 장애인직업재활시설에서 일할 권리도 반드시 실현된다는 보장도 없다. 그렇기 때문에 겉으로 보면 많은 정책들이 장애인 당사자를 위해 존재하고 관련 인력들이 일하고 있는 것처럼 보이지만 나하고는 상관없는 것일 수 있다.

그러므로 욕구에 대비하여 필요한 자원이 적기에 적절한 방법으로 대응되는 것이 필요하다. 그러기 위해서는 장애인 거주공간도 탈시설을 추진하게 되면 적절한 주거공간과 충분한 주거서비스를 제공할 필요가 있다. 장애인직업재활도 일에 대한 개념을 적극적으로 해석하고 가급적 일을 할 수 있는 공간을 지역밀착적으로 많이 창출해 내야 한다. 일하지 않는 주간보호센터와 8시간 근로가 기본인 직업재활시설의 경계를 허물 필요가 있다. 돌봄과 직업재활의 넘나듦이 이용자의 장애 특성과 욕구를 반영할 수 있어야 한다. 한편 접근성이 떨어지는 것들은 모두 과감하게 기초자치단체 단위에 생활밀착적으로 설치되어야 한다. 서비스 영역에서건, 권익옹호영역에서건 인력이 부족해서 인권침해가 방치되어서는 안 된다.

그러나 접근성이 좋아지고 인력이 확충된다는 것이 장애인들이 지역사회 내에서 의미 있고 주체적으로 살아가는 데 충분조건이 되지는 못한다. 인력의 전문성이 뒷받침되어야 비로소 장애인들이 겪는 어려움을 해결해 나갈 수 있다. 공간의 조건을 바꾸고 인력의 추가배치를 통해 현재의 억압적 구조를 바꿀 수 있는 여지는 매우 넓지만 자해 · 타해 가능성이 높고 자신의 행동을 통제하는 데 어려움을 겪는 중증발달장애인에게 어떻게 접근하고 어떻게 대응해야 하는지에 대해서는 실천전문가들의 전문성 함양이 시급하며 그 내용과 경험들이 축적되어 매뉴얼로 전환되고 정책방향으로 설계되어야 한다. 그러기 위해서는 전문성 함양을 위한 첫 단추가 채워져야 한다. 또 일하는 방식에서의 전문가들 간의 협업이 장애인 당사자의 최선의 이익(Best Interest of Himself/Herself)을 위해 실현되어야 한다. 그렇게 하는 것이 장애인복지실천의 질적 수준을 제고시키는 당면과제라고 볼 수 있다.

참고문헌

강동욱 · 석말숙(2006). 보호작업장 내 중증장애인의 근로자성과 정책적 개선방안. **한국직업재활학회**, 16(1), 105-123.

강동욱 · 이선우 · 이달엽 · 손덕순 · 김정훈(2005). 보호작업시설 내 중증장애인의 근로자성 여부 연구. 한국장애인고용공단 고용개발원 위탁과제보고서.

강희설 · 김용득(2008). 장애인거주시설 유형별 이용자 보호비용(care-cost) 비교. **사회복지연구**, 37, 345-368.

고용노동부(2019). 2018년 장애인 의무고용 사업체의 장애인 고용률은 2.78%로 지속 증가. 보도자료.

교육부(2017). 제5차 특수교육발전 5개년계획 2018-2022.

______(2018). 특수교육 연차보고서. 2018년 정기국회 보고자료.

______(2023). 2023 특수교육통계.

국가인권위원회(2018). 2018 국가인권위원회 통계.

국가인권위원회 부산인권사무소 · 경남장애인권리옹호네트워크(2019). **장애인 차별과 혐오 해소를 위한 토론회**.

국가인권위원회(2014a). **언론매체의 장애비하표현에 대한 의견표명**. 장애차별시정위원회 결정문(2014. 8. 20).

____________(2014b). **장애인에 대한 고정관념, 편견 만드는 표현 삼가야 : 인권위, 언론매체 장애비하표현에 대한 관행 개선 의견표명**. 보도자료(2014. 11. 3). 조사국 장애차별조사1과.

국정기획자문위원회(2017). 문재인 정부 국정운영 5개년 계획 및 100대 국정과제.

김경미 · 김미옥(2006). 한국장애인복지학 연구동향에 관한 분석과 고찰 : 장애인복지학의 이론적 패러다임을 중심으로. **한국사회복지학**, 58(3), 269-294.

김경혜(2004). 장애인자립생활센터 운영기반 조성방안. **정책토론회 자료집**. 서울시정개발연구원.

김광이 · 박종운(2007). 장애인차별금지법 제정사와 쟁점. 장애인차별금지실천연대. **우리가 가는 길이 역사다 : 시작에서 끝까지**. 젊은 기획, pp. 150-197.

김금녀(2011). **언론인을 위한 장애인권 길라잡이**. 국가인권위원회 · 장애우권익문제연구소.

김도현(2015). 현금지급제도와 개인예산제도, 한국 장애인의 삶에서 무엇을 변화시킬 수 있는가?. 발제에 대한 토론문. 한국장애인단체총연맹 토론집 자료, pp. 55-60.

김명연(2011). 장애인의 탈시설권리. **민주법학**, 45, 149-178.

김미옥 · 김고은(2010). 거주시설 성인 지적장애인의 일상에 관한 연구. **한국사회복지학**, 62(1), 317-342.

김병하 · 박경란 · 이정옥(2009). 농문화와 농학 : 그 현상과 과제. **특수교육저널 : 이론과 실천**, 10(4), 203-223.

김성희 · 변경희 · 이성애 · 정희경 · 이민경(2012). **주요 선진국 장애판정제도 현황 및 정책적 시사점 연구**. 한국보건사회연구원.

김성희 · 이연희 · 오욱찬 · 황주희 · 오미애 · 이민경 · 이난희 · 오다은 · 강동욱 · 권선진 · 오혜경 · 윤상용 · 이선우(2017). 2017년 장애인실태조사. 보건복지부 · 한국보건사회연구원.

김성희 · 이연희 · 황주희 · 오미애 · 아난희 · 강동욱 · 권선진 · 오혜경 · 윤상용 · 이선우(2014). 2014년 장애인 실태조사. 보건복지부 · 한국보건사회연구원.

김수아(2017). 사회적 관점에서 본 한국어의 혐오, 차별 표현 : 사회적 소수자에 대한 혐오, 차별 표현의 문제와 개선 방안. **새국어생활**, 27(3), 49-63. 국립국어원.

김용득(2002). 장애개념의 변화와 사회복지실천 현장 함의. **한국사회복지학**, 51, 157-182.

김용득 · 김미옥 · 우주형 · 전지혜 · 이동석 · 김무웅 · 최미영 · 강진숙(2016). 독립적 권익옹호 실천가이드. 한국장애인복지관협회.

김용득 · 이동석(2015). 장애인 복지서비스 현금지급방식 도입 가능한가?. 한국장애인단체총연맹 토론회 자료, pp. 5-30.

김정희 외(2017). 2017 장애인백서. 한국장애인개발원.

김종인(2008). 한국의 지적장애인의 자립생활현황과 과제. 지적장애인 자립생활지원 정책대안을 위한 한 · 일 세미나 자료집.

김진우(2007). 장애에 대한 사회적 모델의 의의와 한국 사회에의 함의. 한국장애인복지학, 6, 183-209.

______(2008a). 장애연구에의 지적장애인의 참여를 둘러싼 쟁점에 대한 고찰. 한국사회복지학, 60(3), 83-106.

______(2008b). 지적장애인 관점에서의 장애인차별금지법에 대한 비판적 고찰. 사회복지정책, 35, 169-195.

______(2010). 장애에 대한 사회적모델과 자립생활모델에 대한 이론적 비교 연구. 사회복지연구, 41(1), 39-63.

______(2013). 사회복지법인 제도신설 배경에 대한 탐색적 연구. 사회복지정책, 40(4), 137-156.

______(2018). 영국 장애인 탈시설화의 함의 : 지역사회 내 거주 및 주체성 증진을 중심으로. 한국사회복지학, 70(3), 7-27.

______(2022). 사회복지법령에서의 '폐질, 장애, 장해' 용어사용의 역사적 흐름과 함의 고찰. 사회복지법제연구, 13(1), 3-39.

김진우 · 백은령 · 서동명 · 윤덕찬(2022). 시설장애인 지역사회 자립지원 로드맵 실행방안 마련 연구. 한국장애인복지시설협회.

남용현(2014). 장애인근로자 최저임금 감액적용 검토. 한국장애인고용공단 고용개발원 수시과제보고서.

남찬섭(2007). 장애인차별금지법의 제정과정과 쟁점. 한국장애인복지학, 6, 5-53.

네이버 사전(2019) https://dict.naver.com/search.nhn?dicQuery=장애&query=장애&target=dic&ie= utf8&query_utf= &isOnlyViewEE=

박경석(2013a). 장애등급제 폐지는 권리보장의 시작이다!(토론문). 장애인계 장애등급제 대토론회. 장애인권리보장법제정연대(준) · 전국장애인차별철폐연대 · 한국장애인단체총연맹 · 한국장애인단체총연합회 · 국회장애인복지포럼, pp. 29-53.

______(2013b). 장애등급제 폐지, 장애인권리보장법 제정 약속은 어디로 갔는가?(토론문). 장애등급제 폐지에 대한 우려의 실체와 대안. 한국장애인단체총연맹 · 전국장애인차별철폐연대 · 국회의원 김정록 · 국회의원 최동익, pp. 7-22.

______(2014a). 장애등급제 폐지는 장애인연금에서부터!(토론문). 장애등급제폐지와 장애인연금제도 개선 토론회. 전국장애인차별철폐연대 · 장애인권리보장법제정연대 · 새정치민주연합 김용익 의원 · 안철수 의원 · 장하나 의원 · 정의당국회의원단 심상정 의원 · 정진후 의원 · 김제남 의원 · 박원석 의원 · 서기호 의원, pp. 68-76.

______(2014b). 장애등급제 폐지의 방향과 원칙(발제문). 장애등급제 폐지 대안, 장애인종합판정체계 개편 방향을 묻는다. 한국장애인단체총연합회 · 전국장애인차별철폐연대 · 한국장애인단체총연맹, pp. 5-28.

박경수(2005). 장애인복지 소비자주의 관점에 대한 사회복지사의 인식유형 연구. 성균관대학교 대학원 박사학위논문.

박동근(2010). 공공언어의 차별적 표현에 차별 의식 연구. 한국입법정책학회지, 4(2), 57-88.

______(2014). 법률 조문의 차별적 언어 표현 연구. 한말연구, 0(34), 73-103.

박숙경(2016). 한국의 장애인 탈시설 현황과 과제. **지적장애연구**, 18(1), 205-234.

박숙경 · 김명연 · 김용진 · 구나영 · 문 혁 · 박지선 · 정 진 · 정창수 · 조아라(2017). 장애인 탈시설 방안 마련을 위한 실태조사. 국가인권위원회.

박승호(2019). 혐오표현의 개념과 규제방법. **법학논총**, 31(3), 45-88.

박은정 · 강을영 · 권오성 · 남궁준 · 박귀천 · 신수정 · 이소라 · 이을경 · 이정선 · 차혜령(2020). 차별판단기준 수립을 위한 연구. 국가인권위원회 · 한국노동법학회.

박정일(2004). **차별어의 언어학적 연구**. 부산외대출판부.

박현아 · 이재진(2019). 온라인게임 공간의 혐오표현 규제 가능성 : 시론적 연구. **언론과 법**, 18, 115-163.

박혜경(2009). 차별적 언어표현에 대한 비판적 국어인식 교육 연구. 서울대학교 대학원 석사학위논문.

법제처(2006a). 알기 쉬운 법령 만들기 5개년 추진 계획. 법제지원단 법제정책팀.

______(2006b). **알기 쉬운 법령 만들기를 위한 정비 기준**. 법제처 법제정책팀.

______(2009). **알기 쉬운 법령 만들기를 위한 정비 기준**(제2판). 법제처 법제총괄담당관.

______(2010). **알기 쉬운 법령 정비기준**(제3판). 법제처 법제총괄담당관.

______(2011). **알기 쉬운 법령 정비기준**(제4판). 법제처 법제총괄담당관.

______(2012). **알기 쉬운 법령 정비기준**(제5판). 법제처 법제총괄담당관.

______(2014a). **알기 쉬운 법령 정비기준**(제6판). 법제처 법제총괄담당관.

______(2014b). **알기 쉬운 법령 정비기준**(제7판). 법제처 법령정비담당관실.

______(2017). **알기 쉬운 법령 정비기준**(제8판). 법제처 법령정비담당관실.

______(2019). **알기 쉬운 법령 정비기준**(제9판). 법제처 알기쉬운법령팀.

______(2021). **알기 쉬운 법령 정비기준**(제10판). 법제처 법령정비담당관실

변용찬 · 윤상용 · 최미영 · 서동우 · 정한용 · 조수철(2006). **3단계 장애범주확대방안 연구**. 한국보건사회연구원.

보건복지부(2017). 장애인 활동지원 사업안내.

__________(2018a). 재가 · 지역사회 중심으로 사회서비스 제공. 커뮤니티케어(Community Care) 본격 추진. 보건복지부 보도자료(2018. 3. 12).

__________(2018b). 사람중심의 포용적 복지국가 구현을 위한 2019년 보건복지부 예산편성.

__________(2019a). 2018년도 장애인직업재활시설 및 판매시설 운영실적.

__________(2019b). 제2차 사회보장기본계획 : 2019~2023.

빈부격차 · 차별시정위원회(2006). 장애인복지종합지원대책.

서울대학교 인권센터(2015). **혐오표현 해설**.

서정희(2012). 보호고용된 장애인의 근로자성에 관한 소고. **한국장애인복지학**, 18, 1-17.

서희정(2013). 신문사설을 통해 살펴본 장애인에 대한 미디어 담론 분석 - 조선일보와 한겨레신문을 중심으로. **장애의 재해석**, 48-90. 한국장애인재단.

송영빈(2019). 차별어, 차별표현은 무엇인가. **한국사전학회 학술대회 발표논문집**, 89-94.

송현정 · 김성화 · 서용성(2020). **혐오표현의 판단기준에 관한 비교법적 연구**. 사법정책연구원.

안은정(2008). 한국의 지적장애인의 자립생활지원 실태와 과제. 지적장애인 자립생활을 말하다 토론집. 관악장애인자립생활센터.

오길승(2003). 김대중 정부의 장애인 고용정책 평가. **직업재활연구**, 13(1), 115-146.

우주형(2006). 장애인 자립생활 지원의 법제도화 과제. **특수교육저널 : 이론과 실천**, 7(4), 261-281.

유동철 · 김기룡 · 김정하 · 김예원 · 박숙경 · 임소연(2017). 장애인 탈시설과 지역사회 정착을 위한 정책방안 연구. 보건복지부 · 동의대학교 산학협력단.

윤상용 · 김태완 · 변민수 · 정인영(2018). 일자리 질을 고려한 장애인 의무고용률 설정방안. 고용노동부 · 충북대학교 산학협력단.

윤재영(2017). 자립생활과 개인예산 그리고 우리의 과제. 서울형 장애인 개인예산제, 직접지불제 탄생, 장애인 당사자의 손으로!!. 중구길벗장애인자립생활센터 창립 10주년 기념 장애인자립생활 토론회 자료집, pp. 4-19.

이길용(2011). 문화 다양성 사회의 의사소통 연구. **다문화컨텐츠연구**, 10, 49-74, 중앙대학교 문화콘텐츠기술연구원.

이동석(2004). 장애학의 다중 패러다임과 한국 장애인복지의 성격-장애인복지법을 중심으로. **한국사회복지학**, 56, 227-251.

이병갑 · 이경우 · 손범규 · 권기동(2009). **이런 말에 그런 뜻이? : 차별과 편견을 낳는 말들**. 국립국어원 · 한국어문교열기자협회.

이수용 · 김민정(2018). **최저임금 인상에 따른 장애인 직업재활시설 고용환경 변화 연구**. 한국장애인개발원.

이승기(2007). 장애인차별금지법의 제정과정, 쟁점 그리고 함의. **사회보장연구**, 23(3), 227-250.

이익섭 · 김경미 · 윤재영(2007). 한국의 장애인자립생활센터 시범사업 평가와 향후 과제. **한국사회복지학**, 59, 197-222.

이정복(2014). **한국 사회의 차별 언어 한국 사회의 차별 언어**. 소통.

이정복(2016). 누리꾼들의 비의도적 차별 언어 사용 연구. **사회언어학**, 24(3), 345-377.

임성택(2012). 장애인 생활시설에서의 인권침해 : 그 현황과 대책. **저스티스**, 7-59. 한국법학원.

임영철 · 윤사연(2009). 장애인 차별어에 대한 태도 및 언어적 배려의식. **사회언어학**, 17(2), 137-155.

임영철 · 이길용(2008). 사회적 의사소통 연구 : 장애인 차별 언어의 양태에 관한 연구. 국립국어원.

______(2010). 장애인 차별어에 대한 의식 및 대안표현 유형 연구. **일본언어문화**, 17, 187-209.

장경현(2021). 신조어 비하 표현의 특성 연구. **우리말글**, 90, 1-24.

장애인개발원(2021). **장애통계연보**.

장애인먼저실천운동본부(2006). 장애인 인식개선을 위한 2006 언론모니터 보고서 : 이슈와 장애인 이미지.

______(2008). 장애인 인식개선을 위한 2008 언론모니터 보고서 : 공공저널리즘과 장애인.

______(2009). 장애인 인식개선을 위한 2009 모니터 보고서 : 장애인정책과 언론보도.

______(2010). 장애인 인식개선을 위한 2010 모니터 보고서 : 대중매체가 말하는 장애인.

______(2011). 장애인식개선을 위한 2011 모니터보고서 : 장애와 소통하는 매스미디어.

______(2012). 장애인식개선을 위한 2012 모니터보고서 : 장애와 언론.

______(2013). 2013 모니터 보고서 : 언론 돋보기.

______(2016). 2016 모니터 보고서 : 육십갑자에서 리우패럴림픽까지.

______(2017). 2017 모니터 보고서 : 장애인 패싱(Passing).

______(2018). 2018 모니터 보고서 : 장애, 앓다 × 장애, 가지다.

______(2019). 2019 모니터 보고서 : 장애인과 4차 산업혁명.

______(2020). 2020 모니터 보고서 : 장애인과 의사소통.

______(2021). 2021 모니터 보고서 : 장애인과 코로나19.

정종화(2008). 미국 지적장애인 자립생활지원 프로그램 연구. 지적장애인 자립생활을 말하다 토론집. 관악장애인자립생활센터.

정호균(2017). 장애인 차별금지법 제정 10주년 진정사건 현황 및 분석. 장애인차별금지법 제정 10주년 장차법 개정안 수렴 토론회. 국가인권위원회 · 장애인차별금지추진연대 · 보건복지부 · (사)장애인법연구회.

정훈소(1998). 아픈 것들은 가을 하늘을 닮아 있다. 뿌리.

조주희(2021). 사회과 교과서에 나타난 장애 관련 내용 분석. 학습자중심교과교육연구, 21(1), 1169-1192.

조태린(2006). 차별적, 비객관적 언어 표현 개선을 위한 기초 연구 : 사회적 의사소통 연구. 국립국어원.

참여연대(2023. 10. 31). [정책자료] 2024년 보건복지 분야 예산안 분석. https://www.peoplepower21.org/welfare/1950379.

최경미(2020). 혐오표현 법제에 관한 헌법적 연구. 성균관대학교 법학전문대학원 법학박사논문.

한국기자협회 · 국가인권위원회(2014). 인권보도준칙 : 주요 분야별 요강 매뉴얼.

한국장애인개발원(2018). 한 눈에 보는 2018 장애인 통계.

한국장애인인권포럼 장애인정책모니터링센터 · 한국언론진흥재단(2013). 올바른 장애용어 및 표현을 위한 언론 가이드북.

한국장애인재단(2017). 개인예산제도의 국내도입 과제와 전망 : 미국의 개인예산제도와 사람중심계획 사례를 중심으로. 2017 해외연수 보고세미나.

허재영(2016). 차별 표현의 특징과 생성 요인. 사회언어학, 24(3), 379-397.

홍성수 · 김정혜 · 노진석 · 류민희 · 이승현 · 이주영 · 조승미(2016). 혐오표현 실태조사 및 규제방안 연구. 국가인권위원회.

Abberley, P.(1996). Work, Utopia and impairment. In Barton, L.(Ed.), *Disability and Society*. Harlow : Longman.

Barnard, C., Deakin, S., & Kilpatrick, C.(2002) Equality, Non-discrimination and the Labour Market in the UK. *The International Journal of Comparative Law and Industrial Relations, 18*(2), 129-147.

Barnes, C.(1996). Theories of disability and the origins of the oppression of disabled people in western society. In Barton, L.(Ed.), *Disability and Society*. Harlow : Longman.

________(2003). Independent Living, Politics and Implications. Internet Publication URL : www.independentliving.org/docs6/barnes2003.html.

Barnes, C., & Mercer, G.(2003). *Disability*. Cambridge : Polity.

____________________(2006). *Independent Futures*. Bristol : The Policy Press.

Barton, R.(1959). *Institutional Neurosis*. Bristol : Wright.

Boylan, J., & J. Dalrymple(2009). *Understanding Advocacy for Children and Young People*. Berkshire : Open University Press.

Bradley, V., Ashbaugh, J., & Blaney, B.(Eds.)(1994). *Creating Individual Supports for People with Developmental Disabilities*. Baltimore : MD Brooks.

Brend, M.(2008). *First and Last : Closing Learning Disabilities Hospitals*. Choice Press : London.

Brisenden, S.(1986). Independent Living and the Medical Model of Disability. *Disability, Handicap and Society, 1*(2), 173-178.

Burke, T.(2004). The European Union and the diffusion of disability rights. In M. A. Levin & M. Shapiro(Eds.), *Transatlantic Policy-making in an Age of Austerity : Diversity and Draft*. Washington DC :

Georgetown University Press.

Crow, L.(1995). Including All of Our Lives : Renewing the Social Model of Disability. In Morris, J.(Ed.), *Encounters with Strangers : Feminism and Disability.* London : Women's Press.

_______(1996). Including All of Our Lives : renewing the social model of disability. In Barnes, C., & Mercer, G.(Eds.), *Exploring the Divide : Illness and Disability.* The Disability Press.

Curtis, L., & Burns, A.(2017). *Unit Costs of Health and Social Care 2017.* Canterbury : PSSRU.

DeJong, G.(1979). Independent living : from social movement to analytic paradigm. *Archives of Physical Medicine Rehabilitation, 60,* 435-446.

Dejong, G., L. G. Branch, & P. J. Corcoran(1984). Independent living outcomes in spinal cord injury : multiple analyses. *Archives of Physical Medicine and Rehabilitation, 65,* 66-73.

Department of Health(1971). *Better Services for the Mentally Handicapped(Cm 4683).* London : HMSO.

_______________(1999). Facing the Facts. Services for People with Learning Disabilities : *A Policy Impact Study of Social Care and Health Services.* London : HSMO.

_______________(2004). Statistical Bulletin, Community Care Statistics 2004. Supported Residents. England, London : Department of Health Publications.

Disability Right Commission(2007). *Independent Living and the Commission for Equality and Human Rights.* DRC.

DPI(1982). *Proceedings of the First World Congress.* Singapore : Disabled People's International.

Evans, J.(2003). *The Independent Living Movement in the UK.* Independent Living Institute.

Finkelstein, V.(1980). *Attitudes and Disabled People : Issues for Discussion.* New York : World Rehabilitation Fund.

French, S.(1993). Disability, impairment or something in between. In J. Swain, V. Finkelstein, S. French & M. Oliver(Eds.), *Disabling Barriers : Enabling Environments.* Buckingham : SAGE.

Gates, B.(2018). Friday is my 'inclusion day' —Challenges of inclusivity for people with learning disabilities in the context of real lives, rather than imagined. *British Journal of Learning Disability, 46,* 1-3.

Goffman, E.(1961). *Asylum Essays on the Social Situation of Mental Patients and Other Inmates.* Harmondsworth : Penguin Books.

Griffiths, R.(1988). *An Agenda for Action on Community Care.* London : HMSO.

Hamlin, A., & Oakes, P.(2008). Reflections on Deinstitutionalization in the United Kingdom. *Journal of Policy and Practice in Intellectual Disabilities, 5*(1), 47-55.

Hatton, C.(2016). Specialist Inpatient Services for People with Learning Disabilities across the four countries of the UK. *Tizard Learning Disability Review, 21*(4), 220-225.

Hellman, Deborah(2016). *When is Discrimination Wrong?*(김대근 역). 차별이란 무엇인가 : 차별은 언제 나쁘고 언제 그렇지 않은가. 서해문집.

HMSO(1907). *Royal Commission on the Care and Control of the Feeble Minded Report(the Randor Commission).* London : HMSO.

Hughes, B.(1999). The Constitution of Impairment modernity and the aesthetic of oppression. *Disability and Society, 14*(2), 155-172.

Killaspy, H.(2007). From the Asylum to Community Care : Learning from Experience. *British Medical Bulletin, 80,* 245-258.

Kim, Jinwoo & Ann Davis(2006). Korean Disability Employment Policy : What is it offering people with learning disabilities?. *Social Policy and Society, 5*(3), 409-419.

Kim, S., Larson S., & Lakin, C.(2001). Behavioral Outcomes of Deinstitutionalisation for People with Intellectual Disabilities : A review of US Studies conducted between 1980 and 1999. *Journal of Intellectual and Developmental Disabilities, 26,* 35-50.

Lachat, M.(1988). *The Independent Living Service Model.* Hampton : Center for Resource Management Inc.

Macpherson, R., Shepherd, G., & Edwards, T.(2004). Supported accommodation for people with severe mental illness : a review. *Advanced Psychiatry Treat, 10,* 180 - 188.

Martinez, K.(2003). The Road to Independent Living in the USA : an historical perspective and contemporary challenges. Disability World.

McCrone P, Johnson S., & Thornicroft, G.(2001). Predicting the costs of community care for individuals with severe mental illness in South London. *Schizophrenia Bulletin, 27,* 653 - 660.

Means, R., & Smith, R.(1998). *Community Care : Policy and Practice*(2nd ed.). Basingstoke : Palgrave Macmillan.

Morris, J.(1991). *Pride Against Prejudice.* London : The Women's Press.

Oliver, M.(1983). *Social Work with Disabled People.* London : Macmillan.

________(1990). *The Politics of Disablement.* London : Macmillan.

________(1992). Changing the Social Relations of Research Production. *Disability, Handicap, and Society, 7*(2), 101-115.

________(1996). *Understanding Disablity : from theory to practice.* Basingstoke : Macmillian.

________(1996a). *Understanding Disability.* London : Macmillan.

________(1996b). A Sociology of Disability or a Disablist Sociology?. In Barton, L.(Ed.), *Disability and Society.* Harlow : Longman.

Oliver, M., & Barnes, C.(1998). *Disabled People and Social Policy : From Exclusion to Inclusion.* London : Longman.

Parker, G., & Clarke, H.(1995). The Development of Long-Term Care Insurance in Britain, Working Paper 42, Nuffield Community Care Studies Unit. University of Leicester, September.

Partington, K.(2005). What do we mean by our community?. *Journal of Intellectual Disabilities, 9*(3), 241-251.

Pinker, S.(2012). *The Language Instinct : How the Mind Creates Language.* (김한영 · 문미선 · 신효식 공역) 언어본능 : 마음은 어떻게 언어를 만드는가. 동녘사이언스.

Priebe, S., Badesconyi, A., & Fioritti, A.(2005). Reinstitutionalisation in mental health care : comparison of data on service provision from six European countries. *British Medical Journal, 330,* 123 - 126.

Priestley, M.(1998). Constructions and Creations : idealism, materialism and disability theory. *Disability and Society, 13*(1), 75-94.

Sapir, E.(2015). *Language: An Introduction to the Study of Speech.* (김정우 역). 언어 : 말의 연구를 위하여. 경남대학교출판부.

Schmidt, F.(Ed.)(1978). *Discrimination in Employment : A study of six countries by the Comparative Labour Law Group.* Uppsala : Almqvist & Wiksell.

Shakespeare, T.(1996a). Disability, identity, difference. In C. Barnes & G. Mercer (Eds.), *Exploring the Divide : Illness and Disability.* Leeds : The Disability Press.

______________(1996b). Power and prejudice: issues of gender, sexuality and disability. In Barton, L.(Ed.), *Disability and Society : Emerging Issues and Insights.* Harlow : Longman.

______________(2006). *Disability Risghts and Wrongs.* London : Routledge.

Shearer, A.(1981). *Disability : Whose Handicap?.* Oxford : Blackwell.

Stone, D.(1984). *The Disabled State.* Philadelphia : Temple University Press.

The Institute for Educational Leadership Inc.(1984). *Challenges of Emerging Leadership : Community Based Independent Living Programs and the Disability Rights Movement.* Washington, D.C.

UPIAS(1976). *Fundamental Principles of Disability.* London : Union of the Physically Impaired Against Segregation.

Vanhala, V.(2006). Fighting discrimination through litigation in the UK : the social model of disability and the EU anti-discrimination directive. *Disability and Society, 21*(5), 551-565.

Waddington, L., & Hendriks, A.(2002). The Expanding Concept of Employment Discrimination in Europe : From Direct and Indirect Discrimination to Reasonable Accommodation Discrimination. *The International Journal of Comparative Labour Law and Industrial Relations, 18*(3), 403-427.

Wehmeyer, M., & Gragoudas, S.(2004). Centers for independent living and transition-age youth : Empowerment and self-determination. *Journal of Vocational Rehabilitation, 20*, 53-58.

WHO(1980). *ICIDH(International Classification of Impairments, Disabilities, and Handicaps) : A Manual of Classification Relating to the Consequence of Disease.* Geneva : World Health Organisation.

______(2001). *ICF (International Classification of Functioning, Disability and Health)*, Geneva : World Health Organisation, in http://www3.who.int/icf/icftemplate.cfm, visited on 27 Feb 2003.

Wolfensberger, W.(1972). *The Principle of Normalization in Human Services.* Toronto : NIMR.

Young, I.(1990). *Justice and the Politics of Difference.* Princeton : Princeton University Press.

Zarb, G.(2003). Why Need a Legal Right to Independent Living. Keynote paper presented at European Congress on Independent Living.

경향신문. 2013. 11. 12. "부산지하철서 정신지체남성 승차권에 불 붙여". https://m.khan.co.kr/view.html? art_id=201311121944491 visited at 2022. 5. 1.

네이버 포스트. 2021. 10. 28. "일상 속 차별 · 혐오 표현". https://m.post.naver.com/viewer/postView.naver?volumeNo=32639876&memberNo=25324157. visited at 2022. 12. 21.

뉴스클레임. 2022. "장애인 비하 없이는 카카오 사태 못 말하나". https://www.newsclaim.co.kr/news/articleView.html?idxno=3011865. visited at 2022. 12. 20.

서울신문. 2015. 9. 9. "[초점] 장애인 vs 장애우, 어떤 용어가 바른 표현일까". https://go.seoul.co.kr/news/newsView.php?id=20150909500282 visited at 2022. 5. 4.

소셜포커스. 2021. 2. 25. "벙이라만 501건… 대중매체 속 장애 차별 용어 심각". https://www.socialfocus.co.kr/

news/articleView.html?idxno=9584 visited at 2023. 3. 9.

에이블뉴스(2016). "장애계 장애인기본법 제정 기싸움 팽팽". https://www.ablenews.co.kr/News/NewsContent.aspx?CateGoryCode=0044&NewsCode=004420161102170537857433

에이블뉴스(2018). "장애등급제 폐지, 사각장애인 쏙 빠진 종합판정표". https://www.ablenews.co.kr/News/NewsContent.aspx?CategoryCode=0014&NewsCode=001420180802141257377996

울산제일일보. 2013. 11. 27. "친척 살해 정신분열증 징역5년". http://www.ujeil.com/news/articleView.html?idxno=106900 visited at 2022. 5. 1.

중앙일보(2019). "장애등급제 폐지 D-6… 장애인 '서비스 줄어든다' vs 정부 '보완책 있다'". https://news.joins.com/article/23505923

한겨레. 2022. 4. 15. "20초만에 또 좌절… 장애인 차별 벌언 의원들 상대 소송 법원 기각". https://www.hani.co.kr/arti/society/society_general/1039090.html. visited at 2022. 12. 20.

KBS NEWS. 2012. 3. 26. "[뉴스 따라잡기] '지적장애' 친구 꾀어 성매매 강요". https://news.kbs.co.kr/news/view.do?ncd=2454893 visited at 2022. 5. 2.

KBS NEWS. 2022. 4. 25. "벙어리 · 절름발이… 장애인 혐오표현 처벌은 쉽지 않아". https://news.kbs.co.kr/news/view.do?ncd=5448172. visited at 2022. 12. 21.

TOP Daily. 2018. 8. 10. "'정공겜'에 '여왕벌'까지… 혐오발언 사각지대 된 게임". https://www.topdaily.kr/articles/23418 visited at 2022. 5. 6.

YTN. 2022. 4. 15. "법원, '장애인 비하 발언' 정치인 차별 구제 청구소송 기각". https://www.ytn.co.kr/_ln/0103_202204151435192278. visited at 2022. 12. 21.

The Guardian(2015). NHS to shut many residential hospitals for people with learning disabilities. 2015. 2. 10일자 인터넷 뉴스(https://www.theguardian.com/society/2015/feb/10/nhs-shut-residential-hospitals-learning-disabilities-winterbourne-view visited at 29 Jul 2018.)

The Guardian(2017a). Care Home Directors Convicted over 'horrific' Learning Disabilities Regime. 2017. 6. 7일자 인터넷 뉴스(https://www.theguardian.com/society/2017/jun/07/care-home-directors-convicted -over-devon-learning-disability-regime visited at 28 Jul 2018.).

The Guardian(2017b). Thousands of vulnerable people held unlawfully in care home – report. 2017. 3. 13일자 인터넷 뉴스(https://www.theguardian.com/society/2017/mar/13/thousands-vulnerable-people-detained-unlawfully-care-homes-hospitals-report visited at 28 Jul 2018.)

The Telegraph(2015). Last NHS hospital for people with learning disabiliteis to close. 2015. 10. 30일자 인터넷 뉴스(https://www.telegraph.co.uk/news/nhs/11964848/Last-NHS-hospital-for-people-with-learning-disabilities-to-close.html visited at 29 Jul 2018.)

http://www.in-control.org.uk/about-us/in-control-international.aspx visited at 15 Apr 2018.

https://www.youtube.com/watch?v=DdTqGTPSRb8&feature=youtu.be visited at 2 May 2018.

찾아보기

저/자/약/력

김진우

서울대학교 사회복지학과 졸업
영국 버밍엄대학교 사회정책학과 졸업(Ph.D)(최우수 논문상 Ashley Prize 수상)
전 제39회 행정고시 합격, 중앙공무원교육원
보건복지부 사무관, 기초생활보장과장
대통령비서실 사회정책비서관실 행정관
인제대학교 사회복지학과 교수
한국장애인복지학회 회장
현 덕성여자대학교 사회복지학과 교수

〈주요 저서〉

복지정책 파노라마, 새 지평을 열다(2012, 노무현재단·(사)한국미래발전연구원)
사회복지프로그램 개발지원 : 기획매뉴얼(2012, 삼성복지재단)
발달장애인복지론(편저, 2014, EM실천)
사회복지프로그램 개발과 평가(2018, EM실천)

장애인복지론 제2판

| 저자 | 김진우

| 1판 1쇄 | 발행 2019년 8월 30일
| 1판 2쇄 | 발행 2020년 3월 5일
| 1판 3쇄 | 발행 2021년 2월 5일
| 2판 1쇄 | 발행 2024년 4월 5일
| 2판 2쇄 | 발행 2025년 3월 5일
| 2판 3쇄 | 발행 2026년 3월 5일

| 발행인 | 김동훈
| 발행처 | **공동체**

| 주소 | 경기도 고양시 일산동구 호수로 358-39 동문타워 I 905호(백석동)
| 전화 | 031)814-3000(대표)
| 팩스 | 031)814-3100
| 홈페이지 | www.compub.co.kr
| 전자우편 | compub@naver.com
| 출판등록 | 2005년 10월 6일
| 등록번호 | 제396-2005-36호

| ISBN | 979-11-6725-544-0
정가 23,000원